话说中国

落日余晖

1644年至1840年的中国故事

孟彭兴 著

上

上海文化出版社
上海故事会文化传媒有限公司

总顾问：李学勤
总策划：何承伟

本卷顾问：成崇德

主编：　刘修明
副主编：陈祖怀

正文作者（按卷次先后排列）

《创世在东方》　杨善群 郑嘉融
《诗经里的世界》　杨善群 郑嘉融
《春秋巨人》　陈祖怀
《列国争雄》　陈祖怀
《大风一曲振河山》　程念祺
《漫漫中兴路》　江建忠
《群英荟萃》　顾承甫 刘精诚
《空前的融合》　刘精诚
《大唐气象》　刘善龄 郭　建 郝陵生
《变幻中的乾坤》　金尔文 郭　建
《文采与悲怆的交响》　程　郁 张和声
《金戈铁马》　程　郁 张和声
《集权与裂变》　马学强
《落日余晖》　孟彭兴
《枪炮轰鸣下的尊严》　汤仁泽

辅文作者（按姓氏笔画排列）

马学强 王　俊 王廷洽 王保平 王景荃
田　凯 田松青 朱理中 仲　伟 江建忠
刘善龄 刘精诚 汤仁泽 杨善群 杨　婷
李　欣 李国城 张　凡 张和声 张振华
陈先行 陈祖怀 苗　田 金尔文 周雪梅
郑嘉融 宗亦耘 孟彭兴 赵冬梅 秦　静
栗中斌 顾承甫 殷　伟 郭立暄 盛巽昌
崔　陟 崔海莉 程　郁 程念祺

图片提供

文物出版社、河南博物院、巩义博物馆、徐州博物馆、徐州汉兵马俑博物馆等单位及（按姓氏笔画排列）王保平 山口直树 田　凯 田松青 朱　林 朱诚如 仲　伟 孙继林 杨清江 李国城 何继英 陈先行 欧阳爱国 赵　勇 殷　伟 徐吉军 郭立暄 郭灿江 崔　陟 阎俊杰 翟　阳 薄松年等
本页长城照片由郑伯庆拍摄

梦想与追求

上海文艺出版总社编审　何承伟

为最广大读者编一部具有现代意识的历史百科全书

出版说明

中国是一个拥有五千年灿烂文明史、又充满着生机与活力的泱泱大国。中华民族早就屹立于世界的东方，前赴后继，绵延百代。

作为中国人，最为祖国灿烂的过去与崛起的今天感到骄傲。

作为中国的出版人，应义不容辞地以宏大的气魄为广大热爱中国历史的读者，承担起传播这一先进文化的责任：努力使中国历史文化出版物，与中国这样一个拥有五千年文明史的过去相适应，与当代中国日新月异的发展现实相适应，与世界渴望了解中国的需求相适应。

人民创造了历史，历史又将通过我们的出版物回赠给人民，使中华民族数千年积累起来的灿烂文化成为当今中国人取之不尽的思想宝库，让更多的读者感悟我巍巍中华五千年光辉历史进程和整个中华民族灿烂的文明成果。

为此，我们作了大胆的探索：以出版形态的创新为抓手，大力提高这套中国历史读物的现代意识的含量，使图书能够真正地“传真”历史；以读者需求为本位，关注现代人求知方式与阅读趣味的变化，把高品位的编辑方针和大众传播的形式有机结合起来，独辟蹊径，创造一种介于高端读物与普及读物的独特的图书形态，努力使先进的文化为最广大的读者所接受。

经过多年的努力，这套融故事体的文本阅读、精彩细腻的图片鉴赏、便捷实用的检索功能于一体的中国历史百科全书——《话说中国》终于陆续与读者见面。这套书计15卷，卷名分别为：《创世在东方》、《诗经里的世界》、《春秋巨人》、《列国争雄》、《大风一曲振河山》、《漫漫中兴路》、《群英荟萃》、《空前的融合》、《大唐气象》、《变幻中的乾坤》、《文采与悲怆的交响》、《金戈铁马》、《集权与裂变》、《落日余晖》和《枪炮轰鸣下的尊严》。

在《话说中国》这部书里，你将看到以故事体文本为主体的感性与理性的统一。

现代人对历史的感悟，最能产生共鸣、最能感到激动的文学样式是什么，是故事。是蕴涵在故事里的或欣喜或悲切或高亢或低回的场面。这些经典场面令人感慨唏嘘，荡气回肠。记住了一个故事，也就记住了一段历史。故事是一个民族深沉的集体记忆，容易走进读者的心灵世界，它使读者在随着故事里主人公的命运起伏跌宕之时，不知不觉地与中国历史文化进行了“亲密接触”，从而让历史文化的精华因子，潜移默化地影响着我们的行为，净化着我们的心灵。因此，《话说中国》以故事体的文本作为书的主体。同时，它还突破了传统历史读物注重叙述王朝兴衰的框架，以世界眼光、一流专家学者的史识来探寻中国历史的发展脉络与规律；以密集的信息，弥补故事叙述中知识点不足的局限，从而使故事的感性冲击力与历史知识的理性总结达成高度的统一。它让读者既见树木，又见森林；既享受了故事所带来的审美快感，同时又能寻绎历史的大智慧。

在《话说中国》这部书里，你将看到互为表里的图与文的精彩组合。

当今社会已进入“读图时代”，这一说法尽管片面，但也反映了读者的需求。在这套书里的图片与通常以鉴赏为主的图片有很大不同。

图片内容涵盖面广。这些图片能够深入再现历史现实，立体凸现每一不同历史时期社会生活各方面的发展变化。透过生动的“图片里面的故事”，可以体味其中蕴涵着的深刻内容，堪称是历史文化的全息图像。它们与故事体文本相关联，或是文本内容的画面直观反映和延伸，或是文本内容的背景补充，图与文珠联璧合，相得益彰。同时，纵观整套书的图片又分别构成了一个个独立的专门图史，如服饰图史、医药图史、书籍图史、风俗图史、军事图史、体育图史、科技图史等等。

> 图片的表现形式极其丰富。这套书充分顾及现代读者的读图口味，借助现代化手段尽量以多种面貌出现，汇集了文物照片、历史遗址复原图、历史地图与示意图、透视图以及科学考古发掘现场照片在内的六千余幅图片。既有精炼简洁的故事，又有多元化的图像，读者得到的是图与文赋予的双重收获。

> 创造了一种新的读图方式。书中的图片形象丰富，一目了然，具有“直指人心”的震撼力，但在阅读过程中，尤其是在欣赏历史文化的图片中，这种震撼力很难使读者感悟到。原来他们是凭自己的文化底蕴和生活积累在品味和理解书中的图片。两者一旦产生矛盾，就不可能碰撞出火花。本书作为面向大众的出版物创造了一种全新的阅读环境：改造我们传统的图片的文字说明，揭示图片背后的信息，让读者在读完这些文字后，会产生一个飞跃，对第一眼所看到的图片有一种新的发现和新的认识。

> 在《话说中国》这部书里，你将看到一个充满数字化魅力的历史百科知识体系。

> 数字化给我们的社会生活带来了许多崭新的变化，作为文化产品的创新也不例外。为此，我们在这套信息密集型的中国历史百科全书里，大量运用了在电脑网络上广泛使用的关键词检索方式，以关键词揭示故事内核，由此来检索和使用我们的故事体文本与相关知识性信息。这套书的信息化、网络化、数字化，充分表现了中华民族不但有自强不息的过去时，前进中的现在时，而且还有充满希望的将来时。

> 一则故事，一幅图片，一个关键词，都是某个有代表性的“点”，然而这个点不是孤立的存在，而是一个有意义的叙事单位。它是中华民族的文明亮点，折射了我们民族的文化性格。把这些亮点连接起来，就会构成一条历史之“线”，而“线”与“线”之间的经纬交织，也就绘成了历史神圣的殿堂。点、线、面三维一体，共同建构着上下五千年的民族大厦。

> 著名科学史家贝尔纳曾说：“中国在许多世纪以来，一直是人类文明和科学的巨大中心之一。”我们知道，印刷是中国引以为骄傲的四大发明之一，中国出版在世界出版史中，曾留下许多脍炙人口的灿烂篇章。然而近代中国出版落后了，以至于到今天与发达国家相比，无论是在出版技艺上，还是在出版理念上，都存在着不小的差距。我们在本书的出版过程中善于学习、消化与借鉴，“洋为中用”，充分发挥“后发优势”，努力把世界同行在几十年中创造的经验，学习、运用到这套书的编辑过程中，以弥补两者之间的差距。事实证明，只要我们努力了，只要我们心中有了读者，我们一样可以后来者居上。

> 中国编辑中的一位长者曾说过这样一段话：“我们没有显赫的地位，却有穿越时空的翰墨芬芳；我们没有殷实的财富，却有寄托心灵的文化殿堂。”

> 在编辑这套书的过程中，我们深深感到，中国历史文化太伟大了，无论你怎样赞美，都不为过；中国历史文化又太神奇了，无论你以何种方式播种，都会有意想不到的收获。今天，我们所撷取的，只不过是其中的一朵小花，还有更多更美的天地需要人们进一步去开拓。

现代人与历史

上海社会科学院研究员　刘修明

总 序

历史与现代人有什么关系？历史对现代人有什么用？这并非每一个现代人都能正确回答的问题。

过去的早就过去了。以往的一切早已灰飞云散，至多只留下遗迹和记载。时光不能倒流，要知道过去干什么？历史无用的混沌和蒙昧，不是个别现象。在科学技术高度发达的现代社会，人们更易对远离现实的历史轻视、淡漠。对历史无知而不以为然的人，不在少数。

不能简单地指责这种现象。一旦通过有效途径缩短了现代人和历史的距离，人们就会从生动形象的历史中取得理性的感悟，领悟历史的哲理，开发睿智，从而加深对现代社会文明的认识，使现代人的认识和实践达到一个新的层次。那时，人们就会有一个共识：历史和现代是承续的。历史是现代人生存和发展不可缺少的内容。历史和现代人是不可分的。

祖国的历史是一部生动的、博大精深的启迪心智的教科书。中国历史是独树一帜的东方文明史。承载中华文明的中国历史，在她形成发展的曲折而漫长的过程中，从未中断过（不像埃及、两河流域、印度文明或中断或转移或淹没）。她虽然历尽坎坷，备尝艰辛，却始终以昂首挺立的不屈姿态，耸立在亚洲的东方。即使从19世纪上半叶开始的对中华文明一个多世纪的强烈冲击和重重劫难，也没有使曾创造过辉煌的中华文明沉沦，反而更勃发了新的生机。中国的历史学家从孔子、左丘明、司马迁开始，持续不断地以一种不辜负民族的坚韧精神，把中华民族放在辉煌与挫折、统一与分裂、前进与倒退、战争与和平、正义与邪恶的对立统一的辩证过程中，将感悟到的一切，记录在史册上。以一笔有独特美感并凝结高超智慧的精神财富，绵延不绝地传承给一代又一代炎黄子孙，从而成就了中华民族及其创造的文明的延续和发展。中华文明的创造和中国历史的记载是不可分的。中国历史是兼容时空又超越时空的中华文明有形和无形的载体。

英国哲学家培根说过：“历史使人明智。”历史的经验是前人付出巨大的代价（甚至生命的代价）才总结出来的。历史经验包蕴着发人深思的哲理。要深刻地了解现实，理智地面对将来，就应当自觉地追溯历史。现代人只有了解历史，才能感受历史启迪现实的无穷魅力。唯有从历史的经验与哲理感知杂乱纷纭的现实，才能体会历史智慧的美感和简洁感。

这种由历史引发的智慧、魅力和美感，对丰富一个人的生命内涵，提升人的素质，是非常重要的。我们强调人的素质，但素质的基本内涵是什么，却未必很清楚。我认为，人文素质应该是人的素质的基本内涵。一个人的人文素质是由他所属的民族几千年文化创造的基因，积淀在他的血液和灵魂中形成的。以文史哲为主体的人文教育，对人的素质提高具有特别的价值。而中国历史往往又是文史哲三位一体的糅合和载体。只重视外语、电脑教育而忽视人文教育的偏向应引起重视并加以纠正。这种素质教育应当起步于一个人的青少年时代。对祖国的热爱，民族自信心的树立，正确的人生观、价值观的确立，都离不开对祖国历史的了解。只有这样的人，才能立志报效祖国和中华民族，并以他们的不断传承和新的创造，继续为人类文明的发展作出新的贡献。在共同文化血脉上发展起来的十三亿中国人和五千万在世界各地的华人，都应有这样的共识，都应承担这样的责任。

了解祖国的历史，可以从简明的历史教科书入手，也可以从浩瀚的史籍中深究。关键是引起读者的阅读兴趣。我们这里提供的是一本图文并茂用故事形式编写的中国历史。中国有一本几乎家喻户晓、发行量达几百万册的出版物：《故事会》。这是上海世纪出版集团的名牌刊物，在社会上有很大的影响。何承伟先生从几十年编辑的成功实践中，提出了这样一部以图文并茂的故事形式并包含巨大信息量的中国历史百科全书的设想。在众多学者的参与和合作下，成就了这样一部新体裁的中国通史《话说中国》。它生动形象、别开生面的编写方式，使包括老中青在内的现代中国人，都可以轻快地从这部书中进入中国历史宏伟的殿堂，从中启迪心智，增加知识，开拓眼界，追溯历史，面对未来。它把传统的教育和未来的展望，有机而和谐地结合在一起，引导当代中国人顺应悠久古老的中国文明融注世界发展的现代潮流，以期为世界的文明发展作出新的贡献。我们相信，凝聚了几十位学者和编者多年努力的这部书，一定会为这种贡献尽其绵薄之力，发挥其应有的作用。

目录（上册）

这是一个超越前人的、为后世引为骄傲的历史时期，康雍乾三朝为主体的前清文明，创造了空前绝后的文化财富和历史遗产。然而传统的束缚，使它摆脱不了历朝历代的封建传承，在世界大潮面前落后了。

目录（下册）

专家导言

国家清史编纂委员会副主任
中国人民大学清史研究所所长 成崇德

在中国五千年文明的历史长河中，清朝是最后一个封建社会。清朝创建的康乾盛世，是清代历史最辉煌的时期，也是中国古代最后一个盛世。这个最后的盛世已处于世界大势发生了空前巨变的大背景下，因此，具有比以往盛世更丰富的历史内涵。

1583年，努尔哈赤以"遗甲十三副"起兵，统一女真各部；创立八旗制度和满文文字，建立金国，使古老的女真族脱颖而出，形成了一个新的民族共同体——满族。满族所建立的清朝发展农业生产，征服周边政权，促使原有的社会制度和政权迅速封建化，为清朝入关奠定了基础。1644年，清军入关，开始对全国的统治。清代前期，中国传统的封建专制体制更加强化，更加完备。内阁、议政王大臣会议制度，御门听政、秘密立储、密折制度和军机处的设立，使皇权无限扩张，达到登峰造极的地步。

康雍乾时期，是中国历史上罕见的"太平盛世"，清朝实现了稳定的国家大一统局面，对边疆地区真正实现了长期的稳定的有效的政治管辖和军事控制，边疆地区成为中国领土不可分割的一部分，内地的汉族与边疆地区的少数民族以经济文化纽带联系在一起，成为唇齿相依血肉相连的一个整体。清朝奠定了今天中国的版图，这个成就来之不易，堪称超越千古。——这一切都是以往任何朝代都无法望其项背的。

至乾隆朝，中国人口首次突破三亿，速度之快，是前所未有的，中国今天人口的基数以及在整个世界人口格局中所占的地位是康乾时代最后奠定的。当时，国家以十亿亩上下的耕地养活世界三成左右的人口，而能长期保持国家安定和社会稳定，这不能不说是康乾盛世又一个成就。

国家财政储备雄厚，盛世巅峰期户部银库所存白银常年在六七千万两上下。康雍乾时代国家财政储备的雄厚与以往各朝代相比是空前的，就有清一代二百六十八年而言，也堪称达到了顶峰。

康乾时代文化学术事业盛况空前。古人有云：用武开基，以文致治；礼乐之兴，俟以百年。而历代只有幸逢盛世，才有条件启动带有总结性、开创性的纂修群书。康乾盛世标志性的大型文化典籍至少可以举出历时百年修成的《明史》，踵接《永乐大典》之后、历康熙雍正两朝修成的类书《古今图书集成》，和乾隆年间纂修完成的中国古代第一大丛书《四库全书》这三大项。

- 清代汉学是继宋明理学之后产生的一个学术流派，也称之为乾嘉学派。清代汉学把清代学术推向了发展的高峰，并成为中国古代学术的总汇和总结。清代前中期的一百多年间，文学艺术有很大发展，中国古代曾经产生的各种文学体裁和艺术门类都继有所作，而尤以小说创作为中国古代文学发展的最高峰。在清代的各个文学领域中，成就最为辉煌的当推小说。蒲松龄的《聊斋志异》，吴敬梓的《儒林外史》，曹雪芹的《红楼梦》，都是一代文学史上的巨著。其中，尤以《红楼梦》的创作，达到了中国古典小说的巅峰。
- 康雍乾时代世界经济一体化的进程已经越来越加快了步伐，东亚最强大的国家——中国的制造业在整个世界经济中具有特殊重要的地位，绸缎、生丝、瓷器、茶叶等独步世界的商品不仅销往南洋、日本、中亚等传统国家地区，而且远销俄国和欧美。

- 康雍乾时代的中国，不仅在周边各国而且在整个世界都具有崇高的地位和美好的形象。清代前期，先后有数百名耶稣会及其他各会传教士来华。他们在传教的同时，也带来了西方较为先进的科学技术和文化知识。当时西方人主要是通过在华西洋传教士，以及来华商人、旅游者的观察、描述等渠道了解中国的，儒家经典经他们之手也开始翻译到了西方，而传递到那里的种种信息总是令人对这个文明悠久的东方神秘之国无限神往。他们对来自中国的精美绝伦的丝绸、瓷器、漆器、服装、家具，以至轿子、壁纸、折扇等爱不释手，佩服之至，也印证了从遥远的东方传来的种种传闻。这样就出现了欧洲，主要是法国的“18 世纪的中国热”。
- 康乾盛世存在的人口问题、物价上涨问题以及皇权的过度膨胀，到 18 世纪末明显地显现出来，对 19 世纪我们国家彻底败落有着深刻的影响。
- 19 世纪开始以后，中国国势的迅速衰落，不仅是以往历代王朝荣枯盛衰的重演，而且暴露出植根于农业社会的中国传统文化的内在缺陷。与此形成强烈对照的是，世界格局在英国工业革命、北美独立战争和法国大革命推动下正发生着的剧烈变动，欧美西方列强日新月异的迅猛发展。但乾隆的子孙嘉庆、道光帝哀叹盛世不再之余，仍凛然恪守“以祖宗之心为心，以祖宗之政为政”的“家法”，因循保守，不思变革，对日益迫近的西方列强的武装侵略麻木不仁。19 世纪前期 40 年的岁月也就这样蹉跎过去了，只待英国发动侵略中国的鸦片战争，把中华民族推向被列强宰割的苦难深渊。

把中国历史的秀美景致尽收眼底

本书导读示意图

《话说中国》作为融故事体的文本阅读、精彩细腻的图片鉴赏、便捷实用的检索功能于一体的中国历史百科全书，其中包含着无数令人神往的中国历史的秀美景致，它们经纬交织，互为表里，形成了中华民族上下五千年的灿烂文明。

如同游览名山大川离不开导游和地图的指点，通过以下图例的导读提示，读者定能够尽兴饱览祖国历史美景，流连忘返。

随时感受历史文化的魅力与编纂创意的匠心

整个版面构成充分体现出本书以故事体文本为主体的特点，体现出本书作为历史百科全书的知识信息密集、图文并重、检索便捷的特点，使读者在本书任何一个页面上，都能感受到历史文化的魅力与编纂创意的匠心。

导读、段落标题与编号，能更好地理解故事精髓，更好地运用故事

为了更好地理解故事，在实际学习生活中运用故事，本书在故事体文本中，特地为读者准备了故事导读、故事段落标题与故事编号等三个重要内容。故事导读是概述故事精要，它与故事段落标题，都是为了让读者更好地理解故事的精髓，同时让读者以一种轻松便捷的方式快速获得文本重要信息。故事编号则与检索系统有关。

人物、典故和关键词索引具有很大信息量和实用性

在每一则故事中，都含有故事核心内容（即故事内核）、故事人物和故事典故等基本要素。本书将此三要素提炼出来，标注在每则故事的上角（加上故事来源），并汇编成索引置于书末。故事编号则与书后编制的“人物”、“典故”、“关键词”等三个索引相联系。索引的巨大信息量和实用性，是本书的一个重大特点。

建构多元、密集的知识性信息，构成了全书另一个重要组成部分

以密集的信息，弥补故事叙述中知识点不足的局限，从而使故事的感性冲击力与历史知识的理性总结达成高度的统一。它让读者既见树木，又见森林；既享受了故事所带来的审美快感，同时又能寻绎历史的大智慧。如“中国大事记”、“世界大事记”、“历史文化百科”、“历史大考场”和图片说明文字等专栏中的有关内容，都是经过精心选择的练达的知识板块，既是历史知识的精华，又是广泛体现“活”的历史，体现当时社会人生百态，体现当时寻常百姓的寻常生活。与此相配伍的，是便捷的“中国历史文化百科”检索系统。

再现历史现实的图片系统

图片内容涵盖面广泛，能够深入再现历史现实，观赏效果细腻独到，立体凸现了每一不同历史时期社会生活各方面的发展变化。透过生动的“图片里面的故事”，可以体味其中蕴涵着的深刻内容，堪称是历史文化的全息图像。

《话说中国》以精美绝伦的文字和图片，将中华民族最可宝贵的民族精神和生生不息的文化传统，演绎得生动而传神。看了这张导读图，你就开始一程赏心悦目的中国历史文化之旅吧。

故事标题。

故事编号：与卷末的“人物”、“典故”、“关键词”等三个索引相联系，每个索引里的数字，即为故事编号，使检索更为便捷。

公元1716年

中国大事记 实行将丁银摊入地亩。《康熙字典》编成。

〇四〇

天下第一廉吏于成龙

康熙帝说：“做官像于成龙那样的，能有几人啊！”

康熙朝非常注重吏治，奖励做好官，所以清官特别多。其中最突出的是于成龙，他是从七品知县一步一个台阶连升十三级，最后出任两江总督的。

忠于职守的地方官

于成龙是山西永宁人。顺治十八年（1661）选保广西罗城知县时，已是四十五岁了。

罗城是个万山丛中的小县，民族杂居，这时又逢兵灾之后，民众离失，城池没有边墙，城里遍处草莽里，只点落六户人家。于成龙到任后，首先是强化治安，保障民众尽力耕耘。他经常奔走于田野，关心民间疾苦，以致民众听到于大人至，奔来拜见，同坐树下，谈笑有如一家。罗城于是大治，牛羊满山，稻穗遍野。

康熙六年（1667），于成龙因政绩显著，升四川合川知州。当时正是四川大乱之后，全州仅有百余民众，库房里仅剩十五两纹银，而徭役繁重。经他革除弊端，招民垦田，由官府提供耕牛和种子，一个月后，就增加了千户。

于成龙由此又迁任湖北黄冈同知。黄冈周边盗贼猖獗，甚至白天抢劫，官府对他们束手无策。于成龙招安了盗首彭百龄，要他立功赎罪，取得了不少成绩。他还化装为乞丐，往盗贼巢穴去侦查，在住居十多天，掌握全部抢劫罪证后，于是出穴招呼差役捉拿，致使罪犯全部落入法网。他经常着便衣，在乡间仔细查访，从而稳准狠地破获了不少积案。

骑骡直奔贼寨

于成龙有胆有识。吴三桂叛军北上，黄州人黄金龙、麻城人刘君孚部分别拥众几千人响应，湖北巡抚张朝珍请于成龙出征。他欣然同意，问他要带多少兵？于成龙说：“兵再多也不够用，我只要两个人跟随就足够了。”

事先，他侦知刘君孚等虽造反，但人心尚不一致，还在犹疑之中，于是张榜，允许自首，还以三日为限；果然三日里，自首者多达千人。

奋发有为的康熙大帝 康熙八岁即位，亲政后先后平定三藩叛乱，统一台湾，平定准噶尔叛乱，平定西藏，订立中俄《尼布楚条约》，注重民族关系协调，编纂《古今图书集成》，任用传教士制定历法。

1644 清 1840

156 历史大考场 我国历史上最早以“字典”名称亮相的字书是什么？

本卷的历史年代起止。

历史大考场：以最基本的涉及本卷的历史文化知识为内容，以问答方式出现。左页下为问题，右页下为答案。

中国大事记：以每卷所在历史年代为起止，精选与故事相应相近年代的中国历史文化重大事件，以此体现中国历史发展的基本脉络。

故事导读：概述故事精要，更好地理解故事精髓。

世界大事记：以中国大事记为参照，摘选相应年代的世界各国历史文化重大事件，以此体现本书“世界性”的理念。

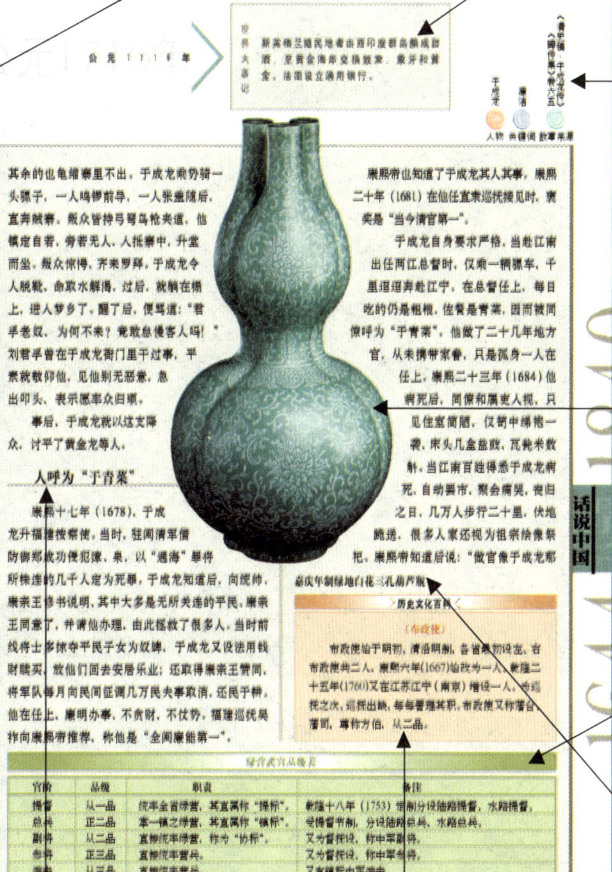

公元1716年

世界大事记 新英格兰殖民地者由西印度群岛酿成甜酒，至黄金海岸交换奴隶、象牙和黄金。法国设立通用银行。

人物 于成龙　关键词 廉洁　故事来源 《清史稿·于成龙传》《碑传集》卷六五

其余的也龟缩寨里不出。于成龙乘势骑一头骡子，一人鸣锣前导，一人张盖随后，直奔贼寨。贼众皆持弓弩鸟枪夹道，他镇定自若，旁若无人。入抵寨中，升堂而坐。贼众惊愕，齐来罗拜。于成龙令人脱靴，命取水解渴。过后，就躺在榻上，进入梦乡了。醒了后，便骂道：“君孚老奴，为何不来？竟敢怠慢客人吗！”刘君孚曾在于成龙衙门里干过事，平素就敬仰他，见他别无恶意，急出叩头，表示愿率众归顺。

事后，于成龙就以这支降众，讨平了黄金龙等人。

人呼为“于青菜”

康熙十七年（1678），于成龙升福建按察使。当时，驻闽清军借防御郑成功侵犯漳、泉，以“通海”罪将所株连的几千人定为死罪。于成龙知道后，向统帅、康亲王修书说明，其中大多是无所关连的平民。康亲王同意了，并请他办理。由此拯救了很多人。当时前线将士多掠夺平民子女为奴婢。于成龙又设法用钱财赎买，放他们回去安居乐业；还取得康亲王赞同，将军队每月向民间征调几万民夫事取消，还民于耕。他在任上，廉明办事，不贪财，不仗势。福建巡抚吴兴祚向康熙帝推荐，称他是“全闽廉能第一”。

康熙帝也知道了于成龙其人其事。康熙二十年（1681）在他任直隶巡抚接见时，褒奖是“当今清官第一”。

于成龙自身要求严格。当赴江南出任两江总督时，仅乘一辆骡车，千里迢迢奔赴江宁。在总督任上，每日吃的仍是粗粮，佐餐是青菜，因而被同僚呼为“于青菜”。他做了二十几年地方官，从未携带家眷，只是孤身一人在任上。康熙二十三年（1684）他病死后，同僚和属吏入视，只见住室简陋，仅笥中绨袍一袭，床头几盒盐豉，瓦瓮米数斛。当江南百姓得悉于成龙病死，自动罢市，聚会痛哭，丧归之日，几万人步行二十里，伏地跪送。很多人家还视为祖宗绘像祭祀。康熙帝知道后说：“做官像于成龙那

嘉庆年制绿地白花三孔葫芦瓶

历史文化百科

〔布政使〕

布政使始于明初，清沿明制，各省最初设左、右布政使共二人，康熙六年(1667)始改为一人，乾隆二十五年(1760)又在江苏江宁（南京）增设一人，为巡抚之次，巡抚出缺，每每署理其职。布政使又称藩台、藩司，尊称方伯，从二品。

绿营武官品级表

官阶	品级	职责	备注
提督	从一品	统率全省绿营，其直属称“提标”。	乾隆十八年（1753）定制分设陆路提督、水路提督。
总兵	正二品	掌一镇之绿营，其直属称“镇标”。	受提督节制，分设陆路总兵、水路总兵。
副将	从二品	直接统率绿营，称为“协标”。	又为督抚设，称中军副将。
参将	正三品	直接统率营兵。	又为督抚设，称中军参将。
游击	从三品	直接统率营兵。	又有镇标中军游击。

话说中国

1644 1840

人物、典故、关键词、故事来源：将故事的三要素人物、典故、关键词提炼出来，标注于此（加上故事来源），并汇编成索引置于卷末，具有很大的信息量与实用性。

图片：涵盖面广泛，能够深入再现历史现实。纵观整套书的图片，又分别构成了一个个独立的专门图史。

以直观的表格形式，便于读者对分散信息作系统的查考。

图片说明文字：深入揭示图片“背后”的历史文化内涵，读完这些文字，就会对图片有新的发现和新的认识。作为“历史文化百科”的组成部分，在卷末的检索系统中列出。

故事段落标题：揭示本段故事主题，具有阅读提示和增加阅读悬念的作用。

历史文化百科：是精选的历史文化百科知识，分别涉及政治、经济、文化、科技等十余个知识领域，在卷末附有分类检索系统。

1644 年 〉  〉1840 年

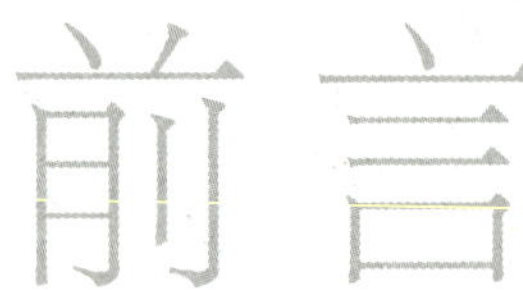

前言

1644年至1840年
中华版图的奠定和民族的团结与融合
清前期

上海社会科学院研究员　盛巽昌

大清国是中国三千年封建社会最后的一个统一王朝。〉中国是多民族国家，但真正够得上是天下一统的王朝，自秦始皇统一六国后，只有两汉、隋唐、元明和清。统一王朝，地大物博，都创造了令后世引为骄傲的史诗，也都有为后世留下丰富的文化遗产和政治遗产。而大清王朝是最后一个封建王朝。〉犹如积薪，后者居上。大清王朝确实有比前面任何一朝的辉煌夺目的成就，但也有比过去任何一代更为痛苦、更见遗憾的回忆。〉它是在前朝地基上创建的，但走过的社会发展阶段，即在不长的二百六十八年，历经了原始社会、奴隶社会、封建社会和半殖民地半封建社会，是史无前例的；而为奠定中华版图东讨西征、南定北伐，也是前无古人的。这是一个处在复杂时空中建立的特殊王朝，它接受、改造了前朝前代的经验和教训，可是由于它的传统劣根，狂妄自大，固步自封，迟迟不懂也不愿走向世界，以致当世界进步了，它却被时代和时代精神，远抛在后面，拉开距离，处处挨打。

中世纪清帝扫描〉农民拥护好皇帝，地主也拥护好皇帝。当大小民众处在愚昧、缺乏主体意识和人格的时候，帝王的英明和威严是决定一切的，它是能影响时代进止的。好皇帝群威群胆，扬臂一呼群山应。一个王朝的成败利钝，通常与帝皇行为和品性大有关联。开国皇帝打天下坐天下制定国策很重要，但能否延续，关键还在于第二、三任皇帝，中国不少统一王朝如秦、隋和很多偏安王国，都是由于继任者不明事理、贪图享受而崩溃了的。但也有例外，其中颇突出的就是清王朝。〉清朝有十二个皇帝。清代皇帝大多数属于儒家所界定的好皇帝标准。他们大有作为，不囿于祖宗旧制常规，勇于开发，注意生产，勤政办事，还敢于严肃吏治，打击贪官污吏。在中国历史长河里，还没有一个王朝有如清（后金）自努尔哈赤到乾隆帝，所出现的好皇帝群体，持续长达一百八十年，即占全王朝三分之二的时间。他们都在自己的时空唱出英武的乐章，做出惊天动地的成绩，彪炳史册，留彰后世。〉乾隆帝以后，封建盛世走了下坡路，但嘉庆帝、道光帝也并非昏君，庸君，仍是努力于治国平天下，只是理念依旧，跟不上时代了。

创业艰巨统一女真 〉努尔哈赤是女真族建立后金（清）的开国皇帝。开国皇帝多是马上夺天下，铁马金戈，驰骋沙场。努尔哈赤以十三副铁甲起兵，艰苦创业。三十三年戎马生涯，努尔哈赤由一只小麻雀变成了展翅万里的鹍鹏。

创建有本民族特色的管理制度 〉努尔哈赤有很多独创的管理制度。最有特色的就是八旗制度。万历二十九年（1601），就开始组建八旗，至万历四十三年（1615），最后确定八旗制度。它是以地缘为主体，按层层血缘准血缘圈组成的军政合一、兵民合一的管理机构，具有行政管理、军事征伐和农牧运作的三元功能。每旗的固山厄真（旗主）、梅勒厄真（副旗主）和高级成员，都是努尔哈赤家族。努尔哈赤的理论思维，就是将全国（后金）官民都编进八旗，共同分享权益，平均承担义务。这种由氏族联盟的残余基础上建构的家长制阶梯统治，它的一大特色就是蓄奴。

皇太极努力汉化 〉努尔哈赤死后，第八子皇太极继位。皇太极是大清国的奠基人。他文武兼备，勇力绝伦，能识满文和汉字。前者，他的兄弟子侄很多人具备，但后者却是罕有的。努尔哈赤生前没有指定接班人。皇太极是八和硕贝勒中投票公戴为皇帝的，他确是理想人选。〉崇德元年（1636），皇太极改国号为大清。大清建国伊始，就相当注意调整、增强满汉关系。皇太极还将若干有才干的汉官范文程、高鸿中、宁完我、鲍承先、张存仁、马光运多人放在重要位置上，当孔有德、耿仲明和尚可喜先后浮海涉险主动来投，更给予高规格政治待遇，为后来者树立榜样；对汉人的相信，表现了皇太极的政治远见和容量。

征服朝鲜和漠南蒙古 〉皇太极的宗旨仍是伐明，进略中原。当时的大清国正介于明和朝鲜、漠南蒙古之间的三角地带。为了伐明，他采取了与明媾和战略，而先解决朝鲜和漠南蒙古各部。朝鲜经皇太极两次征伐，降服了。皇太极三次出兵征讨漠南蒙古最强横的察哈尔部。天聪八年（1634），皇太极最后以变武力征讨为招抚手段降服了察哈尔汗。明朝采取的“西虏制东夷”战略宣告破产。崇德元年（1636），设立蒙古衙门，后改为理藩院；与六部平行。它是清代特设的除满、汉民族外的管理各民族机构。在降服朝鲜、漠南蒙古后，皇太极改变了原先主动与明廷议和的高姿态，听从多尔衮、济尔哈朗等建议，对明境实行残毁的方针，即每到一处杀戮掳掠一空，以削弱明朝国力。由是从天聪三年（1629）、天聪八年（1634）、崇德元年（1636）、崇德三年（1638）、崇德七年（1642），清（后金）军前后五次大规模地绕过山海关，由长城各口入侵，有时围困北京，有时甚至到了德州，窜入黄河以南。每次都掳掠了大批人口、牲畜和浮财。皇太极运筹帷幄，亲自指挥了大渡河围困战和松山围困战，以至在他生前，明朝在山海关外只剩了中后所、中前所、前屯卫（均属绥中）和宁远（兴城）四个点了。

福临侥幸做皇帝 皇太极死后，福临（顺治帝）继位。顺治前期的七年，当家的是多尔衮。多尔衮是非常懂得“以汉治汉”要术的。所谓“以汉治汉”，就是用汉人的那套手段整治汉人。因此，一入北京就表示要沿袭明朝的制度、政策。即效法明朝。他宣布前明大小官员，即使曾投降于李自成，在李自成处做官的，也既往不咎，一律照旧供职。大清王朝为奠定国策，也是遵循明朝建国时所定方略的。多尔衮善于用汉人，他接近的多是颇有才干、有识见的文化人，在入关前有范文程、洪承畴，入关后更重用大学士冯铨，对他们几乎是言听计从。如定鼎北京后，对汉人暂缓剃发易服。明清变革大动荡、大改组之际，多尔衮确实起了巩固清朝的极大作用。他的既定方针就是行使武力，统一全国。为此他所制订的作战方略第一步是巩固京都，分派阿济格、多铎夹攻退据西安的李自成，取得中原之地；第二步是次第东南，消灭南明诸藩王政权。但多尔衮毕竟是满洲贵族。他搞圈地令，逼令许多农民田地被占，家破人亡；在大都市也是，在北京城内尽圈东城、西城、中城为八旗营地，只留南城、北城为民居；房屋被圈占者限期逐出。他自己生活奢侈，行止都是皇帝排场。这位大清国定鼎北京的实际创造者，因擅权过甚，广树政敌，死后必然为众矢之的，自食其果。

顺治亲政的布局 顺治七年（1650）十二月，多尔衮死去，十五岁少年顺治帝亲政。福临亲政，得益于母亲孝庄皇太后的开导和教诲，使他逐渐适应了处理治国平天下的方方面面。顺治帝在位不长，但很注意明朝败亡教训，特别注重吏治，严惩贪污。提出“朝廷治国安民，首在严惩贪官”；也用汉官，有时还规定“受事在先者即著掌印，不必分别满汉”。他也继承皇太极强化与蒙古、西藏关系，亲政后即请达赖五世来京。福临博览群书，以至连刚刊印的金圣叹所批《西厢记》、《水浒》也未漏读，凡此等等，都为后世子孙引为楷模，发扬和光大。

多民族统一国家的奠基 康熙帝雄才大略，是中国时间做得最长的皇帝。几千年中国产生了几百个皇帝，但好皇帝不多，他是最有政绩、最为后世称颂的一个好皇帝。康熙帝未亲政时，虽有鳌拜等辅臣专权，但国事仍按既定方针办事。也因为过去王朝未设有的内务府和宗人府所发挥的职能，使它免除出现有与帝权干扰的太监和皇亲国戚的干扰和乱制。康熙六年（1667），十四岁的玄烨亲政。当时中国还未统一，康熙帝亲政后，坚决撤藩、平定台湾。经过八年战争，铲除了吴三桂等；经过二十年的打打停停，收复了台湾。康熙三十年（1691），中国北部疆土奠定，蒙古三十旗隶属；康熙五十九年（1720），肃清外来侵扰，护送达赖六世回藏，奠定了西南的疆土，后来乾隆二十四年（1759），平息天山南北的内乱，正式设立行政机构，奠定了西北的疆土。由于康熙帝的努力、友好和团结，在他执政期间，朝廷与国内其他各族，北方的蒙古族，西南的藏族，西北的准噶尔、回族之间的关系都大见改善。他们和满族、汉族的密切、相融，是过去从来没有的。以至形成、奠定了统一的多民族国家。

勤于政事，讲究吏治 康熙帝勤政，在六十一年皇帝生涯里，衙门听政成为常朝制度。所谓衙门听政，是每日到乾清门听取各衙门官员奏事，从而保证了行政办事效率。康熙帝还设置南书房，培养处理机要事务的干练官员；建立密折制度，直接由下而上了解吏治民生。吏治从来是政通人和的根本。康熙帝通过科举选拔官员，对官员严格考核。对徇私者，还按保举连坐法处分，特别是科举中的考官舞弊，往往以处死、抄家严加惩罚。康熙帝还要臣下推荐清官。他重视地方督抚的选用，说："督抚清廉，则属直交相效法，皆为良吏。"康熙重视清官，奖励清官，康熙朝是清官云集的一个时期。所谓清官，不仅是具有清廉、刚直的本质，也要是能办事、有进取心的官员。但是官员贪污，始终是封建社会的必然产物。康熙帝晚年，吏治日渐废弛，贪风日炽。文官私征滥派，武官吃士兵空额成风，以致各省钱粮亏空甚多，国家财政拮据。

广揽人才，提倡理学 康熙帝靠科举取士，以为尚不足，为收罗人才，康熙十七年（1678）又创设了博学鸿词科，由内外大臣推荐学行兼优、文词卓越之人，经过考试，给他们做官；还倡制由朝廷官员保举的选官法。对于那些颇有社会影响的大学者，即使有反清前科，现今又不合作，如傅山、黄宗羲、顾炎武、王夫之、李颙和吕留良等，他都表示了极大的容忍，只要没有实际行为和言论，也就听之任之，让他们去著书立说，从而带动了学术的宽松气氛。有清一代还很少有如康熙朝前期那样学界人才齐集，出现了如颜元、李塨、孙奇逢、阎若璩和毛奇龄那样的大学者，以至在哲学、史学等领域都有瞩目的成绩。

抗拒西方殖民主义 15世纪后，西方殖民主义者多次来东方掠夺，开始是葡萄牙、西班牙，接着又是荷兰和俄国、英国。郑成功从荷兰殖民主义者手里收复台湾后，荷兰多次提出要与清朝联手攻打台湾，清朝没有同意；康熙二十年（1681），荷兰得知清朝准备渡海光复台湾时，又主动前来表示要相助，但康熙帝拒绝了，他不用荷兰一兵一船，表现了对殖民者高度的警惕。康熙好学习，非常追慕西方科学技术和文化，他对某些西方人士，如汤若望、南怀仁相当友好、信任，但对西方国家却时时保持警戒和加以限制。如康熙二十八年（1689）的尼布楚条约，只允许陆路通商；来回商队时间、路线、人数都有严格要求。康熙三十七年（1698），不许英国自由来华贸易，海上来船只能停泊广州；康熙四十五年（1706），还规定西洋人永远定居者方能留华；康熙五十九年（1720），坚决抵制罗马教皇规定的中国天主教徒只能信仰耶稣，不许拜祖宗和孔子，宣布禁止天主教在华传播，还下令逮捕潜匿往来的西洋人。后来乾隆帝对付英使马戛尔尼和阿美士德，也是他的姿态的继续。

雍正帝的政治思维 康熙帝生前多次废立太子，诸皇子为争当接班人明争暗斗几十年，从来睿明、英武皇帝治家难于治国，以至他在晚年为立储事，损害过多的精力和健康。幸喜他的继位者是皇四子胤禛，一个很有政治实践和丰富的社会知识的皇帝。胤禛把父亲的事业继续发扬，承上启下，开创了雍正朝的盛世，也为他的儿子乾隆帝打下了最繁荣的基础。雍正帝很有气魄，富于创造，大有建树。他登位后，就创建了一种秘密立储法，并着力清除与他争位的允禩集团和年羹尧、隆科多党，还以此打击科甲朋党之争和大兴文字狱。

大力改革赋役制度 康熙后期钱粮短缺，国库空虚和吏治败坏，雍正帝即位即全面清查钱粮，经过这番清查和整顿吏治，国库得到补足、积存。康熙末年库存仅八百多万两，到雍正六年（1728）猛增至六千余万两。雍正帝在各级官员中实行耗资归公，但为提高官员待遇，设立从督抚至县巡检皆有的“养廉银”；为平衡京官与地方官，还给京官发双俸。康熙晚年制定了滋生人丁永不加赋，雍正又推行了摊丁入亩，永远取消了人丁税，劳役负担也免除了，也用不着再隐匿人口。因此人口迅速增长。

别出心裁的文字狱 雍正帝在位时期，封建专制制度攀上顶峰，皇权空前集中，由此他必然要开展打击科甲朋党和大兴文字狱。雍正朝文字狱特多，有的还处理得相当别致。开始的文字狱是与储位、党争株连的，如汪景祺案、钱名世案。胤禛很懂得利用负面教材开展政治思想教育。处理曾静、张熙案，却将他们口供编成《大义觉迷录》，命府州县学刊刻，又让两人到处巡回发表演说，批判痛斥自己，践踏、打倒自己。

最为荣耀的乾隆盛世 乾隆帝二十五岁继位，正当年富力强之时。封建社会到乾隆中期走上了顶峰，乾隆帝雄才大略，巩固和发展了中华多民族统一的国家，成为政治稳定、经济繁荣、军事强盛的泱泱大国。这也是清朝最为荣耀的时代。这时候，全国人口超过两亿，耕地面积达到七百四十余万顷。乾隆帝重农务本，兴修水利，多次亲临海塘和黄河视察，因为粮食丰足，还曾三次普免全国钱粮。

盛世繁荣必然吸引世界的注视 乾隆帝坚持康熙以来既定方针，比如洋船来华，只能在广州，而且限定一次只能三条船，每船一百人，到北京不超过二十人；来华船只不能直接和中国商人接触，而要与公行（洋行、洋商）中介，等等。乾隆二十四年（1759），还颁布了“防务夷商规条”，还规定外国商人销货后即须回国，不得雇佣中国仆役。乾隆帝还因外船上浙江定海的日多，把该地税额提高，使其无利可图。他说，广东在前明因贸易，结果出了个澳门，现在定海夷商日多，如不限制，将来也会有一个“澳门”。

文化禁锢术的负级效应 〉乾隆帝先后组织文人，大规模地搜集、整理和编纂图书。其中规模最大的是《四库全书》，但他又通过编《四库全书》对全国藏书作了一次史无前例的大审查、大查禁、大销毁。在此期间，乾隆帝把康熙、雍正以来的文字狱引向新高潮，在他统治的六十年里，文字狱多达一百一十起。由是禁锢、钳制了思想，使人们僵化，固步自封，逃避到故纸堆整理古籍、考据经典，形成了文化史上有名的乾嘉考据学派。

夕阳黄昏的乾隆晚年 〉乾隆中期以后，前期多年积攒的国库存盈被恣意挥霍。乾隆帝好大喜功，铺张粉饰，成天陶醉于盛世的迷梦里。他在位六十年，六次南巡，到处修行宫，大兴土木。〉天长地久有时尽。大清王朝盛极必衰，它终于从巅峰上滑了下来。

嘉庆帝治国难 〉乾隆帝做了六十年皇帝，让位给了第十五子颙琰。乾隆帝交的却是一副烂摊子。〉嘉庆帝还是想有所作为的。他处理了和珅后，调整了军机处和六部主官人员，还对和珅集团大多数成员，概不深究，勉励革面自新，不致因打击面过宽，影响政局。〉对嘉庆帝有最大威胁的还是白莲教。白莲教是嘉庆元年（1796）起事的。声势浩大，驰骋于湖北、陕西、四川，此时，八旗军力早已衰颓，常备的绿营也丧失了战斗力，变成滑弁游卒；后来还是用三省乡兵练勇，将其镇压下去的。

道光朝病入膏肓 〉嘉庆帝没有多大政绩，给儿子旻宁带来更大的包袱。无可奈何花落去。如果说嘉庆朝已呈现出清宫夕照，道光朝却是走到了黄昏尽头。西方资本主义正是虎视眈眈，中西冲突和碰撞已难以避免。〉道光帝虽然想有所作为，且真的也办了不少实事，如在吏治上，严禁幕友滥邀议叙，严禁各省滥委佐贰佐杂人员署理州县事务，严禁狱卒凌虐囚犯，等等。他平素尚节俭，是号称崇尚俭朴抑制奢侈的皇帝，在登位后，也对民间红白喜事以及皇族婚嫁作出种种规定，但纸面上虽有规定，在实行中却仍是我行我素。〉清朝继续奉行封闭、锁国政策，和西方世界差距越来越拉开了。这是一个大转折时期，尽管后来道光帝和他的臣僚也看到了西方在产业革命后的一日千里，有时也略表羡慕之情，但他们只是脑袋伸出中世纪，而脚跟仍牢牢地站在原地。〉落花流水春去也。大清国繁荣强盛已逝，现在是面对几千年未有的变局，如何认识、如何应付了。

乾隆时的前门街市图

1644年 清前期 1840年

清前期全图

选自谭其骧主编《中国历史地图集》第八册：清时期

清前期世系表

1 太祖爱新觉罗努尔哈赤（天命）→ 2 太宗爱新觉罗皇太极（天聪、崇德）→ 3 世祖爱新觉罗福临（顺治）→ 4 圣祖爱新觉罗玄烨（康熙）→ 5 世宗爱新觉罗胤禛（雍正）→ 6 高宗爱新觉罗弘历（乾隆）→ 7 仁宗爱新觉罗颙琰（嘉庆）→ 8 宣宗爱新觉罗旻宁（道光）

公元1583年

中国大事记	努尔哈赤以父祖遗甲起兵，攻尼堪外兰。

女真人的后代

努尔哈赤果然成了满族的英雄，被子孙尊崇为开国清太祖。

努尔哈赤是满族的杰出英雄。满族就是女真族的后代，他们曾于公元11世纪在中原建立了强大的金王朝。

庞大的建州家族

在中国历史上，肃慎族这个古老的民族，一直生活在白山黑水的广阔土地上。

这是周王朝统治下的一个少数民族，北魏时期叫勿吉，隋唐称靺鞨，北宋统称女真。那时，阿骨打建立了金朝政权，逐渐强大，打进中原灭了北宋，百多年后为南宋和蒙古联兵所灭，又重新回到东北。

明朝中叶以后，女真人分成建州、海西、东海三个大系。其中建州一部实力最为雄厚，其首领世代为明朝边官。

明嘉靖时建州部的首领名叫福满。他生有六个儿子：长子德世库，住在觉尔察寨；次子刘阐，住在阿哈河洛寨；三子索长阿，住在河洛噶善寨；四子觉昌安，同祖父、父亲住在赫图阿拉；五子包朗阿，住在尼麻喇寨；老六叫宝实，住在章甲寨。兄弟们住得都不远，关系也好，便成为这一带很有实力和名望的家族，人称宁古塔贝勒。一些势单力薄的家族，看到宁古塔贝勒强盛，都来归附。唯有

昔日火山今日池

长白山天池，坐落在吉林省东南部，是松花、图们、鸭绿三江之源，也是中朝两国的界湖。在远古时期，长白山原是一座火山。据史籍记载，自16世纪以来它又爆发了三次，当火山爆发喷射出大量熔岩之后，火山口处形成盆状，时间一长，积水成湖，便成了现在的天池。

满族史籍《钦定满洲源流考》

《钦定满洲源流考》二十卷，清朝官修的关于满族先世及有关东北诸民族的史籍。乾隆四十二年由阿桂、于敏中、和珅等编纂。该书以专题的形式汇集了中国历代史籍中与满族先世有关的记载，订正了原文中记载的不实之处，但其引文的讹误和回护之处也很多。

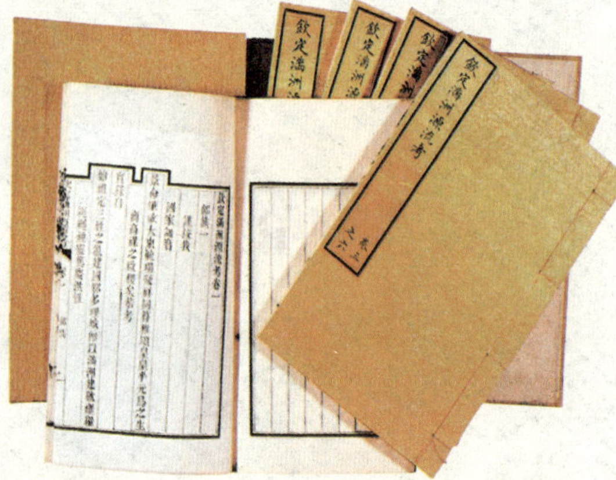

历史文化百科

〔东珠〕

清朝将产于东北地区的珍珠称为东珠。东珠也叫北珠，用于区别采自南方合浦等地区的南珠。它产捕于黑龙江、鸭绿江、乌苏里江、混同江及其流域的江河湖海。因白山黑水是清王朝的“龙兴之地”，因而统治者把东珠视作珍宝，作为一种对故土赐予的眷念和对祖先的尊崇，并用以镶嵌在表示权力和尊荣的冠服饰物上。王公贵胄以官爵、权力界定缀饰冠顶东珠的大小。皇后、皇太后的冬朝冠，缀饰的东珠和珍珠要有三百多颗，其中冠顶三层用东珠十三颗，用珍珠五十一颗。余如金约、耳饰、朝珠等，亦用东珠镶嵌，以昭示名分、辨别等级，显现皇家的至高权威。

世界大事记

荷兰统一。西班牙在菲律宾设行政机构，管理全岛。

努尔哈赤 英雄 传奇 《清史稿·太祖纪》

人物 关键词 故事来源

两个家族不肯俯首听命，一个叫硕色纳，仗着有九个身强力壮的儿子，另一个叫加虎，也仗着有七个武艺高强的儿子，他们不但经常欺侮弱小，还不时侵扰宁古塔贝勒。于是，祖父和父亲便要四儿子觉昌安出面，联合众兄弟，率领众族人一举征服了硕色纳和加虎，乘势统一了方圆二百里内的许多小部族。

仙女佛库仑

相传在很久以前，长白山的天池边住着三个美丽的仙女，老大叫大库仑，老二叫二库仑，老三叫佛库仑。一日佛库仑在天池沐浴，忽然飞来一只五彩鸟，当她把小鸟捧在手上，高高举起准备给姐姐们看的时候，鸟嘴衔着的那颗朱果一下掉到了她的嘴里，就势滚进了肚子。谁知佛库仑竟因此怀上了孩子，从而无法回到天上，只得留在人间。十三个月后，孩子生了下来，取名布库里雍顺。他就是满洲人的始祖。

中国大事记

努尔哈赤命额尔德尼、噶盖创制无圈点满文。

女真骑马武士雕刻

女真是黑水靺鞨的后裔。努尔哈赤统一建州女真各部后，又兼并海西部，征服野人部。创建八旗制度，称汗建国。皇太极时，改名满洲，女真之名逐渐消失。

方圆二百里内有山有水，清澈的苏子河西岸是平坦的沃土，可以耕作；周围苍翠的山林，可以狩猎。宁古塔贝勒日益强盛起来。

虎山长城

虎山明长城的东端起点是辽宁丹东虎山，当年曾抵御过后金的入侵。这是近年经过修复的长城，雄风依然。

努尔哈赤出世了

与祖父和父亲住在一起的觉昌安生了五个儿子。其中名叫塔克世的第四个儿子娶邻近部族首领阿古的女儿喜塔喇氏为妻，在明嘉靖三十八年（1559）生下一个儿子，这时，一副弓箭被悬挂在门前，它象征这个孩子未来是一个好射手，此人就是后来赫赫有名的努尔哈赤。

努尔哈赤从小就喜欢骑马挽弓，驰射山林。他长到十岁那年，母亲死了，继母纳喇氏常常虐待他。到他十九岁的时候，就分给他一点东西要他独自谋生。努尔哈赤上山采集松子、人参，打些野味，弄点山货，到抚顺马市上去换些钱回来补贴生活。塔克世见他很有志气，动了怜爱之心，想再分点财产给他，可是，努尔哈赤婉言谢绝了，他说："我这样生活已经很好，还是把财产留给弟弟们吧。"

努尔哈赤有两个弟弟，一个叫舒尔哈齐，一个叫雅尔哈齐。后来继母又生下一个巴雅喇，塔克世的妾也生下一个穆尔哈齐。努尔哈赤对四个弟弟都很关心体贴，四个弟弟也很尊敬哥哥。

三仙女浴布勒瑚里泊

正在沐浴的佛库仑三姐妹。

世界大事记

莎士比亚剧作在此前后风靡欧洲。

实用的满族马鞭

满族是马背上的民族，与马相关的用具就非常多，这根马鞭，装有手柄，鞭相当细密，显得精致实用。

喜读《三国》、《水浒》

努尔哈赤在与汉人的交往中，也粗懂汉文。他最喜欢读古典小说《三国演义》和《水浒传》，对小说中义结天下好汉和乱世出英雄的描绘有着极为深刻的印象。而书中的行军作战和方略，更为他日后转战疆场、用智用谋，提供了最佳参照。他常说："大丈夫生在世上，就应该轰轰烈烈地干一番大事业！"

后来，他果然实践了自己的理想，成了满族的英雄，被清宫子孙尊为开国的太祖皇帝。

《是一是二图》（清·丁观鹏绘）

丁观鹏（1736—1795），明末著名人物画家丁云鹏之子。丁观鹏学其父，擅道释人物，有出蓝之誉。图绘乾隆着古装端坐书房榻上，正在舞文弄墨，屏风上又有一幅乾隆头像，故自题诗曰："是一是二，不即不离。"

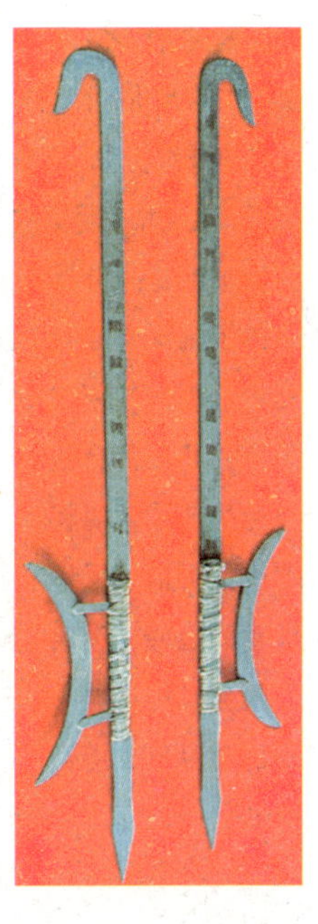

镶银护手月牙钩

清代是由游牧民族满族建立的，马上武器自然占有重要地位。钩可在短兵相接时使用，此钩为镶银护手，不是普通士兵使用的。

公元1615年

中国大事记

努尔哈赤确定八旗制度。

〇〇二

努尔哈赤起兵

努尔哈赤用父祖留下的十三副铠甲武装自己的亲族。

努尔哈赤原来一直是女真族中的亲明派，他的祖父觉昌安还被明朝任命为建州左卫都督，父亲塔克世为左卫都指挥使。可是，明万历十一年（1583），在平定建州右卫都指挥使王杲及其儿子阿台叛乱的战斗中，明将李成梁听信了尼堪外兰的挑唆，在攻打阿台时将进城劝降的觉昌安、塔克世父子一起杀害了。

清太祖朝服像

清太祖努尔哈赤，姓爱新觉罗，号淑勒贝勒，明嘉靖三十八年（1559），出生在建州左卫苏克素护部赫图阿拉城（今辽宁省新宾县）的一个满族奴隶主家庭。明万历十一年（1583），努尔哈赤以父、祖遗甲十三副起兵，“自中称王”。他率领八旗子弟转战于白山黑水之间，临大敌不惧，受重创不馁，以勇悍立威，受部众拥戴，历时三十多年，统一女真各部，推动了女真社会的发展和满族共同体的形成。万历四十四年（1616），在赫图阿拉建元称汗，国号大金（史称后金）。

觉昌安的孙女婿

原来那时女真族社会处于动乱之中，大大小小部族互相攻伐，都想争雄称霸。赫图阿拉城西北有两个城寨，一个是古埒城，城主便是王杲、阿台父子；另一个是沙济城，城主叫阿亥。他们都很有实力，也与宁古塔贝勒的关系都不错；那个阿台还是努尔哈赤伯父礼敦的女婿，也是努尔哈赤祖父觉昌安的孙女婿。

赫图阿拉城北是苏克苏护河部，有个图伦城的城主名尼堪外兰。此人势力不大，野心不小，为人狡猾奸诈。为了达到称雄的目的，使用长白山人参、貂皮、黑菜等贵重之物行贿明朝边将李成梁，在他跟前搬弄是非，说古埒和沙济的坏话。李成梁早就闻知古

清一

世界大事记

西班牙塞万提斯《吉诃德先生》全部出版。

阿台 李成梁 努尔哈赤

尊严 正义

《清太祖实录》

人物 关键词 故事来源

埒阿台桀骜不驯，听了尼堪外兰的谗言，便自作主张出兵讨伐古埒、沙济两城。那时的城不过是聚族而居的村寨土堡，沙济城见明军来攻，兵士一哄而散，明军轻而易举地拿下了沙济，然后就集中力量攻击古埒城。阿台却很会打仗，他一面据山依险坚守古埒城，用箭矢杀伤很多明军，并多次带兵绕城冲杀；一面向宁古塔贝勒亲家那里要求支援。

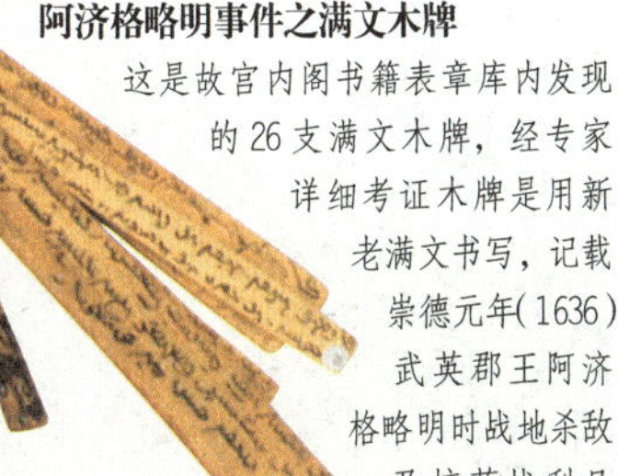

阿济格略明事件之满文木牌

这是故宫内阁书籍表章库内发现的26支满文木牌，经专家详细考证木牌是用新老满文书写，记载崇德元年(1636)武英郡王阿济格略明时战地杀敌及掠获战利品等事。

父子冒险进围城

觉昌安怕孙女遭到不测，就与塔克世一起率众前去。爷俩到得城前，觉昌安对塔克世说：“城内危险，我先进去说服他罢兵投诚，你在城外等我。”觉昌安进城见了阿台，对他说：“外面明军攻城紧急，还是罢兵讲和为好。不然，我想带孙女先出去，免生意外！”阿台说：“这城坚固，明军难以攻破。他要灭我，我怎能束手就擒？”一个劝降，一个不肯，双方相持不下。塔克世在外等得久了不放心，也进了城。

李成梁本想速战速决拿下这两个小城，不料遇到古埒城的强烈抵抗，自己部下还遭到惨重伤亡，便责怪尼堪外兰不该搬弄是非，威胁他说若拿不下此城便拿他问斩。尼堪外兰胆战心惊地来到古埒城下，壮着胆子向城头喊话说，明朝大军既然来了，就非攻下此城不可，决无空手回去之理。现在李总兵有令，谁能杀阿台，就委他当城主。城内有几个兵士信以为真，便密谋杀死了阿台，献出古埒城。

老满文木简

遵照努尔哈赤的旨意，额尔德尼、噶盖二人根据本民族语言的特点，仿照蒙古文字母，创制了满文。即所谓“老满文”或“无圈点满文”。

历史文化百科

[垄断人参采卖]

清人向以人参采卖作为重要经济来源，入关后便实行垄断，规定参山和人参属国家所有，不准常人随便采挖。朝廷参照盐引之法，发放采参印票，专人定量采集，由司库、领催等监督执行。采得之参，一律收缴皇室内库，多时每年可达千斤。宫贮人参有大枝、特等、头等和二三四五等及芦须、渣末和叶、籽、膏等分级。一般情况下，四等以上供帝后享用或制御药，五等以下用于赏赐官员、少数民族上层人物及外藩使节，或变价出售与作一般人药之用。垄断人参采卖，成为蓄养皇室、内务府及禁卫军，办公、津贴、赏赐等开销的重要财源。

公元1616年

公元1616年

中国大事记

努尔哈赤创建后金国，称大汗，年号天命。

《仙山楼阁图》（清·王时敏绘）

此画为作者七十四岁时的作品。画中山水繁密中见清疏雅逸之情趣，山势平平，笔墨飘逸而有灵气，近处以篆隶笔意写双松并立，更见苍翠奇古。

努尔哈赤御用剑

努尔哈赤一生统一女真各部，建汗国，大败明军。这柄利剑成了这个可汗必不可少之物。

十三副铠甲

城门大开，李成梁蓄意报复。他将城中的男女老幼骗出城外，下令部队包围杀戮，连献城投诚者在内，一个不剩。共杀戮了两千两百余人。觉昌安、塔克世和阿台的妻子祖孙三代也在其中。

努尔哈赤得到祖父、父亲和堂姐被杀的消息，不禁哭倒在地。他满腔悲愤地发誓说：“此仇不报，我决不罢休！”

明朝政府觉得此事确实说不过去，面对努尔哈赤的责问，只好承认是“误杀”，向他道歉，送给他三十匹马，并让他承袭都指挥使的职务。可是另一面却又公然亮出支持尼堪外兰的旗号，帮他筑建城堡，扶植他为建州女真各部之主。

努尔哈赤虽不甘心，但又无力攻明，只有先将仇恨发泄于尼堪外兰。他与弟弟舒尔哈赤回到本部落，便动员部族众人杀牛祭天，用祖父和父亲留下的十三副铠甲武装自己的亲族，正式起兵复仇。

南岭遗址

努尔哈赤曾在此指挥部下攻打叶赫部，并大获全胜。

历史大考场　清初影响最大的诗人，被称为“江左大家”的是谁？

世界大事记

荷兰人沙乌塔·德·合恩到达南美洲最南端合恩岛南之合恩角。英格兰莎士比亚死。

努尔哈赤 勇敢 《皇朝开国方略》

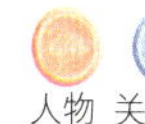

人物 关键词 故事来源

创建后金国

努尔哈赤连射五箭，箭箭中的。

明万历十一年（1583），努尔哈赤攻克图伦城，三年后又擒杀了尼堪外兰，报了一箭之仇。

筑城池建王制

努尔哈赤杀了尼堪外兰，征服了不少部落，势力大增。明万历十五年（1587），他跃马踏勘呼兰哈达山下的南冈，环视被他统一的满洲，决定在这里兴建一座新城。

这座新城建在首里河与嘉哈河之间的山坡上，取名费阿拉城。费阿拉城有三城相套，外城住诸将和他们的家族，内城住自己的家族，内城中心是努尔哈赤和他的家人，它用木栅围筑为城垣，内有神殿、鼓楼、客厅、阁台，最高为三层。努尔哈赤在这里发号施令，但对外仍用“明建州卫都指挥使”名义，表示仍

萨满神案

萨满教把神像绘于丝帛上，称之为神案。祭祀时加以供奉。

萨满祭祀神偶

萨满教是一种原始多神教。萨满教的神职人员称为“萨满”，他们经常把祖先的英雄造型制成神偶，做为祭祀的对象。萨满教赋予神偶一切人的灵性，认为神偶也需要吃、喝，也多有喜怒哀乐。所以要定期向神灵供奉各种祭祀品，并在萨满率领下，围绕着敖包跳古老的祭祀舞，这样才能愉悦神灵以保佑活着的人。

历史文化百科

〔满文〕

满族人说的满语，属于阿尔泰语系满—通古斯语族满语支。满文是借用蒙古字母，结合女真语言，拼读为字，于天命八年（1623）命额尔德尼等创制的，它系初创的无圈点满文，通称老满文，未能有完整的表达，在应用中发现字母少，清浊辅音不分，上下字无别，语法不规范，字形不统一。

天聪六年（1632），皇太极命达海改进无圈点满文，将它改为有圈点满文，并应用于努尔哈赤后金政权建立前所建立的档案。因此，记载从1607年至崇德元年间（1636）女真各部从分散到统一的《满文老档》是研究后金（清）早期社会历史的重要文献，要比清朝后来官修的前期史来得真实可信。

中国大事记 努尔哈赤以“七大恨”，誓师兴兵伐明。

是明朝的官员。费阿拉城成了努尔哈赤统治满洲各部的中心，在以十三副铠甲起事十年之后，他已拥有一万五千名将士了。

武艺高强，众部归顺

董鄂部有个好箭手，叫钮翁金，没人能超过他。努尔哈赤听说，便派人叫钮翁金过来，请他对着百步外的柳树射几箭。钮翁金也不推辞，下马挽弓搭箭，接连射了五箭，三箭射中树干，众军士齐声称赞。努尔哈赤拿过自己的弓来，搭上箭也连射五箭，箭箭射中树干，上下相距不超过五寸，众军士更是惊叹不已，钮翁金也情不自禁地上前拜服。

《满洲实录·额亦都攻克巴尔达城》

额亦都世居长白山，随努尔哈赤起兵，战功卓著，为五大臣之一。这是《满洲实录》中描绘他攻克巴尔达城时的场景。

不久，苏完部索尔果、董鄂部克辙巴颜之孙何和里与雅尔古寨的扈喇虎都来归附。努尔哈赤封索尔果之子费英东为一等大臣；扈喇虎之子扈尔汉也封为一等大臣，并收为养子；何和里则封为一等大臣，招为女婿。

建州北边有个叶赫部，首领杨吉砮几年前曾许努尔哈赤婚，将小女儿送他为妻。如今老人已死，接替

威严的萨满神衣（左图）

萨满必须有“神帽”、“神衣”、“神鼓”等一套用具。“神衣”是紧身对襟长袍，一般用鹿皮制作，周身上下缀有铜镜、小镜、腰铃等。下身后侧是飘带。萨满跳起“神”来，有节奏地敲“神鼓”，大小铜镜和腰铃相击作响，飘带四飞，俨然如沙场上的勇士，用以显示“神灵”的威严。

官修正史费时最长的是哪一部？

卢沟桥

自春秋战国以来，卢沟渡口就是南北交通的要冲，过去常以临时搭的浮桥渡河，极为不便。公元1153年，金主完颜亮定都中都后，这里成了金人的政治中心。为了改善都城的内外交通，金大定二十九年(1189)，在此建一座永久性的石桥。该桥初名广利桥，是一座连拱大石桥，与河北的赵州桥和泉州的洛阳桥并称为我国的三大古典名桥。至今已有八百多年的悠久历史，见证了无数次的战火。

他的是儿子纳林布禄。他见努尔哈赤十分了得，就把十四岁的妹妹那拉氏送了过来，同时表明叶赫部也从此归顺。

努尔哈赤一见这小姑娘生得花容月貌，举止典雅，不禁大喜。立即吩咐设席摆筵，拜堂成亲。四年之后，那拉氏生下个儿子，取名皇太极，就是后来清朝的开国皇帝。

讨伐“九部联兵”

那些归附的部落和来联姻的首领，其实都有自己的小算盘，包括叶赫部也不例外。他们要求努尔哈赤给他们一些土地和牲畜，努尔哈赤当然不会答应，他们就联合组织了“九部联兵”袭击努尔哈赤。所谓九部联兵实际上都是些乌合之众，不堪一击。努尔哈赤在古勒山上据险结阵，当九部大军像长蛇似地来到山下时，派出百余精骑袭击，一举将九部联兵打得大败，灭了哈达、辉发、乌拉诸部，然后集中兵力征讨叶赫。

叶赫部地处最北边，成了无援的孤军，只得向明军求救，说努尔哈赤要占整个辽东与大明对抗。此时，明朝也感到努尔哈赤的威胁加强，便派马时楠、周大歧率一千精兵前去支援，警告努尔哈赤不得侵犯叶赫。

努尔哈赤觉得同明朝交手还为时过早，因而他为表示对明朝忠诚，多次亲自到北京进贡，并被加封为龙虎将军；他借明廷旗帜，统一了女真各部。他对部下说：“现在的当务之急不是别的，而是积蓄力量。”

设八旗

努尔哈赤在费阿拉居住十六年，万历三十一年（1603）迁都赫图阿拉，在此期间，他把在统一战争中征服归顺的部族，每三百人设一牛录额真统领，五个牛录设一甲喇额真统领，五甲喇设一固山额真统领。各固山以旗帜颜色加以区别，先是黄、白、红、蓝四旗，后增镶黄、镶白、镶红、镶蓝四旗，称作八旗制度，平时种田狩猎，战时行军打仗。兵民合一，军政合一，他自己便是八旗的最高统帅，亲领两黄旗，其余六旗分由代善、皇太极等统领。

明万历四十四年（1616）春节，努尔哈赤端坐宝殿，右面站着阿敦，左边站着满文创制者额尔德尼巴克什。代善、阿敏、莽古尔泰、皇太极等各个贝勒、大臣、文武官员，分别四排四隅八处肃立，八旗八大臣跪进表章，给努尔哈赤上了“奉天复育列国英明汗”的尊号。告天之后，众臣山呼叩首，定年号为“天命”。但努尔哈赤办事谨慎，对外不作声张，三年后在取得萨尔浒大捷后，始亮出国号“后金”和“大金”。

中国大事记 后金国迁都沈阳。

〇〇四

萨尔浒之战

萨尔浒之战是后金与明兴衰的转折点，它显示了努尔哈赤的杰出军事才能。

努尔哈赤统一女真各部后，时逢辽东地区大水灾，粮食紧缺，有饿死于田野者，他就选择此时机，把女真人的怨恨引向明帝国。后金天命三年（1618）努尔哈赤发布“七大恨”告天，誓师后即督师攻明，袭取了重镇抚顺。

努尔哈赤震惊明朝野

抚顺失陷、周边十几个大小城池和四千多个村庄被掳掠的消息传到北京，朝野震惊。万历帝召集御前会议，作出设立山海关镇、加强京城防卫、调集兵马征剿的决定。另外，还批准了兵部的赏格报告：拿获或击毙努尔哈赤者赏银一万两；拿获或击毙八大总管、十二亲伯叔弟侄及有名头目者从优从厚升赏；被俘、投敌人员能俘献努尔哈赤者免死。

明朝调动大军十万，上将千员，兵分四路，气势汹汹向赫图阿拉杀来，恨不得将这异族小国犁庭扫穴，一举踏平。担任前线总指挥的是在官场混迹三十余年，而实际无军事指挥才能的辽东经略杨镐。他坐镇沈阳，把从蓟门、山西、山东等地征调来的明军和由元帅姜弘立、副帅金景瑞统率的朝鲜援军分作沈阳、开原铁岭、清河、宽甸四路，从西、北、南、东四个方向进攻后金大本营赫图阿拉。又派秉忠、张承基领兵驻辽阳，李光荣派兵驻广宁，既保后方，又备策应。后勤军需则交管屯都司王绍勋全权负责。一切布置就绪，便向后金国宣战。

萨尔浒战场

努尔哈赤十分镇静。他说：“凭你几路来，我只一路去！”仅派小股兵力布防在几个军事要点，却将大部队往西开拔，集中在抚顺一路，在萨尔浒（今辽宁抚顺东大伙房水库一带）运石筑城。

后金国与明军的第一个回合是铁背山前歼杜松，夺了明军萨尔浒大营，取得粉碎明军分进合击战略的决定性胜利。铁背山在浑河上游、苏子河下游会合处，

萨尔浒之战遗址

公元1619年发生的萨尔浒之战，是后金政权与明朝在辽东地区进行的一场具有决定意义的战略会战。在这次战斗中，努尔哈赤表现出了杰出的军事才能，他采取集中优势兵力、各个击破的战略，五天之内连破三路明军，歼灭明军约五万人，缴获大量军用物资，从根本上改变了辽东的战局：明朝方面由进攻转为防御，后金方面由防御转为进攻。

修复后的东京城南门天佑门

清王朝入关前，太祖努尔哈赤以辽宁新宾为开创后金政权的根据地，曾在辽宁地区几次迁都，留下了三座都城：兴京（新宾老城）、东京（辽阳）、盛京（沈阳），并称“关外三都”。

清 一

世界大事记

英、荷、丹缔结反哈布斯堡同盟。

故事来源：《明史纪事本末补遗》卷一　《清太祖实录》卷六

关键词：勇敢　胸怀

人物：努尔哈赤　杜松　马林　刘鋌

《满洲实录·攻破马林营图》

努尔哈赤与明军的战斗是艰巨的，但他英勇无畏，冲杀灭敌。而马林却心存畏惧，怎不落得丢盔弃甲，仓皇逃跑的境地。

山势雄伟，悬崖峭壁，浑河南便是萨尔浒，山多林茂。杜松率主力二万至此，天色已晚，他不想宿营，看看河水不及马腹，便裸骑渡河。部下请他披上甲胄，他笑着说："入阵被甲，不能算大丈夫。我自小当兵，现在都老了，还不知盔甲有几斤重呢！"士卒听他此言，也都解衣竞渡。此时后金兵马已在上游筑坝蓄水，于是决坝放水，杜松一彪人马刚渡到河中，立即被淹死一千余人。杜松过河后分军为二，一设大营于萨尔浒山下，一由他率领抵吉林崖攻界凡城。努尔哈赤集中兵力，一鼓作气，攻破萨尔浒大营；挥师回援界凡城，杀得明军落花流水，杜松也落马战死。

第二个回合是击败开原、铁岭一路的马林军。后金兵萨尔浒大获全胜后，在尚涧崖同马林所率明军北路遭遇。努尔哈赤亲率主力赶来，支援已经投入战斗的皇太极所率两旗。马林分军为三，互为犄角，

历史文化百科

〔清皇族特权的象征：黄带子、红带子〕

满洲贵族最高层就是皇族。皇族即指爱新觉罗家族。它按血缘圈的近远，还分为宗室和觉罗。宗室即清（后金）开创者努尔哈赤（清太祖）及其兄弟（如济尔哈朗）的后裔，系佩黄带子；觉罗，即努尔哈赤父系兄弟的后裔，系佩红带子。他们的子孙均可承袭爵位。如努尔哈赤后裔世袭多达 1987 人，其中亲王有 140 人，郡王 94 人。凡系黄带子、红带子，均可就读宗室学校或觉罗学校，毕业后即可以做官。他们还享有多种政治特权，如杀人伤人不受官府和刑律约束，由宗人府处理。

《丛山兰若图》（清·王铎绘）

王铎（1592—1652），字觉斯，号嵩樵，又号痴仙道人，河南孟津人。明末清初画家。此画山峦重叠，草木丰蔚。构图饱满，不拘成墨，属文人笔墨游戏的风范。

中国大事记

努尔哈赤攻宁远，败。病死。尊太祖。皇太极继承汗位，以明年为天聪元年。

号为“牛头阵”，被金兵分头袭破，仅总兵马林得以身免。

努尔哈赤全歼西、北两部明军后，仍以少许兵力狙击李如柏一路，牵制其前进速度。随后集中大部兵力，聚歼刘綎统率的东路明军。山险道狭，路不好走，刘綎带领人马缓慢行进，他还不知杜松之军已被歼灭。行至距赫图阿拉约五十里的阿布达里冈隘口，碰到一个手拿杜松令箭的人催他速去会战。刘綎勃然大怒，心想你杜松与我同为大帅，有何资格向我传令！但又不愿让杜松抢了头功，便下令加速进军。他哪里知道来人乃是后金国的间谍，激他去钻圈套。行不多时，一队打着杜松旗号的人马迎来，引着刘綎的队伍进入后金八旗主力布置好的阿布达里冈包围圈。大贝勒代善取中路攻入，与伏击在瓦尔喀什山南的四贝勒皇太极上下夹攻。从上午直打到晚间，刘綎被流矢射中左臂，继续奋战，又伤右臂，仍不罢手，脸被刀削掉半个面颊，犹在左冲右突，杀死金兵数十人，直至气绝。朝鲜兵早因后金坚壁清野，饥饿多日，至此已无心再战，只得向代善缴械投降。

明军惨败

明军前线总指挥杨镐本来一心等着捷报，不料传来杜松、马林两路覆灭的消息，便下令撤军。刘綎未获命令已被歼灭，仅李如柏南路军接到命令迅速回军，途中却被二十名后金哨兵追杀，自相践踏，损失了千余人，但总算得以保全了建制。

明朝在这场战争中损失惨重，三天之内四个前线指挥官及大小将领三百余人战死，四万五千八百多士兵阵亡，骡马枪炮辎重丢失无数。而金兵据说死亡不足二百人。

萨尔浒之战后，明军士气动摇，而努尔哈赤不仅保持了后金政权，而且赢得了对明朝作战的主动权。自此以后，努尔哈赤的胃口更大了。

《白云红树图》（清·刘度绘）

刘度（生卒年不详），字叔宪，一作叔献，钱塘（今杭州）人。明末清初画家。擅画山水，为蓝瑛弟子。此图系没骨青绿山水，飘动感颇强。全画色彩浓艳，然并无甜俗之气。

世界大事记

西班牙派军占领了中国台湾北部的鸡笼（今基隆）。

人物 努尔哈赤

关键词 胸怀　谋略

故事来源 《清太祖实录》卷六、卷八、卷九

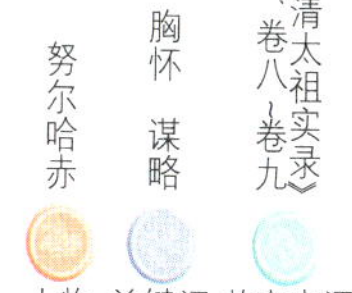

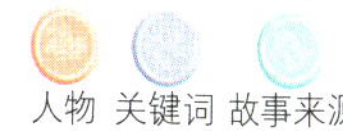

〇〇五

建都沈阳

努尔哈赤说：沈阳之地，四通八达。

随着统一女真和对明征战的胜利，努尔哈赤的疆土大大扩充，都城也由开始的出生地费阿拉，二迁至赫图阿拉（今辽宁新宾），三迁至界凡城，四迁至萨尔浒山城，五迁至辽阳，最后定都沈阳。

由赫图阿拉迁都

努尔哈赤在赫图阿拉居住十六年，随着对明征战的胜利，他锐意进取，选择了赫图阿拉以西一百二十里的界凡建设新都。正当他运石筑城时，明军发动大规模进攻。不久他取得萨尔浒大捷，决意将重心西移，在界凡修建宫殿，屯田牧马。

满洲很多贵族不同意。他们不懂得努尔哈赤攻明的意图，竭力要求返回旧都，由于努尔哈赤坚持己见，只得遵从。他迁居界凡后，西征北战，陷铁岭，灭叶赫，在驻扎十五个月后，又西迁萨尔浒山城。

在萨尔浒城，努尔哈赤又指挥了攻取沈阳和辽阳的战役。未及半年，又迁都辽阳。

辽阳建制

后金天命六年（1621），后金占领明辽东首府辽阳，努尔哈赤立即计划将其作为都城。可是守旧的贝勒们又不愿迁都，经过他竭力解释，他们才理解辽阳之地，乃明、朝鲜和蒙古接壤要害之区，今日弃之，他日又得征取。就此定下迁都辽阳之大计。兴筑宫殿，称为东京。努尔哈赤在辽阳建都四年。

在辽阳期间，努尔哈赤强化了立法，以保证原先所定的三审制度，即案件首经理事官十人审问，再由理政听讼五大臣复审，然后交由诸贝勒界定。他到辽阳后，多次重申，并要各贝勒、大臣，每五天聚集一次，对天焚香叩头作保证；在审案中，不许受贿、勒索，也不准喝烧酒，吃佳肴。他对私取财物特别痛恨，大学者额尔德尼巴克什就是因此被诛

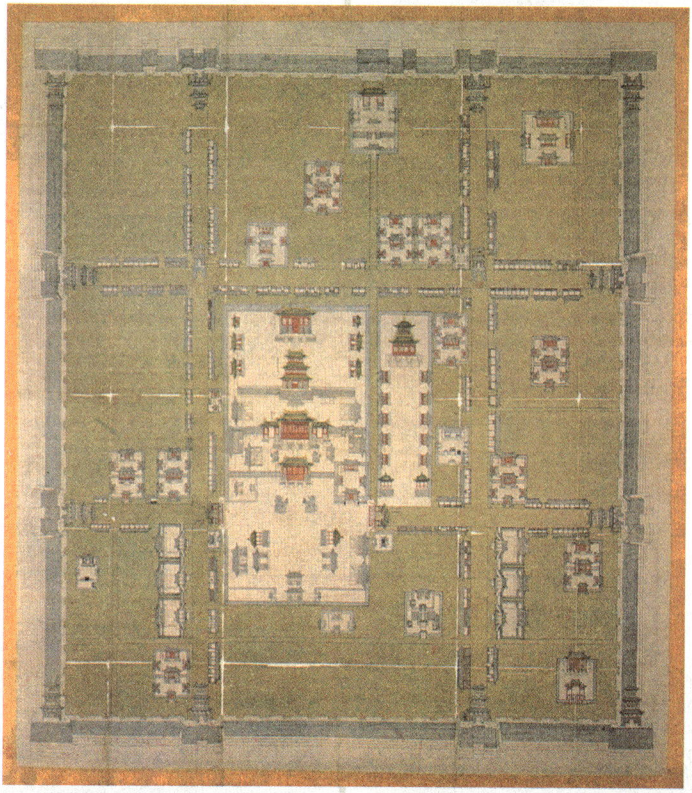

沈阳城最早的概貌图《盛京城阙图》

《盛京城阙图》是现存的关于沈阳城的最早的形象资料。珍藏于中国第一历史档案馆，是绢本彩图。图中描绘了沈阳城的整体布局，标注了八座城门，四座角楼及城内的主要建筑。

话说中国

中国大事记

皇太极改国号后金为大清，称皇帝，年号崇德。

杀的。据《满文老档》称，一次他的侄子济尔哈赤、宰桑武和孙子岳托、硕托因私分财物而获罪，努尔哈赤命他们穿上妇女衣裙，并画地为狱，监禁三天三夜。他还亲去四位贝勒幽闭之处，严加叱责，向他们脸上啐唾沫。

努尔哈赤的刑律极为残酷，如他把“剃发”奉为国家大法，每攻占一个汉人聚居区，第一号命令就是剃发；“剃发”被作为降顺标志，强令“剃发”，凡拒不剃发者格杀勿论，妻女没为八旗官兵奴婢。在他的占领区，许多汉人愤而反抗，软弱者情愿自杀，终不肯剃发。

沈阳故宫的十王亭

沈阳故宫建于1625年，后金第一代汗努尔哈赤开始修筑，努尔哈赤死后，第二代汗皇太极继续修建完成。沈阳故宫的建筑布局可以分为三路。东路为清太祖努尔哈赤时期建造的大政殿与十王亭。中路为清太宗皇太极时期续建的大中阙，包括大清门、崇政殿、凤凰楼以及清宁宫、关雎宫、衍庆宫、启福宫等。西路则是乾隆时期增建的文溯阁、嘉荫堂和仰熙斋等。东路的建筑是很有特色的。大政殿居中，两旁分列十个亭子，称为十王亭。十王亭是左右翼王和八旗大臣办事的地方。

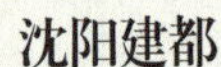

沈阳建都

后金天命十年(1625)，努尔哈赤又迁都沈阳。当时，诸贝勒、大臣反对迁都。他竭力坚持，说：“沈阳之地，四通八达，西征大明，只要渡过辽河，路程又直且近；

沈阳故宫的大政殿

大政殿是用来举行大典，如颁布诏书，宣布军队出征，迎接将士凯旋和皇帝即位等的地方。

凤凰楼

凤凰楼是沈阳故宫中最高和最有代表性的建筑，融合满、汉、蒙、藏多民族建筑艺术于一身，是当时的“盛京八景”之一。曾是当年皇太极开宴会、举行盛大仪式的一个重要场所。

世界大事记

荷兰在西印度群岛击败西班牙人。

《山水图》（清·普荷绘）

普荷（1593—1683），僧人，一名通荷，号担当，俗姓唐，名泰，字大来，云南晋宁人。明末清初画家。工诗，擅画山水。此图画溪山、流泉、杂树、房舍、茅亭，远近错落。笔致纵放，用笔随意点染，给人以幽谧之感。

北征蒙古，仅两三天；南征朝鲜，自清河即可到达。此处林木郁郁，附近山兽河鱼丰富多多，所以必须迁都。”

努尔哈赤雄才大略，他选择沈阳为都的决策，更加有利于对明的进攻，也强化了后金王国。

沈阳后译为盛京（兴盛之都），努尔哈赤迁都后，大兴宫殿，主体建筑就有大衙门（大政殿）和它左右排列的八旗亭(后增左翼亭、右翼亭为十王亭)，这些组合的建筑群，正反映了后金汗与八和硕贝勒的共同议政，也突出了国家八旗制度。后来乾隆帝北巡盛京有诗赞曰：一殿正中居，十亭左左分；同心筹上下，合志立功勋。辛苦缅相共，规模迥不群；世臣胥效落，宗子更摅勤。 〉盛巽昌

“七大恨”木刻揭榜（右图）

1618年（明万历四十六年，后金天命三年）4月13日，努尔哈赤以“七大恨”告天，出兵伐明。这七件恨是：(1)明朝无故杀害努尔哈赤父、祖；(2)明朝偏袒叶赫、哈达，欺压建州；(3)明朝违反双方划定的范围，强令努尔哈赤抵偿所杀越境人命；(4)明朝派兵保卫叶赫，抗拒建州；(5)叶赫由于得到明朝的支持，背弃盟誓，将其“老女”转嫁蒙古；(6)明当局逼迫努尔哈赤退出已垦种之柴河、三岔、抚安之地，不许收获庄稼；(7)明朝辽东当局派遣守备尚伯芝赴建州，作威作福。

〉历史文化百科〈

〔皇太极为本民族正名〕

天聪九年（1635），皇太极特别颁发谕旨：“自今以后，一切人等只称我国满洲原名，不得仍前妄称。”皇太极还禁止说满族是从肃慎、女真发展而来。从此，满洲族（原称满族）沿用至今。翌年四月，皇太极正式改国名为“大清”。

努尔哈赤之死

相传努尔哈赤被炮击伤，半年后因伤重不治，又突发痈疽而死。

明廷三换相

努尔哈赤攻占广宁后，达到了他戎马四十年的巅峰，明朝君臣更觉得惊恐不安。兵部尚书张鹤鸣害怕皇上追究他的失职之罪，自请去山海关前线督师。天启皇帝如获救星，即刻给他加官晋爵，赐以蟒袍玉带及尚方宝剑。无奈张鹤鸣并非真心要去关外力挽狂澜，不过是以进为退罢了。那时明军把去东北作战视为畏途，说入关一步是乐园，出关一步是鬼乡。张鹤鸣奉旨后，磨蹭了十七天，才去山海关。到了那里未采取任何措施，拖延了一些日子便向朝廷递了个病体不支、申请离职还乡的报告。天启帝只得命宣府巡抚解经邦前去接替，但解某连上三本，力辞重任，宁可削职为民，也不敢

《福陵图》（清·佚名绘）

福陵一般称为东陵，是清太祖努尔哈赤及其后妃的陵墓。位于沈阳市东郊，建在一块丘陵之上，前有浑河，后倚天柱山，由前向后地势逐渐升高。始建于天聪三年(1629)，顺治八年(1651)竣工，后屡经改建、扩建，整个陵园占地19.4万多平方米。

清朝祖陵永陵

永陵，满语称“恩特和莫蒙安”，坐落在新宾县城西二十一公里启运山脚下的苏子河畔。是大清皇帝爱新觉罗氏族的祖陵。陵内葬着努尔哈赤的六世祖猛哥帖木儿、曾祖福满、祖父觉昌安、父亲塔克世及伯父礼敦、叔父塔察篇古以及他们的福晋。明万历二十六年（1598）始建，初称兴京陵，清顺治十六年（1659）尊称为永陵。是著名的关外三陵之一。

启运殿

启运殿又称享殿，是永陵建筑群中的主体建筑，也是清朝皇帝举行祭祀大典的殿堂。殿顶正脊上浮雕八条戏珠行龙，两端鸱吻的剑把头上分别透雕“日”、“月”二字，寓意祖先的神灵保佑清朝的江山如日月永恒。

向山海关迈一步。皇帝无法可想，就下令廷臣推荐，并说明推荐出来的人，不管愿与不愿，必须到任。推荐结果，王在晋得票最多。皇帝当即下令刻期上路，不服从就绳之国法。王在晋无法推辞，硬着头皮去了山海关。然而王在晋只会夸夸其谈，并不懂军事，任职半年，形势继续恶化，孙承宗自请赴山海关外实地考察，他回来后自请出任经略，朝廷于是调走了王在晋，让孙承宗以兵部尚书兼东阁大学士主持辽东一切事务。

孙承宗一到山海关，立即调整指挥系统，命总兵江应诏定兵制，监军袁崇焕修营房，总兵李秉诚练火器，广宁道万有孚主采木，司务孙元化筑炮台，游击祖大寿驻觉华岛负责粮饷器械。不多时，一道将宁远、锦州与山海关连成一体的宁锦防线布置就绪。

号称二十万大军漫野而来

孙承宗决计在关外各地设城，并特别强化宁远城守。这一阵，努尔哈赤虽忙着迁都，但占据关东乃是他的既定方针，迁都就绪，他又向明军发起了进攻。

后金军过辽河，兵分两路，一路沿海岸南下，一路沿广宁大路前进，连克锦州、松山、大小凌河、杏山、连山、塔山等城，而后截断宁远至山海关的大路。这时候，孙承宗因受阉党排挤，罢官回乡，接替他的是阉党爪牙高第。高第接任后，就下令撤销关外各城守备，将兵丁尽撤入关。

只有袁崇焕不从，于是宁远成了一座孤城。

宁远本来无城，袁崇焕赴任后，发现宁远的战略地位，才筑城作为战略要地。

明朝忠臣袁崇焕

袁崇焕（1584—1630），祖籍广东东莞，后落籍广西藤县。明万历进士，初授福建邵武知县。后因心系辽疆，毅然投笔从戎，官至兵部尚书，督师蓟辽。崇祯二年（1629），皇太极亲率大军避开袁崇焕的防区，攻下遵化，直逼北京城下。袁崇焕闻讯率部星夜驰援京师，获广渠门、左安门大捷，解京师之危。后崇祯帝却因阉党余孽的谗言，中了皇太极的反间计，认定袁崇焕与后金有密约，反而将他逮捕处死。

历史文化百科

清代的“人殉”

据历史文献记载，清前期仍保留有生人殉葬制度，且加以鼓励实施。具体事例有：其一，努尔哈赤死后，随即有三人殉葬：一是努尔哈赤最为宠爱的、小他三十一岁的大妃阿巴亥；二是两位“庶妃”。至于努尔哈赤的元后叶赫纳喇死时，更有四个奴婢被迫殉葬死去的主子。其二，皇太极死时，则有章京敦达里、安达里二人为其殉葬。其三，多尔衮死时，侍女吴尔库尼也为其“主子”而生殉。这种“人殉”的制度和习尚，直至康熙初年才被禁止。

中国大事记

清军大破明军于松山和塔山、杏山，洪承畴俘降。

努尔哈赤让人带信给袁崇焕，说宁远孤城已被二十万后金兵包围，破城易如反掌，劝他不要不识时务，马上缴械投降。袁崇焕大笑说：“夸大其词。奴酋所率兵马不过十三万，我怎么能嫌这种数目少呢！”明军自总兵满桂以下的二万将士都表示了誓与孤城共存亡的决心！

努尔哈赤撤退

努尔哈赤听说袁崇焕要死守宁远，不禁大怒，当即下令攻城。

袁崇焕早有迎战准备。城下的后金军在震天的呼喊声中登梯攻城。城内军民同仇敌忾，齐心参战，不能登城作战者就保证后勤供应，把守巷口，严防奸细。登城打仗的则万众一心，不断用箭矢、火炮杀伤敌兵。

努尔哈赤见强攻登城死伤惨重，就下令凿墙毁城。谁知天寒地冻，城墙犹如铜墙铁壁，费九牛二虎之力也凿不坍一块，反又增加许多伤亡。

聚奎塔

此塔位于福建邵武。袁崇焕在福建做县令时，曾手书“聚奎塔”。后袁崇焕曾在此会聚各路人马，保城卫国。

宁远城钟鼓楼

宁远古城与西安古城、荆州古城（今江陵县城）、山西平遥古城同被列为我国迄今保留完整的四座古代城池。宁远城呈正方形，设四城门，城内正中有一座钟鼓楼。在明与后金军队征战期间，镇守宁远城的明军主帅袁崇焕就坐镇钟鼓楼指挥作战。天启六年（1626）正月，清太祖努尔哈赤率兵十三万围攻宁远城，身负重伤而败退。天启七年五月皇太极统军再攻宁远城，再败城下。

次日，努尔哈赤指挥后金兵强攻宁远城西南角。这是明军防守的薄弱环节。袁崇焕得报，立即赶到城楼，先令兵民偃旗息鼓，待敌兵接近，即施放西洋大炮猛轰，把后金的楯车打得粉碎。努尔哈赤换了几个方向，都没能将城攻破。

第三天，守城明军继续用炮轰击，八旗将士被炸得人仰马翻。后金因死亡过多，只顾抢运尸体，天寒地冻无法掩埋，只好运到砖窑焚化。这也影响了士气。努尔哈赤无计可施，这是他用兵四十余年来仅有的大惨败。相传他于攻城时被炮火击伤，导致半年后因伤重不治又突发痈疽而死。在撤军时，他派蒙古八旗武纳格攻陷觉华岛，把明军屯粮辎重焚毁，还将岛上明兵及商民数千人屠戮，才气恼地退回沈阳。

宁远鏖战，袁崇焕依靠军民上下一致，取得了明朝与后金交锋以来的一次大胜仗。

大清建朝

努尔哈赤死后，皇太极继承了汗位，于1636年建立大清国。

努尔哈赤死后，经过一场平静而又激烈的明争暗斗，他的第八个儿子、四贝勒皇太极继承了后金国汗位。

仿明制，改革权力机构

根据努尔哈赤生前的安排，兄弟几个共治国政。皇太极虽然坐了汗位，却受到掣肘，实际上仍旧不过是正黄旗一个贝勒罢了。

三十四岁的皇太极，毕竟不是等闲之辈，他既有卓越的军事才能，又有非凡的政治手段。不用多久，他就做成了几件事：一是整编庄户，放庄园汉人为民户，选汉官管理汉民。二是发展农工生产，保障经济供给力量。三是实行军事改革，组织了蒙古八旗、汉军八旗，造了不少叫做“天佑助威将军”的红衣大炮，将黑龙江流域统入后金国版图。四是进行国家机构改革，仿明朝制度，设立户、吏、礼、兵、刑、工六部，下置承政、参政、启心郎等职官，由满人、蒙古人、汉人任职，既调动了各民族的积极性，又分散了满人贵族的权力。有个名叫李佰龙的汉人参政建议，今后凡是为官的都应按班次排列入朝舞拜。皇太极觉得正合心意，马上允准，下令此后不再兄弟同受朝拜，又规定六部贝勒都要到衙门上班，不得在家办公。五是实行考试制度，选拔人才，量才录用。由此，范文程进了文馆，做了相当于内阁的官员，宁完我当上了参将。六是定服制，别尊卑。规定护军以上才能穿绸缎，其他人只能着布衣。同时规定黑狐帽、五爪龙、明黄、杏黄、金黄、紫色，非汗赏赐不得随便使用。又明令规定亲王、郡王、贝勒、贝子、公主、格格、额附等级和公文样式。

皇太极在整治内政的同时，也开始注意几个贝勒的行动。他以屠杀关内永平、迁安两地降官和军民罪，将二贝勒阿敏幽禁；以持刀上殿罪，将三贝勒莽古尔泰降级为普通贝勒，后又以图谋

皇太极像

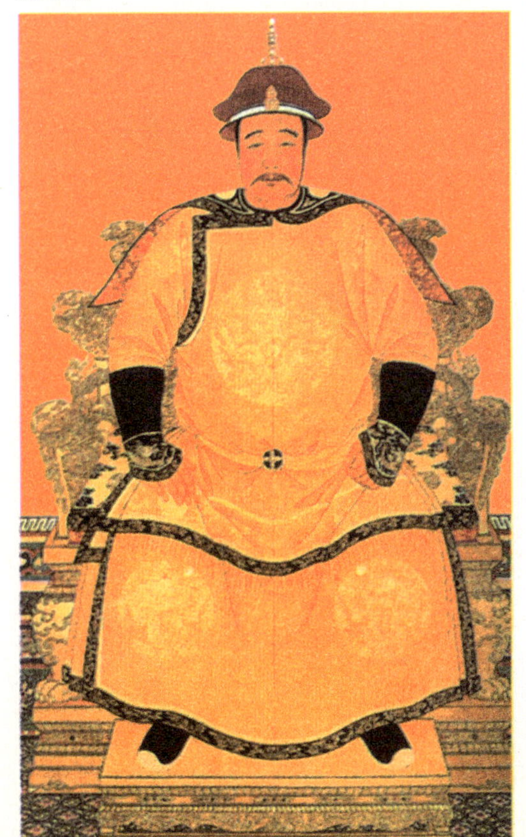

皇太极甲胄

此套甲胄共重约12.25千克，是乾隆朝根据皇太极的遗物重制，以缅怀祖先。

“式”原意是样式、规格，中式指符合规格，即科举考试合格。

中国大事记

清廷厚礼款待西藏达赖使者。

皇太极马鞍

昔日陪伴英雄的宝马已不在，但马鞍却可以留作永久的纪念。

不轨之罪，剥夺了他对正蓝旗的领导权。另外，对大贝勒代善的权力，他也有计划地加以削弱。

多尔衮从降服的察哈尔林丹汗妻苏泰太后处得到一块刻有“制诰之宝”字样的传国玉玺，献给了皇太极。贝勒大臣们知道皇太极的心思，便商议劝进。由弘文院出面，希福、刚林等会衔上奏，说是上天默助，请汗登皇帝之位。群臣越是这样，皇太极越想拿拿架子，他要诸贝勒有个尊君的明确态度。多尔衮等贝勒便各自写了效忠信，焚香跪读，对天发誓今后要坚守臣节，效忠皇帝。这还不够，皇太极又示意让朝鲜国王也送份劝进表来，那样就显得更加光彩。

皇太极腰刀

对于一个驰骋疆场的勇士来说，精良的武器是必不可少的。该腰刀全长94厘米，钢质刀身。

国号大清，纪年崇德

天聪十年（1636）的大年初一，皇太极想排练一下君臣定位之后的威严阵势。黎明时分，他率诸王大臣出抚近门谒帝庙，入宫拜祭祖宗之后，已是辰时。回到汗殿，只有大贝勒代善坐在他的右边，先由多尔衮率多铎、岳托、阿巴泰、阿济格等贝勒向皇太极朝拜祝贺，然后是外藩蒙古诸贝勒、八旗官将、众大臣等，按部就班向皇太极进行新年朝贺。

此后，多尔衮便受命筹办登基大典。通知都已发出，边外蒙古十六国四十九贝勒的贺礼都先后送来，眼看时机已经成熟，便决定于四月十一日登基。这一天，由多尔衮主持登基大典。皇太极率领着众贝勒、大臣及蒙汉诸官员，对天宣读祝文。结束之后，他登上绣金团龙椅宝座，徐徐坐定，听左班多尔衮和硕贝勒及科尔沁土谢图济农巴达礼捧着玉玺，右班岳托和硕贝勒及额哲捧着宝册，宣读表文进上，众文武大臣行三跪九叩礼，山呼万岁。

历史文化百科

〔传国玺的真伪〕

传国玺，通常是指春秋卞和得自荆山（湖北南漳）的玉玺，由秦始皇命李斯制作的皇帝图记。它历经各朝各代，传至唐末，尔后在战乱中失踪。

皇太极得自元后裔的那块传国玺，相传系南宋亡时，在临安（浙江杭州）献给忽必烈大帝的宋王朝传国玉玺，元末妥欢帖睦尔（元顺帝）从大都（北京）出逃时携带至沙漠的。顺治帝定鼎北京，紫禁城交泰殿藏有39方皇帝之玺，其中一方，就是这方刻有“受命于天，既寿永昌”的传国玺，但在乾隆十一年（1746），乾隆帝从中钦定25方可藏天子玉玺时，将此方宝玺摒除，可见，它是一方赝品。

世界大事记

英格兰议会通过“三年法案”。规定每三年召开国会一次。

从这一天起，皇太极被尊为宽温仁圣皇帝，建国号大清，改纪年为崇德。

大清国正式诞生了。

《岁朝图》（清·蒋廷锡绘）

清代画家蒋廷锡擅画花卉，画风自然洽和，风神生动，得恽寿平韵味。《岁朝图》描绘了新春时盛开的应时花卉和树木，全图用笔工整，造型准确，敷色鲜丽，浓淡得宜，给人以清逸秀爽、恬静润雅之感。说明画家对客观事物有细致入微的观察。

察哈尔妇女头饰

生活在大漠的蒙古族，常以动物皮毛为衣，金玉珠宝为饰，形成具有独特风格、并适应游牧生活的服饰特征。蒙古族至清代出现了三十余个部落，反映在服饰上，地区差异明显，尤以妇女头饰最有特色。察哈尔妇女头饰由头围箍、流穗、后帘构成。头围箍上缀嵌珊瑚、松石的镏金花座，两侧以精致的镂空蝴蝶饰（或镂花饰）连接流穗。脑后为一弯月形錾花饰片，下接由珊瑚、松石珠穿编成网状后帘，帘长及肩，十分瞩目。

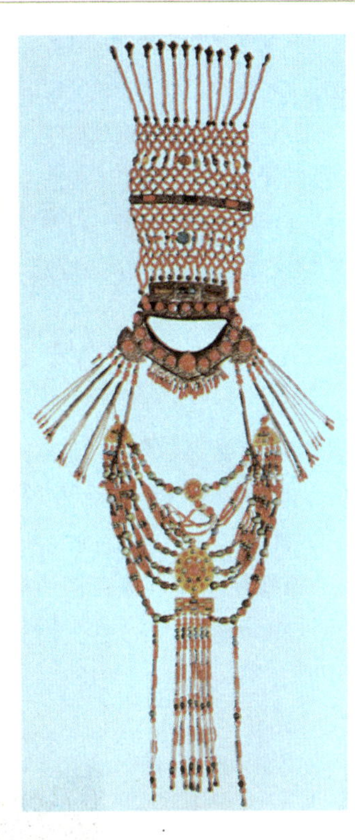

康熙年制珐琅彩络丝图纹瓷盘

中国大事记

皇太极死，庙号太宗。福临即皇帝位，以明年为顺治元年。多尔衮摄政。

〇〇八

包围北京城

皇太极巧用了“蒋干盗书”之计，借崇祯帝之刀杀了袁崇焕。

明朝崇祯帝继承皇位以后，把东北的军事全权委托给了袁崇焕。这位曾经在宁远城挫败努尔哈赤的明将，对皇太极来说，当年是杀父的仇敌，而今又是自己灭明道路上的严重障碍，总想把他除掉。

三路入关逼北京

天聪三年（1629）十月，朔风袭来，已有寒意。皇太极统率数十万清兵，迂回作战，进入内蒙古地区的老哈河，安营扎寨后，他召集诸贝勒将官布置了作战任务。第一路由济尔哈朗、岳托带领，共右翼四个旗的兵力加上蒙古的一部分兵力，袭击大安口，进攻遵化城；第二路由阿巴泰、阿济格带领，共左翼四个旗兵力加上蒙古一部分兵力，从龙井关攻入；第三路是由他与代善、莽古尔泰带领的中军，攻洪山口，然后到遵化同济尔哈朗会合。他们一路斩关攻城，进展顺利。遵化守将王元雅见城被围，援兵被歼，上吊自杀。再挥师西进，蓟州明将开城投降。袁崇焕闻讯，率军驰援蓟州，皇太极不想同他决战，悄然溜走，往西直奔北京。袁崇焕得知金兵直奔京师后，心急如焚。于是，人不吃饭，马不喂草，拼命赶路，终于抢在了皇太极的前头。当他驰抵北京广渠门时，后金兵已占领了离北京只有二十里的京郊牧马厂。皇太极见袁崇焕来得如此神速，不禁倒吸一口冷气。两军展开激战，炮声震得紫禁城殿阁窗棂格格作响。整整一个上午，袁崇焕督军死战。皇太极轻骑巡视，见战场路隘且险，不利大兵团作战，不得不停止攻击。

巧妙运用反间计

皇太极见光用武力对付袁崇焕难以取胜，必须用反间计才能将他除掉。他曾用反间计假议和为名，利用袁崇焕和抗金将领毛文龙的矛盾，使袁崇

德胜门箭楼

德胜门箭楼位于北京城北垣西侧，是明清北京内城保存至今的三座箭楼之一（另两座是正阳门箭楼和东便门箭楼）。始建于明正统二年（1437），素有“军门”之称，当时包括箭楼、门楼、瓮楼等建筑，是京师通往塞北的重要门户。

世界大事记

英查理一世企图逮捕议会成员，伦敦市保护。国王与议会各招募兵丁。

人物：皇太极　袁崇焕　崇祯帝

关键词：权术

故事来源：《国榷》卷九十　《清太宗实录》卷五

袁崇焕墓碑拓片

一块"有明袁大将军墓"墓碑，也算是给冤死之人一个慰藉。

焕杀了毛文龙。现在他把参将鲍承先、副将高鸿中召来，附耳叮嘱，如此这般，两人领命而去。

还在袁崇焕统兵入蓟时，北京朝中就有说他引导后金兵进京的传闻。朝廷怕有变故，下令他不得越蓟州一步。副总兵周文郁建议屯兵张家湾，与通州后金兵相距十五里，有利于寻机作战，不宜挟重兵靠拢京师。无奈袁崇焕救京心切，竟没有采纳，对外界的谣言也毫无觉察。

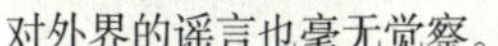

高、鲍二人奉了皇太极密旨，回到营帐，已是深夜。他们的职责是看守牧马厂俘虏的两个太监。此二人这时正躺在帐中装睡。他俩坐下，故意压低声音交谈着。一个说今日的撤军罢战是事出有因的；另一个说皇上与袁将军已有密约，二人已商量攻陷北京的计谋。他们故意装着不让太监听到，事实上正是说给

崇祯皇帝自缢图

明崇祯十七年(1644)，李自成率领农民起义军攻入北京城，崇祯皇帝走投无路，逼死皇后刺伤公主后爬上景山，吊死在老槐树上。

他们听的。

次日傍晚，夜幕刚刚垂下，一个明朝降卒悄悄潜入营帐。匆匆对一个姓杨的太监招招手说："现在没人，快跟我走！"他们溜出营帐，消失在茫茫夜色之中。

崇祯帝刚愎多疑

崇祯帝坐在寝宫里，原本对袁崇焕拍胸脯，保证五年能恢复辽东表示怀疑，后来又对他擅自诛杀毛文龙难以理

康熙年制画珐琅牡丹纹小瓶

历史文化百科

〔八大王与八分公〕

清代宗室中前期佐命元勋或建有威赫战功的八家亲王、郡王：礼亲王、睿亲王、豫亲王、肃亲王、郑亲王、庄亲王、顺承郡王、克勤郡王，享有王位累世相承，世袭罔替的殊荣。因此，这八家统称八大王，俗称铁帽子王。八分公是指努尔哈赤时所立共议国政的八个和硕贝勒。他们各置官属，凡朝会宴飨都有非常礼节，赏赐同等，所以称作八分公。

中国大事记

李自成进京，明亡。清军由吴三桂导引入关。顺治帝迁都北京。

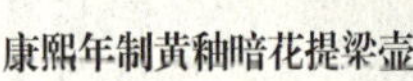
康熙年制黄釉暗花提梁壶

解，加上袁崇焕在宁远大捷后竟力主和议，这时正想着心事，姓杨的太监给他带来了惊人的消息。这个太监将昨夜窃听到的话一五一十报告了皇帝，使得本来就满腹狐疑的崇祯帝惊出一身冷汗，就断定是袁崇焕纵敌进京，逼朝廷订城下之盟。

体现满族人传统美德的祖宗像

满族人注重礼仪堪称典范。在满族中流传着一句话叫作“礼重孝轻”。满族人无论何时何地何缘故，长幼尊卑，祖先神灵之礼不能稍废。满族人不仅年节、喜庆、丧亡礼节繁多，平时也是“三天一小拜，五天一大拜”，家里一般都供奉祖宗牌位以及画像以示纪念。

《山水图》（清·万寿祺绘）

万寿祺（1603—1652），字年少，一字介若，入清后更名寿，字内景，儒衣僧帽，往来吴、楚间，世称万道人，自署沙门慧寿，江苏徐州人。清代画家。工诗文、篆刻，擅画山水、仕女。此图绘奇峰突兀，危壁耸天，山谷林木丰茂，屋宇楼阁错列其间。山下板桥流水，一老者策杖缓行，境界清旷。

袁崇焕被连夜从城外营中传唤进宫，只见许多大臣都聚集在那里。崇祯帝满脸阴云，一连串的斥问，弄得袁崇焕莫名其妙，脑子尚未转过来，已被几名锦衣卫拿下，剥去衣冠，随即关进天牢。

皇太极得意地笑了。因为崇祯帝终于将袁崇焕抄家斩首。他巧用“蒋幹盗书”之计，成功地清除了通向北京道路上的一个巨大障碍。要不是以后清朝人把真相披露出来，袁崇焕之死恐怕要沉冤千古了。

琼林宴是帝王为新科进士举行的宴会，清代为考中进士满六十周年者举行的庆贺仪式叫什么？

世界大事记　英克伦威尔组织东部联盟军，对国王军作战。

皇太极　祖大寿

勇敢

《东华录》天聪五年十月
《贰臣传·祖大寿传》

人物　关键词　故事来源

〇〇九

大凌河围困战

皇太极不让降将下跪，而以抱见礼款待。

皇太极西征，必须打破宁锦防线，因此他亲自主持了大凌河围困战，在紧围打援中，歼灭明军有生力量，并取得攻占大凌河城的胜利。

严密的围困工事

皇太极自北京城下挥师东归后，明朝为强化宁远、锦州防线，距锦州四十五里筑大凌河城。由总兵祖大寿、副将何可纲等率军一万三千人镇守。

皇太极当然决不允许明军加固防线，就在大凌河城筑尚未完全加固时，他就亲自带领满洲八旗和蒙古兵共八万余人，来到大凌河城周边，共扎营四十五座，周围绵延五十里，环城挖掘壕沟四道，其中一道宽深各丈余，一道宽五尺、深七尺五寸；还在壕沟边筑丈余高墙，把大凌河城围困得水泄不通。皇太极采取围而不攻的战略，严令各旗坚守营垒，不得放一兵一卒出城。他自己则每天高坐城南山冈，注视城内动静。

皇太极身先士卒

皇太极包围大凌河，势在必取。祖大寿、何可纲的部队也是明朝精锐。祖大寿家族是辽东世家，盘根错节，权势显赫，祖氏家兵是明朝在关外的重要支柱。皇太极懂得，如果取得祖大寿及其子弟的归附，非常有利于他在辽东政权的巩固，所以自包围后，就多次设法招降。祖大寿等多次派军出城骚扰，皇太极也只是采取赶回去策略，而不主动发起进攻。

康熙年制缂丝锦鸡牡丹纹裱片

中国大事记

南明弘光（福王）政权亡。李自成死。清廷下《剃发令》。

大凌河城是兵家必争之地。明朝也多次从松山、锦州派军前来解救。皇太极坚持围城打援，还曾亲自来到第一线，一次是为断绝锦州明军对大凌河增援，他带二百亲兵脱离主力到小凌河侦察，突然与出锦州城的六千明兵相遇，皇太极毫不惊惧，率兵飞马过河，直冲明兵，明兵不知所措，掉头逃窜，皇太极直追至城下；又有一次皇太极听得明军马步四万前来解大凌河城围，亲率两翼骑兵直冲敌营，明军挡不住，纷纷逃窜；皇太极又预先在其回路处设伏，致使四万明军几乎覆没。此次战役后，明朝再也派不出援军。

《罂粟花图》（清·柳遇绘）

柳遇（生卒年不详），字仙期，吴县（今江苏苏州）人。善工笔人物和花鸟。此图以没骨法画一株罂粟花中最美的部分，线条流畅，赋色考究，十分逼真。罂粟花美而毒，可制鸦片。

祖大寿投降

大凌河外援断绝，在围困至两个月时，军粮已尽，成百上千人饿死，城中先杀工役而食，后又杀兵丁为人肉，只有高级官员还有剩米勉强维持。

皇太极从围城开始，就写信给祖大寿劝降，他一连写了三封，词句非常恳切，但祖大寿担心降后被杀。皇太极又写信说明，说从前太祖（努尔哈赤）杀人实有其事，现在我们再也不妄杀一人，一律加以收养，我愿与你肝胆相照，苦乐与共。

山西宁武关

宁武关在今宁武县城区。始建于明代中期，为历史上著名的山西“三关”（偏关、雁门、宁武关）之一。宁武关建成于明成化三年（1467），为万里长城上的重要关隘，地势险要。

世界大事记：英克伦威尔的骑兵在马尔斯敦大败国王军。

《柳塘夏雨图》（清·张宗苍绘）

张宗苍（1686—1756），字默存，又字默岑，号篁村、太湖渔人，晚称瘦竹。吴县（今江苏苏州）人。王原祁再传弟子，擅画山水，于乾隆十六年（1751）进宫供职。此图绘远山因夏雨初霁，浮霭蒸腾，近处水村柳阴，渔舟小桥，渔父披蓑执竿，一派悠闲情趣。

《仿王维江山雪霁图》（清·王时敏绘）

王时敏（1592—1680），字逊之，号烟客、西庐老人，晚号西田主人、归村老农。江苏太仓人。出身仕宦家庭，一生不仕。寄情诗文书画，家藏历代法书名画甚多，反复观摹，并曾得到董其昌等人的指点。擅山水，专师黄公望，笔墨含蓄，苍润松秀，浑厚清逸，然构图较少变化。其画在清代影响极大，王翚、吴历及其孙王原祁均得其亲授。与王鉴、王翚、王原祁并称四王。此图作于戊申（1668），画家时年七十七岁。

祖大寿开始仍没有理睬，又拖了一个月，城内已出现兵民相食的窘境，他才派儿子祖可法为人质，出城献降。祖可法刚进敌帐，要下跪施拜，济尔哈朗、岳托当即起立扶住，不让他下跪，两人并回拜以满族的抱见礼。还说：“前次我们对垒是仇敌，现在讲和就是兄弟，何必跪拜？”又问，“你们死守空城是何意？”祖可法说：“因为怕屠杀降人，所以迟疑。”岳托再次重申这是过去的事，与今汗无关。这样经过往来谈判，祖大寿决定投降，当时在场的只有何可纲坚决反对投降，祖大寿将其逮捕，架出城外，当着后金将士的面斩首。何可纲从容不迫，也不说话，含笑而死。

历史文化百科

〔抱见礼〕

抱见礼是满族传统礼仪习俗。原系亲友久别重逢或分别时所采用的一种礼节，通常用于同辈间或长辈对晚辈，后用于君臣、同僚，被视为最高级别的礼仪。常见自《满文老档》和《建州闻见录》。行礼时，彼此抱腰接面，虽男女间也不避嫌。定鼎北京后，君臣和同僚间多不采用此礼，但家族间仍有，乾隆中期后，渐为作揖、执手礼等替代。

中国大事记

大清律成，达赖、班禅献方物。

清前期皇帝个人档案

庙号	谥号	姓名	在位时间	主要功绩	年号	皇陵
太祖	承天广运圣德神功肇纪立极仁孝睿武端毅钦安弘文定业高皇帝	爱新觉罗努尔哈赤	1616—1626	统一女真各部，创建八旗制度，并命人创造满文。建立后金国。天命三年（1618）以"七大恨"誓师攻明。天命十年（1625）迁都沈阳。	天命，1616—1626	福陵
太宗	应天兴国弘德彰武宽温仁圣睿孝敬敏昭定隆道显功文皇帝	爱新觉罗皇太极	1627—1643	统一整个东北，并南下朝鲜，西征蒙古，屡挫大明官兵。天聪十年（1636）四月，改称帝号，建立起关东一统的大清帝国，将族名改称"满洲"。	天聪，1627—1636 崇德，1636—1643	昭陵
世祖	体天隆运定统建极英睿钦文显武大德弘功至仁纯孝章皇帝	爱新觉罗福临	1644—1661	吸收先进的汉文化，审时度势，对成法祖制有所更张，倚重汉官。警惕宦官朋党为祸，重视整饬吏治，注意与民休息，取之有节。	顺治，1644—1661	孝陵
圣祖	合天弘运文武睿哲恭俭宽裕孝敬诚信功德大成仁皇帝	爱新觉罗玄烨	1662—1722	清除鳌拜，撤除三藩，统一台湾，平定准噶尔叛乱。慎选人才，表彰清官，修治河道，注意笼络汉族知识分子。	康熙，1662—1722	景陵
世宗	敬天昌运建中表正文武英明宽仁信毅睿圣大孝至诚宪皇帝	爱新觉罗胤禛	1723—1735	有步骤地进行多项重大改革，励精图治，十三年中取得了卓有成效的业绩，为后代的乾隆打下了扎实雄厚的基础。	雍正，1723—1735	泰陵
高宗	法天隆运至诚先觉体元立极敷文奋武钦明孝慈神圣纯皇帝	爱新觉罗弘历	1736—1795	实行宽猛互济的政策，务实足国，重视农桑，停止捐纳，平定叛乱。勤政爱民，足迹遍布大江南北。	乾隆，1736—1795	裕陵
仁宗	受天兴运敷化绥猷崇文经武孝恭勤俭端敏英哲睿皇帝	爱新觉罗颙琰	1796—1820	勤政图治，采取的一系列政策、措施，对于改变乾隆后期的种种弊政起了一定的作用。	嘉庆，1796—1820	昌陵
宣宗	效天符运立中体正至文圣武智勇仁慈俭勤孝敏宽定成皇帝	爱新觉罗旻宁	1821—1850	以俭德著称，力图禁烟，也想抗击外来侵略者，但平素无知人之明，临危无应变之策。	道光，1821—1850	慕陵

当晚，祖大寿出降，皇太极派诸贝勒出营一里迎接，自己出幄外迎接，不让祖大寿下跪，而以抱见礼款待，请他先入幄，祖谦让，两人并肩进幄，皇太极还亲自捧金卮酌酒与祖，赏赐自己穿用的黑狐帽、貂裘等。祖大寿感激流涕，但他表示妻子留在锦州，请求回去设计智取锦州，皇太极当即同意。但祖大寿一去不归。皇太极仍厚待祖可法等祖氏子弟，十年后，祖大寿在锦州城破时再次投降，被押解到盛京。当时许多大臣要求处死他，但皇太极却非常大度，表示不改初衷，耐心等待了他十余年，使祖大寿深为感动，终于诚心诚意归顺。 〉盛巽昌

世界大事记

英下院通过“新模范军法案”。克伦威尔又败国王军，获得决定胜利。

人物：皇太极 洪承畴
关键词：识才
故事来源：《清太宗实录》卷五七 《啸亭杂录》

洪承畴投降

皇太极笑着说：“比如赶路，你们都是瞎子，现在寻到一个引路人，我怎么不快乐呢！”

皇太极要入主中原，就要广揽汉官中的优秀人才，他特别需要像洪承畴那样的安邦治国的人才。

皇太极运筹定下锦州决战方针

皇太极征服朝鲜、蒙古，又夺得大凌河城以后，辽西的军事重镇锦州，就暴露在清兵面前了。这是明朝山海关外具有重要战略地位的前哨阵地。锦州城固兵精。正南十八里有松山城，松山偏西南十八里有杏山城，杏山西南二十里有塔山城，像羽翼一样护卫着锦州城，一百二十里外的宁远城更是其坚强后盾。皇太极千方百计想要攻取锦州，打破明军锦、宁、山海关防线已非一朝一夕。

皇太极全力取锦州的军事决策，完全符合当时明清战争的态势。这是他进取北京，争夺明朝天下的必由之路。因此，松锦之战也就成了萨尔浒决战后的第二次战略决战。经过精心策划，皇太极首先派精兵良将开往义州筑城屯田，建立战略基地。接着下令前沿部队不断对宁、锦明军进行骚扰，破坏他们的屯养战。同时，大量战备物资不断向义州输送，还赶造了六十门红衣大炮。最后，皇太极便开始了清除锦州外围明军哨所，抢收明兵屯种庄稼，严密围困锦州孤城的计划。

这时，明朝的蓟辽总督是洪承畴。洪承畴是福建泉州府南安县人，万历进士。此人很会用兵，被任命

洪承畴画像

洪承畴（1593—1665），字彦演，号亨九，福建南安人。万历进士。崇祯时任兵部尚书，崇祯十四年（1641）明清又发生规模巨大的松山之战。在战斗中，蓟辽总督洪承畴率吴三桂等八总兵，领兵十三万援助祖大寿，后兵败被俘。崇祯十五年（1642），洪承畴投降清朝。历任兵部尚书兼副右都御史、翰林弘文院大学士等要职。

洪承畴祠原址

洪承畴祠原址是现存于北京的颇有争议的名人故居之一。位于东城南锣鼓巷59号，为清早期建筑，被确认为洪承畴故居。但院内仅存北房三间。据居住在院内的住户世代相传，洪承畴住宅的大门原来在方砖厂胡同路北，门面很壮观，门外还有两个很大的铜狮子，院内的房子很多；而这里只是洪承畴的祠堂。

中国大事记

清遣使西藏，问候达赖、班禅。修明史，征天启、崇祯朝记述。

清代使用驿站的信物——满文信牌

与明代驿符功能一样，满文信牌是清代使用驿站的信物。清代驿道系统分为三等。第一是以北京为中心的“官马大道”；第二是以省城为中心的“大路”；第三是通过各个市镇的“小路”。在各驿道的重要地点设驿站，以保证朝廷文书按时到达，而皇太极时期使用这些驿站的信物就是满文信牌。

为兵部尚书兼右副都御史。针对清军的部署，他向皇帝陈说：“光守无用，必须守战相兼，战必出奇制胜，方能达到以战为守的目的。”他的意见获得朝廷支持，

传递军机大事紧急文书的凭证：兵部火票

兵部火票是传递军机大事紧急文书的凭证，也是驿道系统使用的凭证之一。因为事关重大，要求“马上飞递”，沿途州县驿递官吏按照规矩必须派驿使星夜兼程，及时送达目的地，违反的人将被处以重罪。

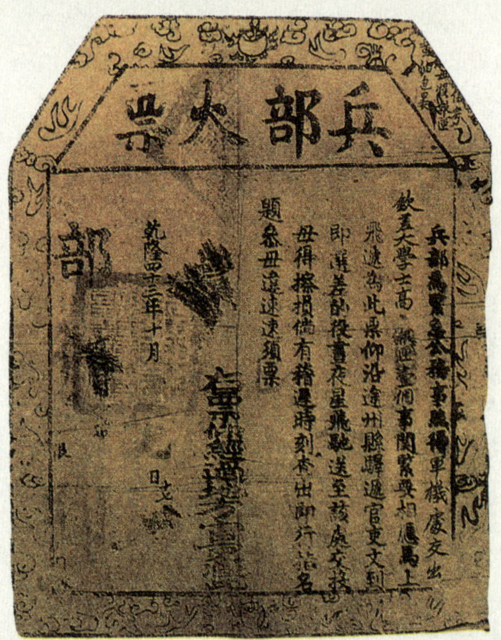

雄伟的岱庙坊

泰山岱庙坊，又名玲珑坊，清康熙年间山东布政使施天裔重修岱庙时创建。岱庙坊是石作的，重梁四柱，通体浮雕，造型雄伟，雕工精细，是清代石雕建筑的珍品。坊前后抱鼓石上各有圆雕蹲狮两对，姿态各异，生动活泼。

于是受命出关，率领吴三桂等八个总兵、十三万人马驰援锦州。他采取步步为营、稳扎稳打的策略，由于指挥得当，还几次打败多尔衮和阿济格的部队，开始解除清军对锦州的威胁。

宁锦防线对明清双方来说都是影响前途命运的关键。皇太极得到明军增援的消息，立即亲自统率精锐部队从盛京赶到前线，驻扎在松山、杏山之间，一方面阻隔松、杏间明军的联系，一方面断绝洪承畴的归路，同时不断派兵骚扰抢粮。崇祯皇帝经不住新上任的兵部尚书陈新甲等速战速决的煽惑，指责洪承畴的办法是旷日持久，虚耗钱粮，督促他进兵，打乱了洪承畴持久战守的阵脚。毫无打大仗准备的洪承畴被迫部署松山决战。这着棋实际上早已为清军中的汉官石廷柱所料到。结果，明军被切断通道，后方粮饷全失，

《春山暖翠图》（清·恽寿平绘）

此图画明媚春山景色：远处云漫山麓，晴岚覆翠；近处桃红柳绿，清波相映。色彩绚丽，春意盎然，别有一番清雅灵秀的韵致。

在逃跑中惨败，丢弃马匹甲胄数以万计，海中浮尸漂荡多如雁鹜，军心涣散，再无斗志。副将夏承德眼看战既无力，也无突围希望，约期内应，于是松山城破，洪承畴被清兵生擒。松山破后，锦州军心瓦解，朝廷再也无力援救，也就沦落，接着八旗精骑又攻陷塔山、杏山。至此，关外四座重镇全陷。

叩头请降

皇太极得到捷报后，立刻下令，将被俘的洪承畴、祖大寿解送沈阳，其余官员二百余人，连同所部士兵三千余人悉数处斩，只有夏承德部属获免。

洪承畴被擒之后，毫无惧色，誓死不降。至于后来怎么会背明降清的，说法不一。

一种说法是，洪承畴被押到盛京，皇太极亲自去看他，见他蓬头跣足，便解下自己身上的貂裘给他披上。洪承畴对皇太极看了很久，大受感动，说："真命世之主也。"于是叩头请降。另一种说法是皇太极派范文程去劝降，洪承畴不但不降，还大骂不止。这时屋梁上落下一点尘土，恰巧落在洪承畴的衣服上，洪承畴就用手去掸尘土。范文程立刻向皇太极报告说："承畴必不想死。他连衣服都十分珍惜，何况生命。"于是皇太极便亲自去看他，才有了解衣披衣的故事。

松锦一役，明朝苦心经营的宁锦防线彻底崩溃，终使皇太极踌躇满志地说："北京从此唾手可得了！"

寻到引路人

皇太极为招降洪承畴呕心沥血，洪承畴降后，他高兴得不得了，当天就厚加赏赐，还在宫中陈百戏以示庆贺。满洲贵族们很不高兴，都认为太过分了，说：洪承畴不过是个囚犯，皇上为何这样优待？皇太极说：我们这些人栉风沐雨，究竟为了什么？众人说：想取得中原花花世界啊！皇太极笑了，说："比如赶路，你们都是瞎子，现在寻到一个引路人，我怎么不快乐呢！"大家听了，这才表示心悦诚服。

历史文化百科

〔废除"三饷"〕

"三饷"是晚明王朝在正赋外加派给百姓的赋税，即辽饷、剿饷和练饷。辽饷是对付后金（清）的追加军费；剿饷是对付李自成等农民军的军费；练饷用作追加的军队训练费用。

顺治元年（1644）七月，多尔衮向全国公布明令废除"三饷"。并称，如有官吏混征暗派者，一经发现，必杀无赦。

中国大事记 清廷禁诸王及满大臣干预各衙门政事。

皇太极和蒙汉八旗

皇太极创建蒙汉八旗，完善、强化了八旗制度。它贯串了王朝二百六十多年，建构了有清一代最为别致的一道风景线。

为核心的满洲八旗

努尔哈赤创建八旗，开始是借用军队旗帜色彩为记，定为黄、白、红、蓝四旗。在万历二十九年（1601），开始组建四旗。万历四十四年（1616），他统一了女真各部，成员大为扩充，四旗也就扩编为八旗，定为正黄、正白、正红、正蓝、镶黄、镶白、镶红和镶蓝等旗。

八旗的基本成员是满族，所以称满洲八旗。努尔哈赤是八旗的总旗主，又是两黄旗的和硕贝勒，其余各旗也是他的兄弟子侄。皇太极只是在他的大兄、努尔哈赤长子褚英被黜后，接管他所统辖的正白旗，才成为和硕贝勒的；后来做了皇帝，他又直辖两黄旗，这就是此后由大清皇帝直辖的“上三旗”。

努尔哈赤的八旗制度，是以旗统兵、兵民合一的组织形式，家属亦随男丁在旗，出则备战，入则务农；在旗的当然主要是满族，但也有归附的蒙古族和汉族。

努尔哈赤对于汉人是有政策的，凡投诚、投降的，编为民户，可以在旗，而对于俘虏，就分赐与八旗将士为奴隶。

镶黄旗旗帜（上图）
努尔哈赤在牛录制基础上建立了八旗，八旗为黄、白、红、蓝、镶黄、镶白、镶红、镶蓝。八旗的旗帜也有一定规格，即按旗帜的颜色划分为相应的八个军事单位，按方位分旗色，每个旗帜均为两幅，长二尺，高一丈八尺，旗杆用木料或竹子制成。镶黄旗为北方，是汗（大汗）旗。

正黄旗旗帜（下图）
正黄旗旗帜方位在北方，亦属汗旗。

创建蒙古八旗

蒙古八旗是蒙古族组成的。早在后金进入辽阳、沈阳时，因有蒙古军归附，就单独编为牛录，称蒙古军，但因人数少，隶属于满洲八旗。

天聪三年（1629），皇太极因蒙古军不断递增，遂以蒙古军为基础，扩编蒙古二旗，设固山额真。天聪九年（1635），蒙古二旗扩充为蒙古八旗。它的旗色和建制完全参照了满洲八旗。

世界大事记

俄国探险家发现白令海峡。威斯斐里亚条约签订，公认瑞士为独立地区。

皇太极　谋略　法制　《清太宗实录》《啸亭杂录》

人物　关键词　故事来源

镶白旗旗帜

镶白旗旗帜方位在东方，是贝勒旗。

正白旗旗帜

正白旗旗帜方位在东方，是贝勒旗。

镶红旗旗帜

镶红旗旗帜方位在西方，是贝勒旗。

正红旗旗帜

正红旗旗帜方位在西方，是贝勒旗。

新设两旗汉军

天聪七年（1633），皇太极得知山东登州兵变的孔有德、耿仲明率军民万余人，在辗转战斗三年后，携新式枪炮、乘几百艘船航海来降，大为兴奋；在他们刚要登岸时，就决定送骏马奖励，并带头拿出自己乘用的良驹，命各贝勒分别送出上等带鞍马一匹，不带鞍马四匹，共四十匹，满、蒙、汉官员按职务每人备御出马一匹，约计百匹，命重臣范文程等在迎候时送上。当孔有德到达沈阳城郊时，皇太极率诸贝勒出城十里迎接，并以抱见礼接见。

中国大事记

清停止北京周边圈地。多尔衮死，削爵。

镶蓝旗旗帜

镶蓝旗旗帜方位在南方，是贝勒旗。

正蓝旗旗帜

正蓝旗旗帜方位在南方，是贝勒旗。

在孔有德归附后，皇太极仍让他们按原建制统帅，他把孔、耿部命名为“天佑军”，旗纛为“白镶皂”；由广鹿岛来归的明副将尚可喜部命名为“天助军”，旗纛为“皂旗中用白圆心”。后来又规定孔、耿上朝，与八旗和硕贝勒同列一班。它实际上标志了新设两旗汉军。

康熙年制釉里红团花纹水丞

完善汉军八旗

孔有德等汉军归降得到与满洲八旗同等权益，更无歧视，致使斗志昂扬，勇于拼命。皇太极对此看得相当清楚，决意打破民族界限，单独设立汉军。天聪七年（1633），他命从分隶于满洲八旗的汉人中，每十名抽一名披甲入伍，共得一千五百八十人，组成用黑旗为标志的一旗汉兵，由此开始了建汉军八旗。

历史文化百科

〔皇太极重视汉文翻译〕

天聪三年(1629)，皇太极设立文馆，命达海主持翻译汉字书籍，至天聪六年(1632)，已译出《明会典》、《三略》等书。后达海病死，未完成译作《资治通鉴》、《六韬》、《孟子》、《三国志》及《大乘经》等书，仍继续进行。顺治七年(1650)，由大学士范文程主译《三国演义》完竣。相传顺治帝将此书颁发大臣阅读，满洲贵族不识汉文者，多从此获得道理，学习兵法，为朝廷尽忠。

世界大事记

英处死查理一世，宣布为一院制共和国。法贵族掀起新投石党运动。俄哈巴罗夫率“志愿军”侵犯黑龙江。

崇德七年（1642）六月，经十年调整、扩充，汉军已由一旗、二旗扩充至四旗，此时又改编为八旗。它的旗色、名称、官制全如满洲八旗，所不同的是，满洲八旗旗主乃世袭；汉军八旗由皇帝任命、安排。它由皇帝直接管辖，这样大大削弱了满洲诸和硕贝勒的权力，而满洲八旗也失去一家独尊的坐标。皇太极强化了皇权，他真个是聪明人。

同年八月，孔有德等三人联名请求以所部归汉军旗，获得同意，命归并汉军兵少之旗，于是孔有德部归属汉军正红旗，耿仲明部归属汉军镶蓝旗，尚可喜部归属汉军正黄旗。

清军入关后，为强化汉军八旗，亦将归降的明朝和李自成、张献忠部的将帅纳入汉军八旗，如许定国隶汉军镶白旗，刘良佐隶汉军镶黄旗，孙可望、白文选隶汉军正白旗；台湾郑克塽隶汉军正红旗。 〉盛巽昌

河北省迁西县喜峰口长城（上图）

中国大事记

清举办会试分满蒙榜及汉军汉人榜。台湾郭怀一率领民众反抗荷兰占领者，占领赤嵌。

〇一二

拥戴福临做皇帝

多尔衮虽没当上皇帝，但掌握了全国军政实权。

崇德八年（1643）中秋节前的一个夜间，皇太极突发中风，暴死于清宁宫。

诸贝勒争夺大宝

章京敦达里和安达里愿意以身殉主，他们问诸王贝勒：“我们见到先帝，若问起后事如何安排，该怎样回答呢？”诸王贝勒面面相觑，好一会才回答说：“先帝在天之灵定会垂鉴保佑，我等当实心辅理大政，以继先帝肇兴鸿业。”

顺治帝半身朝服像

顺治皇帝（1638—1661），即清世祖爱新觉罗福临，皇太极第九子。1643年，皇太极暴毙，六岁的福临即位，由叔父多尔衮、济尔哈朗摄政。顺治元年（1644）入关，击败李自成农民军，迁都北京。整饬吏治，镇压反清势力。二十四岁病死。

诸王贝勒究竟辅理谁呢？也就是说谁来继承皇位呢？谁也没说，看来一场争夺战在所难免。

诸王贝勒中，最令人摸不透的是多尔衮兄弟，当年他们也是努尔哈赤的宠儿。如今，多尔衮已经挣到和硕睿亲王的地位，在六王之中名列第三。他的两个勇猛善战的兄弟阿济格与多铎不止一次地劝他说：“我们都盼着你即位哪！”

多尔衮与豪格争斗

得知第二天要在崇政殿召开立新君会议，多尔衮彻夜难眠。他想，如果这次在皇位继承问题上发生冲突，八旗的实力肯定会受到损失，那么，努尔哈赤和皇太极进关灭明的宏愿就难以实现了。所以，第二天天一亮，他就急匆匆赶到宫中的三官庙去找索尼，想搭一搭两黄旗的脉搏。不料，索尼直截了当地把他碰

顺治通宝

清世祖顺治元年（1644），工部置宝源局，户部置宝泉局，开铸制（平）钱，钱文楷书“顺治通宝”。

历史文化百科

〔摄政〕

清代皇帝继位年幼，不可能行使最高权力时，选择亲属中与他血缘最近，又具有声望和地位的人，代理皇帝行使权力，称为摄政。

人物 济尔哈朗 代善 多尔衮 豪格

关键词 权术

故事来源 《清史稿·代善传》《清史稿·多尔衮传》《清史稿·豪格传》

庄妃朝服像

庄妃博尔济吉特氏，本是蒙古科尔沁贝勒寨桑之女，清太祖努尔哈赤天命十年二月，十二岁的她，嫁给了比她大二十岁的亲姑夫皇太极为侧室福晋。崇德元年七月初十日，被册为永福宫庄妃。去世后谥号“孝庄文皇后”。

了回去，他说：“先帝不是有许多皇子吗？挑一个出来就是了。”

皇太极共有十一个儿子，这时还剩下七个。其他的不说，长子豪格十分了得。他凭着自己的文韬武略已经争得和硕肃亲王的地位，皇太极生前专权，给他剪除了不少竞争对手。这些天来，图尔格、索尼、图赖、锡翰、巩阿岱、鳌拜、谭泰、塔瞻等人都竭力怂恿他，要他力争这个皇位。豪格也不推让，派何洛会、杨善二人去见济尔哈朗，对他说：“两黄旗大臣决定立肃亲王为君。这事还得与你商量一下。”

济尔哈朗是努尔哈赤的侄子，皇太极让他当了镶蓝旗旗主，还封他坐了六亲王中的第二把交椅。所以豪格不得不争取他的支持。他听了何、杨二人的话，沉吟了一下说：“我这里没有什么问题。只是要看多尔衮如何呢。”显然，多尔衮的态度是举足轻重的。

《昭陵图》（清·佚名绘）

昭陵是清太宗皇太极和皇后博尔济吉特氏的陵墓。在辽宁省沈阳市旧城之北，又称北陵。是清代关外三陵中规模最大的一座。

马蹄底。因为鞋底用木制，中部凿成马蹄式，踏地印痕如马蹄。

中国大事记

清遣洪承畴经略湖广、广东、广西、云南、贵州军务。

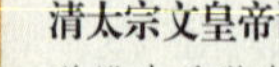

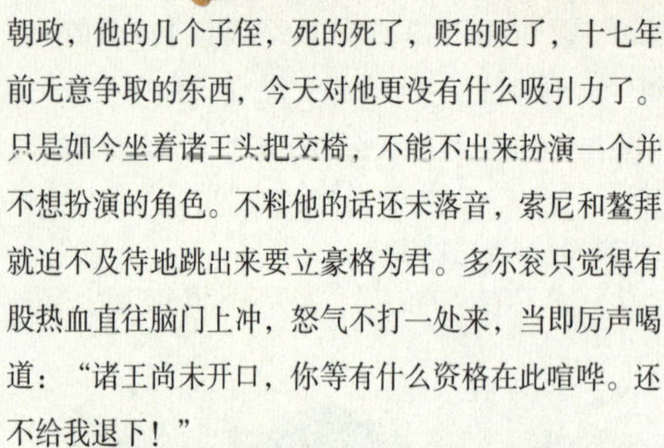

清太宗文皇帝谥册

谥册为后世皇帝为先帝上尊谥时所制。清太宗文皇帝谥“应天兴国弘德彰武宽温仁圣睿孝敬敏昭定隆道显功文皇帝”。

果然，这边多尔衮刚坐定，那边索尼、图赖、鳌拜等两黄旗大臣就闯进崇政殿来，一个个手扶剑柄，虎视眈眈，都把眼睛望着他。

资格最老的和硕兄礼亲王代善宣布开会。代善已年过花甲，多年不问朝政，他的几个子侄，死的死了，贬的贬了，十七年前无意争取的东西，今天对他更没有什么吸引力了。只是如今坐着诸王头把交椅，不能不出来扮演一个并不想扮演的角色。不料他的话还未落音，索尼和鳌拜就迫不及待地跳出来要立豪格为君。多尔衮只觉得有股热血直往脑门上冲，怒气不打一处来，当即厉声喝道：“诸王尚未开口，你等有什么资格在此喧哗。还不给我退下！”

索尼和鳌拜悻悻地退下了。多尔衮的弟兄和硕豫亲王多铎与多罗武英郡王阿济格这时发话推举多尔衮继位。多铎甚至说：“假如你不想当，我就当。因为我的名字曾经列在太祖的遗诏之中。”多尔衮大声说：“太祖遗诏中也提到过肃亲王的名字，不只是你一个！”多铎便说：“那就立礼亲王，他年纪最大。”

多尔衮像

代善原不想掺和进去，现在见弄到自己头上，只好开口了，他说：“如果睿亲王同意即位，那是国家之福。不然的话，肃亲王也可以，他是先帝长子。我年老力衰，就免了罢。”说完，就走出会场。

豪格也故作姿态地谦让说：“我德薄福小，哪里敢担此大任。”说罢也退席而去。两黄旗大臣知道这是给他们创造武力威胁的机会，于是按剑向前，声称：“今天若不立先帝之子，我们宁可从先帝于地下！”

寻找平衡，福临继位

崇政殿只留下多尔衮、多铎、济尔哈朗和手持利刃的两黄旗大臣，气氛十分紧张。多尔衮说：“各位说得很对，先帝对于我等恩重如山，自然须立先帝之子。刚才肃亲王已经谦让退出，既然如此，就索性立福临罢。福临幼小，大家都应全力相助。礼亲王年迈不愿管事，那么郑亲王济尔哈朗和我只好勉为其难，左右辅政，共管八旗事务。等幼主长大归政就是了。”

多尔衮这番出人意料的话，顿时平息了一触即发的一场喋血风波。两黄旗大臣们保全了皇家之旗的政治地位，济尔哈朗白捡了个辅政王。多尔衮虽没当上皇帝，但掌握了全国军政实权。只有想以退席相威胁的豪格弄巧成拙，后悔莫及。

年方六岁的福临莫名其妙地被拥上了皇帝的宝座。他就是清朝进入中原的第一个统治者——顺治皇帝。

金山岭长城（右页图）

金山岭长城为明代军事防御工程，曾为抵御后金的侵入起到重要的作用。也是中国现存长城保存较完好的一段。

金山岭长城

中国大事记

清廷申严隐匿逃人之禁。党争祸首，杀大学士陈名夏。

○一三

多尔衮进关

清军早就想占据北京，号令天下，只是有宁远、山海关险阻。吴三桂请兵，正是给多尔衮带来一个天大的惊喜。

千载难逢好机遇

皇太极死后一个月，多尔衮按既定方针，指挥八旗主力，夺取了宁远附近的三个要塞，山海关外只剩下了新近为崇祯帝所封平西伯的山海关总兵吴三桂据守的宁远城。

1644年三月，多尔衮得到情报，说是吴三桂主动放弃了宁远城，率二十万军民撤退；他不知当时李自成农民军已分军两路从西北和南面进逼北京，下意识地感觉吴三桂撤退，必然是北京发生了重大危险，于是决定于四月初大军进讨明朝。正在这时候，传来了李自成攻占北京的消息。刚要出征时，大学士范文程上书，此次进关是千载难逢的好机遇，成功在此一举。他提出必须严禁军卒、秋毫无犯，笼络人心。如想统一天下，非安定百姓不可。多尔衮完全采纳，付诸实施。

七日后，多尔衮举行出师仪式，因为顺治帝只有六岁，授权与他"代统大军，往定中原"。这是一次自后金（清）建国以来最大规模的出师，主力有十万将士；凡是七十岁以下、十岁以上的男子均从戎出征。

清军仍打算按皇太极攻袭北京的旧路，由遵化等地破长城进关。

吴三桂援京未成

李自成农民军占领北京后，当时北中国明朝建制完整的精锐部队，就只有吴三桂一支了。

当时的山海关总兵吴三桂，祖籍江苏高邮，后迁辽东。父亲吴襄是崇祯初年的锦州总兵。吴三桂以武举得到功名，靠着父亲的背景，先当都指挥使，再升为总兵。吴家在辽东有十余处田庄，生活十分富裕。

天下第一关——山海关城门楼

山海关坐落于河北秦皇岛东北，地处要冲，是中国华北与东北交通必经关隘，又是长城的第一关口，历来为兵家必争之地。

清代礼服的马蹄袖原有什么功用？

陈圆圆像

陈圆圆，名沅，字畹芬，原籍苏州。在姑苏一带很有艳名，吴三桂妾。后圆圆为李自成部将刘宗敏所获，禁于宫中。此为吴三桂请清兵入关的原因之一。

皇太极围困锦州时，洪承畴统领大军支援。吴三桂当时是八总兵之一，算得上是个能打仗的将军。然而，正当松山战事紧急之时，他却从前线溜掉，经杏山逃到宁远。为此，崇祯帝一怒下诏将他降了三级，留守宁远。不久，崇祯帝想利用他在宁远的兵马镇压李自成起义，又改口说他抗清有功，封了他一个平西伯，把他在长山战役抗清不力而被关在牢里的老子吴襄也放了出来，任为提督京营，同时命令吴三桂放弃宁远，率部进京对抗李自成。

镶黄旗盔甲

清代八旗兵除常服外，主要有甲胄，甲有明甲、暗甲、绵甲、铁甲等，皆上衣下裳式，上衣左右有护肩，护肩下有护腋，末端谓之袖，裳间有前裆、左裆。胄以革、铁制成，其上又有管、枪，周围垂貂尾、獭尾、朱牦、雕翎等。护项垂后，左右垂护耳，颔下有护颈。镶黄旗盔甲为明黄底镶红，盔甲色亦相同。

吴三桂从二十万军民中挑了一些步骑先行入关，自己统率精锐随后而来。当他进关后四天，率军到达丰润时，李自成的农民起义军已在一天前攻入北京，吴三桂就不再向北京推进。回军山海关，以观变化。

李自成感到吴三桂是支力量，想招他归顺，抵制清兵的南侵。因此，他们在捉到吴襄以后，叫吴襄给吴三桂写劝降信，再派人给吴三桂送去四万两银子。

权衡后决意降清

处在大顺和清朝两个政权十字路口的吴三桂，举棋不定。李自成在北京实行的追赃、抄家政策，使已降的明王朝文武及其部属都很难幸免。吴三桂的父亲被抓，家产被抄，听说李自成还要搞“均田免粮”。特别是他的爱妾陈圆圆被李自成部将刘宗敏掳去，

正黄旗盔甲

正黄旗盔甲底为暗黄底。

历史文化百科

〔清代地方行政体制〕

清代把长城以南大陆划分为十八省，即除原来明初之十三省外，北直隶改为直隶省，南直隶改为江南省，湖广分为湖南、湖北两省，共十八省。其他地区分别设将军、都统、大臣管辖，原不置省，清末，把原奉天、吉林、黑龙江三将军辖区改为省，俗称东三省，原福建省的台湾道升格为台湾省，原伊犁将军辖区改为新疆省。这样，全国共有二十三省。相当于省的地区还有察哈尔、热河（均设都统管辖）、绥远（设将军）、青海、西藏（均设办事大臣管辖）和内、外蒙古。

马蹄袖是入关前的满族服式，用于射箭时防护手冻，也叫箭袖。

中国大事记

蒙古喀尔喀各部定贡例，岁进白驼一，白马八，谓之“九白”。

镶白旗盔甲（左图）及正白旗盔甲（右图）

清镶白旗盔甲，为白色底加红镶边。正白旗甲及盔护项、护耳、护领均为白色。

镶蓝旗盔甲（左图）及正蓝旗盔甲（右图）

镶蓝旗盔甲，为蓝底镶红边，盔的护项、护耳、护领均为镶红色。正蓝旗盔甲，甲、护项、护耳、护领均为蓝色。

镶红旗盔甲（左图）及正红旗盔甲（右图）

镶红旗盔甲，为红底镶白边。正红旗盔甲，为红色，盔的护项、护耳、护领均为红色。此盔甲因时间久，红色有些褪色。

更使他激愤难平。吴三桂忍不了这口气。他给父亲写了一封回信，信中说：“父亲既不能做大明忠臣，就别怪我不能做孝子了。”

敞开山海关大门

吴三桂终于作出抉择，他一面派副将杨坤和游击郭云龙去联络清军，这时清军已兵至翁后（今辽宁北宁）；一面给多尔衮写了一封信，信中说：“我欲兴师报答君恩，无奈地小兵寡，乞与大王联合。待消灭李自成后，答谢北朝的不仅是财帛，还可以割让土地。”多尔衮马上给他回信说：“齐桓公不记前仇，用管仲为仲父。你过去虽与我为敌，但今如能率众来归，非但能报国仇，保全自己身家性命，还能晋爵封王，荣华富贵。”这时的吴三桂，已经铁了心，自然答应了多尔衮的条件，打开山海关的大门。清军就这样兵不血刃地进入了山海关，直指北京城。

清代官服用胸前背后的“补子”来表示品级，一品武官的补子绣什么？

世界大事记

英克伦威尔解散国会，自称“护国主”。

人物：多尔衮 福临
关键词：壮志
故事来源：《清史稿·多尔衮传》

〇一四

定鼎北京

多尔衮的高瞻远瞩和绝对权威，终于决定了大清国都。

多尔衮进入北京以后，成了大忙人。他要在短期之内整顿治安，而后给崇祯帝发丧，收拾人心。接着便是力排众议，筹划迁都，迎接顺治帝。

多尔衮进关入京

年幼的福临在盛京即位当皇帝后，多尔衮便是执掌军政大权的摄政王，他的雄才大略终于有了用武之地。当他得报大明王朝被闯王李自成的农民军推翻，不禁大喜过望，拍案而起，说：“真乃天助我也！”马上同文臣武将们商讨对策，然后统领八旗精锐跃马扬鞭，进入中原。

北京一场少有的大雨，浇灭了李自成撤出时所放的熊熊烈火。建筑物断垣残壁处，还在冒着白色的烟气。一阵马蹄声响过，等候在朝阳门外预备迎接吴三桂奉太子回归的官员，这才发现眼前尽是清一色的八旗兵马。于是，接太子的车辇坐上了大清摄政王多尔衮，神采飞扬地进了北京城。

当时阿济格等亲王贝勒，竭力主张在掠夺北京后，返回盛京，而多尔衮遵循皇太极遗言，坚持必须迁都北京，以便统一中国。他的高瞻远瞩和绝对权威终于决定了大清国都设在北京。

福临在北京再次登基

八月二十日这天，比原定的时间晚了五天，孝庄皇太后、福临和盛京清宫诸王贵胄们率领八旗人等终于起程迁都。九月十九日上午，一干人马到达北京。

紫禁城内最为高大壮丽的门——皇极门

皇极门是明朝宫殿的主体宁寿宫、皇极殿（即奉天殿，清太和殿）这一组宫殿建筑的入口。顺治二年（1645），改名太和门。现今的太和门为光绪十五年（1889）重建。这是紫禁城内最为高大壮丽的门。皇极门建在汉白玉砌成的三层平台上，平台四周有栏杆围绕。皇极门九楹三门，重檐。门前是一个方形广场，广场正中是一条专供皇帝使用的白玉石御路。广场前部横贯金水河，曲折有致，形似玉带，也叫玉带河。河上跨汉白玉单拱金水桥五座。沿河两岸围绕着汉白玉雕琢的栏杆。

中国大事记　清廷命编《通鉴全书》，禁白莲、闻香等教。

下午帝后们从正阳门入宫。多尔衮让旅途劳顿的小皇帝休息数日后，便带着诸王及满汉大臣上表，要求福临仰承天意，敬登大宝。

多尔衮一面代表满汉臣子们向皇帝上奏表，一面代表皇帝向大臣们批文发旨意。登基盛典的制礼作乐奉先改历等一切事务，他都要亲自过问定夺，既要承袭前朝礼制，又要有所创新，千万不能闹出笑话，贻笑后世。努尔哈赤、皇太极生前的宿愿如今在他手中实现了，要把他们的神主灵位奉安在北京太庙。新的时宪历也已经确定，将通告天下，明年（1645）一律启用顺治二年新历。

位于北京的太庙

太庙始建于明永乐十八年（1420），是明清两代皇家的祖庙，庙内供奉着各代皇帝的神主牌位。庙呈南北长方形，总面积约14万平方米。建筑布局对称。共有三道围墙，全部为红墙身黄琉璃瓦顶。庙内主要建筑有戟门、前殿、中殿、后殿，另有东西配殿、宰牲亭、治牲房、井亭等建筑。明清两代每逢新皇帝登基，或有亲政、大婚、上尊号徽号、万寿、册立、凯旋、献俘，奉安梓宫，每年四季及岁暮大祫等等，均需告祭太庙。

天坛祈年殿

祈年殿建于明永乐十八年（1420）原名大祀殿、大享殿，位于天坛北半部。殿下部为汉白玉砌筑的圆形三层坛体，殿圆形，乃因天圆；瓦蓝色，象征蓝天。殿内支柱的数目，亦按天象设计。清王朝建立后，在此举行祈谷礼。光绪十五年（1889）八月二十四日，祈年殿不幸被雷电击中，焚烧后重建。

加封多尔衮摄政王

十月初一日清晨，旭日初升，福临坐着车辇，率领诸亲王与文武百官在仪仗队的开道下，前往南郊天坛。在庄严肃穆的乐曲声中，福临在监护人的摆布下，完成了向上苍上香、行礼、献玉帛、献爵、读祝文等多项礼仪，受了天命，龙袍加身，算是当了正宗的皇帝。

当文武大臣列班向小皇帝行三跪九叩大礼时，心情最复杂、最不平静的要数率班的多尔衮了。今日庄严隆重的迁都

　阮元著有《畴人传》，畴人是什么？

世界大事记

俄罗斯合并乌克兰，并与波兰进行长达十三年的战争。

盛典，是他威赫功勋的里程碑，可他却不能坐这个天下，还要向自己六岁的侄儿俯首称臣。今日的盛况，仅表示着大清入主中原兴邦建国的开始，以后更艰难的局面还得靠他用铁骑去打开，真是任重而道远。

他早就想好，虽然已经吃亏了，但是不能吃得太大，这大清朝的历史也得给自己记上一笔，而且是与众大不相同的一笔。论功封赏仪式是庆典中最实惠的利益分配，同样显得庄严隆重。多尔衮已经对礼部明确指示要拉开差距。公文早已做好，只要照本宣科。他被封为叔父摄政王，长长的册文记述了他的特殊功勋，赏赐的礼品中，有顶上嵌着

故宫全景

故宫始建于明永乐四年（1406），为明清两代皇宫。

箭亭

清朝皇族尚武，箭亭是皇家的习武之地。清朝顺治四年（1647）初建，当时该殿名曰射殿，后来才改为箭亭。

中国大事记　清廷改内三院为内阁。

皇帝祭日朝服

早在崇德年间，皇太极就认为"服制是立国之经"。到了乾隆时期，终于制定出了完整的清代冠服制度。清代皇帝的服饰分为规格最高的礼服，规格稍低，称为龙袍的吉服；日常穿着的常服，巡狩时穿用的行服，以及雨服等。不同场合，穿戴的服饰都有严格的规定。朝服是皇帝在大婚、大典、祭祀等隆重典礼上所穿的一种礼服，分冬夏两种款式。祭日朝服用红色。

圆明园西洋水法（喷泉）

圆明园为清皇家园林，经康熙、雍正、乾隆三朝陆续修建，于乾隆九年（1744）基本建成。图中海晏堂是圆明园最大的欧式建筑，它周围有多个水法（即喷泉），非常精美，如代表十二个时辰的青铜兽头人身的十二生肖喷泉。

皇帝祭月朝服

皇帝的祭月朝服用月白色。其式样，是由上衣、下裳组成通身长袍，另配箭袖和披领。衣身、袖子、披领都绣金龙，衣身绣三十四条金龙，两袖各袖金龙一，披领绣金龙二。

十三颗东珠的黑狐皮帽一顶、黑狐皮大衣一件、黄金一万两、白银十万两、缎一万匹、鞍马十匹、马九十匹、骆驼十头。另一个辅政王济尔哈朗，得到了信义辅政叔王的头衔，赏赐的礼物是黄金千两、白银万两、彩缎千匹。福临的大皇兄豪格算是恢复了他的亲王爵位，赏了两匹鞍马、八匹空马。其他大小功臣自然也都有不同的封赏。

历史文化百科

〔北京天安门〕

明永乐十八年（1420）天安门始建时叫承天门，为黄瓦飞檐五座木牌坊，正中匾额题有"承天之门"。后失火，成化元年（1465）重建为九开间城门楼式建筑。清顺治八年（1651）改建成今貌，称天安门。天安门是皇宫大门，面对大明门，中间御道，两旁千步廊，中央机关的礼部、户部、工部、钦天监等在东边，刑部、都察院、大理寺等在两边。皇帝登基、皇后册封等国家典礼，都在天安门举行。如嘉庆元年（1796）元旦，乾隆帝正式退位的皇位交接仪式，就由礼官在城楼上宣读"传位诏书"，颂扬太上皇在位六十年功德无量，宣布乾隆帝归政的安排和决策。

清代把冰嬉作为军事训练项目，冬季一般在哪里举行？

世界大事记

英克林威尔因国会规定护国主不准世袭，又解散国会。

李自成　逆境　《明史·李自成传》《绥寇纪略》

人物　关键词　故事来源

李自成的结局

兵败如山倒。自山海关惨败后，他没有打过一次好仗。

清军入关，定鼎北京。要完成统一中国，首要战略还是消灭李自成的大顺国，为此全力以赴；李自成军却屡战屡败，一蹶不振，直至崩溃。

放弃北京，逃进西安

李自成在山海关惨败。顺治元年（1644）四月二十六日逃回北京。

早在出征前，李自成和主要将领们就有返回西安的打算，此次战败更使他们下定了决心。

同月二十八日，李自成命刘宗敏、李岩等部在北京城郊阻击追军，又遭惨败。二十九日，他草草登基做皇帝，随后准备撤出北京，临行时还在城里放了一把大火，更是失去民心。翌日清晨，也就是闯王进京的第四十一天，大顺军离开北京城，正是来也匆匆，去也匆匆，在北京当了一天皇帝，就走了。

多尔衮命吴三桂和英亲王阿济格、豫亲王多铎等部尾追，李自成军人数远远超出追军，但却一败于庆都，二败于定州，三败于真定，正是连战连败，但也暂时摆脱追击，经获鹿、井陉，进山西南往西安去了。

李自成陵园

李自成陵园位于湖北通山县九宫山下的牛迹岭。附近有落印，拴马松等，相传为李自成殉难古迹。

放弃西安，再走武昌

五个月后，清军经休整后兵分两路：一路是吴三桂、阿济格等西进；一路是多铎南下。吴三桂、阿济格等进入山西，沿途州县大顺军纷纷投降，在陕北赶走李过、高一功军，先后占榆林、延安，即南下进攻西安；多铎军在河南怀庆（沁阳）击溃李自成的反攻部队，又在潼关四战四捷，把李自成、刘宗敏亲率的主力打得大败。李自成在逃回西安后，自知西安难保，在多铎军进潼关时，就主动放弃了西安，急忙东南走蓝田、紫荆关，经河南南走，临走时，令田见秀断后烧毁粮仓，田见秀没有执行，就跟随走了。两路清军会师于西安。

李自成墓碑

1975年，李自成墓由国家拨款修建，郭沫若为陵墓题写了墓志铭和墓碑。

中国大事记

郑成功、张煌言军入长江，兵败南京。

奉先殿（右图）

奉先殿是清代皇帝供奉祖先牌位的地方，建于清顺治十三年（1656），有前殿和后殿两部分，中间有穿堂连接。每月初一、十五；每年元旦、冬至、万寿节，每逢举行大庆典，都在前殿举行大祭。每遇皇帝祖先们的诞辰、忌辰以及元宵节、清明节、中秋节等，就要在后殿行礼。

清军占领西安后，多尔衮命多铎照原计划对南明福王政权展开大进攻，由吴三桂、阿济格继续尾追李自成。李自成军不敢回击，急于南下襄阳，进驻武昌。

兵败如山倒

李自成在武昌驻留了五十天，他改武昌府为祥符县，这时他的丞相牛金星已脱离了大军，李岩已遭冤杀，将士多批散失、逃亡或降敌。在武昌，李自成又曾组织反击，仍被敌军击溃。从山海关惨败到此，不过十个月光景，他和追军从没有打过一次好仗，几十万人的大顺军常常被少于他十倍、百倍的追军打垮，正是兵败如山倒。

清军夺得武昌后，继续紧追，在兴国（湖北阳新）东的富池口，再次大败李自成军，几天后又在富池口东几十里，全歼李自成军主力，刘宗敏被俘杀，宋献策投降。李自成率残部西走，他本人在探路时，于通山九宫山为民团杀害，但也有说他是逃到离富池口千里外的湖南石门，躲进夹山寺做了和尚。野史多有将农民领袖写成失败后出家为僧的，如黄巢、李

《九边图·大同》

九边为明朝北方九个军事重镇的合称，后都被清兵一一击破。

世界大事记

俄沙皇遣使来北京，未得觐见。

> 历史文化百科

〔清代的“洋钿”〕

清代币制是银钱本位制，大数用银，小数使钱。外国银元的流入，主要是洋商对华贸易运载银元采购生丝、茶叶、瓷器等货物运回国内销售。仅道光前近180年间，西方及日本输入的银元就达30600万元。清代流通的外国银元多达几十种。康乾时盛行过西班牙双柱银元、威尼斯银元、法国银元、葡萄牙十字银钱、荷兰马剑银元。道光间又有大髻、小髻、蓬头、蝙蝠、双柱、马剑等名称，后来又有成色较好的墨银鹰洋流通。这些外国银元，统被国人称作“洋钿”。

顺、芝麻李，包括稍后几十年的山东栖霞于七。但不管如何说法，此后不再见有李自成此人的名字和事迹了。

李自成散落两湖的余部还有三四十万人马，一部分如田见秀、张鼐等部投降了大清，其他如李过、高一功等部归依了南明。 〉盛巽昌

乾隆年制粉彩镂空蟠螭纹套瓶（右图）

《观潮图》（清·袁江绘）（下图）
袁江（？—约1746），字文涛，晚号岫泉，江苏江都（今扬州）人。清代画家。擅画山水、楼台，为清代界画高手。此图远山连绵起伏，近处江面辽阔，波涛汹涌，江上船只往来。岸边树木浓密阴郁，楼阁台榭临江于山石之上，体现了袁江山水画和界画的风格。

中国大事记 法国商船首次来广州贸易。

史可法守扬州

多铎下令屠城，一连杀了十天，这就是血海尸山的“扬州十日”。

面临着清军咄咄逼人的来势，南京小朝廷的弘光帝命原兵部尚书史可法，以督师为名死守扬州。扬州可以说是南京的屏障，扬州一失，南京就岌岌可危了。

大清军兵临城下

清军渡过淮河，消灭了侯方岩的部队。接着便传来了盱眙、泗州降清的消息。史可法率领所部星夜直奔扬州，他要力保这个京师的屏障。

挥戈扬州的是豫亲王多铎的部队。

史可法进入扬州时，扬州城中已一片混乱。原驻守的部队乘着夜色纷纷出逃，抢了骡马车船向泰州遁去。一些官吏与有钱人家也忙着携家避难，全城人心浮动。史可法一面发出文告，表示“城存与存，城亡与亡”的决心，以安定民心，一面修筑防御工事，并且写了血书驰报兵部求援。

南京小朝廷事实上是明朝腐败政治的余孽，现任兵部尚书阮大铖是魏忠贤爪牙，最嫉恶正直官员，而史可法正是东林党左光斗的学生，他怎肯给予援助！后来，胡尚友、韩尚良、应廷吉、何刚、刘肇基、李栖凤、高岐凤等率领本部人马自动赶来，然而加起来也不过一万余人。

《多铎入南京图》（清·佚名绘）

该图纵142.1厘米，横112厘米，中国国家博物馆收藏。多尔衮权倾天下，大力扶植胞弟多铎，压制镶黄旗主。顺治二年（1645）三月，多铎兵分三路南下，四月屠扬州，五月占南京，相继灭亡了弘光、隆武等南明政权，巩固了大清政权。

来犯扬州的清军少说也有十万人马。把个扬州城围得水泄不通。起初，多铎命泗州降将李遇春去劝说史可法归降。李遇春站在城下，对西门城头上的史可法说，天下人都

文言短篇小说集《阅微草堂笔记》的作者是谁？

世界大事记 俄建尼布楚城。

史可法 多铎 坚强 勇敢 《明史·史可法传》计六奇《明季南略》

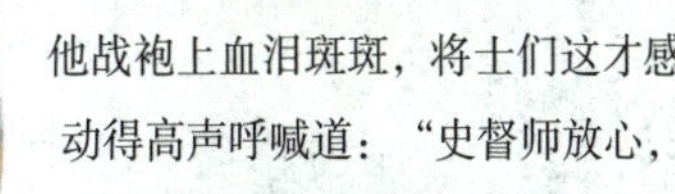

人物 关键词 故事来源

知道你史阁部大忠大义，但是南京朝廷相信你吗？今大清兵马已将扬州围困，势在必得，南京也危在旦夕，你何必还要对一个垂死的朝廷尽忠呢？

史可法听了，大骂叛贼不止，又令军士放箭，吓得李遇春掉头逃回。多铎不死心，再派两人带着他的亲笔劝降信前往。史可法命兵卒把他们用绳吊上城头，再连人带信抛进护城河内。

诱降失败，多铎气得咬牙切齿，继续包围新旧两城。此时，六合、仪征又有五万铁骑前来增援，调集的红衣大炮也已运到，于是开始攻城。李栖凤、高岐凤见清军炮火猛烈，发生动摇，领着将士去找史可法，逼他出城投降。史可法严词斥责道：“你们想去投降卖身求荣，请便，我不阻拦你们。要我投降，休想！我为明朝大臣，此地便是我捐躯报国的地方！”当时，李栖凤、高岐凤与川将胡尚友、韩尚良的人马，加起来占城中兵力的一半，史可法即使想执行军法也不可能。

军民守卫孤城

李、高临战哗变，城内军心动摇。史可法激励留下的部队坚守，不少官兵没有反响，他悲愤交加，不禁放声大哭起来。中军官取火照明，只见他战袍上血泪斑斑，将士们这才感动得高声呼喊道：“史督师放心，我等一定拼死守卫扬州！”

康熙年制掐丝珐琅天球式香熏

史可法将扬州军民组织起来，重新作了部署。军民同心协力，有迎敌的，有守城的，有巡逻的，也有做后勤的。男女老少，人人动员，户户捐献。城内所有大炮都集中在城墙上。史可法下了决心，要与扬州共存亡，他的战术是：上阵不利则守城，守城不利则巷战，巷战不利则短兵相接，短兵相接不利则自尽。

顺治二年（1645）四月二十四日，清军试炮，一炮击中了督师府。万幸的是史可法这几天不在督师府内，而是在西门。原来西门外有一片土丘，本是墓葬之地，林木森森。有部将说，此处若为清兵所占，居高临下将对城内构成严重威胁；提出伐去树木，不让清兵隐蔽。史可法拘泥古礼，对此意见没有采纳，而自己担当起防守此门的责任。

次日，清军发动了总攻。炮声震耳，火光冲天，史可法下令还击，但是毕竟势单力薄，挡不住清军的猛烈炮火。城墙外壁不断崩塌，多铎命清兵架起云梯爬城，城上守兵只得向下射箭，投掷砖石、石灰。不一会工夫，西北角城墙炸开缺口，两军便开始了肉搏战。缺口越来越多，尸体越堆越高，大批清兵蜂拥蚁聚而来，不

康熙年制戗金填彩漆花卉小儿

话说中国

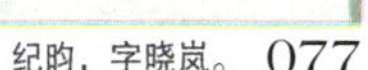

中国大事记

顺治帝死，庙号世祖。玄烨即位以明年为康熙元年。裁十三衙门。郑成功收复台湾。

用云梯便可踏着死尸登上城头，转眼间就占领了西门。

史可法宁死不屈

大势已去，史可法叫总兵庄子固把他杀了，庄总兵不忍下手。又令副将史德威杀他，史德威是史可法几天前刚收的义子，也哭着不忍动手，史可法骂他不孝，拔出刀来要自刎，被众将强行劝阻，簇拥着投小东门而去。小东门不能出，折向东门。此时清军攻破了东门，混战中折了许瑾、庄子固二将，再转到南门，恰巧碰上多铎率军冲进来，前堵后追，无路可退，史可法便在马上大喝一声：“史可法在此！”

历史文化百科

〔清宫警卫制度〕

清帝乾纲独揽，内廷法制严密。它没有统一的警卫机构和总管大臣，而是分设侍卫处、护军营、前锋营、内务府三旗包衣各营、神机营等机构，实行分工分区警卫，互不统属，却互相钳制，都直接对皇帝负责。镶黄、正黄、正白三旗精锐轮值于紫禁城内，正红、镶白、镶红、正蓝、镶蓝五旗轮值在紫禁城外。又精选上三旗中武艺出众的高手作护卫，其中亲信担任御前侍卫、乾清门侍卫。整个北京城，为拱卫皇居为中心，处于八旗满洲官兵的层层布控之下。这就是清代警卫制度的特色。

《溪山飞瀑图》（清·吴又和绘）（左图）

吴又和（生卒年不详），约活动于康熙年间。安徽歙县人。书画皆清绝，尤工画山水。此图近处画一土坡并写杂树数棵，高低疏密，参差有致。溪水沿着坡脚迂曲而来。土城对岸，山峦高耸，半山筑一屋舍，石阶可拾级而上，山脚下云烟飘浮，村舍隐现。

《层岩叠壑图》（清·髡残绘）（下图）

髡残（1612—？），俗姓刘，字石溪，一字介丘，号白秃、石道人、残道者等，武陵（今湖南常德）人，居江宁（今江苏南京）。清初画家。擅画山水，于元人画中受王蒙影响较深，亦受明代沈周、文徵明、董其昌等影响。与石涛合称“二石”，为清初四高僧之一。此图构图繁复，丘壑多变，内容丰富，引人入胜。

清将张鹰押着史可法上了新城南门城楼，多铎让史可法的幕僚杨遇蕃辨认，史可法说：“我自挺身而出，怎会有假？”多铎还想收降他，对他十分恭敬地说，如能为大清招抚江南，大清一定封侯拜相，决不食言。史可法但求速死，不愿归降，气得多铎拔出刀来，史可法毫无惧色地把头颈伸了过去。

多铎见他如此，只好说道：“史督师，我佩服你

世界大事记

法兰西、西班牙缔结比利牛斯和约。

《蓬莱仙境图》（清·袁耀绘）

袁耀（生卒年不详），约活动于乾隆中期。清代画家。工画山水、楼阁、界画，与袁江相似，其精品有胜于袁江者。此画描绘神话中的蓬莱仙境，山中树木葱郁，楼阁宫殿华丽壮观。

是个真男子。既然这样，我也不再相强，就成全你忠臣的名节罢！”

史可法殉国后，扬州城内的巷战还在继续。刘肇基、马应魁等在巷战中牺牲，何刚、吴尔埙等兵败投井而死。扬州知府任民育，穿着明朝官服，手握官印，端坐正堂被杀，全家男女老幼全都投水自杀。

多铎攻打扬州，遇到誓死不屈的史可法和扬州军民，损失了好几千兵将，心中十分恼怒。占领全城后，他便下令屠城，一连杀了十天，戮杀无辜百姓数十万，血海尸山，腐臭满城。历史上将这次大屠杀称为“扬州十日”。

康熙年制茄皮紫釉螭耳瓶

绿营武官品级表

官阶	品级	职责	备注
提督	从一品	统率全省绿营，其直属称“提标”。	乾隆十八年（1753）定制分设陆路提督、水路提督。
总兵	正二品	掌一镇之绿营，其直属称“镇标”。	受提督节制，分设陆路总兵、水路总兵。
副将	从二品	直接统率绿营，称为“协标”。	又为督抚设，称中军副将。
参将	正三品	直接统率营兵。	又为督抚设，称中军参将。
游击	从三品	直接统率营兵。	又有镇标中军游击。
都司	正四品	直接统率营兵。	又有协标中军都司。
守备	正五品	直接统率营兵。	又有参将、游击之中军守备。漕运总督管辖有卫守备。
千总	正六品	所领为汛。	漕运总督管辖有卫千总。
把总	正七品	所领为汛。	
外委千总	正八品	所领为汛。	
外委把总	正九品	所领为汛。	
额外外委	从九品	所领为汛。	无定员，不在额定编制之内。

乾隆年间（1736—1795）蘅塘退士孙洙编的《唐诗三百首》。

中国大事记

永历帝在昆明被杀。南明最后一个政权亡。郑成功死、李定国死。

〇一七

传奇女子柳如是

后人因她与世俗社会不断抗争，出类拔萃，称之为侠妓。

“我见青山多妩媚，料青山见我应如是。”宋代词人辛弃疾的一曲《贺新郎》，打动了明朝末年一个烟花女子的心，自忖此身已为章台之柳，红粉飘零，还不如与青山为伴觅一知音呢，便索性将自己的名字改成了柳如是。

一代风流秦淮女

柳如是，嘉兴人，原名杨爱，小时卖给盛泽徐佛为养女。当时世风颓坏，士大夫文人纵情诗酒声色，放浪形骸。于是，就有一帮人收罗幼女，加以琴棋书画、歌舞诗词训练，培养成具有高度文化素养的艺伎，或卖给达官贵人为妾，或卖给青楼妓馆为娼。徐佛本身就是个中人，柳如是经她培养后，卖给吴江周道登家，成为周宠爱的侍婢。十四岁那年，因遭周家众姬妾妒忌，诬陷她私通男仆，逐出为娼。此后便流落江湖，常与复社、几社中张溥、陈子龙、汪然明等一班文士诗酒唱和，纵论天下兴亡之事，很快成为松江风流一时的名妓。

钱谦益像

钱谦益(1582—1664)，字受之号牧斋晚号蒙叟，东涧老人，常熟人。明万历进士授翰林院编修，天启时典试浙江，转右春坊中允，参与修《神宗实录》。后为魏忠贤罗织东林党案牵连，削籍归里。著作有《初学集》、《有学集》、《投笔集》、《列朝诗集》、《内典文藏》等。

一年冬天，有个名叫宋辕文的世家子弟，慕名来到绿树牵舟的河畔求见柳如是，其时，柳如是在船上还未起身，故意让使女出舱传话说：“宋郎且勿登舟，果真有情，就请跃入水中稍待。”没想这宋辕文

《美人图·读书》（清·佚名绘）

郭沫若所题“写鬼写妖高人一等，刺贪刺虐入骨三分”说的是谁？

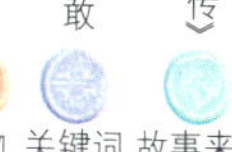

人物：柳如是 钱谦益
关键词：正直 勇敢
故事来源：陈寅恪《柳如是别传》

一片痴情，真的跳进河里，在水中冻得瑟瑟发抖。柳如是见他如此情真意切，深为找到了终身依靠而高兴。她哪里知道，这个风度翩翩的宋公子虽有才貌，却十分懦弱，慑于家中的反对，竟不敢与她多往来了。恰巧此时松江知府贴出告示，明令禁止流妓活动，一旦发现即加驱逐。柳如是几乎无处安身，请来宋辕文，他既不敢把她带回家中，也不敢挺身而出为她向知府说情。

白发苍苍钱谦益

经过这又一次的打击，柳如是更加看透了世事的冷暖，也更认清了自己的身份。花晨月夕，侑酒征歌，转眼都成过眼烟云，梦幻泡影。柳如是思前想后，终于作出了人生的选择。她决定要嫁给那个白发苍苍、黝颜鲐背的牧斋先生钱谦益了。他虽然年逾花甲，但社会地位和文坛声望足以维护柳如是这样的女子，更可贵的是他敬重她。他不惜破家毁誉，用娶嫡妻大礼迎娶柳如是。他酷爱藏书，但不惜忍痛出让珍藏的宋版《汉书》，斥资在虞山专门为柳如是盖了绛云楼和红豆馆。一度想遁入空门的柳如是终于在二十四岁时找到了归宿。

转眼过了三四年，外面的世界发生了天翻地覆的变化：明朝崇祯帝上吊死了，清朝的顺治帝坐了北京

玄青缎云肩对襟大镶边女棉褂（上图）

清代衣装不分场合，不分性别，皆盛行“镶滚”，纹样繁琐，工细，不厌其烦。此款属日常用装，领、襟、摆袖镶有边饰，共四层，并行于对襟两侧至开气处，胸前呈勾云形，肩部云肩为如意形，四层边饰中外三层为机织，色调典雅，没有戏剧的“热闹”气氛。机织花边于清末出现，从此手工刺绣花边逐渐被取而代之。

漳缎女礼服

清代缎织物名目之多，花色之丰富，达到了历史的高峰。故宫博物院所藏清代缎织物，据不完全统计有：妆花缎、暗花缎、织金缎、二色缎、闪缎、漳缎、绒缎、花缎、巴缎、库缎、贡缎、片金缎、库金等三十余种。袍料用色、用金纯正，精致华美，为当时典型礼服式样，足以代表当时绸缎织造最高水平。

历史文化百科

〔秦淮八艳〕

明末清代，南京秦淮河畔，出了八个颇有文才、能书善画的歌伎，后称“秦淮八艳”。她们有正义感，多与东林党文人有关系，是以流韵于后世。通常认为此“八艳”是马湘兰（余澹心《板桥杂记》作马婉容）、顾横波、卞玉京、李香君、董小宛、寇白门、陈圆圆和葛嫩娘，亦有易葛嫩娘为柳如是。但柳如是从未在秦淮河为歌伎，她在南京有三次居住，但都是在嫁钱谦益之后。

中国大事记

清军攻占金门、厦门。郑经退入台湾。

《晴峦春霭图》（清·唐岱绘）

唐岱（1675—1752），满洲正白旗人，字毓东，号静岩，又号知生、默庄。清代画家。康熙朝宫廷画家，王原祁弟子。此图以阔笔画崇山叠嶂，霭横晴峦，曲流小径，蜿蜒于隔山之壑。水榭山居，高树疏林，错落有致。

的龙庭，福王朱由崧在南京建起了弘光小朝廷。柳如是立即抛下私情，极力支持老头子出任弘光政权的礼部尚书，自己也在官场宴饮周旋中鼓吹抗清复明。她又作昭君出塞的打扮去江防前线犒师劳军，还去京口梁红玉古战场参观，表示要同清军战斗到底。然而好景不长，没过多久，弘光政权在内部斗争和清军打击下毁灭了。柳如是对钱谦益说：“看来我们已到殉国的时候了。在此关头，你必须舍生取义，以全大节，以副盛名。”她见钱谦益面露难色，便携着他的手，强拖硬拉地来到池边，要和他一同自沉。钱谦益说，“水太冷，算了罢”，返身上了岸，柳如是却义无反顾地向水深处走去。等钱谦益叫人把她救上来时，她已失去知觉。

并非弱女子

钱谦益终于降清剃发北上做官去了，但他做官受了株连，柳如是赶去北京极力营救，双双南归。她觉得这未始不是一件好事，便又鼓励他利用自己的社会影响和钱财去帮助郑成功、张煌言、瞿式耜、魏耕等抗清义军。她自己卖掉首饰，资助姚志卓招兵买马，恢复起一支抗清队伍。甚至还秘密前往舟山群岛，慰劳张煌言的海上义师。

钱谦益在柳如是的开导下，逐渐又回到昔日做人的轨道上来，然而已到了风烛残年，终于在八十三岁那年离开人世。钱谦益一死，钱氏家族的一伙人立即手执棍棒，冲入柳如是家，威逼谩骂，逼她交出银子，交出田契，交出僮仆的卖身文契。柳如是是个烈性女子，哪堪受此凌辱，她平静地对凶恶狠毒的钱氏族人道：“你们稍静片刻，待我从容取来。”说罢，登楼命笔，给女儿留下一封遗书，取出三尺白绫，投缳而死。

后人因她与世俗社会不断抗争，出类拔萃，称她为侠妓柳如是。

康熙年制五彩加金花蝶纹攒盘

〇一八

剃发令

满洲贵族把剃发结辫，作为汉族和中华其他各民族降服的最重要的标志；强令剃发，以此彻底改变传统习俗，但它极大地侮辱了其他各族的人格和尊严。

满洲贵族和官民的发式乃是结辫。早自努尔哈赤兴起在白山黑水、席卷松辽大地时，就对每个汉人聚居的征服点强令剃发。剃发，表示归顺。凡不剃发的汉人，杀无赦。

从下令剃发到照旧束发

顺治元年(1644)，多尔衮率清军进关前后，所到之处，都要求归顺的当地官民剃发。同年五月三日他到北京的翌日，就发檄文张贴全城内外。檄文的一个重要内容就是必须老老实实执行剃发令。内称："檄文到日，剃发归顺者，地方官各升一级"，"凡投诚官吏军民皆著剃发，衣冠悉遵本朝制度"。

剃发立即引起民众愤懑。有朝鲜官员目睹此种情景，向本国政府报告说："及有剃头之举，民皆愤怨。"多尔衮是聪明人，立即改弦更张，遂于五月二十三日又传谕："予前因归顺之民，无所分别，故令其剃发，以别顺逆。今闻甚拂民意，反非予以文教定民之本心矣。自兹之后，天下臣民，照旧束发，悉从其便。"且为了家喻户晓，发了二十道令旨，先行宣示，还允许多作誊刻，广为传播，让民众都知道。

当时清军刚将李自成赶出北京，但关内极大部分地区仍在南明福王政权以及李自成大顺国、张献忠大西国手里，所以只能将作为国之根本政策的剃发，暂且放在一边。

孙之獬两面不讨好

有个山东进士出身的明降官孙之獬不识相，他看歪了态势。

盖此时北京朝廷，殿陛之下，按汉官满官左右两班排列，已是约定俗成。汉臣仍是着明式纱帽圆领、品级袍服。

一天早朝，这位孙之獬大人，为表示忠心不贰，竟剃发结辫，着满服进殿，小心翼翼地走进了满官班列，满官因他是汉人，推出去；孙某要回到汉官班列，汉官因他着满饰，也不容纳，弄得左右不是人。正在此时，多尔衮出来，见在殿中有个孤零零的孙某，问清原由后，暗自高兴，但表面却不得不严加痛斥。

剃武不剃文，剃兵不剃民

顺治二军(1645)五月，清军占领南京，弘光帝被俘，南明几百个高官和几十万大军束手归顺。清军大

"皇帝之宝"玉玺（及上图）

皇帝之印称宝是清制，皇帝印信称为御宝，清初设御宝于交泰殿，成立尚宝司。这方蟠龙钮玉印，印文为满、汉文篆书篆刻。满汉文合璧为常用印章，代表皇权，皇帝颁发的诏书皆盖此印。

妙峰山庙会

世界大事记

俄国伏尔加河流域等地民众起义。

妙峰山庙会（及左页图）

这是一幅清代反映北京妙峰山庙会的民俗画，画上香客盈路，商品云集，还有各种各样的民间文化娱乐活动，是研究北京清代社会生活、风俗信仰等方面历史的形象资料。

帅、豫亲王多铎非常得意，但他仍坚决执行了多尔衮的不剃发命令。

有个弘光政权的总宪李乔，马屁功夫极好，在多铎进城的第二天，独自一人主动剃发易服，得意扬扬前来谒见，却受到多铎一场无耻之尤的臭骂。多铎随后还在城门各口张贴布告：“剃头一事，本国相沿成俗，今大兵所到，剃武不剃文，剃兵不剃民，

清当铺的幌子（上图）

当铺专门从事以衣物杂项等实物为抵押的高利贷活动。清代当铺的幌子多和佛教有关，图中普济质店是字号，当是明清时期当铺的通用幌子标记，这个当铺在山西太古县，开设于清道光年间，1949年歇业。

历史文化百科

［历代剃发结辫］

清（后金）剃发，即保留头顶上发，结辫下垂，其余四周尽数除去。

其实辫发制，源远流长。古中国北方各族多采用，如秦汉匈奴、魏晋鲜卑、隋唐突厥、铁勒、靺鞨和东北的肃慎、女真（金）、西方的吐谷浑和诸氐。其采用地区、时间的延续也是惊人的。

由于各族社会变迁复杂，所持发辫定格也稍有不同。如匈奴、突厥、铁勒的辫发，乃是将它圆束于头上，有如椎子状；由匈奴变种的鲜卑族拓跋支仍保持匈奴辫发式。蒙古族也为辫发，今传故宫南薰殿所藏历代帝王画像，元诸帝皆是两小辫垂于两耳的发式。

公元1665年

中国大事记

严禁私采人参。

文一品官服补子（及下图）

补服又称补褂，为明清官服之一。明称补子，清称补褂。因其前胸和后背缀有用金丝、彩线绣成的“补子”，故名。补子为官品的标志，文官用飞禽，武官用猛兽标识。文官缀绣的补子图案分别为：一品为仙鹤，二品为锦鸡，三品为孔雀，四品为云雁，五品为白鹇，六品为鹭鸶，七品为鸂鶒，八品为鹌鹑，九品为练雀。

尔等毋得不遵法度自行剃之。前有无耻官员先剃求见，本国已经唾骂。特示。”

多尔衮再下剃发令

可是，当南京不战而定，杭州潞王政权不战迎降和李自成败亡等特大喜讯传到北京，合朝皆大欢喜，多尔衮更是头脑顿时热昏，认为大清即将江山一统了，迫不及待，就在六月初下诏全民剃发，还派专递告谕多铎，要他立即奉行“各处文武军民，尽令剃发，倘有不从，以军法从事”。

十天后，多尔衮正式下达剃发令：强迫各地在见到此令后以十天为限尽行剃发；迟疑者，就是寇盗，不剃发，杀无赦；如有官员为此事劝谏，也是杀无赦。

剃发令不折不扣地雷厉风行，在曲阜，被清王朝分外优礼的孔子后裔孔允植，起初虽有异议，也曾提出保持明冠服，但在多尔衮坚拒后，只得乖乖地剃发结辫了。另有曲阜知府孔文譕不识时务地提出能否蓄发，以复先世衣冠的建议，立即遭到严责，还说他犯了不赦之死罪，姑念圣裔免死，但革去官职永不录用。

留头不留发，留发不留头

在此期间，三百六十行最见走红的就是剃头行，官方还雇了很多剃头匠，跟着清兵游走街巷，在剃担前有时还有打锣人高呼“留头不留发，留发不留头”。见有蓄发者就令剃头，稍有抵抗，当即诛杀，为此还在担上插一竹竿，以挂反抗者之头。这就是此后几百年，剃匠担留有一根竹竿的由来。

多尔衮的剃发令，刺激了汉族和其他民族，激化了各处的反抗，他们宁愿掉脑袋也不愿意剃头发，致使此后清军南下，处处受阻，统一南中国，用了整整十八年。而民间对于剃发令反抗的潜意识，可以说又延续了两百多年，直到辛亥革命。 〉盛巽昌

世界大事记 法国颁布有关财政、工业与商业改革的重商政策。

人物：阎应元 陈明遇
关键词：法制
故事来源：《明史·阎应元传》

〇一九

不屈江阴城

寄语行人休掩鼻，活人不及死人香。

清军在江南，遭到了入关以来从未有过的汉族官民强烈反抗，最大原因就是清朝颁布“留头不留发，留发不留头”的法令。

十万民众反剃发

江阴人拒不剃发，当听到知县方亨请兵的消息，非常愤慨，商民率先罢市。四乡农民得知城中情况，在季世美、季从孝领导下，赴城支援。十多万民众汇集在明伦堂广场举行大会，秀才许用带领大家高呼口号：“头可断，发决不可剃！”大家推举县主簿陈明遇为这次抵抗运动的领袖，还拘杀了方亨和监督剃发的清兵。

清军见江阴反了，立即派兵前来镇压。陈明遇恐力不胜任，就邀前任典史阎应元共商守城大计。

阎应元是武秀才出身，很有军事才能。本已调广东任职，尚未成行，清兵来了，因此侨居城外砂山。如今陈明遇邀他一起抗清，二话没说，就拜辞老母，带了王进忠等四十多个亲随来到江阴城中。

时为顺治二年（1645）七月初九，阎应元进城后，就会同陈明遇等集中士民誓师表示决心，接着便作守城准备，一面整顿队伍、修筑工事、加固城墙、征集船只，一面通告富商财主出资助饷。

次日，四乡乡兵赶来支援，阎应元下令开门把他们迎进城中。此时城门已用铁叶封裹，由壮丁轮流登城防守。老弱妇女忙着缝补、做饭，并担任战时救护工作。夜间，每隔五个城垛悬挂一盏灯笼，防备清兵偷袭。有个叫陈瑞芝的和儿子一起做了许多木铳和火罐；还有个叫黄明江的弩师，造了不少轻巧灵便的小弓和涂上毒汁的小箭。

武一品官服补子（及右图）
武官缀绣的补子图案分别为：一品麒麟，二品狮，三品豹，四品虎，五品熊，六品彪，七品、八品犀牛，九品海马。清代群臣以上的皇子、亲王、郡王用龙，贝勒、贝子、镇国公用蟒。此外都御使、按察使等均用獬豸。命妇受封，亦用补子，各人从其父之品以分等级。

中国大事记

鳌拜借镶黄、正白两旗圈地事，杀大学士苏纳海等。

阎应元和陈明遇

清军进攻了。先用大炮轰击北门，然后选上将九员驾云梯爬城。城上矢石交下，长枪刺，镰刀劈，硬是将爬城的清军压了下去。接连一个多月，清军多次攻城都未能得逞。

守城军民同仇敌忾，还创造了一种心理战术。他们把关帝老爷、睢阳王、东平王、城隍老爷的金身都请上城楼，抬着它们各处巡视。神像的胡须经过磁石处理，碰到铁器就会翕然飘动，又用机关牵引，可以抬手指点城外清营。这一招很使清兵疑惧了一阵子。

陈明遇生性宽厚，平易近人，战士劳苦，他涕泣劝勉，周到慰抚，从不呵叱轻侮。阎应元号令严明，赏罚分明，战士病困，他亲手奉汤酌酒，凡有牺牲者，必备衣冠棺木，哭奠殓葬。每有重大决策，阎、陈二人也必先征询大家意见。因此全城军民团结一心，士气高昂。

清军久攻不下，多次派人到城下劝降。一次，降将刘良佐到城下招阎应元答话。阎应元说：我不过是明朝一个小典史，尚能为国效忠，将军乃大明总兵、伯爵，却为敌效劳，你可懂得些羞耻。刘良佐被骂了回来。多铎大怒，调集红衣大炮数百门，分别对准城的东南角和东北角猛轰。在火炮掩护下，又开掘地道，用火药在城脚下炸开缺口，向内猛攻。阎应元手舞青龙偃月刀，率人马与清兵格斗，连中三箭，血透战袍。他见自己不行了，对左右说："请为我谢江阴父老，吾报国的责任完成了！"言罢要部属拔出短刀刺杀他，部属不忍；他跳进池塘，因水浅不死，被寻获后，关入庙中，当晚被害。陈明遇率部同清军展开巷战，身受重伤，投火自焚。

清军攻打江阴，总共动员兵力二十四万，攻城时死了六万八千多人，巷

雍正年制仿哥釉三羊瓶（上图）

雍正年制珐琅彩红碗

科技与迷信的混血产品：清旱罗盘

旱罗盘是科技与迷信的混血儿。指南针的发明与看风水的堪舆方家关系密切。本来用于看风水定阴阳的罗盘成为海上航行不可或缺的指引航线的工具。清代旱罗盘体积很小，刻度精密，标明方位、八卦，是风水先生看阴阳宅子用的罗盘，无论营造宫殿、民居，选阳宅，还是安葬，都用它定方位。

清

世界大事记

第二次英荷战争开始。法荷订立同盟。

战中死了七千多人，相传损失的高级将领有三王十八将。多铎进城后咬牙切齿地下达命令："满城杀尽，

《杂画图》（清·边寿民绘）

边寿民（1684—1752），原名维祺，字寿民，以字行，改字颐公，号渐僧、苇间居士，江苏山阳（今淮安）人。清代画家。擅画花卉翎毛，尤以泼墨芦雁闻名。此图是杂画册中的一幅，画中鳜鱼似乎刚出水不久，鱼嘴微张，穿一根柳条，形象生动。

然后封刀！"惨遭屠戮的百姓达十七万二千余众。只有藏在寺观塔内的印月和尚和五十多名民众躲过劫难。

江阴人民誓死不屈的精神一直为后人称道。就在清军占领江阴后的一天清晨，忽然有人发现了一首题诗，其中有两句是："寄语行人休掩鼻，活人不及死人香。"

历史文化百科

〔满族的住房〕

满人住房多为土木结构，一般为三间、五间。房屋坐北朝南，以土筑墙，茅草为顶。屋顶用草绳固定茅草，亦有用灰泥涂抹以防被风吹掉。屋脊也多以草编就。门开在南墙中间，两旁开窗。室内的里屋北、西、南三面砌成围炕，叫转圈炕，亦称"卍"字炕。南炕供长辈睡觉，北炕给晚辈睡觉，西炕则用来供祖宗神灵。所以，即使有尊贵客人来，西炕也是不能坐的。

公元1667年

中国大事记：康熙帝亲政。

〇二〇

大儒黄道周

黄道周揶揄洪承畴说：“此人死久矣。尔辈见鬼，吾岂能见鬼？”

清军下江南，全面推行剃发令，受到包括知识分子在内的民众抵制，他们拥立明朝宗室割据，其中一位就是黄道周。

拥立唐王，孤军出关

黄道周是晚明江南大儒，著作等身，他讲学于闽浙，有很多学生。

清军渡江后，黄道周等人在福州拥立了唐王朱聿键为皇帝。他就是南明的隆武帝。隆武帝封黄道周为武英殿大学士兼吏部尚书、兵部尚书，可是他管不了官吏升黜，也不能调动一兵一卒，所有大权全在郑芝龙和他的家族手中；郑芝龙拥兵自重，还和清军潜通，谋献福建。黄道周在朝常受抑制，无用武之地。

唯物主义思想家王夫之（及右图）

王夫之（1619—1692），衡阳人，明末清初重要思想家，曾积极从事抗清斗争，失败后，隐居著述，世称“船山先生”。学术上继承发展了宋代张载的唯物主义思想，建立了朴素唯物主义思想体系，认为世界是物质的，物质是第一性的，物质是不灭的。

顺治二年（1645），黄道周出于无奈，向隆武帝上奏章说，与其坐而待毙，不如出关迎敌，请求带着学生和家人出关，就地招募义勇，筹集粮草，收复失地。隆武帝设宴饯行，他对飞扬跋扈的郑芝龙家族也无可奈何。

当年黄道周已经六十岁了。他们取道延平（南平）、建宁（建瓯），出仙霞关，打算经江西广信（上饶），上徽州，会合当地义勇抗清。沿途很多民众前来参加，一个月后，当他们到达崇安（武夷山）时已有义勇四千六百人了。这支队伍，很多人从未经过军事训练，连队列都不懂；有的缺乏兵器，只拿肩担、锄头，人称为“肩担兵”。他的妻子带领一群妇女跟在后面协助做后勤，称为“夫人军”。由于粮饷匮乏，黄道周向福州请饷。郑芝龙有心作对，他说，黄道周所部乃乌合之众；还散布谣言，说他交结外藩，不予理睬。

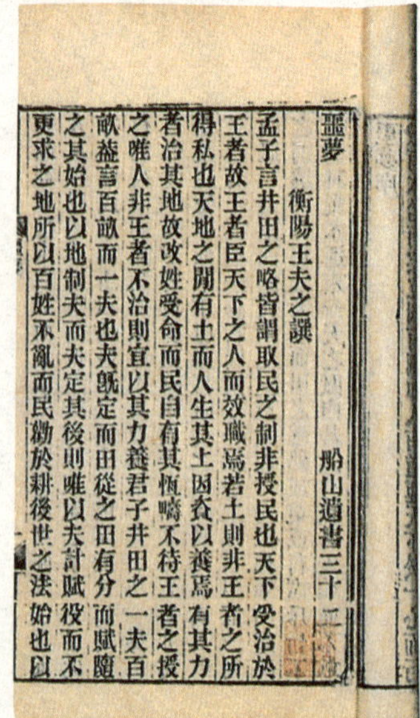

噩夢　衡陽王夫之譔　船山遺書三十二

孟子言井田之略皆謂取民之制非授民也天下受治於王者故王者臣天下之人而效職焉若土則非王者之所得私也天地之間有土而人生其上因資以養焉有其力者治其地故改姓受命而民自有其恆疇不待王者之授之唯人非王者不治則宜以其力養君子井田之一夫百畝益言百畝而一夫也夫既定而田從之田有分而賦隨之其始也以地制夫而夫定其役則唯以夫計賦役而不更求之地所以百姓不亂而民勸於耕後世之法始也以

黄道周在崇安呆了两个月，仍没有收到一分一厘粮饷；他只好孤军出关，进抵广信府。此时方才得悉，徽州已失陷。黄道周进退两难，他虽熟诵兵书，还编写过洋洋十余万言的《广名将传》，却

清一

从未拿过刀枪上战场，仍属于纸上谈兵。这时，只得勉强分军为三，一出抚州，一出婺源，自己留守广信。当时南下清军多在外线作战，致使他们在腹地也打了些小胜仗，但当敌军回头扫荡，这支孤军就难以支撑了。不久，出师抚州、婺源的两路人马相继溃败，黄道周眼看敌军将至，再次向福建求援，但郑芝龙仍不理睬。他只得孤注一掷，离开广信北上。当地民众请他坚守孤城。这时，黄道周所部只剩三百人、马十四、粮三日，但他义无反顾，拼命向前。某日清晨，敌军乘浓雾薄天前来袭击，义军覆没，黄道周和他的学生都被俘虏。

艺术珍品清绘寿字图

福、禄、寿是中国传统文化中表示幸福安康的艺术形象，以字为画也是中国文字独有的艺术表现方式之一。既是对美好生活的向往，也是对未来的企盼。“寿”与人的生命长短密切相关，喜生恶死是生物界常见的现象，以“寿”字为画，显现着人们对长寿的向往，也就意味着对长时间体味生命之美的肯定。这幅字由花卉组成，艺术构思奇巧，是罕见的艺术珍品。

痛骂洪承畴

黄道周被俘后，降将张天禄在婺源城里设宴劝降，遭到痛骂。次年正月，他被解押到南京，途中，还作殉命诗四首，内有“诸子收吾骨，青天知我心。为谁分板荡，不忍共浮沉”等句。在多次拒绝招降后，清方就由洪承畴出面，妄想用同乡关系说降。但黄道周再不愿见洪一面，他揶揄地说：“松山之败，洪承畴全军覆没，先帝（崇祯帝）曾设御坛十五，痛哭遥祭。此人死久矣。尔辈见鬼，吾岂能见鬼？”

两个月后，黄道周和随同他的四个学生都被杀害。死后，人们从他所带的行包里，发现用鲜血写有“大明孤臣黄道周”七个大字，旁边还有十六个小字：“纲常万古，节义千秋。天地知我，家人无忧。” 〉盛巽昌

文房四宝之一——笔

清代文房四宝的制作工艺有很高的水平，有的在当时就价值连城。这支笔瓷质中空，施粉彩釉，描金云龙纹，下端装紫毫笔头，上端篆书“大清乾隆年制”款。

〉历史文化百科〈

〔格格〕

清亲王以下诸女则称格格。亲王之女封和硕格格，嫡福晋所生女品级为郡主，侧室所生女为郡君；郡王之女封多罗格格，嫡福晋所生女为县主，侧室所生女为县君；贝勒之女封多罗格格，出正室为郡君，侧室为乡君；贝子之女正室所出封固山格格，为县君，侧室生称宗女，不授封。

公元1668年

中国大事记　还奉天周边圈地于民。

○二一

郑成功南京惨败

郑成功最大也是最后的一次北伐，以失败告终。

郑成功立志恢复旧朝，曾三次北伐，都因后方失利或天时影响而中止。这是第四次北伐，成败利钝，在此一举，是他最大的一次北伐，也是最后一次北伐。

进攻南京始获胜

顺治十六年（1659）五月，郑成功率领水师几千艘、甲士十七万和英勇剽悍的“铁人”军八千，与张煌言带领的人马联合起来，再次北伐。

他们由崇明进入长江。

清军里多北方人，不识水性，所以在江上用大木编成木排，木排四周围着木栅，按一定距离安装了火炮，称作木浮营，又叫木城。木浮营作战时可以顺流而下，攻势甚为凶猛。另用许多粗大铁链拦住金山、焦山间的江面，称作滚江龙。江岸上同时还安了数百门红衣大炮，他们以为这样便可以防止反清部队的攻袭了。

张煌言充当这次北伐的先锋，率部直奔长江口。见清军如此设防，先命数十勇士潜水凿断滚江龙，然后将战船开进瓜洲江面。清兵木浮营发现情况，即向下游冲来，江岸上的红衣大炮也狂吼起来。张煌言见情况紧急，登上舵楼大声说：“弟兄们，情势火急，没有退路，只有前进，让我们奋勇向前，杀灭清朝鞑子！”边说边向木浮营冲去。战士在他的激励下，破浪逆江而上，连克三座木浮营，大大地挫折了清军的锐气。清军本不惯水战，见木浮营并无大作用，不敢恋战，弃营溃逃而去。

次日，郑成功大军到达镇江，率军誓师后，指挥大军一举歼敌万余人，攻下了瓜洲城。接着，北伐联军以破竹之势，先后攻克仪征、镇江、六合、浦口，进抵南京城郊。兵船停泊在江心七里洲。郑

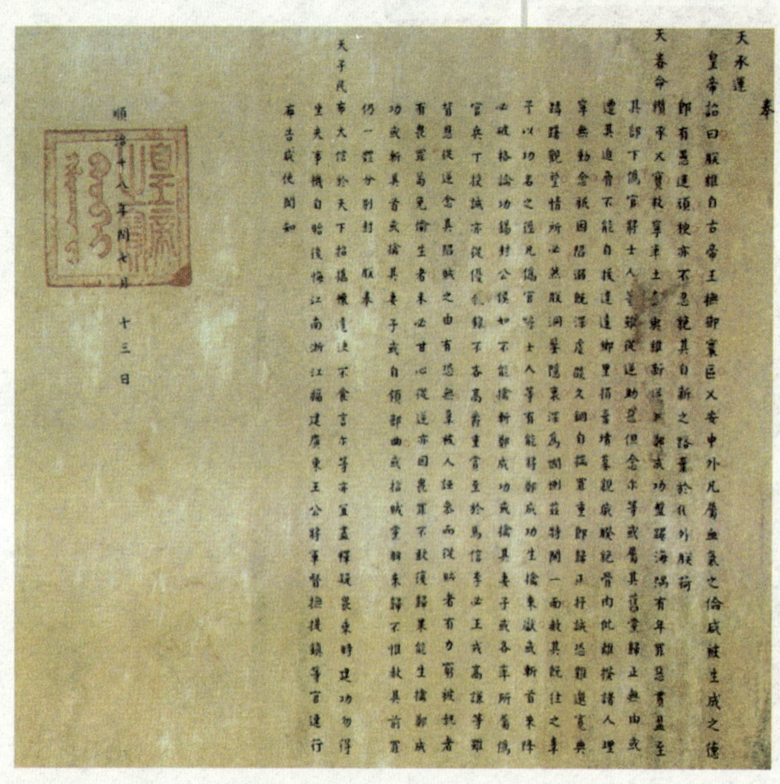

奉

天承運

皇帝詔曰朕惟自古帝王撫御寰區乂安中外凡屬血氣之倫咸賴生成之德

[illegible]

咸使聞知

順治十六年閏七月　十三日

清朝政府颁布招抚书

1659年五月，郑成功发动最大规模的一次北伐，一路势如破竹，七月初七直逼南京城下，在胜利在望之际，迟延了进攻时机，在清廷后续援军的反攻之下惨遭失败，九月退回金、厦基地。随后，清朝政府颁布招抚书，借以分化抗清势力。

清一

世界大事记

法国开始“王后权利战争”。俄国拉辛率哥萨克起义。

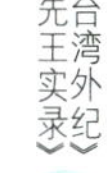

人物：郑成功 张煌言

关键词：逆境

故事来源：《台湾外纪》《先王实录》

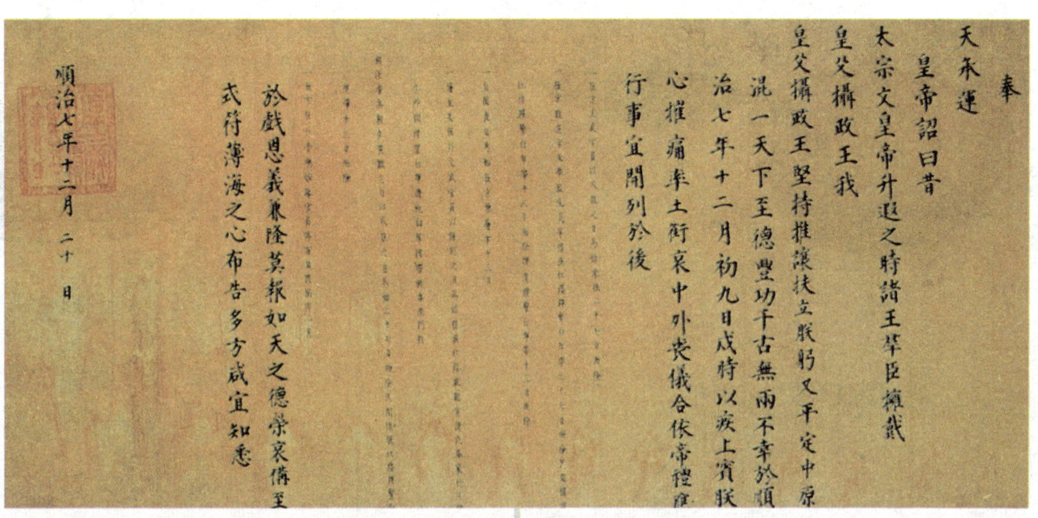

奉
天承運
皇帝詔曰昔
太宗文皇帝升遐之時諸王羣臣擁戴
皇父攝政王我
皇父攝政王堅持推讓扶立朕躬又平定中原
混一天下至德豐功千古無兩不幸於順
治七年十二月初九日戌時以疾上賓朕
心摧痛率土銜哀中外喪儀合依帝禮
行事宜開列於後
於戲恩義兼隆莫報如天之德崇褒備至
式符薄海之心布告多方咸宜知悉
順治七年十二月二十日

皇父摄政王以疾上宾哀诏

功高天下的“皇父摄政王”多尔衮于顺治七年（1650）十一月出猎塞外，十二月初九日病死于喀喇城（今河北滦平），年仅三十九岁。灵柩回京时，顺治皇帝亲率诸王大臣出城跪迎。顺治发布哀诏：“昔太宗文皇帝升遐之时，诸王群臣拥戴皇父摄政王。我皇父摄政王坚持推让，扶立朕躬。又平定中原，混一天下，至德丰功，千古无两。不幸于顺治七年十二月初九日戌时以疾上宾，朕心摧痛，率土衔哀，中外丧仪，合依帝礼。”接着，又追尊多尔衮为“懋德修道广业定功安民立政诚敬义皇帝”，庙号成宗。追封其元妃为“义皇后”，夫妇一同升祔太庙祭享。

成功、张煌言召集部将商讨进攻南京的方略。郑成功提出请张煌言溯江而上，占领芜湖，阻击清军通过上游支援南京，由他率领大军攻取南京城。张煌言认为攻克南京城是北伐的重大战略目标，自己应留在统帅部参与攻城战役。阻击敌兵增援的任务可以另选将领担任。

张煌言分军西征

张煌言在郑成功的坚持下，带上本部六七千人马出发。芜湖守敌不战而降，当地百姓听说北伐义师到来，箪食壶浆前来欢迎，纷纷将头上的瓜皮小帽掷在地上，一时城中的瓜皮帽堆积如山。

郑成功国姓爷的国姓瓶

这是郑成功军队使用的火药弹，瓶为陶制，中装火药铁砂，引爆后杀伤力极大，在驱逐荷兰殖民者、收复台湾的战斗中使用较多。郑成功曾在南明隆武朝赐姓朱，因此老百姓尊称他为国姓爷，称这种火药弹瓶为“国姓瓶”。

不久，长江下游的太平、宁国、池州、徽州四府，广德、和州、无为三州，以及当涂、繁昌等二十四个县城都被北伐军收复。

历史文化百科

〔郑成功的黑人兵〕

郑成功收复台湾时，军中有来自非洲的黑人。据说郑芝龙起兵海上，私家贸易遍及东南亚，曾引诱和招募荷兰殖民者所奴役的黑人。这些黑人是荷兰人自非洲贩卖而来，于台湾作无偿垦殖的。郑芝龙将他们编为卫队。郑芝龙出闽降清，被挟持北上，这支黑人卫队就归附了郑成功。

银、钱并用，大额用银，小额用钱。

中国大事记

铲除鳌拜及其党羽。禁止各省建天主教堂传教。

暖帽

暖帽是清代官吏冬春季戴的礼冠。

围而不攻失去时机

郑成功留下一部兵力守瓜洲、镇江，亲自率领大队人马攻打南京。途中慷慨赋诗：缟素临江誓灭胡，雄师十万气吞吴。试看天堑投鞭渡，不信中原不姓朱。他在城外的明孝陵发誓：一定要驱逐清兵，恢复大明江山。接着连扎八十三个营，将南京城重重包围起来。

凉帽

凉帽是清代官吏夏秋季戴用礼冠，以顶子材质来区别品级。

当时，南京守敌只有三万人。两江总督郎廷佐也是明朝降臣，见郑成功如此阵势，十分胆怯。这时，有个因犯罪受惩的郑军小头目向他报告了郑军松懈、轻敌的情况，并且给他出了一个“不可力敌，只能智取”的绝妙主意，乐得郎廷佐连连叫好，于是派了个能说会道的说客前往郑成功营中，请求延平王等满三十天，他即开门相迎。其原因是清朝有规定，守将坚持一个月以上投降者可免满门抄斩，他一家老小都在北京，请郑成功谅解他的苦衷。

这回郑成功中计了，部将甘辉提醒他不要上当，他未听，张煌言得知他坐等南京开门纳降，派专使来劝他谨防奸计，他也未听进去。

富丽精致的镜帘

镜帘是清代民间刺绣品，旧时民间座镜上的遮尘织物，其质地优劣视家境而定。内容视物而定，但离不开吉祥、喜庆、荣华富贵等题材。此镜帘中间是瑞兽，周围有蝙蝠围绕，取吉庆之意。通体富丽，制作精致，立体感极强，惹人喜爱。

刺绣小品《倦书图》

清代刺绣品《倦书图》以彩锦绣法制成。描述一个做读书状的书生正在做梦娶媳妇，他膝前的小书童神情与主人类似，更加剧了该图画的喜剧色彩。此品构思巧妙，绣工精致，是一个极有意味的讽刺小品。

世界大事记

英荷瑞缔结三国同盟，对抗法国。德意志李奥波尔德一世加入“王后权利战争”。

论书一则（清·段玉裁书）

段玉裁是著名学者、文字学家，其书法也别具一格，颇见功力。

清军反攻，北伐功亏一篑

这时，进入南京的清崇明总兵梁化凤，登城见东北角神策门外郑军松懈，率五百劲骑夜间出门突击，郑军猝不及防，将军余新被俘，两镇人马全部覆没。

但郑成功并未从骄傲态势中有所醒悟。

翌日，清军分水陆两路倾城出击。郑军军灶未成，仓促应战，郑成功又有令，无令不得应战，各镇人马只是坐视清军进攻，不敢互相救援，清军从山后抄出，炮火交加，郑军诸镇尽溃；埋伏在山内的中提督甘辉军死战不得出，甘辉被俘，全军覆没。当时郑成功安排的七路出兵，四路俱溃；铁人军退至江边，因无船，投江死者六千余人。郑成功见兵败，只得扬帆出海，还军厦门。

而此时张煌言率领的队伍，一边攻城略地，一边吸纳兵员，却是不断壮大，捷报频传。他接待湘、赣、鲁、豫等省反清志士，积极部署攻取九江，打通黔、滇的道路，正兴高采烈地酝酿着要将清兵赶出长江以南的宏大规划时，传来了郑成功南京惨败的消息，顿时感到心头一阵疼痛，情不自禁地仰天长叹道：“天不佑我大明朝成功，奈何！”

一场震动全国、规模巨大的北伐战争，就这样功亏一篑。

康熙年制粉彩描金太白醉酒像

中国大事记

以满洲官员兵丁已通汉语，罢内外各衙门通事。

〇二二

达赖五世喇嘛到北京

顺治帝在位时，与西藏多有使者派遣，达赖还亲自朝觐，取得了政治隶属关系。

达赖五世是清初西藏黄教领袖人物，也是一个大学者，通晓梵文，有《西藏王臣史》等多种著作。

唐卡《五世达赖喇嘛像》

达赖五世阿旺罗桑嘉措，明万历四十五年（1617）出生于前藏山南琼结地方，属琼结巴家族，父名都杜绕登，母名贡噶拉则。其家系山商地区的一个封建主，也是帕竹地方政权属下的贵族，日喀则就是帕竹地方政权封给其家族的领地，他家世袭日喀则宗宗本职务。1616年达赖四世喇嘛云丹嘉措去世之后，藏巴汗禁止寻找转世"灵童"，经过班禅四世罗桑却吉坚赞多方斡旋，最后才得以在他的主持下认定达赖五世。1622年，六岁的阿旺罗桑嘉措被迎入哲蚌寺供养。

与皇太极取得联系

17世纪初，黄教在西藏处境困难，受到藏巴汗地方政权排斥，后靠崇信黄教的蒙古和硕特部固始汗支持，擒杀藏巴汗，从此，达赖五世取代了黑帽十世活佛却英多吉，成为西藏佛教各教派中最高领袖人物。固始汗也掌握了西藏地方政权。

清王朝很早就支持达赖五世。早在皇太极建国大清时，达赖五世、班禅四世和固始汗等经共同议定，就派遣专使携带书信前往盛京朝见皇太极，书信里称皇太极是"曼殊师利大皇帝"，曼殊，汉语即"妙吉祥"意。皇太极非常高兴，亲自出城门迎接，命坐赐茶，以五日一大宴招待。

清崇德八年（1643），皇太极遣使臣察罕、格隆等，随西藏使者赴藏，分别持书信向达赖和班禅等致敬，书信上称达赖为"金刚大士达赖喇嘛"，并要西藏归清，摆脱明朝。这是关外清王朝与西藏通好之始。

山高路遥，行行又是四个春秋，当使臣和达赖、班禅、固始汗的特使返程时，顺治帝已君临北京三个年头了。

历史文化百科

〔机器人自动报时钟〕

清初江宁（今江苏南京）人吉坦然吸收欧洲钟表技术，制作了有机器人自动报时的自鸣钟，因表面塔状，又名通天塔。时钟共三层：下层藏有铜轮，相互牵连；中层前开一门，有时盘，正圆如桶。分为十二项，篆书十二时牌，为下轮所拨动，与天偕行，每天日夜作循环转。每一时，皆能见一个木童子，持报时牌，于中层之上鸣钟一声而下。钟之前塑有一尊韦驮像，合掌而外。全钟用铜铁，组成发条和齿轮，可以拆装，已与现代机械钟表原理相同。

世界大事记

印度蒙兀儿帝国严禁婆罗门教，毁寺院。

人物：达赖五世　固始汗　顺治帝

关键词：德政　尊贤

故事来源：《清世祖实录》《清史稿·西藏传》

《达赖五世喇嘛觐见顺治帝图》（壁画）（右图）

这是西藏拉萨布达拉宫的殿堂壁画。从1643年起，西藏地区的六十多名画家用了十多年的时间，在布达拉宫各殿堂内的墙壁上，精心绘制了698幅壁画。这些壁画题材丰富，色彩鲜艳，是一部珍贵的历史画卷。达赖五世灵塔殿上的壁画描绘了达赖五世毕生的业绩。其中《达赖五世喇嘛觐见顺治帝图》展现了1652年正月，达赖五世在清朝官员的陪同下率随行人众三千人，自西藏启程，前往内地，觐见顺治皇帝的事迹。画家们运用连续表现的手法，再现达赖五世起程、征途、抵京、觐见、赴宴、游乐、观剧等一系列场面。画中顺治皇帝端坐在宝座上，达赖五世坐在顺治皇帝右侧，双手合掌，上身微向前倾，像是正在说什么，下边是几排陪宴的大臣和喇嘛。画面是在绿色底子上施以金色和朱色，整个画面显得金碧辉煌。

布达拉宫

红山是西藏首府拉萨市西北部的一座小山，在当地信仰藏传佛教的人们心中，它犹如观音菩萨居住的普陀山，因而藏语称之为布达拉（普陀之意）。举世闻名的布达拉宫就在海拔3700多米的山上依势蜿蜒修建，直至山顶。布达拉宫占地总面积36万余平方米，建筑总面积13万余平方米，主楼高117米，共13层，其中宫殿、灵塔殿、佛殿、经堂、僧舍、庭院等一应俱全，是当今世上海拔最高、规模最大的宫堡式建筑群。传说这座辉煌的宫殿缘起于公元7世纪，当时西藏的吐蕃王松赞干布为迎娶唐朝的文成公主，特别在红山之上修建了九层楼宫殿一千间，取名布达拉宫以居公主。松赞干布建立的吐蕃王朝灭亡之后，宫堡也大部分被毁于战火，直至公元17世纪，达赖五世建立噶丹颇章王朝并被清朝政府正式封为西藏地方政教首领后，又开始了重建布达拉宫，时年为公元1645年。以后历代达赖又相继进行扩建，于是布达拉宫就具有了今日之规模。

达赖多次派使者上京

顺治元年（1644），清朝迁都北京后，不久就派专使去拉萨迎请达赖五世和班禅四世。

顺治四年（1647）二月，北京执政的多尔衮，又派出由格隆和喇嘛、侍卫组成的代表团再去西藏，向

相传清初八旗子弟凭清廷所发的“龙票”赴各地演唱子弟书，为清王朝作宣传；后来就把非职业演员称为票友。

中国大事记

清廷撤藩而吴三桂据云南反。

藏族医学经典《四部医典系列挂图》

此图描绘了近百种医疗器械的图形，从中可以推断藏族医生很早就能制造精致成套的医疗器械，也反映出藏族医生对外科手术的重视。

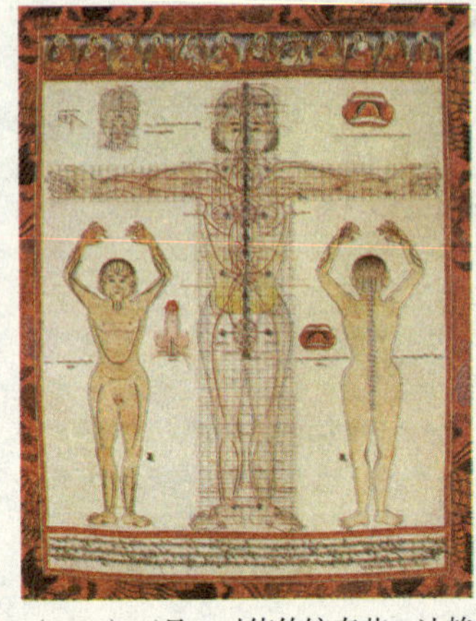

黑白分明的藏医脉络图

藏医把人体内的脉络分为白脉和黑脉，前者指神经，后者为血管。这幅图根据《四部医典》绘制，用不同颜色的数字标明内脏脉、骨骼脉、皮肉间脉络的部位和区别。

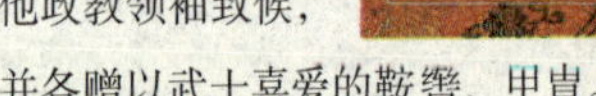

达赖、班禅和其他政教领袖致候，并各赠以武士喜爱的鞍辔、甲胄。

顺治五年（1648）三月，达赖喇嘛遣使，送上方物。

顺治六年（1649）八月，达赖喇嘛遣使至北京送上方物。并上书表示希望在顺治九年夏季，朝见皇帝；十一月，达赖喇嘛遣噶布初西喇布等朝贡，清廷赏给更优厚的礼品。

顺治七年（1650）七月，达赖喇嘛遣使，进贡佛家宝物舍利子等。

藏医胚胎发育图

藏族医生对于人体胚胎发育有独到的认识，认为男女精血相合而受孕后，经过鱼期、龟期、猪期三个阶段发育成熟。与脊椎动物的鱼纲、爬行纲、哺乳纲的进化顺序相一致的。藏医对于人的胎儿、脐带和母体子宫之间的相互关系，在一千一百多年前就有了比较科学恰当的比喻。彩绘胚胎发育图反映了藏医对胚胎发育过程的独到见解。

顺治八年（1651）正月，时值传统春节，达赖、班禅和固始汗各遣使上表问安。同年三月，顺治帝接见使臣，几天后，命其带着敕谕和礼品前往西藏，答复达赖请求，准他来北京。四月，又遣专使携带谕旨和礼品前往西藏，召达赖来京。

这里所录都见自顺治的实录，西藏地方和中央王朝的往来频繁可见一斑。

达赖五世赴北京

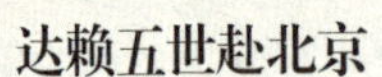

顺治九年（1652），达赖喇嘛遣使至京，请求觐见之地在归化（今内蒙呼和浩特）或代噶（今内蒙凉城）。顺治帝答复说："近来因内地西南用兵，系军国重务，难以脱身，不便出边外（长城外）远行，相见之地，可在边内某地；待战乱过去，自

清代地方主要官制表

官阶		品级	职责	备注
省级	总督	正二品	统辖一省或数省的军政最高长官	凡加尚书衔为从一品。漕运、河道总督同。
	巡抚	从二品	管辖一省，仅次于总督	凡加兵部侍郎衔为正二品。又，巡抚通常均兼侍郎衔，因之称“部院”。凡不设总督省之巡抚，多加提督军务衔。
	布政使（藩司）	从二品	一省行政，总管钱谷出纳	为巡抚之副，通常巡抚开缺，多由本省布政使署理。
	按察使（臬司）	正三品	掌一省刑名弹劾	凡大案件与布政使会理，报巡抚。
	提督学政		掌一省学校、士习、文风	以进士出身的侍郎、京堂、翰林官等充任，各带原衔品秩，三年简任。
道员		正四品	辅佐两司，负责某方面或地区政务	另设有兵备道、粮食道、盐法道等。
知府		从四品	总领各属县	乾隆十八年（1753）定制，佐贰官有同知（正五品）、通判（正六品）。
同知 通判		正五品 正六品	厅行政长官	凡属于省的直隶厅，与府直隶州同级；属于府的为散厅，与州、县同级。
知州		正五品	州的行政长官	直属州为正五品，属州知州为从五品，佐贰官有州同、州判。
知县		正七品	县的行政长官	县佐贰官有县丞（正八品）、主簿（正九品）、巡检（从九品）、教谕（正八品）。

可亲行。”但在达赖提出约见之地请求还未接到顺治帝答复时，他已率领一支三千人的庞大队伍，由年老未能赴北京的班禅四世、固始汗等远送至达木，取道东来。他们行至青海境后，沿途就有官员迎送并从国库里取出口粮供应。在途中他才接到顺治帝答复，而后再次上疏说边内多疾疫，在边外相见为便。顺治帝答应了，执意破例出边至代噶远迎。后因诸臣以当年天象非常不宜出宫为由，这才改变主意，改派和硕承泽亲王硕塞等亲贵出边远迎。

同年十二月，达赖喇嘛乘坐顺治帝特赐的金顶轿来到北京南苑，顺治帝以隆重的狩猎仪式不拘礼节地会见，并举行盛大宴会。当天即令户部拨布施白银九万两；并请他住进黄寺，这是特地在京师北郊建造的。达赖五世也送上进贡马匹、方物。不久固始汗也派专使到北京，向顺治帝上表，进贡方物，并请达赖五世早日返回西藏。

返回拉萨

达赖五世在北京住了两个月。翌年二月，他以水土不服为由，请求返藏。几天后，顺治帝在太和殿设宴，赏赐给达赖黄金五百五十两，白银一万一千两，大缎一千匹和其他珍贵物品。命硕塞伴送到代噶。临行时，又命和硕郑亲王济尔哈朗等在南苑德寿寺饯行。

四月，当达赖一行到代噶时，顺治帝又派礼部尚书觉罗朗球等送来有满、汉、蒙、藏四种文体的金册、金印，封他为“西天大善自在佛领天下释教普通瓦赤喇怛喇达赖喇嘛”。

达赖回拉萨后，即由原居的哲蚌寺迁居已扩建的布达拉宫，还亲自前往日喀则扎什伦布寺看望他的老师、八十八岁的班禅四世。 〉盛巽昌

中国大事记

耿精忠、孙延龄等反，响应吴三桂。

〇二三

皇帝跪拜孔子

入关后逐步汉化的满洲贵族已认识到，马上治天下要靠儒家学说。

清初诸帝为了实现统治的稳定，从顺治帝始，都十分重视儒学，特别表现在尊崇孔子。

大成至圣文宣先师

顺治二年（1645），清王朝入关建都的第二年，就将国子监所奉孔子神位，改为“大成至圣文宣先师”，并诏令全国通行。从此，凡有读书人聚居、教育之处，比如家学、私塾所立的孔子神位，都用这个尊号。

顺治帝亲政后，他亲率大臣到太学参拜孔子，还在孔子牌位前带头行二跪六叩礼。赏赐孔子和颜、曾、思、孟四氏子孙祭酒、司业等官职。顺治十四年十月，又举行了有清一代首届经筵大典。入关后逐步汉化的满洲贵族已认识到，马下治天下要靠儒家学说，它对于国家安定、发展有重要的价值。

行三跪九叩大礼

康熙帝自幼好读书，即位后，更加尊崇儒学。他对孔子崇奉备至，康熙八年（1669），康熙帝十六岁就主持了隆重的参拜孔子大礼，先期斋戒，参拜之日在孔庙櫺星门外下辇，然后步行到孔子神位前，行二跪六叩之礼，并在彝伦堂听国子监祭酒讲《易经》、司业讲《书经》。接着，确定每年春秋两季举办经筵大典。

康熙二十三年（1684），康熙帝首次南巡返程，途经曲阜，特地赴孔庙拜谒。这天，他在奎文阁下辇，步入大成殿，在孔子塑像前竟行了过去帝王从未有过的三跪九叩的大礼，且宣读御制祝文，赐手书“万世师表”巨匾。又在孔子墓前酹酒祭奠，行三叩礼，还说：“朕今亲诣行礼，务极尊崇至圣，异于前代。”为了显示皇家对孔子的超规格礼遇，乃将皇帝出行的仪仗曲柄黄盖等，留在庙里，每逢四时祭礼时展示。

这次曲阜祭礼，表示了清王朝尊孔的升格。

黄色缂丝孔雀毛龙寿字蟒袍

改“丘”为“邱”

雍正帝对孔子的尊崇，更超越于父亲康熙帝。

清一

世界大事记

日本准许与英国通商。英国以国王为教会最高元首。

人物：顺治帝 康熙帝 雍正帝

关键词：权术 尊贤

故事来源：《清世祖实录》《清圣祖实录》《清世宗实录》

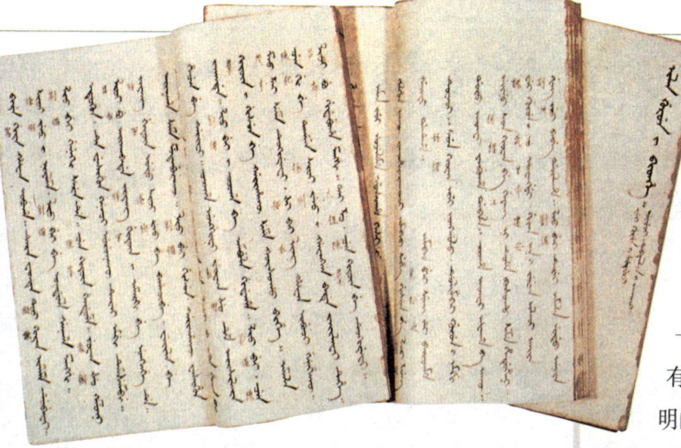

满汉对译《三国志》

这是顺治七年（1650）内府刻本的满汉对译《三国志》，足见清朝皇族对汉族文化学习的重视。

他曾亲书“生民未有”匾额，命悬挂于全国各地学宫，又亲祭孔子。过去帝王在奠帛献爵时，从不行跪拜礼，他径行下跪，说：“若立献于先师之前，朕心有所不安。”

他特别在文字上做功夫，表示对孔子更加崇敬。雍正二年（1724），将皇帝“幸学”改称“诣学”。他说：过去帝王赴学宫称为“幸学”；尊帝王之巡幸，这本是臣下尊君的意思，但朕实是于心不安。今后凡去太学，所有记述都必须“将幸字改为诣字，以申崇敬”。

更有甚者，他为了尊孔，竟充分运用了帝王避讳。雍正三年（1725），雍正帝别出心裁，下令孔子的名讳，凡地名、姓氏以及其他涉及的，都必须敬避。由此通令全国，以后除“四书”、“五经”外，凡有涉及，都得加“阝”旁，作“邱”字。这个“邱”字，一直延续至今。相传有个争地的官司，双方都有地契佐证，拖了几十年未能定案。后来有个聪明的官员，从原告手持的康熙契约上，不可能出现的“土邱”字样，而判定他系伪作。 〉盛巽昌

历史文化百科

〔清代孔府〕

山东曲阜城内的孔府，亦称“衍圣公府”，始建于宋宝元年间（1038—1040）曲阜旧城内。明洪武十年（1377），“移县城卫庙，改建衍圣公府于庙东”，即是后来的孔府。清代时又加以扩建，增建若干建筑物，使之更具规模。清代的孔府宅第，拥有各式厅、堂、楼、阁共四百六十三间。九进院落，占地二百四十多亩。前四进院落，为孔府“六厅”官衙，是管理、惩罚、刑治地方民人及孔府佃户的场所。后五进院落及后花园是住宅。东西两旁则有御书楼、慕思堂、红萼轩、忠恕堂、安怀堂、东西南花厅、学房、佛堂楼、一贯堂等。

《千岩竞秀图》（清·程邃绘）

程邃（？—1691），字穆倩、朽民，号垢区、青溪、垢道人、野全道者、江东布衣，歙县（今属安徽）人。晚年寓居扬州。明末清初篆刻家、书画家。擅山水，初仿巨然，后纯用渴笔焦墨，为新安画派中主要画家。此图虽咫尺画面，却气势开阔，布局平中见奇。

丁酉科场案

朝廷对江南科场的处罚，实在是非常苛酷。

自从隋唐推行科举制度以后，读书人悬梁刺股，十年寒窗苦读，一朝功成名就，便春风得意。然而，顺治十四年(1657)丁酉科场案的发生，将科举制度的积弊暴露无遗。

考官被告发

这一年顺天乡试，钦点翰林院侍读曹本荣和侍讲宋之绳为主考官，房考官有李振邺、张我朴、郭濬等十四人。这些考官一下子捞到了肥缺，个个通关节，受贿赂。特别是那个从大理寺评事选出来的李振邺，年少轻狂，更无顾忌，做起手脚来从不考虑后果。

有个名叫张汉的，曾经帮李振邺介绍了不少关节，以此做为录取他的交换条件。可是，李振邺发觉此人从中私吞了银两，一气之下，便让他名落孙山。这下惹恼了张汉，便一张状纸将李振邺告到科道衙门。

顺治帝得知此事，勃然大怒，降旨吏部和都察院一同会审。结果，李振邺等七人被处死问斩，家

体现等级制度的建筑装饰：午门上的铺首及门钉

古代建筑中，“门”作为建筑部件之一，同时具有实用的功能和象征的功能。门钉装饰在门扇上，像浮在水面的泡，而铺首是具有实用功能的门环。中国建筑等级制度不仅对各阶层建筑的规模型制、材料构造有严格限定，同时还专门对“门”这一标示等级、地位的符号，居住者身份的象征，在油漆颜色、铺首兽面、门环用材、门钉数量等方面有详尽的规范。午门是紫禁城的正门，九九八十一个门钉与铺首体现封建帝王和皇权至高无上的地位。

从实用到装饰：太和门梁架彩画

中国古代建筑采用木柱木梁构成房屋框架，屋顶与房檐的重量通过梁架传递到立柱上，墙壁只起隔断的作用，不承担房屋重量。太和门的柱子、梁架用于装饰，用丹红装饰柱子、梁架，在斗拱梁等处绘制彩画。平面铺开式的古典式建筑，大量体现帝王至高无上的思想，体现在建筑形式上就是等级制的运用，无论是屋顶的建筑样式还是建筑彩画的图案，都着重体现皇权威严的主题。

世界大事记

日本严禁天主教。

顺治帝 方猷 钱开宗

识才 公正

《清世祖实录》

人物 关键词 故事来源

中财物抄没，妻儿老小一百零八人全流放到关外。主考官曹本荣连降五级，受到牵连的达一百多人，刑部拟斩四十人，经皇帝宽大，免去死罪，杖责后流放到边远地区。

顺天科场案好像一石激起千层浪，各地接二连三又揭发出不少类似的案件，其中震动最大的要数江南科场案，此案与顺天府案发生在同一年。从明代起，江南乡试在读书人心目中就有着重要地位。因那时实行两京制，北有顺天府，南有应天府，都设国子监，乡试同时并举。清代撤应天府改为江宁，但读书人仍以顺天、江南两地马首是瞻。

这年江南乡试钦点方猷、钱开宗为正副主考官。二人纳贿舞弊，专取行贿知己之人，一发榜，就有下第士子大闹起来，拦住考官恶声怒骂。甚至有大批士子追着方、钱二人的船叫骂，朝船上扔掷砖头瓦块。

至高无上的皇权象征：太和殿

太和殿俗称金銮殿，是明清皇帝举行典礼的大殿，为展示皇权至高无上，装修十分豪华。明清两朝在这里举行盛大典礼，主要包括皇帝即位、皇帝大婚、册立皇后、命将出征，以及每年元旦、冬至、万寿（皇帝生日）接受朝贺及赐宴等。皇帝的宝座在太和殿中央开间的后半部，下面是有七层台阶的高台，宝座上中央为皇帝的御座太椅，屏风和御座上遍布着龙的装饰，椅座、椅背，椅扶手、屏风扇面、屏风头到处都是木雕金龙，御座左右还摆有香几、香筒等陈设。

御路上的象征石

保和殿在故宫中和殿后，为故宫三大殿之一。明永乐十八年建，初名谨身殿，嘉靖时改名建极殿，清顺治时始称今名。乾隆时重修。清时每年除夕和元宵，皇帝在此宴请王公贵族和京中的文武大臣。保和殿也是清代科举考试最高一级殿试的处所。保和殿北面御路的石阶中道下层有一块云龙石雕，在故宫中最大、最宏伟，它用整块艾叶青雕成，重达二百吨，九龙飞腾在大海和流云之中，象征着真命天子一统山河。

历史文化百科

〔清代科举制度〕

清代科举制度，应试必从童生开始，基本教材是朱注“四书”“五经”，以后各级科考的八股文题目，皆出其中。经县试中秀才取得院考资格，方能参加三年一次的院考。院考分六等，前二等即能参加乡试，合格的称举人，可参加会试。会试一般取三百名左右，称贡士。贡士也叫贡生，有资格进入中央的国子监读书，也有资格参加殿试。殿试成绩分三甲，一甲三名，称赐进士及第，二甲十七名，称赐进士出身，余为三甲，一般不再淘汰，都能授予不同官职。

中国大事记

噶尔丹起兵攻掠蒙古诸部落。

过后，更有人根据此事编成《万金记》传奇剧本，《万金记》的取名，是将“方”字砍了脑壳，将“钱”字劈成两半，暗喻对方、钱两个主考官的憎恨和诅咒。

事情闹大了。都察院谏官、给事中阴应节出面弹劾，揭发了方猷等人得贿卖放、弊窦多端的丑事，特别提出现任少詹事方拱乾的儿子方章钺不该录取却被录取了。

顺治帝览奏降旨：“方猷等人奉钦点江南主考，临行前朕当面特意关照，还敢如此猖狂，实在可恶。着将方、钱二人并连同该科考官一起，革职严讯。并将方章钺速拿来京详审。”

不久，御史上官铉又揭发舒城县知县龚勋去年任江南科场考官时曾被士子凌辱，事情可疑，恐与科场舞弊一案有关。顺治帝也批示“着严察速讯”。

江南举子北京复试

揭发检举接连不断，最后，顺治帝同意礼部意见，由皇帝亲自拟定复试日期，召录取举人来京面试。江南会试立即停止。

复试这天，一百多个举人集中到北京太和门外，顺治帝亲临前殿坐镇。北京的冬天来得早，举人们跪在积雪冻冰的地上答卷，双手冻僵，浑身颤抖，不仅因寒冷彻骨，还因每人的背后都有两名手擎大刀的满族士兵监守着，试场内竟有一队队士兵穿梭般来回巡逻。考场简直像刑场一样。有些人见了如此场面，才情一下子飞到九霄云外，哪里还做得出起承转合的八股文来。但是，不管你是真做不出还是假做不出，凡交白卷，

> **历史文化百科**
>
> **〔清顺治元年设立“太医院”〕**
>
> 为了给皇帝及后妃们治病，并掌管宫中医疗事宜，清政府于顺治元年设立“太医院”这一机构。院中设有院使一人（汉员，秩正五品，为太医院主官，掌管各科事务）；左右院判（俱汉员，太医院副主官）各一人，秩正六品。乾隆五十八年(1793)始特简满大臣管理院务。在院使和院判以下则有：御医、吏目、医士、医生等百余人，除管理大臣外，皆为汉人。院内设有大方脉、小方脉、伤寒、妇人、疮疡、针灸、眼、咽喉、正骨九科。御医、医士、医生各专一科医技治术。在太医院中，还设有御药房、药库，以及为宫廷培养医务人员的教习厅。

统统重责四十大板，查抄家产，连同父母兄弟妻子儿女，一齐被流放到黑龙江宁安县宁古塔的流放集中营去。

江南科场案前后审理了一年多，其结果，方猷、钱开宗二主考官被处斩刑，家产充公、妻妾儿女入宫为奴。其他考官、监场官员十八人，除卢铸鼎死于狱中外，全被处以绞刑，家产家属也被官家没收。此外，受牵连降职降级的官员还有好几个。有人说朝廷对江南的处罚比顺天要苛酷，这或许是清朝统治者对江南地区抗清运动的一种报复吧！

《江山卧游图》（局部，清·程正揆绘）

程正揆（1604—1676），初名正葵，顺治时改正揆，字端伯，号鞠陵，晚号青溪道人，孝感（今属湖北）人。明末清初画家。崇祯四年（1631）进士，入清官工部右侍郎。与髡残（石溪）友善，合称“二溪”。《江山卧游图》为其代表作。此图为《江山卧游图》第二十五卷，构图气势雄伟，笔势韧劲奔放。

 北京琉璃厂为什么会成为古籍、旧书、古玩的汇集之地？

世界大事记

法国舰队在地中海大败荷兰西班牙联合舰队。

李定国 勇敢 李天根《爝火录》黄宗羲《永历纪年》

人物 关键词 故事来源

李定国两蹶名王

李定国两次大胜，是多年罕有的。

南明最后一个永历王朝，能够维持十九年，多半是靠大西军支撑；大西军的后期统帅，是智勇兼备的李定国。

崇仰忠臣烈士

李定国是张献忠部将，十岁就参加了农民起义。因为英勇善战，有“小尉迟”、“万人敌”之称。他十七岁就带兵两万。张献忠死后，李定国与孙可望等转战四川、云、贵，对永历帝表示拥戴。

在军营中，李定国闲时喜欢听讲《三国演义》等故事。有次幕客金公趾讲蜀汉故事，说他像诸葛亮。他说：“我对孔明可不敢望，要是如果能做到像关羽、张飞那样，也就不错了。”

有一次，在广西桂林七星岩，在听讲南宋灭亡史事后，又说：“文天祥、陆秀夫、张世杰诸公，精忠浩气，足可以光照青史，正是我的榜样啊！”

攻进桂林城

清顺治九年（1652），李定国率步骑八万，由武冈出全州，向攻陷桂林的清军主力孔有德发起进攻。

乾隆时的前门街市图一
本图采自清《乾隆南巡图卷》，作者徐扬等。南巡是清时的重大政治和社会活动。此图卷首展现出乾隆皇帝出京师的宏大场面，也反映出前门大街的繁华景象，从侧面反映了当时的风土人情、地方风貌，以及经济文化繁荣的景观，是极具历史价值的画卷。

话说中国

因为乾隆年间（1736—1795）在此设四库馆，学士云集，始有书肆、古玩店等。

中国大事记

清廷命地方举荐博学鸿儒。吴三桂死。

乾隆时的前门街市图二

清代特许专门经营海外贸易的洋行商人叫什么?

世界大事记

第一次俄土（耳其）战争。

乾隆时的前门街市图（局部）

清代宫廷医疗保健器具

这件推背器是清代宫廷所用的医疗物理治疗器具，可隔衣在身上滚摩，治疗肌肉酸疼，促进局部或全身的气血运行，达到舒筋骨、活气血的目的，并能助药力，起到药物之所不及的作用。

李定国的将士纪律严明。在誓师时，他再次向全军重申了五项纪律：一不杀百姓，二不放火，三不奸淫，四不宰耕牛，五不抢掠财物。他的军队因此很受民众拥护，一路上势如破竹，在全州附近的严关，清军严密布阵，水泄不通。李定国动用了从云南征调的二十头巨象，带头冲破了敌方防线，闯过了严关。孔有德再次于榕江布阵，双方尚未交锋，李定国将巨象驱赶出阵，尘沙蔽日，清军精骑听到象叫声，就颤抖不已，不战就转身奔逃。李定国乘势掩杀，清军大溃。孔有德仅只身逃进了桂林城。

清乾隆透雕群真海会图

此图杯身作山石状，杯外镂制海上群仙祝寿场景。人物众多，主次难辨，并有亭台楼阁隐现于古树之间，口沿内侧浮雕龙纹，龙在云中翻腾，与群仙呼应。杯底有“大清乾隆仿古”款识，整个器的雕琢繁复、纤巧，有明显的清代器物风格。用犀角制成杯形，有祈求养生健身之意。

李定国大军围困了桂林。他张大营于城北，占领了周边山头，居高临下。三天后，巨象群撞开了城门。孔有德走投无路，被逼自杀。

李定国乘胜北上，攻占了衡阳、长沙、岳州等地，辟地三千里。他的将士虽然有一半是傜、壮、苗、傈僳各民族的子弟，但却相处无间，而且确实奉行了军纪，据当时人记载，在他们驻扎长沙半年期间，当地民众竟不知有兵在身旁呢！

历史文化百科

〔顶戴花翎〕

顶戴俗称顶子，是装在官帽顶端的珠子，标志官级：一品为红宝石，二品为珊瑚，三品为蓝宝石，四品为青金石，五品为水晶，六品为砗磲，七品为素金，八品为阴文镂花金，九品为阳文镂花金。花翎即官帽顶上向后拖垂的孔雀尾羽，分三眼、双眼、单眼，三眼花翎只授予亲王等权贵，虽高至总督、将军亦只是双眼。无眼的则称蓝翎。顶戴花翎是清代官僚制服独特的品秩标志，也是一种地位和荣誉的象征。通常罢官，即是将所插翎尾拔去。

中国大事记

命纂修《明史》。

乾隆年制广彩人物花鸟盆

杀死敬谨亲王尼堪

清廷大震，当时竟还提出放弃南方七省的设想，最后仍决定征战，派敬谨亲王尼堪为定远大将军带兵十万南征。出征的那天，顺治帝亲自在南苑辞行，对他寄以厚望。

这年十一月，尼堪大军进入湖南，首战就大败明军，占领湘潭，李定国为诱敌深入，当即主动放弃了长沙。

清通惠河漕运图局部（及右图、右页图）

这幅画卷描绘清代康熙年间通惠河漕运的情况，通惠河开凿于元代，沿用至清，为适应水源减少的现象，清代实行倒载制，漕粮由人夫搬运到闸上游停泊的船只中。这种情况在图卷中有准确的反映。

尼堪求胜心切，亲自率轻骑星夜紧追。李定国命将士故意在退往衡阳途中抛盔丢甲，而在林木茂密处设伏。尼堪沿途追赶，自以为胜利在望，连夜上书北

《渔家图》（清·谢彬绘）

谢彬（1604—1681），字文侯，上虞（今属浙江）人，居钱塘（今杭州）。明末清初画家。工人物画，草草数笔，喜怒毕肖；间作山水，近吴镇，笔墨苍浑，气韵生动。此图芦丛中露出数艘渔舟，有妇女正在哺乳，有渔夫对酌憩息。有的奏笛自娱，有的带着鱼鹰归来，表现了渔民俭朴的生活。

清 一

被西方誉为“万园之园”的是哪一处园林？

世界大事记

英国会议员分为托利党、辉格党。

京先预告了凯旋消息。奏报中说：“现在就要天明，我将攻下衡阳城了。”

天明，正当尼堪军接近衡阳城时，埋伏在树林里的李定国将士从后面抄袭过来，金鼓齐鸣，巨象带头冲锋，激战中，尼堪马陷泥潭，被乱刀砍死。

十几天后，当顺治帝接到尼堪进攻衡阳前的捷报时，他早已死去了。

李定国两次大胜，是多年罕有的。后来黄宗羲称赞说“李定国桂林、衡阳之战，两蹶名王，天下震动，此自万历戊午（1618）以来全盛天下所不能有。” 〉盛巽昌

中国大事记

清军破昆明。吴三桂反叛，至是八年消亡。

〇二六

永历帝在劫难逃

为了乞求活命，永历帝竟向吴三桂讨饶，但仍被弓弦缢死。

永历帝朱由榔是南明最后一个皇帝。他虽做了十六年皇帝，但因懦弱、胆怯，而又贪图安逸，稍有风吹草动，就带头逃跑，最后仍被俘杀死。

胆小怕事，只会逃命

清顺治三年（1646），桂王朱由榔在广东肇庆被捧出监国，当时他的母亲就几次对拥立的大臣们说：我的儿子不行，请你们另选吧。可是，没有听从。几个月后，他更被拥戴为皇帝。

永历帝胆小怕事，贪图安逸，听到报警，就惊惧万分，立意逃跑。他是历史上最懂得逃命的一个皇帝。

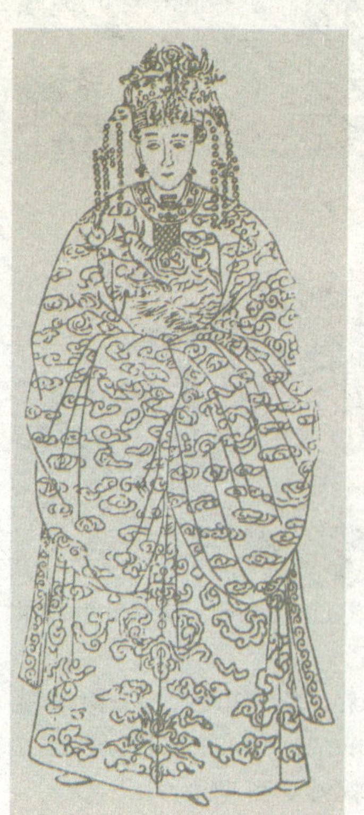

永历王太后像

1646年，肇庆建立以桂王为首的永历小朝廷，是南明最后一个政权。永历帝的嫡母为王太后，生母为马太后。

开始，当他监国肇庆时，听到清军取漳州、赣州，远在几百里外，就感到不安全，逃往梧州。清军攻陷肇庆，又逃往桂林，后又逃至南宁。此后虽因李过、高一功的大西军和瞿式耜等正直大臣抗清的胜利，一度回驻桂林和肇庆，但不久又因韶州等地失陷，闻风丧胆，逃往梧州。他在梧州不住行宫，而住进楼船，以便于逃跑。果然当清军逼近时，很快就逃到广西极边的濑湍；在风闻敌军有船只仅距百里时，则尽焚乘船，登陆逃跑。

花天酒地，奢侈无能

正在永历帝面临绝境、无可依靠的时候，盘踞云南、贵州的大西军孙可望、李定国等挽救了他。

顺治九年（1652），永历帝和他的逃亡政府被安置在贵州安隆，他改安隆为安龙府。在那里住了五年。

开始，孙可望以每年银八千两、米百石供应永历帝一家子。这在当时艰苦的年代，已是相当不错了，但他依旧花天酒地，无所用心。周围稍有识见的人都认为这人真个比刘禅还要无能，比福王（弘光帝）更要奢侈。而他的治政本领，就是在孙可望和李定国之间搞暗箱操作，挑拨离间，力图引起他俩的倾轧。起初，下密诏给在外作战的李定国前来救他。当此事为孙可望得悉，派人前来责问、查证时，他胆战心惊，作遁词说：哪有此事，现在外面假敕很多，你们要认真查才是。当同谋大臣被锁拿，追究主谋，竟还放声大哭说：汝等逼朕认出，朕知是谁？这时，他见孙可望逼宫，只得下诏罪己，并发表声明说：全仗有秦王（孙可望），否则就没有我了。

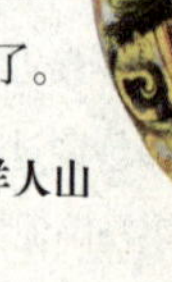

乾隆年制珐琅彩黄地开光洋人山水绶带葫芦瓶

清一

清代为贮藏《四库全书》修建了哪七座藏书楼？

世界大事记

英通过“人身保护法案”。法与神圣罗马帝国签订尼姆韦根和约。因此条约始以法文替代拉丁文，此后法文即为外交上使用之第一文字。

人物：永历帝　孙可望

关键词：浅薄　愚蠢

故事来源：徐鼒《小腆纪传》　郑达《野史无文》　江之春《安隆纪事》

孙可望此后更加忌恨李定国，对永历帝这种幼稚、可笑动作，也表现了极大的轻蔑。永历帝在安龙日子就难过了：孙可望麾下的武人经常闯进皇宫，挟弹射鸟，文人乘着轿子进进出出，旁若无人；在写的皇室供销册中，干脆写“皇帝一员，皇后一口”，安龙也被改称为“安笼”。

《秋景山水图》（清·吴历绘）

吴历（1632—1718），字渔山，号墨井道人、桃溪居士，常熟（今属江苏）人。清初画家。擅画山水，得王时敏正传。与“四王”及恽寿平合称“清六家”，或称“四王吴恽”。此图是作者于康熙三十二年（1693）为汲古阁所绘。

在缅甸被捉

顺治十二年（1655），李定国击败孙可望，进据安隆，将永历帝移驻昆明。孙可望在反攻云南失败后降清，尽把内部虚实透露于敌。两年后，清军三路进攻云南，李定国在战败后，向永历帝提出最佳方案：移往湘粤边区，团结各民族，胜则据大理等地，败则由交趾出海，与郑成功会师。但贪图安逸的永历帝认为大明不可能中兴了，听从沐天波意见，到缅甸去避难。

永历帝躲进了缅甸。在此期间，李定国等多次率军前来迎接，都被他以“朕已航海，将军善自为计”挡了回去。他在缅甸忍气吞声，缅甸王在吴三桂军进逼后，将他送出。他为了乞求活命，向吴三桂讨饶，表示“倘得与太平草木，同霑雨露于圣朝”，但吴三桂仍将他和家属押解昆明，几个月后，命人用弓弦将永历帝和他的儿子缢死。　〉盛巽昌

《长松仙馆图》（清·王鉴绘）

王鉴（1598—1677），字圆照，号湘碧，又号染香庵主，江苏太仓人。明末清初画家。王世贞孙，崇祯六年（1633）举人，善画山水，笔法圆浑，用墨浓润，摹古尤精，与王时敏齐名。为清初六大家之一。此幅仿元王蒙画法，描绘苍松峻岭中的书馆仙居，用墨浓润苍秀。

〉历史文化百科〈

〔满汉结合妇女妆〕

清人关以后，满人汉化，同时汉人也从满族文化中汲取了营养。满族妇女向不裹足，而汉族妇女缠足习俗极深，使清帝不得不废除裹足禁令，故满族上层妇女亦有渐习缠足者。满族妇女着旗袍，梳叉子头。汉族妇女亦模仿清宫女子装束，梳头时将头发平分两把，以高髻为尚，又在脑后垂下一绺头发，修成两个菱角，时称“燕尾”。而旗袍服饰也在不断改进中流行开来，充分显示出女性身材风韵，终成中国近现代妇女普遍喜爱的民族时装。

中国大事记：郎谈、朋春被派巡察雅克萨后，定反击之计。顾炎武卒。

〇二七

顺治帝出痘

病入膏肓的顺治帝同意立第三子玄烨为皇太子。

天花搅乱满宫廷

顺治十七年（1660）底，顺治帝出痘，消息一传出，内宫一片混乱。太监、宫女慌忙将太医的诊断报告送给太后，一面把原先为庆贺元旦布置的彩灯全都撤掉。皇太后一脸肃穆，亲自带领后妃们到痘疹娘娘庙拜祭，祈祷皇上平安。

痘疹就是天花。清王室出身关外，不像汉人对天花有传统的抵抗力。初入关时，感染天花的满人十有八九不治身亡，所以无不闻天花而色变。现在，年轻的皇帝得了此病，当然更加可怕。

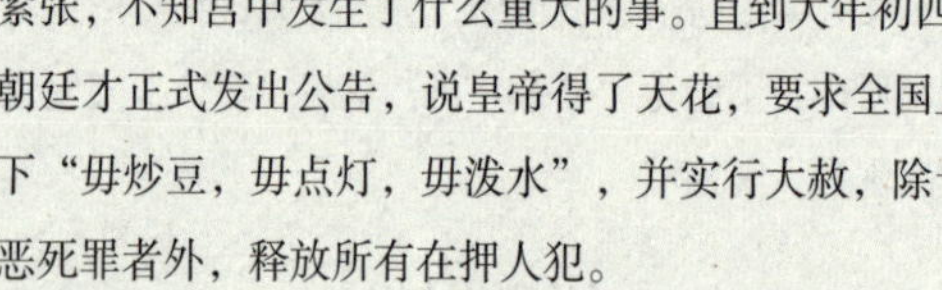

礼部接到宣布免去元旦大朝庆贺礼的懿旨，十分紧张，不知宫中发生了什么重大的事。直到大年初四，朝廷才正式发出公告，说皇帝得了天花，要求全国上下“毋炒豆，毋点灯，毋泼水”，并实行大赦，除十恶死罪者外，释放所有在押人犯。

孝康章皇后（左图）

孝康章皇后（1640—1663），佟佳氏，康熙皇帝生母。顺治帝娶一等侍卫佟国维的姐姐佟佳氏为妻，佟佳氏所生第三子即康熙帝玄烨，后被尊为孝康章皇后。

明清两代后妃居住的宫殿：景仁宫

景仁宫，内廷东六宫之一，明清两代后妃居住的宫殿。明永乐十八年（1420）建成，初名长安宫，嘉靖十四年（1535）更名景仁宫，清代沿用明朝旧称。顺治十一年（1654）三月，孝康章皇后在此宫生下爱新觉罗玄烨，即一代明君康熙皇帝。这里先后还是雍正皇帝的孝圣宪皇后，即乾隆帝生母以及光绪皇帝的珍妃的寝宫。

清 一

世界大事记

沙俄于黑龙江流域建筑城堡，移民实边。

顺治帝 康熙帝

人物

逆境

关键词

《清世祖实录》

故事来源

福临自己已经感到生命危在旦夕。他六岁被叔父抱上皇位，皇父摄政王的心腹党羽常常戏弄他，并不把他放在眼里。十四岁亲政，日理万机之余，还得对付那些皇权觊觎者。虽是皇帝，也有七情六欲，他对一位满洲军人之妻董氏产生了狂恋之情。其夫羞愤而死，妻子便被封为董鄂妃，产下一子，然而仅仅三个月便夭折了。他大为悲伤，破例封之为和硕荣亲王。不久，荣亲王的母亲、芳龄二十二岁的董鄂妃也死了，他伤心得痛不欲生。这两次精

顺治帝孝陵石牌坊

孝陵是清世祖爱新觉罗福临（顺治皇帝）的陵寝，也是清朝统治者在关内修建的第一座陵寝，规模宏大，气势恢宏。位于昌瑞山主峰南麓，背靠昌瑞山，前临金星山，位居陵区主轴线上。后世四座帝陵依次分列左右。孝陵的陵址是由顺治皇帝生前择定的。但由于定鼎之初，战事不断，加之顺治帝正当英年，并未急于兴建。直到顺治十八年（1661），顺治帝崩逝后才开始兴工，到康熙三年（1664）十一月，主体工程告竣。石牌坊是孝陵第一座建筑，它标志着陵区的开始。牌坊通体由汉白玉石料雕刻而成，宽 31.35 米，高 12.48 米，五门六柱十一楼，是中国现存石牌坊中最宽的一座。

历史文化百科

〔清代一大祸害：天花（痘疹）〕

中国是最早发明治疗天花（痘疹）、种人痘疹的国家。据史书载，天花是在东汉初年，从西域传入中国的。古代中国就对它有研究，晋葛洪《肘后方》就有记载。唐开元时，江南赵氏始传鼻苗种痘之法，北宋 10 世纪末就采用人痘接种术。此即为世界最早的种痘。但在农耕社会，此种人痘接种术不甚普及。清（后金）因始在边地，对天花的病源、症状也不甚了解，不知如何治疗，故出现有天花传染而死的。

孝康章皇后谥册

孝康章皇后的谥册为汉白玉质，共十片。

话说中国

中国大事记

台湾收复。

神打击，大大损害了他的身心健康，也大大削弱了他对疾病的免疫力。因而董鄂妃死后仅仅半年，他就染上了天花。本来就羸弱的身体，如今更加骨瘦如柴，魂不守舍。看看实在拖不下去了，在立嗣子的问题上，他只得同意了母亲要他立第三子玄烨的主张。他派人去征询钦天监负责人汤若望的意见，那个德国传教士认为，玄烨已出过天花，有了免疫能力，可以入选为皇太子。事情就这么定了。

康熙帝登基

正月初六夜间，顺治帝眼看自己已病入膏肓，朝不保夕，急召王熙和麻吉勒到养心殿来写遗诏。王熙才记录了第一段，顺治帝便支持不住了。王熙说，要么我们先拟个稿子罢。他点了点头。二人就去乾清宫西朝房连夜赶写，完了马上过来让皇上过目。他挣扎着修改了三遍，才算定稿。此时，天色已经放明。

整整一天，顺治帝躺在榻上闭目喘息，熬到半夜终于咽气了。

第二天，宫里头忙着要给先帝办丧事。次日一早才向群臣宣布治丧消息，谕令百官一律在自己衙门守制，治丧期二十七天，任何人不准私自回家，头九天里，每日须到乾清门外哭丧。国不可一日无君，也就在这一天，一个身材匀称、鼻尖稍圆略带鹰钩状、五官端正有着不太明显麻点脸盘的孩子，登上了皇帝宝座。他便是爱新觉罗玄烨，也就是大清入关后的第二个皇帝康熙帝。

孝康章皇后谥宝

清顺治孝康章皇后佟佳氏，本汉人，后改入满族，康熙皇帝生母，二十四岁卒，谥号“孝康章皇后”。

孝康章皇后谥宝印面

孝康章皇后谥宝印面文字为满汉两种文字。

孝康章皇后谥宝文

孝康章皇后死后累次增谥，至乾隆时为“孝康慈和庄懿恭惠温穆端靖崇天育圣章皇后之宝”。

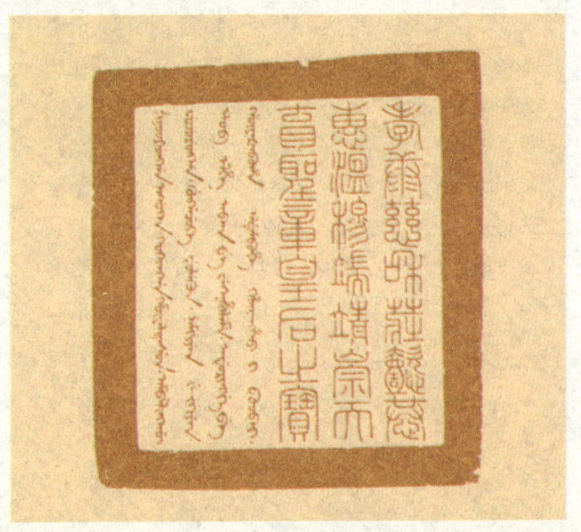

清代官员帽顶上用宝石、珊瑚等制成的帽珠叫什么？

世界大事记

俄彼得立为沙皇，索菲亚公主摄政。

人物：金圣叹　关键词：怨愤　专制　故事来源：《金圣叹全集》

〇二八

哭庙案

金圣叹既是哭庙的召集人，又是哭庙文的起草者，故遭严办。

金圣叹是清初文艺评论家，他对清王朝是举双手拥护的，但是并非唱赞歌就会为官府信用。

耳闻感恩，北向叩首

顺治十七年（1660）春，五十二岁的金圣叹，从一位来自京师的友人处得悉，当今皇帝读到他所批注的《西厢记》时曾对翰林们说：此是古文高手，莫以时文眼看他。他听了此说，也不知真假与否，大为感恩，涕泪俱下，朝着北面连连叩头。并写了《春感八首》，诗中说："忽承帝里来知己，传道臣名达圣人。合殿近臣闻最切，九天温语朗如神。"

他是多么拥护大清皇帝啊！

借哭灵控告知县

顺治帝死了。

皇帝死是国丧。二月初一，哀诏传到苏州，巡抚以下的官都得接连三天设幕哭灵。

金圣叹与倪用宾等人商量说："吴县知县任维初，贪污盗卖仓粮千余石，却将亏空分摊各户补齐，有不交的就滥用非刑催逼。我等何不利用这次哭灵的机会控告他们一下？"他的意见得到大家赞同，他们决定到文庙鸣钟击鼓，用散发揭帖的方法揭露和控告这个贪官。

向孔夫子申诉怨愤

秀才们揭帖一散发，立刻轰动了苏州城，民众纷纷责骂任维初，有人甚至声称要将他痛打一顿，以解心头之恨。江苏巡抚朱国治见秀才闹事，就以对命官敢于扛打，目无朝廷为借口，捉了倪用宾等人关进监牢。

金圣叹对这种官官相护的做法十分气愤，第二天，就动员了更多的书生聚集到孔庙，向先师孔老夫子申诉怨愤，表示抗议。当时苏州一带有个习俗，读书人

清嘉庆刻本《金圣叹批第六才子书》书影

金圣叹（1608—1661）为清代著名的文学批评家，他将《离骚》、《庄子》、《史记》、杜甫诗集、《水浒传》、王实甫《西厢记》称为"六才子书"，并对后两种书作了批点。《金圣叹批第六才子书》即批点的《西厢记》。

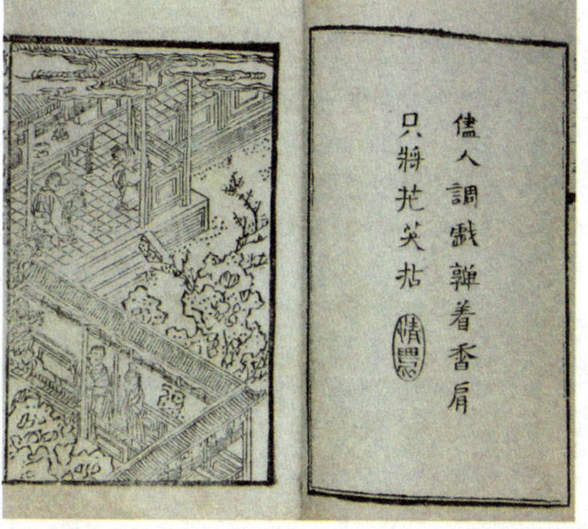

体现印刷进步的彩色书画集《芥子园画传》

雕版印刷在清代仍十分流行，康熙年间（1662—1722）印制的《芥子园画传》就是代表之一，它是在彩色套版技术的基础上，采用饾版印制的一部彩色书画集。

中国大事记

于台湾设一府三县。听百姓往海上贸易、捕鱼。康熙帝首次南巡，至江宁。

受了委屈，便将心事写成文章，穿上儒家冠服，到孔庙把写好的文章撕裂，算是向孔夫子抒发了自己胸中的不平之气。这种举动叫做哭庙。金圣叹等哭庙时，鸣钟击鼓，声势浩大，惊动了四方，一下子几千群众汇集到孔庙，简直成了反贪惩腐的一次民众大示威。

显示皇家贵气的黄地珐琅彩花卉瓷碗

清康熙时受到外来瓷的影响，研制出珐琅彩瓷，这个珐琅彩花卉瓷碗，色彩明艳，华贵富丽，明黄色显示了皇家贵气。

南京三山街刑场

这可犯了清朝的禁忌。一年前，朝廷已针对明末以来江南知识分子的结社活动颁发了禁令，严禁结社订盟和任何形式的结聚。朱国治见这些秀才聚众，就说是造反，马上派兵镇压，将逮捕到的人押到南京，一面向朝廷报告，说这帮秀才国丧期间纠党肆横，结聚孔庙惑众滋事，震惊先帝（顺治帝）之灵，实属罪大恶极。金圣叹既是哭庙的召集人，又是哭庙文的起草者，尤应严办。朝廷接报，派侍郎叶尼到苏州核查后降旨，令将金圣叹、倪用宾等人不分首从，一律处死。

索尼诰封碑

索尼（1601—1667），赫舍里氏，满洲正黄旗人。顺治帝去世时留下遗诏命索尼、苏克萨哈、遏必隆、鳌拜四大臣共同辅政，后为遏制鳌拜专权，领衔奏请皇帝亲政。此碑为索尼的诰封碑，该碑正面镌刻索尼自崇德八年（1643）至康熙六年（1667）四次诰封的御制文。背阴刻康熙十年（1671）其子为其立石记功的经过并记述其一生功绩。

顺治十八年（1661）七月十三日，上午九时许，一干人犯在森严禁卫中被押往刑场。为防止他们乱说，每人口中塞着一小块栗木。刑场设在南京城南的三山街上，街旁三步一岗五步一哨。午时三刻一到，号炮轰鸣，一百二十一名犯人被处以死刑。其中斩首的有七十人，凌迟的有十八人，余下的都是绞刑。满街血肉狼藉，血腥气扑鼻。

透雕加彩套瓶

清代康雍乾时期，景德镇陶瓷业再度繁荣，这件瓷瓶腹部为透雕，并有和谐巧妙的装饰花纹，瓶的全身加彩，精致华美，富丽堂皇，是古瓷器中的精品。

历史文化百科

〔打击江南地主缙绅的"奏销案"〕

"奏销案"发生在顺治十八年（1661），是清政府借清理钱粮积欠，重点打击素有反抗意识的江南地主缙绅。江南地区自明代以来就是国家的赋税区，受重赋压榨十分苛酷，所以，士绅们千方百计规避相沿成习。清政府为缓解财政危机，严厉命令，要求各地方官"大破情面，彻底清查"。不久，又下令"酌立年限，勒令完解"，胆敢违抗者一并押解到京治罪。结果，江南省四府一县有2171名乡绅和11346名生员被降革、枷责、鞭扑。其中，有曾中进士第三名"探花"的叶方蔼，仅因欠银一厘，遭到革黜，故有"探花不值一文钱"之说。

世界大事记

奥地利波兰军队在维也纳附近击溃土耳其五十万大军。

郑成功 揆一

勇敢 爱国

《台湾外纪》《先王实录》

人物 关键词 故事来源

〇二九

郑成功收复台湾

郑成功允许荷兰人整队、扬旗、荷枪、鸣炮登船而去，表现了他特有的中华政治家风度。

郑成功长期对占据台湾的荷兰人实行经济封锁。南京失败后，他就设想出兵台湾，正在这时，荷兰人派通事何斌前来谈判，要求郑成功开禁。何斌向郑成功介绍了富饶的台湾，还送上一幅水陆交通极为详细的台湾地图，它激励郑成功渡海光复台湾。

1861年春，郑成功由金门出军，直趋台湾。

围困热兰遮孤堡

这一天是永历十六年（1662）一月二十五日的清晨。郑成功一早醒来，望着即将攻打的乌特利文圆堡，又想起不久前登上台湾岛时的情形。当时他率领着二万五千人马打得荷兰殖民军龟缩在他们称之为热兰遮和普罗文查的台湾城和赤嵌城里，不敢露头。后来他包围了普罗文查城堡，派人去告诉荷兰驻台长官揆一：“你们已经被包围，只有投降才是唯一出路。”可是揆一竟在热兰遮城堡升起一面血旗，表示要血战到底。郑成功二话不说，一举拿下普罗文查，占领热兰遮市区，终于将揆一逼进热兰遮孤堡。

热兰遮堡是一个用砖砌成的四方形城堡，墙厚五六英尺，外边再套围墙，南面连接台湾岛，东、北、西三面临海。城堡内外筑有好几座碉堡，其中小山丘上的乌特利支圆堡居高临下，地势最为险要。

厦门郑成功屯兵山寨

郑军围困住热兰遮城堡，击退了荷兰船队的支援，使城堡里的荷兰殖民者食物、弹药天天减少，病员、伤亡天天增多，妇女埋怨，儿童哭闹，兵无斗志。郑成功决定选择有利地形赶筑炮垒，把二十八门大炮安装好，打掉乌特利支圆堡这个制高点，解放热兰遮堡就不在话下了。

揆一挂出了白旗

郑成功正自想着，马信过来报告说，炮垒已经如期完工，大炮已经安装到位，一切就绪，只等攻击的命令了。“好！”郑成功右手握紧拳头，向左手掌猛

郑成功弈棋听军情图

郑成功弈棋听军情处在金门岛中央，是一天然岩洞，地势高，视野辽阔，可眺望南北海湾，大陆沿岸动静尽收眼底。弈棋活动的优雅与千里飞骑的紧急相映成趣，更加体现出郑成功的大将风度。

郑成功墓

永历十六年五月初八日（1662年6月23日）郑成功病逝，葬于台南洲仔尾，清康熙三十八年（1699）五月二十二日迁葬郑氏祖茔。康熙帝并题写挽联赞曰："四镇多贰心，两岛屯师敢向东南争半壁；诸王无寸土，一隅抗志方知海外有孤忠。"郑成功墓现在福建南安县水头镇覆船山麓，占地面积998平方米。

《岛上附传》

该书有郑成功传，记录了他收复台湾一事。

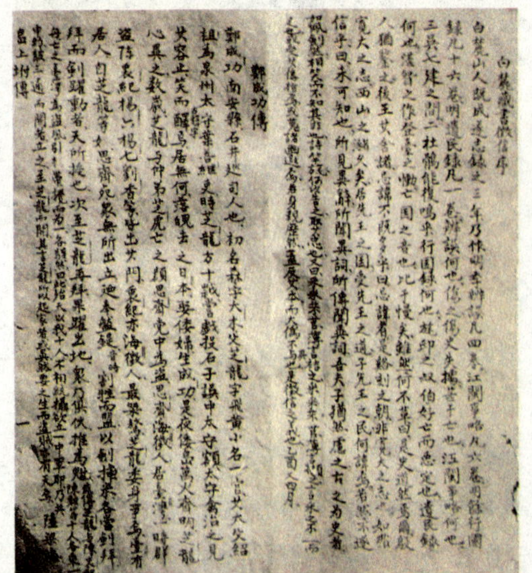

台湾风俗图

地一击，说了声："那就打吧！"顷刻之间，二十八门火炮齐声轰鸣，两千多发炮弹全都倾泻于乌特利支圆堡。不多一会，这座居高临下的碉堡变成一堆废墟，郑军占领了这个制高点，紧接着，把大炮全都运上制高点，所有的炮口都俯指着热兰遮孤堡。

郑成功没有马上对热兰遮堡开炮，考虑到堡中尚有不少妇孺，他还在争取敌军投降，想给他们最后一次机会。

堡内的揆一此时也在紧张地开会商量对策。有人主张决一死战，但却遭到大多数人的反对。揆一见大

世界大事记

教皇组织反土耳其的神圣同盟。

势已去，经评议会讨论无可奈何地说了声“投降”，便沮丧地挂出了白旗。

接受荷兰人投降

二月一日，海滨广场上搭起帐幕，中间悬挂着龙纛，两边插着五方旗。高高的帅旗，在晴空飘扬。广场上人山人海，百姓们都想看看平日在台湾岛上作威作福的红毛番鬼，今日将是怎样一副丑态。

郑成功端坐帐幕中央。礼炮响过，金鼓齐鸣。荷兰殖民者在最高长官揆一的带领下，拖着沉重的脚步，慢慢步入广场。揆一缓步走出队列，走到帐幕跟前，单腿跪地，把一份签了字的投降书恭恭敬敬地献给延平郡王。全体荷兰官兵脱帽俯首致礼。郑成功允许揆一所指挥的荷兰人整队、扬旗、荷枪、鸣炮登船而去，表现了他特有的政治家风度。

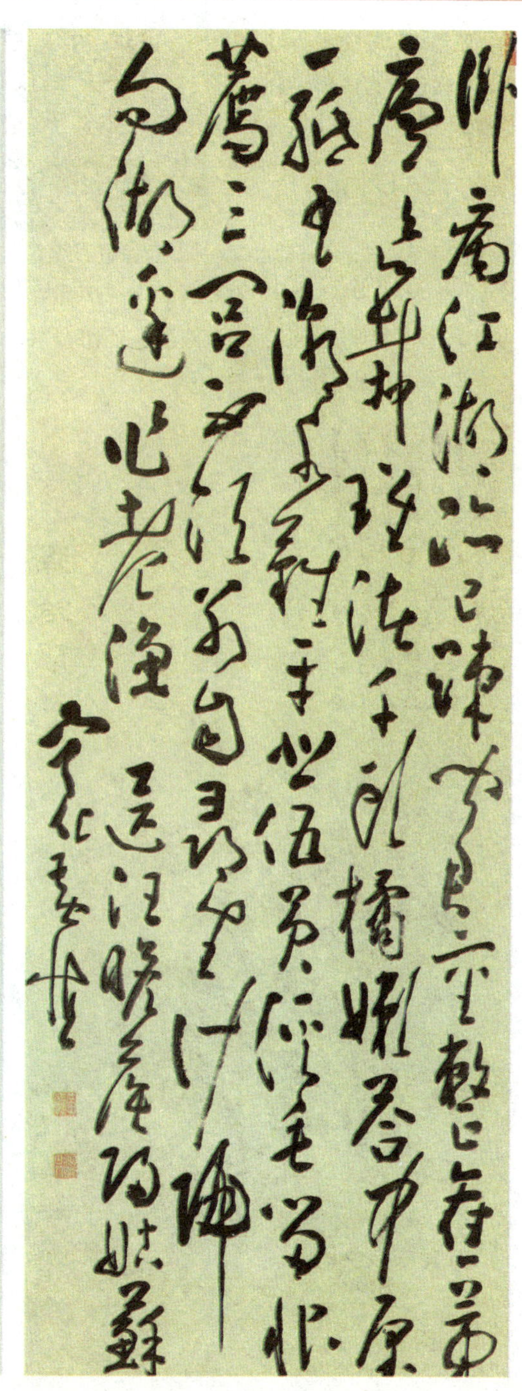

送汪瞻侯归姑苏诗（清·黄慎书）（右图）
黄慎的草书得怀素笔意，上下勾连，用笔枯劲，喜作怪笔，人多难以辨认。

历史文化百科

〔郑成功和《三国演义》〕

郑成功熟读《三国演义》，书中的人和事，对他决策很有影响。

顺治十四年（1657），郑成功在厦门组织北伐，发檄天下，他对将士说：“进军江南，恢复大明，我早就有此意了。正如诸葛亮《出师表》所说的‘汉贼不两立’。我们和清军势不两立，我不打他，他也要打我的。”两年后大军到达南京时，郑成功在城下摆下“八卦阵”，这是据诸葛亮阵法。清兵总兵管效忠，好不容易杀出重围，但所部4000军马，只剩下140人了。

郑成功也很讲法纪，承天府尹杨朝栋因居功自傲，克扣军粮，私建官邸，要治罪，很多官员求情，以为杨有大功，且人才难得；但郑成功却说，诸葛亮治蜀，靠法纪。他就效法诸葛亮斩马谡，挥泪斩了杨朝栋。

中国大事记：孝庄太皇太后死。

〇三〇

张煌言就义

张煌言临终有诗：国亡家破欲何之？西子湖头有我师。

张煌言军败散后，他隐居海岛，伺机再起，不幸被俘。他多次拒降，从容走上刑场。

藏身海上小岛

1664年六月，三都湾水战，张煌言军遭到严重损失，他决定暂时遣散将士，化整为零，自己只带着参军罗子木、侍僮杨冠玉等人，隐蔽在浙江南田岛东六十里大海中的悬岙岛。

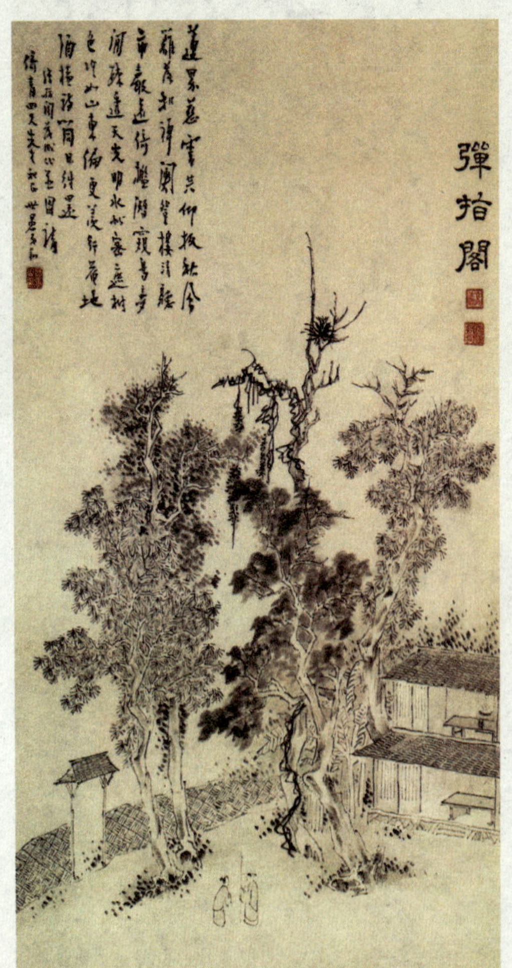

悬岙是个荒瘠小岛，北面是巉岩峭壁，东西无通路，只有南面有个小港湾勉强可通舟楫。张煌言等就在山南面海地方，用茅草涂泥筑屋居住。

清朝当局并没有放过他，继续悬赏通缉。浙江提督张杰收买了张煌言的一个旧部小军官，化装为游方的行脚僧，投奔普陀山寺挂单，用以侦伺他们的行踪。一天，张煌言派船出外买米，船上人以为此人已做了和尚，也不加防范，允许他搭船。不料船到海中，假和尚忽然拔刀杀死了船上多人，只留了一个船夫；船夫被逼供出了张煌言住处，还泄露了一个秘密：原来悬岙岛上畜养了两只猴子，用来瞭望海面动静，每当

《松藤图》（清·李鱓绘）（左图）

李鱓（1686—1762），清代书画家。字宗扬，号复堂、懊道人，江苏兴化人。曾为宫廷作画，后任滕县知县，为政清简，以忤大吏罢归。在扬州卖画，为“扬州八怪”之一，擅画花卉虫鸟。

乾隆年制玻璃胎珐琅鼻烟壶

清

世界大事记

法国新教徒五万家庭冒禁令离法迁徙英、荷、北美等地，因大多为熟练技工，大受欢迎。

人物：张煌言
关键词：爱国 逆境
故事来源：《张苍水集》《野史无文》郑达 康熙《象山县志》

《松鹤图》（清·沈铨绘）（左图）

沈铨（1682—约1760），字衡之，号南茹，浙江吴兴（今湖州）人。清代画家。工画花鸟走兽，亦擅仕女。雍正九年受聘往日本长崎，侨居三年。此图画苍松浓郁，枯藤披垂，两只丹顶鹤一只回头顾盼，一只昂首唳天，极为生动。

海船经过，远在十里之外，它们就会高声呼唤，岛上的人便可准备躲避。

清军根据这条线索，躲开猴子的瞭望，从岛后山背攀藤而上，捉住了张煌言等人，并搜出他的兵部尚书银印和与中原豪杰联络反清的多件密信。

关押宁波、杭州

两日后，张煌言等被押解到宁波。他坐在囚轿里，头戴明代文人日常用的方巾，穿着葛布长衫，神色相当自然，罗子木、杨冠玉等手锁铁铐，徒步跟着。他们来到提督衙门，押解差官要他从角门进去，他屹立不动。张杰赶快命令打开正门，在大厅上张杰用客礼相待，很客气说："等你久了，朝廷非常需要你；你归顺了，立刻可以得到富贵利禄。"张煌言严正地说："这些话

乾隆年制紫地轧道珐琅彩双连瓶

> 历史文化百科 <

〔扬州盐商〕

扬州是南漕北运船舶必经地，地近两淮盐场，又是官盐运销长江中上游的集散地。扬州盐商由此获得高利润，是当时中国最大商业资本之一。

扬州盐商与统治阶级高层相当密切。康熙年间，刑部尚书徐乾学出银十万两，与盐商项景元合伙。乾隆五十一年(1786)，盐商江广达捐银二百万两，充作镇压林爽文起义的军费和赏银，盐商鲍漱芳为输军饷给清军对付白莲教，得赐盐运使衔。盐商们还集中输银三百万两充任治黄经费。在乾隆帝南下时，盐商仅修临江行宫，就花了二十万两银子。

中国大事记

《中俄尼布楚条约》签订。

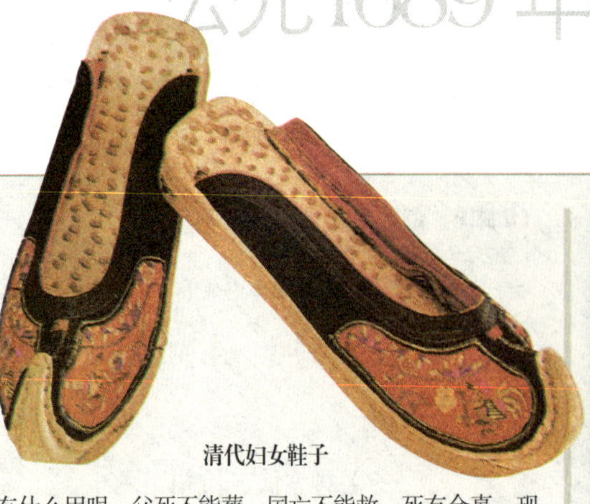
清代妇女鞋子

有什么用呢。父死不能葬，国亡不能救，死有余辜，现今只有一死罢了。”

十几天后，张杰知道张煌言丝毫没有屈服的意思，只得用船把他押解到杭州去。

行行复行行，当船只行至钱塘江南岸，准备横渡时，眼看杭州省城快要到了，他浮想联翩，自己以书生从戎，十九年里历尽艰辛，出生入死，现今行将结束，务必保持节操。于是作绝命诗两首，其中一首是：

“国亡家破欲何之？西子湖头有我师。日月双悬于氏墓，乾坤半壁岳家祠。惭将赤手分三席，犹为丹心惜一枝。他日素车东浙路，怒涛岂必属鸱夷！”

《紫琅仙馆图》（清·钱杜绘）

钱杜（1764—1844），字叔美，号松壶，钱塘（今浙江杭州）人。清代画家。工诗书，擅画山水、墨梅。此图绘紫琅仙馆之景：近处古树参天，清溪潺流，小桥横卧，一人策杖而行。中景草屋数间组成一庭园，中间屋内坐着主人和访客，旁有琴童侍立。远处山峦连绵，山泉直泻，白云缭绕，一寺院楼阁隐现于山间。

乾隆年制套蓝玻璃蟠龙朝冠耳三足炉

弼教坊就义

张煌言到了杭州。清朝浙江总督赵廷臣也多次劝降，他仍不为所动。赵廷臣还安排了原属鲁王的降官们纷纷前去牢狱游说；来得多了，张煌言太觉厌恶，他干脆在狱中墙壁上大书《放歌》一首，“予生则中华兮死则大明，寸丹为重兮七尺为轻”，以此表明自己的忠贞态度。赵廷臣无奈，只好请示北京朝廷。他们终于举起了刽子手的屠刀。

这年九月初七，张煌言被押到弼教坊刑场，和他一起的有罗子木和杨冠玉。临刑前，他遥望北面凤凰山风景，从容地说：“好山色！”于是口占短诗一首，命书吏笔录：“我年适五九，复逢九月七。大厦已不支，成仁万事毕。”然后端坐地上就义。

后人据他诗意，把他的遗体安葬于西湖畔南屏山，位在明于谦墓和宋岳飞墓之间。 〉盛巽昌

清 一

 乾隆年间（1736—1795）在江苏扬州卖画的郑燮等几个代表画家统称是什么？ 〉

世界大事记

英牛津大学部分学生因拒绝接受国王授命的天主教院士，被开除。

李来亭 勇敢 逆境 康熙《当阳县志》《残明纪事》

人物 关键词 故事来源

〇三一

李来亨和夔东十三家

李来亨和其他农民军领袖在夔东结寨连营，人称“夔东十三家”。

李过、李来亨父子在李自成死后，继续战斗。他们和南明王朝联手抗清。李过死后，李来亨和其他农民军领袖在夔东结寨连营，继续抗清，人称“夔东十三家”。

七里坪设帅府

李自成部将刘体纯在夔东山区结寨。此处山高林密，草木森森，南凭长江，易守难攻。此后几年，大顺军不愿降清的各支人马先后来到这里安屯，其中最有名的一支，就是李过、高一功死后，由李来亨统率的忠贞营。在夔东兴山县境结寨，李来亨还在七里坪设置帅府，任命了管理民务的知县。

兴山地区土地贫瘠、人口稀少。李来亨相当注意生产事业，他组织将士开垦山田，种植麦粟草棉，严格保护民间贸易，鼓励商贩前来买卖，还派人外出收购食盐和铁器，保证了军民的物质供应。

李来亨一心以明室中兴为大业，他多次上书永历帝，还配合大西军主动出击。当清军三路进攻昆明，永历王朝岌岌可危时，李来亨等夔东十三家联手溯江而上，水陆围攻重庆。在永历帝被俘杀，李定国也病死边地，清廷乘机前来招安时，李来亨等置之不理。

巫山失利

康熙元年（1662）秋，清廷命四川、湖广、陕西三省各抽调三万兵马，围攻夔东；不久又由西安和北京抽调兵力，强化对西路和东路的进攻。铁马金戈，声势浩大。翌年，西路清军攻陷大昌、大宁，东路清军占领了兴山县南濒长江的香溪口。气焰更加嚣张。

李来亨看准了这路清军骄横后的麻痹，疏于警戒，他挑选了几百名精明的将士，乔装敌军混进清营，然

清“院画十二月令图”

此系列图共十二张，描绘十二月令宫廷生活。是清代雍正年间院画山水楼台、人物界画的典范作品，其设色幽丽碧倩，雅艳华贵，楼台布置迂回奇巧，人物描摹准确生动，呼之欲出，将四时风景尽现眼前，使人惊叹不已。右图为《正月观灯图》。

《五月竞舟图》

世界大事记

俄国彼得大帝主政，始大力改革。英国议会发表“权利宣言”。

《二月踏青图》　《三月赏桃图》

《四月流觞图》

《六月纳凉图》

《七月乞巧图》

《八月赏月图》

《九月赏菊图》

《十月画像图》

后会同刘体纯、郝摇旗两支人马全线出击，里应外合，大破敌军。

在重创了东路清军后，李来亨等又乘胜西上，猛攻四川门户巫山县城。因围城十日未下，士气有所松懈。清军统帅四川总督李国英派出人马乔装忠贞营将士，时时埋伏在饷道上，夺取、烧毁粮食，致使五万多围城将士饥饿不堪。清军伺机四路出城反击，李来亨等被逼全线撤退。

血染茅麓山

巫山撤退后，清军步步进逼。不久，刘体纯兵败被困自杀；郝摇旗、袁宗第被俘牺牲。康熙三年（1664）

中国大事记

康熙帝亲征噶尔丹。后又有第二、第三次出征。

初，与李来亨长期并肩作战的党守素、马腾云等部投降。这时，夔东十三家领袖，死的死，降的降，只剩下李来亨率领的一支孤军，困守在兴山茅麓山。

是年二月，清军三路大军共二十万人马，黑云摧城，猛扑前来。李来亨和忠贞营将士中流砥柱，毫不畏惧，他们首先把东路靖西将军穆里玛的八旗兵打得滚崖跌涧，落花流水。但因后来清军采取了密排梅花桩的围而不攻法，无法冲破封锁。相持到八月初，李来亨下令烧毁山寨，投火自焚。在此前数月，他又一次拒绝清廷派总兵高守贵前来劝降。此时的李来亨已决意死难，只是表示要将年已古稀的高氏（李自成妻）托付于高守贵。 〉盛巽昌

《冬月参禅图》

《腊月赏雪图》

〉历史文化百科〈

［选宫女］

宫女是宫中担任洒扫洗涤，供驱役使的主要成员，具体配额为：皇太后12人，皇后10人，皇贵妃、贵妃8人，妃、嫔6人，贵人4人，常在3人，答应2人。但各宫使用宫女往往超过规定之数。宫女出身低下，多在内务府包衣佐领以下之女中选举，每年一次，由内务府会计司主办。宫女入宫后若得到皇帝青睐，也可得到内廷主位封号。宫女年满二十五岁就要遣送出宫，赏遣银20两左右。若因笨、因病遣出，则不受年龄限制。

世界大事记

英议会通过“恩惠法案”。詹姆斯二世逃亡法国。

人物：庄廷鑨
关键词：权术 邪恶
故事来源：《清代文字狱档》

明史案

凡与《明史》有关的人员，全数罗织入狱，不下两千余人。

清王朝文字狱，乃是针对汉族士大夫阶层的异化意识，有如康熙朝文字狱，就是为遏制反清复明而采取的一种镇压措施。

想出名编成《明史辑略》

清朝初年，浙江湖州府南浔镇上，有家姓庄的豪门巨族，论财产家资万贯，论才学时称“九龙”，父子兄弟无不博览经史，精通诗文。其中有个庄廷鑨，十五岁就进了国子监。可是后来生了场怪病，眼睛瞎了，他毫不气馁，自忖司马迁有“左丘失明，乃著《国语》”之说，自己何以不能以盲史家名留青史？事有凑巧，邻里中有个明朝天启宰相朱国桢的后代，因贫困，想把家藏朱国桢《明史》稿本出卖。庄廷鑨闻讯，便用一千两银子买了下来。

朱国桢的《明史》缺崇祯一朝史实，庄廷鑨组织了江、浙名士茅元铭、吴之铭等十多人，对朱氏《明史》加以增补润色，编成一本《明史辑略》，算是自己的著作。不久，庄廷鑨死了，其父庄允城将此书刻印，花钱请名人李令皙作序，把参与编写的人都列名书中。为了提高书的身价，又在未征得本人同意的情况下，将查继佐、陆圻、范骧作为“参阅者”，也擅自列入。庄廷鑨的岳父朱佑明，对书的刻印曾赞助不少钱，要求书版刻上“清美堂”三字。清美堂乃是明代大家董其昌的手笔，是给朱国桢家写的堂匾，朱佑明把自己说成是朱国桢的本家，特为弄来挂在中堂炫耀的。

《庄氏史案本末》

庄廷鑨《明史》案，又称“庄氏史案”，系清顺治、康熙时文字狱之一。清顺治年间，南浔富户庄廷鑨购得明大学士、首辅朱国桢生前的部分明史稿后，聘请了一批江浙学者，对尚未刊刻的《明史概·诸臣列传》等稿本进行重编，增补了天启、崇祯两朝史事，辑成《明史辑略》。该书在提到明朝在辽东与满人交战时，仍用明时习惯用语，用明朝年号；称清先祖和清兵为“贼”，对清室先世直呼其名，不加尊称，等等，这就构成“诋毁清朝”的“十恶不赦”的大罪。之后与此书相关的写字、刻板、校对、印刷、装订、购书者、藏书者、读过此书者，莫不株连。入狱者二千余人，审讯后定死刑七十多人，其中十八人被凌迟处死。

莊氏史案本末卷下

知情人出首辄兴大狱

庄氏《明史辑略》问世后，范骧好友、解任户部侍郎周亮工，觉得书中有些文字关碍当局，弄不好会吃苦头，劝范骧等三人向官府出首。三人均等闲视之，不以为然。当然这也是为己沽誉的好机会。湖州地方官与庄氏关系较好，敷衍一番，将此事压

乾隆年制外蓝地粉彩镂空转心瓶

话说中国

中国大事记

康熙帝巡视蒙古喀尔喀诸部。

了下去。谁知有个因贪赃枉法削职为民的吴之荣，得知消息，认为可以借机发笔横财，便上门向庄允城和朱佑明敲诈。庄、朱两家不但不买他的账，还买通官兵将他逐出湖州。吴之荣一气之下就告到京城。

康熙元年（1662）冬，朝廷派罗多等来到湖州府。下车伊始，就逮捕庄允城、朱佑明，追查书版。连人带物押解刑部大牢。

《狗头雕图》（清·阿尔稗绘）

阿尔稗字香谷，舒穆禄氏。满洲正黄旗人。官吏部侍郎。精绘事，以画鸟兽著名。《啸亭杂录》说他“画鹰怒目眦裂，劲翮锋棱，有风雷扶抟之势”，从此画看，名不虚传。

清代粉彩什锦杯

粉彩也叫“软彩”，康熙年间，官窑匠师在珐琅彩的启发和影响下，创造出了“粉彩”釉上彩新品种。各种彩色产生了“粉化”，故称为“粉彩”，用这种方法画出来的人物、花鸟、山水等，都有明暗、深浅和阴阳向背之分，增加了层次和立体感，雍正年间粉彩技艺也已日臻成熟，乾隆年间进入了黄金时代。器形更为繁多，别具一格的陈设品层出不穷。彩绘图案多以龙凤、花卉、山水、人物、故事等作主题画面，并以当时名画家的绘画为蓝本，兼容西方绘画技法。

最初，当事人对此案的严重性还认识不足，因为吴之荣告的仅仅是庄、朱二人，交上去的也是撕了序文及参订者名单的书。庄允城也自认为不会有大问题，因为他曾将此书送通政司、礼部、都察院三衙门备过案。朱佑明则希望同贪财的府学教授赵君宋搞交易，表示若能鼎力相助，愿将家产分一半给他。

历史文化百科

〔清制官名通称：京堂〕

京堂是清制对某些官名的通称。通常称都察院、通政司、詹事府和大理、太仆、光禄寺的主官以及宗人府府丞、顺天府府丞为京堂。因这些官署的主官，除都察院左都御史外，均为三、四、五品官；后又有三、四、五品京堂的虚衔，或称三、四、五品卿，尊称京卿。

清代女作家陈端生的长篇弹词《再生缘》的女主角叫什么？

乾隆年制外销瓷盘

刑部查出了庄氏《明史》扬明、毁清的八大罪状，定为逆书。严刑拷讯下，庄允城供出了作序人李令皙，李经不起拷掠惊吓，加上老病，死在狱中。赵君宋也不得不交出完整的《明史辑略》，铁证如山。康熙二年正月二十日清晨，湖州城门禁闭，按书内名单挨家搜捕，父子兄弟姐妹祖孙，以及内外奴仆一律擒拿；仅李令皙一家被捕的就有百十口，连前来拜年的亲戚和看热闹的邻居也一齐拿下。庄、朱两家抓了好几百人不算，不在湖州的还要通缉追拿归案。

文字案株连者众

这年五月二十六日，在杭州弼教坊刑场上大开杀戒，有的被凌迟，有的被重辟，有的被处绞。庄廷鑨被掘坟碎尸。书中署名的十八人中得以幸免的只有四人：董二酉在结案前三年身死；查继佐二十年前无意中接济过一个乞丐吴六奇，此人现在平南王尚可喜手下任广东提督，他为查打点疏通，说查与陆圻、范骧三人并未参与，系被庄允城擅自挂名，又属首告，故无罪开释。其余十四人加上庄允城、朱佑明均遭凌迟。

乾隆年制楼台水法座钟

庄、朱家族中，男子处斩，妇女幼男有的流放边区，有的配给旗人为奴。凡与《明史辑略》有关的刻写、

公元1692年

公 元 1 6 9 2 年

中国大事记

于外蒙古五路设立驿站。王夫之、陆陇其、靳辅死。

清前期汉学群书编纂情况表

书名	编纂时代	主编	编纂情况	主要内容	学术价值
渊鉴类函	康熙朝	张英等	在明朝《唐类函》的基础上改编、增修而成	从上古到明嘉靖，立文体、典章、制度等 40 余门类	为创作时提供采摘词藻、典故的便利
古今图书集成	康熙朝	胤祉、陈梦雷等	康熙时完成编纂，雍正时作修定并刊印	共 1 万卷，分为 6 编 32 志 6109 部，是一部最大的类书	内容广泛，材料丰富，分类详细。
佩文韵府	康熙朝	张玉书等	合《韵府群玉》、《五车韵瑞》而成，并有增补	共 556 卷，以词语最后一字归韵，分 106 韵部	可按韵检索到典故的出处，方便了研究和创作
历代赋汇	康熙朝	陈元龙等	汇集了从上古到明代的辞赋作品 3800 余篇	正集为记叙事物之赋，外集为抒情之赋，另有残文逸句等	是迄今为止搜集辞赋最完备的总集
明史	康熙朝	万斯同、王鸿绪等	顺治、康熙、雍正三朝设明史馆编修，雍正时定稿，乾隆时刊印	共 336 卷，除纪、志、表、传外，创土司、外国等传	新创的传记具有时代特色，为研究者提供了方便
全唐诗	康熙朝	彭定球等	以清初季振宜《唐诗》为底本，参取明胡震亨《唐音统签》增订而成	收唐、五代 2837 位作家的诗歌 49403 首，有作者小传，校注	为研究唐代诗歌艺术提供了便利
清会典	雍正朝	胤祯等	康熙时始修，雍正朝定稿并刊印，以后历朝都修改，光绪时重修重刊	光绪时刊本为会典 100 卷、事例 1220 卷、图 270 卷，清朝典章制度的汇编	是研究清朝典章制度的资料
四库全书	乾隆朝	四库馆臣	将乾隆以前所有的书籍汇编誊录，分经、史、子、集四部分	全库收书 3503 种 79337 卷。共缮写七部，分藏文渊阁、文源阁等七处	规模最大的丛书。有利于封建礼教者录之，否则排斥禁毁之
续通典	乾隆朝	三通馆	唐朝杜佑《通典》的续编，仅将兵、刑分作两门，经纪昀等校订	共 150 卷，从唐肃宗续起，至于明朝末年，明代的史料最多	成为十种重要的典志体政书之一，为研究唐至明的史料
续通志	乾隆朝	三通馆	北宋郑樵《通志》的续编，但不设世家和年谱，经纪昀等校订	纪传部分从唐初续写到元末，二十略则从五代续写到明末，共 640 卷	成为十种重要的典志体政书之一，为研究唐至明的史料
续文献通考	乾隆朝	三通馆	在明朝王圻《续文献通考》的基础上增补修订而成，经纪昀等人校订	内容上接元末马端临的《文献通考》，体例上多出群社、群庙二门，共 250 卷	成为十种重要的典志体政书之一，为研究元明两代的史料
清通典	乾隆朝	三通馆	体例同于《续通典》，但于九门下的子目则根据清朝实际情况而设	所录清朝的典章制度至乾隆为止，共 100 卷	成为十种重要的典志体政书之一，为研究清朝前期制度的史料
清通志	乾隆朝	三通馆	体例与《通志》和《续通志》不同，仅设二十略	氏族、六书、七音、校雠图谱、金石、昆虫草木较有特色，共 126 卷	成为十种重要的典志体政书之一，为研究清朝前期社会的史料
清文献通考	乾隆朝	三通馆	体例与《续文献通考》同	共 300 卷，分设八旗田制、钱币等 26 考	成为十种重要的典志体政书之一，其中有关八旗的部分尤为详细

续表

十三经注疏	乾隆朝	阮元	南宋始汇刻十三种儒家经典，并确定各经的注疏，明代也有刻本，阮元根据宋本重刻，并撰写校勘记	共416卷，《易》用王弼、韩康伯注，疏用孔颖达《正义》；《书》用孔安国《传》，注用孔颖达《正义》，等等	阮元的《十三经注疏》为现在的通行本，对于保存古代的经书及注疏有重大的价值
大清一统志	道光朝	官修	康熙、乾隆时皆曾修过，嘉道间又重修，刊印于道光间，因年用的材料下限至嘉庆末，故有“嘉庆重修”之名	乾隆时修成500卷，道光时重修成560卷。除各行省外，尚有疆域、人口、流寓等重要内容	内容丰富，考订精详，是流传至今卷帙最多的古代地理总志，为研究中国的历史地理提供了重大的史料价值
古文辞类纂	嘉庆朝	姚鼐	选录战国至清朝的各类优秀文章，依文章体裁分类，有论辩、序跋等十三类	共75卷，着重选录《战国策》、《史记》、辞赋、唐宋八大家、明朝归有光、清朝方苞等散文	对于认识中国古代各类文章体裁，桐城学派散文风格的形成具有重大意义

校对、印刷、装订者，以及贩书卖书、购书藏书的，甚至读过此书的，不下两千余人，全被牵连锒铛入狱。

上任才三个月的湖州知府谭希闵、推官李焕宁、库吏周国泰等以隐匿罪处以绞刑。归安训导王兆桢到任不及半月，以放纵看守罪被绞死。赵君宋不仅未因献书立功，反而被判私藏逆书之罪，砍了脑袋。浙江将军柯奎受贿包庇，革职为民，原湖州知府陈永命，坐受贿包庇罪，虽已在山东自杀，亦追尸置杭州法场，当众分尸三十六块，并株连其弟江宁知县陈永赖。

事后，吴之荣得到朝廷封赏，捞了庄、朱两家财产的一半，又起复做了个右佥都御史。有书记载说，康熙四年秋，吴之荣从福建回来路上，突遇狂风，雷电交加，骤得恶疾，肉化于地，骨存于床，人们都说他是遭报应，被天雷劈死的。

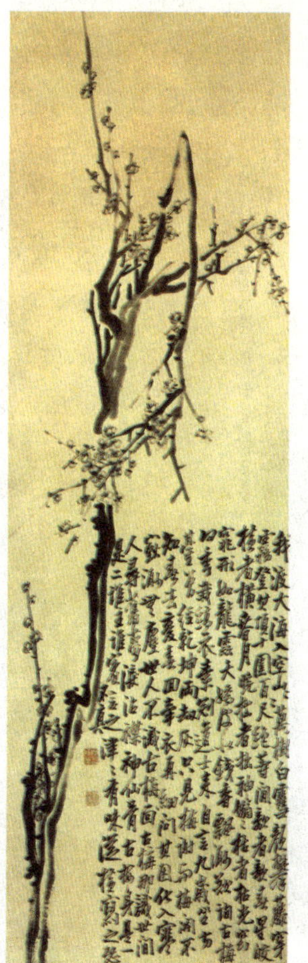

《梅花图》（清·李方膺绘）
李方膺（1695—1754），字虬仲，号晴江、秋池，江苏南通人。清代画家，为“扬州八怪”之一。擅画松竹兰菊及诸小品，尤长写梅。此图以浓淡之墨挥写梅树枝干，纵逸豪宕；以淡墨白描勾花，浓墨点蕊，寒葩冻萼，有浑含墨色之韵。

《钱东像》（清·改琦绘）
钱东是乾隆嘉庆年间的画家，字东皋，号袖海，又号玉鱼生，在当时享有盛名，这是改琦为其所作的遗像。

中国大事记：编审蒙古四十九旗人丁。

〇三三

康熙帝捉鳌拜

康熙帝略施小计，终于清除了亲政道路上的最大障碍。

康熙皇帝爱新觉罗玄烨八岁便登上金銮殿的宝座。八岁的孩子自然不能处理朝政，根据先皇顺治的遗嘱，国家大事由前朝元老索尼、苏克萨哈、遏必隆和鳌拜四个顾命大臣共同协助处理。四个大臣在顺治病榻前信誓旦旦地表示，一定要共生死辅佐幼主，忠心报答圣上的托孤之恩。可是，没过多久，位居四辅政最末一位的鳌拜，就将在先皇面前发过的誓言忘得一干二净。

四位辅政大臣

鳌拜是巴图鲁出身，巴图鲁即满语中的勇士，素有武功，平时专横跋扈，盛气凌人，满朝文武都有点惧他。当上辅政大臣后更是不可一世，把自己的儿子安插到统领侍卫内大臣的重要岗位上，凡是与他意见不同的人，一个个被他弄得没有好下场。四位辅政元老中，首席大臣索尼已年老多病，同他争不得了；第三位遏必隆没有多少能耐，只得采取明哲保身的态度，任他胡作非为；只有苏克萨哈不服气，时常要同他争个明白，然而内外势力没有他大，鬼主意也没有他多，实在也不是他的对手。

康熙皇帝十四岁那年，名义上算是亲政了，可是实权仍由鳌拜独揽。此时索尼已经病故，苏克萨哈觉得鳌拜心狠手辣，难于共事，便向康熙提出申请，让他去先帝陵墓做个看守。鳌拜得知消息，心中暗想：皇帝亲政，你卖乖辞官守陵，分明想要挟我也交权，没那么容易！他迅速与党羽商量策划，给苏克萨哈找了二十四条罪状，还

清初四大辅政大臣之一苏克萨哈

苏克萨哈（？—1667），纳喇氏，满洲正白旗人，四大辅政大臣之一。与鳌拜势如水火，为求自保，上疏恳请守先帝陵寝（清东陵的孝陵），但仍被鳌拜绞杀。图为苏克萨哈欲守东陵的守陵大臣衙门。

历史文化百科

〔清代摔跤：“布库”〕

“布库”在汉语中是摔跤的意思。双方不持器械，徒手相搏，以体力赌胜，最后，扑地者败，故又称“角力”。康熙帝早期，曾倚索尼次子索额图组织一帮十几岁的贵族子弟，在宫中作“布库之戏”，擒拿鳌拜。以后，清宫中每逢年节宴会，必演出“布库之戏”剧目。

康熙大帝的龙袍

清代皇帝的服饰分为礼服和常服两大类，朝服是主要礼服之一。清代皇帝的朝服保留了具有满族传统风格的披肩和马蹄袖，以及上衣下裳的形制。这件康熙帝穿过的朝服为石青地纱料，彩绣片金，胸、背、袖饰团龙纹，中腰及下摆间饰海水、云龙纹，边饰片金云龙八宝图案。

康熙帝戎装图

株连到其长子内大臣查克旦等子孙、侄子，连同族的前锋统领白尔赫图、侍卫额尔德等都不放过。鳌拜上殿要康熙批准他拟定的杀捕计划，康熙开始不同意。鳌拜便和康熙当面争辩，疾声厉色，甚至气势汹汹地挥舞拳头，连逼几天，康熙被迫答应了他的要求。

这件事办成后，鳌拜更加得意忘形，肆无忌惮。政府各部门都有他的亲信党羽，他家俨然成了议政决策的小朝廷。在朝中，他自列班首，凡事都由他说了算。元旦岁首，他率领百官上殿贺年，穿戴竟和皇帝一样，所不同的仅仅是帽子上的装饰，他挂的是红绒球结，康熙皇帝却缀着一颗东珠。

康熙对鳌拜集团的所作所为极为恼火，可是他很有心计，表面上不露声色，似乎对一切都不介意，暗中却盘算着“擒贼先擒王”的主意。康熙用索尼的儿子索额图作贴身侍卫，诸事都与他密谋。不久，宫中来了一群与康熙年龄相仿的少年，都是从八旗子弟中挑选出来的，个个身体结实，机灵勇敢。康熙对外宣称，因宫中寂寞，召集这些少年是来陪他玩布库游戏的。他与这些少年伙伴朝夕相处，练习摔跤、角斗，也做一些其他游戏。鳌拜自恃权势，经常闯宫奏事，他一进宫，康熙便让太监带他到里边来，少年们也不回避，照常和康熙一同玩耍。鳌拜看在眼里，不以为意，反而觉得高兴，认为康熙终日贪玩，胸无大志，自己可以高枕无忧。

初生牛犊能捉虎

其实，康熙用的是韬晦之计，既麻痹了鳌拜，也培植了自己的心腹。一段时间下来，十几个少年都成了身手灵活的初生牛犊。康熙见条件成熟，就作了布置，宣鳌拜单独进见。趾高气扬的鳌拜此时对康熙已毫无戒备之心，便大摇大摆地走进宫来，刚刚跨进门槛，还没站稳脚跟，就被埋伏在门内两侧的娃娃兵一拥而上按倒在地，揪头的揪头，捉手的捉手，按脚的按脚，

遏必隆佩刀

遏必隆（？—1674），钮祜禄氏，满洲镶黄旗人，四大辅臣之一。康熙亲政后，加恩辅臣，特封一等公。与鳌拜同为镶黄旗人，为人庸懦，软弱无能，一贯附和鳌拜，不敢立异。鳌拜伏法后遏必隆免死，削去太师及后加公爵，但为平衡朝野各派政治势力，康熙帝又娶其两个女儿为妃，并册长女为妃。图中腰刀刀把处系有长方形象牙牌，上刻“遏必隆玲珑刀”等字样，可知确系遏必隆当年的佩刀。

公元1697年

中国大事记

康熙帝因六世达赖喇嘛举行坐床仪式，授予印信、封文。

《十骏马图》之一（清·王致诚绘）

《十骏马图》，清王致诚绘。王致诚（1702—1768），法国人。自幼学画于里昂，后留学罗马。工油画人物肖像。乾隆三年（1738）来中国，献《三王来朝耶稣图》，成为宫廷画家，与郎世宁、艾启蒙、安德义并称“四洋画家”。此图册画乾隆帝的十匹御骑骏马（现选其一），采用西洋画法，注重马的解剖结构，用工细缜密的线条表现骏马体态，造型准确，富有立体感和皮毛的质感，充分表现了作者高超的绘画技巧。

当他弄明白是怎么一回事时，已被绳捆索绑得无法动弹。

康熙皇帝略施小计，智擒了鳌拜，清除了鳌拜集团在政府各部门安插的成员，改变了权臣党同伐异的黑暗政局，名副其实为亲政拉开了序幕。

布库手

图为乾隆年间所绘正在演技的布库手。

朱舜水日本讲学

朱舜水为学注重事功实效，他在日本定居了二十三年，传播中国儒学，促进了中日文化交流。

视科举为游戏

朱舜水是浙江余姚人。余姚，浙东的一个小县，地灵人杰，在明清之际，就孕育了王守仁、朱舜水以及和朱舜水同时期的黄宗羲等大学者。

朱舜水早年就出类拔萃，与一般终身为功名利禄的知识分子不同。他颇有学问，曾师从李契玄、张肯堂等名家，于《诗经》、《尚书》更有研究。朱舜水的最高功名只是恩贡生，那还是在松江府以儒学生资格获取的，当时的主考官吴钟峦非常赏识他，誉他为大明开国第一人。

给商照验——清代的营业执照

清代的给商照验，其实就是现在的营业执照，是政府对于工商行业的管理手段。清代前期，商业经济发达，各种商业机构也应运而生，政府相应地颁发各类管理执照。给商照验是乾隆十九年江浙盐运使司发给盐商的运销执照，这是商品经济繁荣的必然产物。

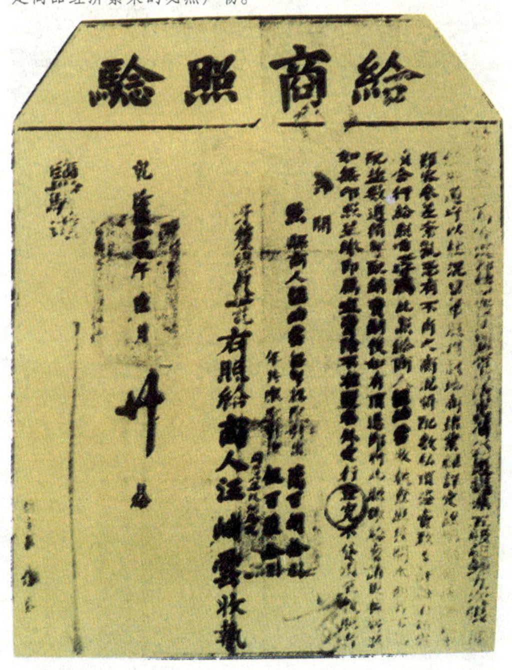
給商照驗

但是他到此就止步了。只因出于书香门第、官宦世家，在家庭逼使下，不得不参加每次的科举考试；可是每逢跨进考棚，所作问卷，草草了事，不把它当作正儿八经的事，只当作一种游戏，到此玩玩而已。他曾对妻子诉说自己的心理行为：我如果中了进士，做个县令，第一年还受束缚，但以后两三年，就能使百姓歌颂、上司表扬，此后必能擢升。但凭我之所为，所提出的倡议，也必会受到谴责而获大罪，身家不保。我这个人说话爽直、激昂，不能忍耐、包容，所以再也不愿立此志向了。

不认朱熹为老祖宗

朱舜水很有骨气，绝不趋炎附势，借名人荣光自己。旧时文人为了抬高自己身价，往往拉某些响当当的大名人为祖宗。相传朱元璋初做皇帝，也曾想拉朱

历史文化百科

〔《水浒》在日本〕

《水浒》最早传至的外国是日本。由于明、清禁《水浒》，许多早期版本在我国已失传，可是在日本至今还保留中国早期的版本《英雄谱》（三国水浒合传）、李贽评一百回《忠义水浒传》和《水浒志传评林》等。

18世纪后半期始，是“日本水浒传”创作兴旺时期，产生了《本朝水浒传》、《日本水浒传》、《女水浒传》、《新编女水浒传》、《倾城水浒传》和《伊吕波醉故传》、《天魔水浒传》等近二十种。在佐木天元《日本水浒传》里，把人间的造反英雄称之为天上的星宿下凡，作者很崇拜《水浒传》，甚至在结尾也模仿了施耐庵的写法。公元1840年出版的《倾城水浒传》，也是以施耐庵《水浒》为样板创作的，书里的人物都是日本姓氏，故事情节却多处抄袭施耐庵《水浒》。

中国大事记 栽上林苑。

熹当自己祖宗，只是后来因为婺源朱熹正宗后代持谱前来，他怕出洋相，才不敢。

在朱舜水三十七岁时，也有人带着朱家家谱，自称是朱熹后裔，找上门来，认定朱舜水是本家。朱舜水当即查阅，发现和他所知大体相通，只是有一世不明，就当场表态，自己不须写进这部有朱熹做老祖宗的家谱。

后来他在日本讲学，有次谈到这个故事。他说："有一世不明，就可以说明不足为凭了。况且后世子孙如果有所作为，何必要靠朱文公（朱熹）声誉；倘若子孙不肖，虽然是尧、舜之父，子孙也仍是丹朱、商均嘛！"

在江户讲授中华儒学

朱舜水在南明时期，从事抗清活动，在此期间，他曾经浪迹海外，先后七次到日本长崎。顺治十六年（1659），最后一次到日本时，决定定居于此。

《仕女图》之一（清·陈字绘）（右图）
陈字（1634—？），初名儒祯，字无名，又字名儒，号小莲，又号酒道人，浙江诸暨人。著名画家陈洪绶之子，擅人物、花卉。这套《仕女图》屏风共十二开，皆以贵族妇女闲适安逸的生活为题材，此图为其三《阆苑采芳》。

《人物山水图》（清·罗聘绘）
罗聘（1733—1799），字逐夫，号两峰、衣云和尚，安徽歙县人，侨居江苏扬州。清代画家，为"扬州八怪"之一。

康熙年制青花釉里红网纹桃钮茶壶

朱舜水赴日本，寄居长崎时正是德川幕府锁国时期，按照规定，华人不能定居已有四十年，但日本学者安东守约钦仰他的学识，拜为师傅，还上书幕府，才获准居留；见他身无长物，遂送上自己的一半俸禄。康熙三年（日本宽文四年，1664），水户藩主德川光国景仰朱舜水，经幕府同意，请朱舜水到首都江户（东京）讲授儒学，正式聘为宾师。此后他多次作中华儒学讲演，并招收日本学生，直到康熙二十一年（日本天和二年，1682），以八十三岁高寿逝世，在日本定居了二十三年。

德川光国对朱舜水以师礼款待，极其尊敬。朱舜水初到日本，就感到日本教育事业落后，曾对前来拜访的学者小宅生顺说："兴国学是国家大典，而在贵国为更重要，仆深有望于贵国。"因此后来当德川光国要求在水户建造大成殿时，他先做出三十分之一的模型，还有圣庙、明伦堂、尊经阁等，以供参照。康熙八年（1669），德川光国正式建学宫，又请他制定释奠仪注，并率儒生行释奠礼。

康熙年制五彩加金鹭鸶荷花纹凤尾尊

当时德川光国为专标尊王一统之义，设立彰考馆，主持编撰《大日本史》，朱舜水也被邀参加，并由他的学生安积觉任首任总裁。这部史书乃是以朱舜水的正名分、尊王攘夷作指导思想完成的，对后来明治维新有很大影响。所以明治天皇还嘉奖德川光国，赠正一位，为他立常盘神社以祭祀。〉盛巽昌

《玉壶春色图》（清·金农绘）

金农（1687—1764），字寿门，又字司农、吉金，号冬心先生、粥饭僧、曲江外史、稽留山民等，浙江仁和（今杭州）人。清代书画家、诗人。书法工隶、楷。能篆刻，精鉴赏。五十岁后始作画，擅写竹、梅、鞍马、佛像、人物、山水等，居当时画坛首席，为"扬州八怪"之一。此图写梅，取梅树老干一截，通贯画幅正中，布局奇特，纯粹金农画风。

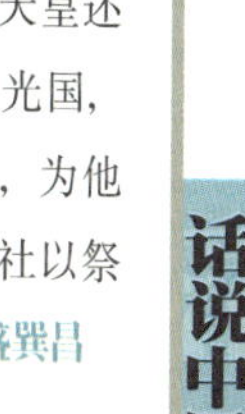

江苏松江的江海关、浙江宁波的浙海关、福建泉州的闽海关、广东广州的粤海关。

中国大事记 定外任官所带奴仆限额。

行走万里顾炎武

顾炎武的代表作《天下郡国利病书》、《肇域志》和《日知录》，都是能传世的名山大作。

书生愿尽匹夫之责

明崇祯十二年，清崇德四年(1639)，秋试已毕，两个昆山来的年轻士子榜上无名，打点行装准备回家了。他们应举只不过是读书人的例行公事，中与不中，并不在意。他们内心牵挂的是越来越严重的民族危难。

他俩是在复社认识的好朋友。一个衣着朴素，性情直爽的青年名叫归庄，另一个左眼瞳仁上罩着白翳，右眼斜视，脸上有些麻点的青年名叫顾绛，字炎武。两人收拾好行李，坐在床边歇息。归庄说："继绅兄！像你这样的世宦家庭，凭你的才学，下次定能高中。"继绅是顾绛小时的名字。他听归庄这样说，不由叹了口气道："兄台不见目前的时局吗？正如漏舟行于大海。君臣不协力，官民不同心，又有狂飙怒涛相逼，庙堂的隐忧必难侥幸了！"他见归庄神情贯注地听着，略略沉吟片刻，又说："自古朝代更替，君主易姓，并不鲜见，这只能算是亡国；外族入侵，占据土地人民，就是亡天下了。保君主朝廷，是当官的责任；保天下却是天下之人人人有责。如今我们正面临亡天下的危险，我已决定不再参加春闱秋试，但愿去做一点有益的事情。"

归庄被他的激昂慷慨所感动，不住点头说："说得是！我们也应尽匹夫之责。记得三国时有个名叫邓艾的名将，少时每到一处，必登高瞭望，察看地势地形，当了大将后，在南征北战中全都派上了用场。我们何不也从研究天下山川地理入手，也好备今后之用。"

江南士气依旧在

顾炎武很赞成归庄的见解。回去以后，他就着手搜集全国的地方志书，认真阅读并做笔记。又把历代史书、名家文集、官员奏章中有关地理沿革、山川形势、地方物产等方面的资料，笔录下来，进行研究，整理出四十多册摘记。

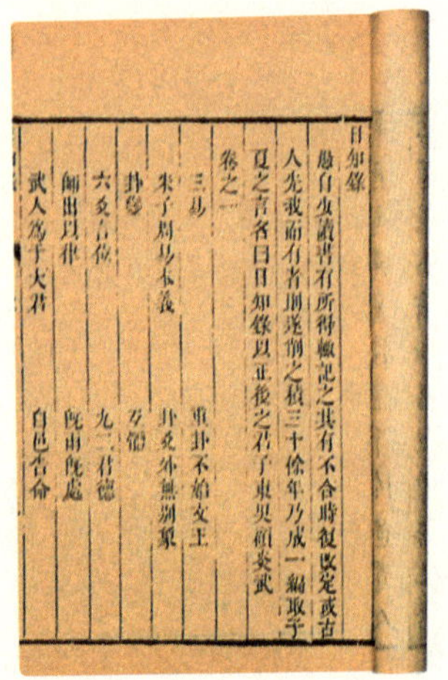

日知錄

愚自少讀書有所得輒記之其有不合時復改定或古
人先我而有者則遂削之積三十餘年乃成一編取子
夏之言名曰日知錄以正後之君子東吳顧炎武

卷之一

三易 重卦不始文王

朱子周易本義 卦爻外無別象

卦變 互體

六爻言位 九二君德

師出以律 既雨既處

武人為于大君 自邑告命

"天下兴亡，匹夫有责"的顾炎武(左图)与《日知录》(右图)

顾炎武号亭林，昆山人，明末清初著名思想家、学者。曾在家乡附近组织过抗清斗争，失败后，在各地考察山川形势。他博览群书，对经学、史学、天文、地理、音韵、金石等都有研究，提出"天下兴亡，匹夫有责"的思想及经世致用，著有《日知录》等。

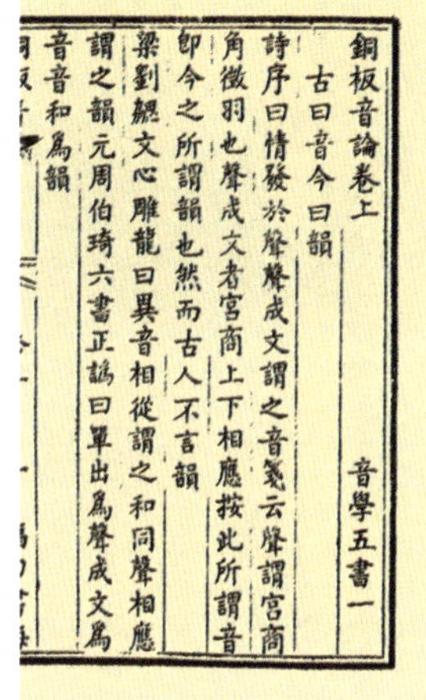
銅板音論卷上　　音學五書一

古曰音今曰韻

詩序曰情發於聲聲成文謂之音箋云聲謂宮商角徵羽也聲成文者宮商上下相應按此所謂音即今之所謂韻也然而古人不言韻梁劉勰文心雕龍曰異音相從謂之和同聲相應謂之韻元周伯琦六書正譌曰單出爲聲成文爲音音和爲韻

顾炎武《音学五书》书影

《音学五书》，顾炎武著，约成书于1643年，是一本研究汉语上古音的音韵学著作。该书分音论、诗本音、易音、唐韵正、古音表五个部分，从理论和实践两个方面否定了以前的叶音说，奠定了古音学的基础，开拓了音韵学研究的新领域。

顾炎武三十二岁那年，他与归庄担心的事情终于发生了。明朝灭亡，清兵进入北京，福王朱由崧在南京当了南明皇帝。与此同时，顾绛在昆山的家中遭到明朝败兵抢劫，老宅毁于一炬。

顾炎武很敬慕南宋文天祥。文天祥有个学生名叫王炎午，所以他将自己的名字改作炎武，他要学习文天祥“丹心难灭”的民族气节。

顾炎武到了南京，希望南明朝廷能有所作为，结果大失所望。志士陈子龙对他表示同情，沉重地说“世事令人寒心！好在江南士气民心尚在，不如早些回去做好准备，届时我等在抗清沙场再见罢！”

归庄像

明末清初文人，早年曾参加抗清，兵败改僧装亡命，返故里佯狂终身。善文辞，工书画。著作有《归庄集》。

读书心得，实地考察

江南抗清斗争此起彼伏，顾炎武穿梭于两淮苏杭之间。他化装成商人，改名蒋山佣，到处联络抗清志士，动员他们组织起来同清军作战。一天，他不幸落入降清劣绅叶方恒手中，被打得皮开肉绽，还将以通海罪名送官究治。这通海就是私通郑成功，罪名成立必掉脑袋。归庄连夜通过熟人关系，才将他从松江监狱救出。顾炎武在江南已没有了立足之地。

制造工艺发达的清宣纸

宣纸最早产于唐代安徽芜湖地区，当时称宣州，故名宣纸。清代宣纸生产更为发达，内府及官府公文与书信都用这种纸。文人墨客也经常用于书法绘画。清代这幅宣纸印有黑框和花纹，而且经过托裱工序。

历史文化百科

〔钦定满人不得缠脚〕

崇德元年（1636），皇太极召集王公大臣，由内弘文院大臣读《金史·世宗纪》，告诫诸人不能从汉人服饰。由此颁布法令：男人不许穿大领大袖，戴绒帽；女人不许梳头、缠脚。僧道照旧衣帽，其道士妇女亦不许梳头、缠脚。

康熙三年（1664），因满洲妇女仍有从汉俗缠脚者，对此又作了严格规定，即以元年（1662）为限，此后所生之女，如有缠脚的，父母当官的，交吏兵两部审议；兵民交付刑部，责打四十大板，流放。妇女自行缠脚，家长失察，枷一个月、责打四十大板。

中国大事记

康熙帝以修治黄河十余年成绩，奖励河道官员。

《听阮图》（清·刘彦冲绘）

刘彦冲（1807—1847），初名荣，字咏之，四川铜梁人，寓居江苏苏州。擅山水、人物、花卉。图中一文人头戴高冠，身着宽服，抱膝而坐，正听一位歌女弹奏阮琴。从图中款识可知画中的主人公是作者的胞兄。

转眼到了顺治十六年（1659）的秋天。巍巍长城带着斑驳伤痕，蜿蜒起伏地僵卧在北国的黄沙衰草间。从山海关到居庸关的山路上，风尘仆仆地行进着一个道家装束的人，此人便是年已四十六岁的顾炎武。他的随从照看着两头载着几只装满书籍的箱子和简单行李的骡子。

凡逢城堡关隘处，顾炎武总要细细考察一番。碰上当地老人或退伍兵卒，便请他们讲述本地的历史、地理和历来布防的情形。晚上，在荒村野店的昏暗油灯下，他一边回忆白天的所见所闻，一边整理记录下来。发现疑问，就从箱箧中翻出相关书籍，详细查对。这些年来，天天如此，月月如此。

到了登上居庸关，顾炎武的考察旅行要告一个段落了。他思念故乡，但河山没有恢复，他不想回去。他将自己的读书心得、实地考察结果和访问所得的材料，写成研究成果。《天下郡国利病书》、《肇域志》、《日知录》都是他的代表作。

携琴访友图剔红笔筒

访友图是绘画的常用题材。笔筒外壁雕山水亭台、人物树木。小桥之上有抱琴童子，有行人，是为携琴访友之意。景物虽多，但层次清晰，意境恬淡深远。此笔筒，漆层较厚，雕刻刀法精密，棱线深峻有力，纹饰清晰醒目，色泽艳丽。

清 一

历史文化百科

〔天下兴亡，匹夫有责〕

通常把“天下兴亡，匹夫有责”这句话作为顾炎武语。但顾炎武《日知录·正始》所说仅为“保国者，其君其臣，肉食者谋之；保天下者，匹夫之贱，与有责焉耳矣”。由此，后来梁启超把它归纳为“顾亭林曰天下兴亡，匹夫之贱，与有责焉已耳”（《饮冰室合集·痛定罪言三》）。可见此八字原意本自顾炎武，但定型实为梁启超。

清代以来流传最广、影响最大的一部散文选集是什么？

大儒黄宗羲

康熙帝问：现在有谁是博学多才，文笔隽永？徐乾学提及了黄宗羲。

黄宗羲一生精研群学，行事为士林楷模，门下英才辈出，形成清初浙东学派。

诸子百家的书都读了

黄宗羲少年时就对科举制度厌恶。他读书和治学就不是为了应付科举考试。就此，二三十岁时，读完了家中所有藏书，还在家乡余姚的各家藏书楼抄录未读之书。凡诸子百家的书都读了。

清兵南下时，明宗室鲁王朱以海被拥戴为监国，黄宗羲集家乡子弟几百人，上四明山抗清，失败后重返故里，从此尽力于著作，在读书人中间很有点名气。很多人前来求教、拜师，像史学家万斯同、万斯大，杜甫诗注家仇兆鳌，都是他早年的学生。

经过多年的聚集图书，黄宗羲的“南雷续钞堂”已是浙东很大的藏书楼了。但他仍学而不倦，风尘仆仆地四处奔波，几乎走遍了浙东、浙西的所有藏书楼。

康熙五年（1666），当他知道有祁旷园藏书在化鹿寺出售时，还前去翻看了三日三夜，买了十大捆书。康

明夷待訪錄

姚江黄宗羲梨洲著

余嘗疑孟子一治一亂之言何三代而下之有亂無治也乃觀胡翰所謂十二運者起周敬王甲子以至於今皆在一亂之運向後二十年交入大壯始得一治則三代之盛猶未絶望也前年壬寅夏條具為治大法未卒數章遇火而止今年自藍水返於故居整理殘帙猶未失落於擔頭艙底兒子某某請完之冬十月雨窗削筆喟然而歎曰昔王冕倣周禮著書一卷自謂吾未即死持此以遇明主伊吕事業不難致也終不得少試以死冕之書未得見其可致治與否固未可知然亂運未終

《明夷待訪錄》

明末清初思想家黄宗羲

黄宗羲（1610—1695），号梨洲，浙江余姚人。清兵南下，他于浙东等地组织抗清斗争，失败后隐居著述。著作具有物质决定精神的朴素唯物主义思想，反对封建专制主义的民主思想，提出“工商皆本”，代表著作《明夷待访录》。此为黄宗羲像和《明夷待访录》书影。

中国大事记

侍卫拉锡等探视黄河源，汇报并绘图呈览。

熙十二年（1673），黄宗羲又上宁波天一阁看书，在所写的《天一阁藏书记》中，提出了当时读书人读书藏书的思维：“读书难，藏书尤难，藏之久而不散，则难之难。”

不参加博学鸿儒试

清康熙十七年（1678），康熙帝以时局稳定，为笼络高层次的读书人，诏征了博学鸿儒科，命令三品以上官员推荐学行兼优、文辞卓越之人，对山林隐逸者尤为放宽，致使某些热衷于功名的明遗民，如侯方域辈皆趋之若鹜。时人有诗揶揄：圣朝特旨试贤良，一队夷齐下首阳。家里安排新雀帽，腹中打点旧文章。当年深自惭周粟，今日幡思吃国粮。非是一朝忽改节，西山薇蕨已精光。

翰林院掌院学士叶方蔼是黄宗羲好友，特向康熙帝面陈，还邀请他赴京，他婉言谢绝了。

关心编修《明史》

康熙十八年（1679），《明史》开始编修，黄宗羲同意学生万斯同赴京参加编修工作，并将《大事记》、《三史钞》等史料交与他。翌年，康熙帝听从叶方蔼和徐元文等建议，命两江总督李之芽、浙江巡抚李本晟礼聘黄宗羲出山，参加编修《明史》。黄宗羲不愿前去，借老母病逝又推辞了。康熙帝也不勉强，只下了一道圣旨：凡黄宗羲的论著和收集的史料，如有涉及明史的，由地方官抄录，送京交付史馆。

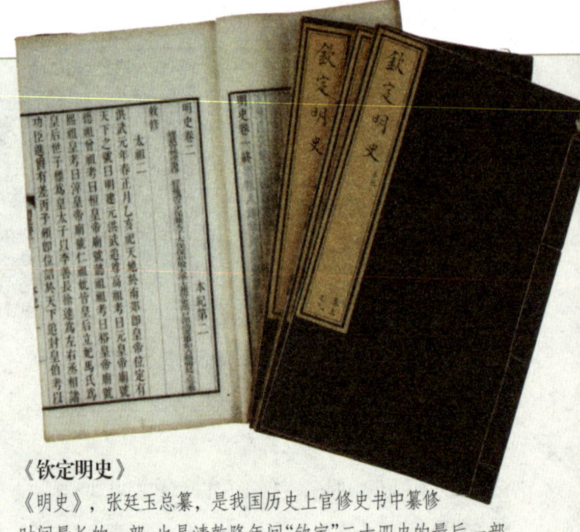

《钦定明史》
《明史》，张廷玉总纂，是我国历史上官修史书中纂修时间最长的一部，也是清乾隆年间“钦定”二十四史的最后一部。

体仁阁
体仁阁为故宫中配庑的主殿，是康熙帝为了网罗汉族博学之士，专配的修书之处。

黄宗羲的名气实在太大了。

春去秋来，又是十年。康熙二十九年（1690）的一天，康熙帝问刑部尚书徐乾学：“现在有谁是博学多才，文笔隽永，可充当顾问的？”徐乾学再次提及黄宗羲，说他年过八十，还手不释卷。康熙帝当即表示：“可以召他到京当顾问，朕不给官职。如果他想什么时候回去，立刻可以以礼相送回去嘛！”徐乾学说：“他已年老，是不会有来意的。”康熙帝叹息不已。

历史文化百科

〔殿试正科外另加的科举考试：特科〕

特科就是在殿试正科外，所另加的科举考试。如“博学鸿词科”、“孝廉方正科”、“经济特科”，康熙、乾隆南巡时分别加的特别召试。其中颇有影响的如康熙十七年（1678）开的博学鸿词科，其中就有朱彝尊、汤斌、毛奇龄、尤侗和潘耒等人。乾隆元年（1736）又举行了“博学鸿儒科”。

世界大事记 英国占领直布罗陀海峡。

史学家万斯同

万斯同(1638—1702)为浙东史学名家，字季野，号石园，浙江鄞县人，博通诸史，熟于明朝典籍和掌故。一生著作宏富，达二十余种、562卷。其主要著作，首推《明史稿》。

《仿古山水图》

此清人所绘图笔墨纯正，景物清新，有秀雅清润之色。

大学者徐乾学

徐乾学(1631—1694)，江苏昆山人。字原一，号健庵。曾任内阁学士、刑部尚书等职。解职南归后，亲属、门客依势横行，屡被控告，受夺职处分，死后仍复原官。奉命编纂《大清一统志》、《清会典》及《明史》。又搜集唐宋元明学者解经之书，汇为《通志堂经解》；纂集历代丧制，加以说明，编成《读礼通考》。

黄宗羲虽然不参与编修《明史》，但很关心，史官每遇疑难，通过书信请教，必认真解答；有时还行走千里，特快专递送稿前来求其审正，于修《明史》很有影响。 〉盛巽昌

李塨

李塨(1659—1733)，字刚主。受业于颜元，与颜氏共创“颜李学派”。著作有《大学辨业》、《论语传注》、《周易传注》等。

〉：就是按察使，专管一省的司法、刑狱、纠察等。

中国大事记

康熙帝第五次南巡，至南京亲诣明太祖陵行礼。康熙帝因罗马教皇干涉中国内政，驱逐不守规矩的西方教士。

〇三七

宫廷里的洋教师

德国人汤若望、比利时人南怀仁先后出任钦天监监正。

德国人汤若望通晓天文，在清初掌管钦天监达二十年之久，是当时很有影响的一个传教士，人们把他与利玛窦并称为“利汤”。

西学东渐带来新科学技术

有个名叫汤若望的德意志人，是天主教耶稣会教士，在葡萄牙殖民者的支持下来中国传教。经过几年努力，好不容易打进中国上层社会，刚想干一番事业，不料大明灭亡了。如今，他见顺治帝坐了紫禁城的龙庭，便携上浑天星球、地平、日晷、望远镜等科学仪器，毛遂自荐，前来投效清朝。

汤若望像

汤若望（1592—1666），原名约翰·亚当·沙尔·冯·贝尔，1592年生于德国科隆，1618年从里斯本启程，于1619年到达澳门，用了一段时间学习汉文化之后，他于1623年抵达北京，其时明神宗在位。经过几次皇位的更迭和变迁，明崇祯皇帝即位后，汤若望受委托从事撰写《崇祯历书》等工作。

当时顺治帝福临尚幼，由摄政王多尔衮掌权。多尔衮命汤若望当场试验。顺治元年八月丙辰朔日，也就是公元1644年9月1日，群臣会集观看测验日食。

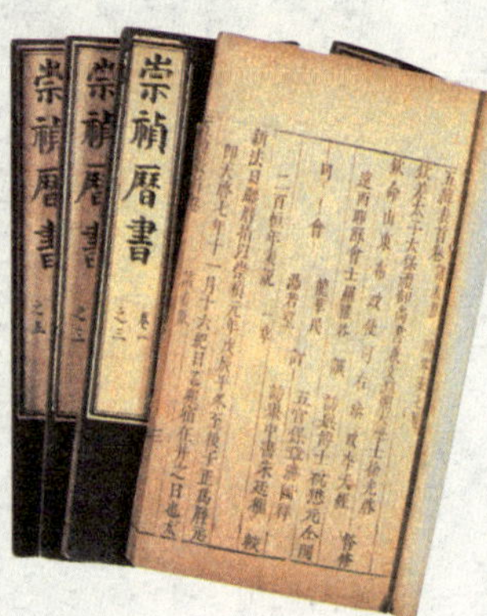

《崇祯历书》

《崇祯历书》，明末徐光启（1562—1633）主编，李天经（1579—1659）续成，从崇祯二年到七年前后共用五年时间完成。它从多方面引进了欧洲古典天文学知识，内容包括天文学基本理论，三角学，几何学，天文仪器，日月和五大行星的运动、交食，全天星图，中西单位换算等，共四十六种，一百三十七卷。清代开始使用根据《崇祯历书》编算的历书——《时宪历》，直到清末。在《四库全书》中有一百卷本的《西洋新法算书》是传教士汤若望根据《崇祯历书》删改而成的。

结果证明，汤若望测定的比钦天监官员测定的准确。于是下令采用徐光启和耶稣会教士合作编定的《崇祯历书》，改名《时宪历》，这便是农历。汤若望因此做了钦天监负责人——监正。不久，他又得到太常寺少卿、通议大夫、通玄教师加通政使以及光禄大夫等封号和官爵。

汤若望揭帖

汤若望被任命为钦天监监正，这是顺治三年（1646）他奏报天象之事的揭帖。

洋人在华夏朝廷当大官，对于一些夜郎自大顽固守旧的人来说，心理上就不平衡。有个叫杨光先的明荫袭新安卫副千户宣称，天主教是洋夷信奉的邪教，传教是假，谋夺人国是真，不能让它传播，乱我纲纪。《时宪历书》封面也不宜书“依西洋新法”字样。另有一个叫吴明炫的甚至控告汤若望搞乱了中国历法。礼部对他们的叫嚣未予理睬。

顺治帝死后，康熙帝继位，开始了鳌拜等四大臣专政时期。杨光先又跳出来老调重弹。这次他还罗织了“西洋夷人”的许多罪状：一是借历法藏身，刺探机密；二是以小恩小惠收买人心信从邪教而叛清；三是只制二百年历，存心使大清国运不得久长；四是制造兵器，屯积兵马，欲夺大清朝江山。他说宁可国无历法，不可国有洋人。

鳌拜、苏克萨哈等人本来对顺治朝的做法就有不满，杨光先的话正中其心意，便下令吏部、户部会同审理洋人谋反的案件。经过七十五天审查，将七十三岁的汤若望和

现存北京城内最古老的天主教堂：南堂

南堂是北京城内现存的最古老的天主教堂，1605年（明万历三十三年）利玛窦曾在该处建起第一座经堂——圣母无染原罪堂，但规模很小。清顺治七年（1650）天主教耶稣会教士汤若望重修此堂。占地一千七百平方米，教堂内为哥德式拱顶，有圣母油画像、耶稣圣像及苦难“十四路易斯”的壁画等；堂院内除教士住房外，有天文台、藏书楼、仪器室等。顺治皇帝曾二十四次来到南堂与汤若望教士促膝谈心。皇帝赐匾“通微佳境”，称汤若望教士为“通微教师”。

中国大事记 康熙帝第六次南巡，至杭州。

南怀仁像

南怀仁（1623—1688），1657年来华，曾赴陕西传教，在华期间，在天文、地理、兵器等诸多方面皆有贡献。1660年奉召进京协助汤若望修历。康熙皇帝亲政后，令其撰修《永年历书》三十三卷；又主持西法铸炮。皇帝赏其学识，擢为工部侍郎，正二品，使之成为在华传教士中官品最高者。

> 历史文化百科 <

〔国外社会风俗的传入与交融〕

明末清初，有许多欧洲耶稣会的传教士来华传教，并在宫中推行新历法。公元1669年康熙任命比利时传教士南怀仁为钦天监监副。南怀仁做了三件事：一是历法改革成功，并铸制了六件大型天文仪器，二是监造西洋大炮一百二十门、神武炮五百六十门，装备清军，为平定三藩立了大功。三是与其他传教士一起，向康熙传授西方科学知识，此外，宫中的传教士还将西方科技书籍、药品、艺术品、音乐器械与乐器、工程仪器等相继带到中国，加以传播。这一切对当时社会风尚的发展都产生了直接或间接的影响，使中外文化得以交融。

南怀仁居处

在京的其他洋人全都罢官关进天牢。李祖白、宋可成、宋发、朱克显、刘有泰等钦天监的中国官员也被牵连砍了脑袋。废除《时宪历》，恢复《大统历》。明令禁止中国人信天主教。散居各地的传教士全都押送澳门。汤若望亏得康熙帝的祖母孝庄太皇太后帮忙，才免遭凌迟和流放。

南怀仁墓

康熙二十七(1688)，南怀仁逝世于北京。一年后，康熙皇帝遣官加祭，并在祭文中称："尔南怀仁，秉心质朴，肄业淹通。来华既协灵台之掌，复储武库之需……可谓莅事唯精，奉职弗懈者矣。遽闻溘逝，深切悼伤。追念成劳，易名勤敏。"西方传教士身后得谥号殊荣者，唯有南怀仁。康熙此谕用满汉两种文字刻在南怀仁碑碑阴，碑阳还有汉文和拉丁文的碑文。在栅栏墓地，只有汤若望和南怀仁的墓碑用三种文字刻写碑文。

世界大事记

苏格兰与英格兰合并称大不列颠王国。

南怀仁款浑天仪

这是康熙八年（1669），南怀仁献给康熙皇帝的演示性仪器。

汤若望一下台。杨光先和吴明炫的胞弟吴明烜便夺得钦天监正副负责人的位置，原有的三十多位技术人员都被他们排挤出去。可是他们根本不懂中西历法，把个钦天监弄得一塌糊涂。

康熙帝起用南怀仁

康熙帝亲政后，极力抵制鳌拜等人的擅权跋扈，决定起用汤若望的助手、比利时的传教士南怀仁治理历法。他主持南怀仁等洋人与杨光先等辩论，当众测试天象，结果，南怀仁等辩论有据，测算准确，杨光先、吴明烜等自然败下阵来。

《西洋药书》

清朝皇室注重吸收汉族文化，还注意吸取外国文化的精华。法国传教士白晋、张诚著《西洋药书》，就是中国了解西方医药学的书籍。

张诚编译的满文《几何原本》

《几何原本》由希腊数学家欧几里得（公元前300年前后）所著，是用公理方法建立演绎数学体系的最早典范。清朝亦注重这方面的学习，这是张诚编译的满文抄本。

鳌拜势力被清除之后，康熙帝就给汤若望等人纠错平反，并把杨光先下入狱中，本拟斩首，念他年老发回原籍，结果病死途中。康熙帝下令，全国仍用时宪历法，并且恢复了汤若望"通玄教师"的封号，因避康熙之名玄烨的讳，改称"通微教师"。

除汤若望外，康熙帝对精通科技、遵守法规的洋人都很信任。南怀仁、张诚、白晋等都曾是他请教算学、天文、地理、生理解剖的教师。南怀仁还做了钦天监的监正，又被封为工部侍郎，因为他为清政府制造了红衣大炮和神武炮。自此以后，钦天监的监正、监副以及内部工作人员多有西洋人参与。

清代地球仪

康熙皇帝在出游途中经常注意勘察地理情况，地球仪就是他了解世界的一个窗口。

中国大事记

初废皇太子允礽，幽禁皇长子允禔，康熙朝立嗣纷争遂起。

山西学者傅山

傅山即使被特许做了官，也不愿承认清朝皇帝为君。

山西太原西北，有个山环水抱的阳曲西村。阳曲西村出了个傅山先生，是明末清初出了名的大学者。

为拒绝剃发做了假道士

清兵占了北京，颁下剃发令，要汉人做他们的顺民。这自然引起了有骨气的汉人的抗拒，有个叫瞿式耜的南明大臣被捕，清将孔有德要他剃头，他不从。又让他提出当和尚，瞿某说："当和尚不就是要剃发吗？不干！"结果被杀掉了。傅山采取的对策是当道士，因为当道士可以不剃发。不仅如此，他还穿上一袭红色道袍，自号"朱衣道人"，又叫"酒食道人"、"石道人"，以此说明自己穿的是朱明王朝的衣服，做的是假道士，同清朝抗争的意志坚如磐石。

傅山

傅山（1607—1684），山西阳曲人。初名鼎臣，后改为山，字青竹，后又称青主。是明清之际著名的思想家、艺术家，在诗、文、书、画诸方面，皆善学妙用，造诣颇深。其知识领域之广、成就之大，在清初诸儒中，无出其右者。他还是深通医道的名医。生平事迹，不见于正史记载，甚至县志、府志，也只见寥寥数语。然而他在山西乃至全国也称得上声名遐迩，彪炳于后。

盼复明结识反清志士

傅山听说江南反清斗争形势很好，便去了江南，可是见到南边的情况也不尽如人意，又失望地回到家乡，说，我现在是无国无家了！有一天，沿长城一路考察的顾炎武，特地到松庄看望傅山。晚上，两人彻夜促膝长谈。江南回来的傅山，已明白"还我河山"的大业不是短期内可实现的了。顾炎武仍用"刘琨守晋阳"、"张良为韩报仇"做比喻来鼓励他，说反清复明的大业，终有一天会成功。

当时，傅山的家几乎已成了反清志士的联络站，除了顾炎武外，申涵光、李因笃、屈大均、阎尔梅都来过。阎尔梅曾在史可法幕中参赞军机，后又参加太

太原傅山读书处

傅山一生交游甚广，登临过的名山自然不在少数，但能使他终生眷恋，尤其喜爱的却还是太原西北郊的崛山，傅山在崛山还有一个读书处。

用各种残缺的善本书汇印而成的一部完整的书叫什么？

湖抗清义军。他渴望局势能有急剧变化，可是“茫茫四海似无声”，苦闷的心情同傅山一样。

清朝的政局越来越稳定。朝廷对汉族知识分子的政策也逐渐温和起来，试图用推荐征召的办法，把一批声望卓著的人弄到北京。凡是点到名的，谁也不能借故推辞。

傅山得知自己被给事中李宗孔、刘沛先推荐的消息，和其他反清志士一样，丝毫也不感到高兴。顾炎武说：“我七十老翁何所求？只欠一死罢了。你若逼我，我就死给你看。”李颙简直是被地方官押着起程的，走到半路，他拿出刀来自杀未遂，只好把他放了。傅山坚持不去北京。阳曲知县戴梦熊邀他吃饭，不让他回家了，说是劝驾实为“绑架”。他与戴梦熊关系还不错，知他奉命办事身不由己，就对他说：“罢了，我也不为难你了。不过这次去倘能活着回来，就请你让我在西村安安静静度过暮年。”

做官不磕头，从不承认清朝皇帝为君

一到北京，他便一头扎入崇文门外圆觉寺装起病来。每天有不少满汉王公大臣和仰慕他的市民来看望他，他都让儿子傅眉应答周旋，自己靠在床头，不是哼哼哈哈，就是闭目养神。

这病一直拖到三月初一博学鸿词科的考期。冯溥对康熙帝说，傅山、杜越二人深孚众望，这次临试告病，情非得已，是不是开恩特许授予二人内阁中书的头衔？皇帝格外恩宠，竟当即拍板。

授了官的都要向皇上谢恩。傅山称病死也不肯去。冯溥没有办法，到了这天，只得派人将他抬到午门外，让他磕个头算了。可是傅山流着眼泪扑在地上，就是不磕这个头。这是“大不敬”，按律要杀头的。皇帝心中有数，

傅山《江深草阁图》
傅山工诗文书画，尤以书法为最。山水皴擦不多，讲求意境。傅山《江深草阁图》轴为故宫博物院藏的传世作品。

> 历史文化百科

〔流行轿子〕

明朝官员出行，多乘轿子，清朝定鼎北京后，亦广泛流行。无帷幔的轿称凉轿，也叫亮轿、显轿，有帷幔的则称暖轿，也叫暗轿。嫁娶所用称花轿。皇室专用称舆轿，官员所用称官轿。官轿有蓝呢、绿呢之分，按定制，三品以上京官在京四人抬，出京八人抬；外省督抚八人抬，其余都是四人抬；钦差三品以上八人抬。武官督师，有时亦乘轿，乾隆时，福康安征廓尔喀即坐轿指挥，轿夫每人须备公马四匹，以便不抬轿时骑用。民间多用二人抬的便轿。轿夫便成专门职业。

中国大事记 江南科场案。戴名世《南山集》文字狱。

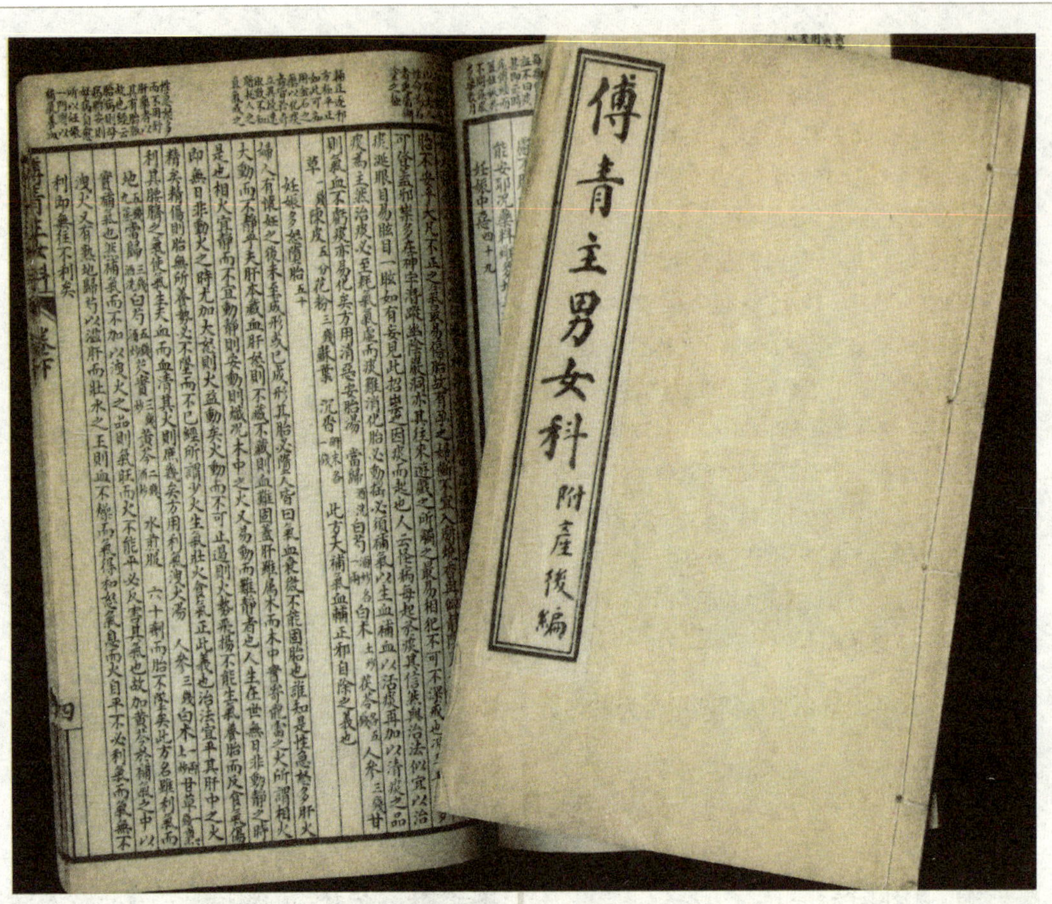

此人确是硬骨头，说道：“罢了。傅山年纪大了，让他带职回乡去吧。”就这样，他总算又活着返回太原。

此后，地方官们去拜望他，只要称他内阁中书，他便低头不应。他依然穿着象征平民的布衣，戴着毡帽。临终之时，他说了这么一句话：“倘若日后有人称赞我是刘因那样的人，我会死不瞑目的。”

原来刘因是元朝时人，元世祖曾征辟他为右赞善大夫。做了不久，因母病辞官，后再召他便不肯再出来。元世祖称他为“不召之臣”。傅山担心后世之人将他与刘因等同看待，因为他从来没有承认过清朝皇帝是他的“君”。

《傅青主男女科》

傅山是位医德高尚、医理高深、医著丰富、医术高超的医学家，传世之作有《外经微言》、《本草秘录》、《辨证录》、《大小诸症方论》、《石室秘录》、《傅青主女科》、《傅青主男科》、《青囊秘诀》。

《孔雀开屏图》（清·郎世宁绘）（右页图）

郎世宁（1688—1766），意大利米兰人，清康熙五十四年（1715）以传教士的身份到中国，随即入官，曾参加圆明园西洋楼的设计工作，历任康、雍、乾三朝，在中国从事绘画达五十多年。由于郎世宁带来了西洋绘画技法，向皇帝和其他宫廷画家展示了欧洲明暗画法的魅力。人物、肖像、走兽、花鸟、山水无所不涉、无所不精，为雍正、乾隆时宫廷绘画的代表人物。此图绘雌雄一对孔雀，形态生动，流光溢彩。

世界大事记

英国会通过“土地资格法案”。

《孔雀开屏图》（清·郎世宁绘）

〇三九

讨伐吴三桂

康熙帝要强化君主集权，必须铲除地方割据所造成的潜在威胁。“三藩”的飞扬跋扈，已成为王朝的心腹之患。

俨然三个独立王国

三藩是明末投清受封的三个藩王，即驻守云南的平西王吴三桂；驻守福建的靖南王耿仲明；驻守广东的平南王尚可喜。耿仲明父子皆去世，王位由孙子耿精忠承袭；尚可喜年老多病，大权掌握在长子尚之信手里。

三家封王，原本只享受爵位，而无封地。后来三藩仗着南征，拥有军政大权，坐地为大，将临时驻地形成为变相的封地，俨然三个独立王国。尤其是吴三桂，仗着领清兵入关，立下大功，如今镇守云南、广西、贵州，兵多将广，更是不可一世，将自己的藩王府弄得像皇宫一般。其他两家藩王也仿效攀比，清廷对此十分不满。

平西王吴三桂

吴三桂（1612—1678），字长白，高邮人。武举出身，以父荫袭军官。明末任辽东总兵，封平西伯，驻宁远关。1644年引清军进入北京，受封为平西王，奉命镇守云南，手握重兵，成为割据势力。康熙亲政后，实行撤藩。康熙十七年（1678）三月吴三桂在湖南衡州（今衡阳）登位称帝，立国号为“周”，年号“昭武”。吴三桂当了六个月的皇帝便得暴病死于衡阳。画正中为吴三桂。此为明人绘《吴三桂斗鹌图》。

撤藩要叛，不撤藩也要叛

康熙十二年（1673）全国政局稳定，中央撤藩的决心日见强烈。恰巧平南王尚可喜不愿受尚之信挟持，上疏要求回辽东养老，此举正中康熙帝心意，立即批准，

“利用通宝”钱

“利用通宝”钱是吴三桂于1674年据云南时以滇铜铸。对银作价。钱文楷书、直读，有小平、折二、折五、当十四等。背文有“云”、“贵”、“厘”、“一分”等字。

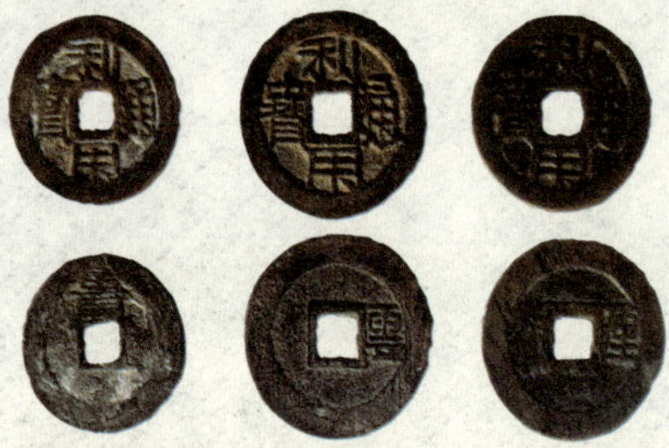

历史文化百科

〔朝廷对汉官的防范〕

清朝任用官员处处表现重满轻汉。中央重要机构内务府、宗人府、理藩院及管理钱粮火药仓库及各省驻防将军、都统、参赞大臣等开缺，全都是满人包办；地方督抚也多是满族和汉军旗人，如川陕总督汉人只当得一任，其余均由满人担任。知府以下的官员，绝大多数为汉人，凡属满官缺，不许汉人补缺，但京内外的汉官缺，满人可补缺，竭力保证满人的优先特权。为防范汉官，还建立有“回避制度”、“连坐制度”。汉官不得在本省任职，即使接壤在方圆五百里圈内，也得回避。选补外任官，如与上司有血缘准血缘，也应回避；举荐不当，所荐者也要随犯罪者受处分。

“昭武通宝”钱

康熙十七年，吴三桂在湖南衡阳登基称帝，立国大周，建元昭武，铸行“昭武通宝”钱。钱文楷、篆二体，直读，有小平、当十二等，背文“二”、“壹分”等字。

命他率本部人马回原籍。消息传出，云南、福建两地大为恐慌。吴三桂和耿精忠也上疏朝廷试探，吴三桂说自己年纪老精力不济，想辞去总管云贵之职，实际上是想试探一下，看看自己在朝廷心目中的分量。此时康熙帝已经亲政，正愁没有借口，见他自己撞上来真是再好不过。当即与吏、兵、户三部商量后，同意按国家制度收回吴三桂一部分权力。吴三桂偷鸡不成蚀把米，恨得咬牙切齿。皇帝说：“吴三桂谋逆之心已久，撤藩要反，不撤藩也要反。不如顺水推舟，允准他们！”

吴三桂下错了一着棋，急忙召集心腹密议。都统吴应麒、副都统高大节都主张反叛朝廷，吴三桂最后说：“同意撤藩等于坐以待毙，不撤藩便是违抗君命，罪在不赦。现今是逼上梁山，不如反了吧！”于是，吴三桂自称天下都招讨兵马大元帅，约定尚之信、耿精忠打起伐清复明旗号，裹胁云贵、湖广、四川诸省，发动了武装叛乱。

康熙帝接到报告，微微一笑说：“三藩谋叛早在朕意料之中。”随即召集殿前会议，宣布：撤藩之

处于巅峰的五彩烧制（及右图）

五彩在清以前即有烧制，到康熙时达到顶峰，所以清代的五彩又多称为“康熙五彩”。当时的五彩发明了釉上蓝彩以取代明时所用的釉下青花，并将黑彩也用于釉上装饰，成为一种完全用釉上彩料绘制的彩瓷。此五彩大缸是康熙五彩的代表作。

耿仲明之印
耿仲明（1604—1649），字云台，原为明登州参将，清兵入关前降清，1636年受封为怀顺王，属汉军正黄旗。随清兵入关后，镇压农民起义军。顺治六年（1649），改封他为靖南王，卒后封号由其子袭。图中印信在平定三藩后籍没入官。印文为汉文九叠篆体“靖南王章”。

事势在必行。平叛之策，主要是派重兵实施军事打击，打击的重点是吴三桂。他说：“三桂灭，则诸贼自散。”过后，康熙帝除了具体的军事部署外，对有关官员又指示说：“政治上采取孤立顽固分子，瓦解叛军的策略；对悔罪投归者，俱行免罪，给以原官；俘虏人员概从宽免；对叛军在京亲属，区别对待，不知逆情者概不株连。”

长达八年的撤藩之战

平叛战争打到了第八年，耿精忠、尚之信被迫投降，并参加了平定吴三桂的战斗。吴三桂陷于孤军挨打的境地。

六十七岁的吴三桂知道时日不多，希望渺茫，狠狠心便在衡州临时搭了不少芦舍草房当作朝房，挂上“大周”记招牌，改个昭武年号，当了皇帝。不料只过了五个月，忽然得了中风噎嗝之症，又下痢拉稀不止，一命呜呼。他的孙子吴世璠继位，见内部一片混乱，不敢久留，撤回贵阳。

这时，清军几路并进，连战连捷，一路追杀进了云南。

由定远平寇大将军章泰率领的湖南第一路军与由征南大将军赖塔率领的广西第二路军在曲靖会师。吴世璠派郭壮图率数万步骑，出昆明城三十里，布下象阵与清军决战。双方五战五进，大象、战马、士卒、兵器互相冲杀，结果象阵大乱，叛军退守城东归化寺，清军乘势包围了昆明城。由于云贵总督赵良栋率第三

尚可喜
尚可喜（1604—1676），字元吉，号震阳。祖籍山西，后至辽东，崇德元年（1636），清封其为智顺王，属汉军镶蓝旗，随清兵入关。顺治六年（1649），改封平南王，后镇守广东。康熙十二年（1673），尚可喜上疏请求归老辽东，由其子尚之信袭爵留镇广东。后朝廷诏令尽撤三藩，吴三桂、耿精忠起兵叛乱，尚可喜忧急而死，其子尚之信响应。

路军从四川向云南进兵途中，已将境内叛军歼灭，吴氏小朝廷此时粮尽援绝，南门守将方志球开城投降。吴世璠走投无路悬梁自缢，郭壮图举火自焚。马宝、方光琛、夏国相等首要分子均被生擒。至此，长达八个年头、祸延十省的三藩之乱终告平定。

康熙二十年（1681）冬，春城昆明闹市区树立着一排竹竿，上面顺序挂着吴世璠、马宝、夏国相、李本深、王永清等逆首的人头。另外一根竹竿上，挂的是已经死去三年的吴三桂的骸骨。把他的骸骨挖出来示众，是为了警告那些破坏全国安定局面的叛乱分子。

尚之信印

图中印文为汉文篆体“尚之信印”。此印信为尚之信私印，平定三藩后籍没入官。

尚之信

尚之信（1636—1680），字德符，号白岩，尚可喜长子。其父年老告归袭封平南王，后响应吴三桂叛乱。吴三桂病死，尚之信又投降了清朝，仍被康熙帝处死。

《平定三逆方略》

康熙二十一年（1682）八月，设立方略馆，勒德洪等人遂奉敕编纂《平定三逆方略》60卷，四年后成，记平定吴三桂、尚之信、耿精忠三藩叛乱，为清代纂修方略之始。

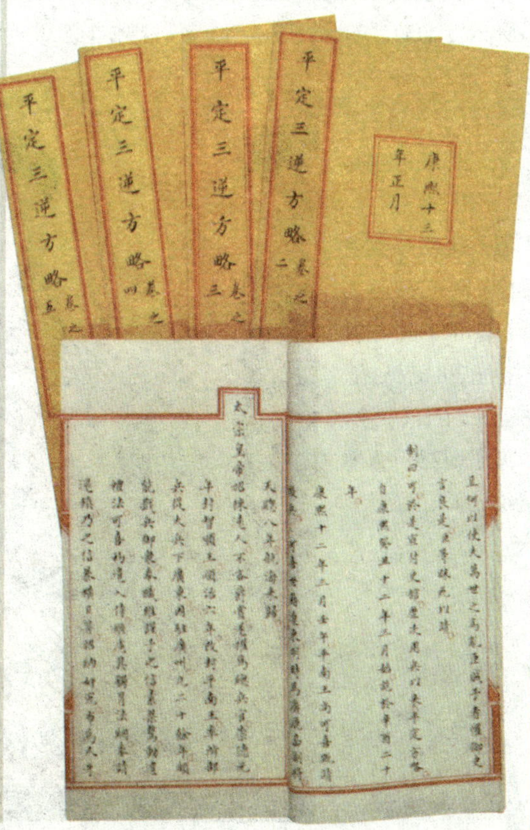

中国大事记

实行将丁银摊入地亩。《康熙字典》编成。

○四○

天下第一廉吏于成龙

康熙帝说："做官像于成龙那样的，能有几人啊！"

康熙朝非常注重吏治，奖励做好官，所以清官特别多，其中最突出的是于成龙。他是从七品知县一步一个台阶连升十三级，最后出任两江总督的。

忠于职守的地方官

于成龙是山西永宁人，顺治十八年（1661）选派广西罗城知县时，已是四十五岁了。

罗城是个万山丛中的小县，民族杂居，这时又逢兵灾之后，民众离失，城池没有边墙，城里遍处草莽里，只点落六户人家。于成龙到任后，首先是强化治安，保障民众尽力耕耘。他经常奔走于田野，关心民间疾苦，以致民众听到于大人至，奔来拜见，同坐树下，谈笑有如一家。罗城于是大治，牛羊满山，稻穗遍野。

康熙六年（1667），于成龙因政绩显著，升四川合川知州，当时正是四川大乱之后，全州仅有百余民众，库房里仅剩十五两纹银，而徭役繁重，经他革除弊端，招民垦田，由官府提供耕牛和种子。一个月后，就增加了千户。

于成龙由此又迁任湖北黄冈同知。黄冈周边盗贼猖獗，甚至白天抢劫，官府对他们束手无策。于成龙招安了盗首彭百龄，要他立功赎罪，取得了不少成绩。他还化装为乞丐，往盗贼巢穴去侦查，在住居十多天，掌握全部抢劫罪证后，于是出穴招呼差役捉拿，致使罪犯全部落入法网。他经常着便衣，在乡间仔细查访，从而稳准狠地破获了不少积案。

骑骡直奔贼寨

于成龙有胆有识。吴三桂叛军北上，黄州人黄金龙、麻城人刘君孚都分别拥众几千人响应。湖北巡抚张朝珍请于成龙出征。他欣然同意，问他要带多少兵？于成龙说："兵再多也不够用，我只要两个人跟随就足够了。"

事先，他侦知刘君孚等虽造反，但人心尚不一致，还在犹疑之中，于是张榜，允许自首，还以三日为限；果然三日里，自首者多达千人，其余的也龟缩寨里不出。

奋发有为的康熙大帝

康熙八岁即位，亲政后先后平定三藩叛乱，统一台湾，平定准噶尔叛乱，平定西藏，订立中俄《尼布楚条约》，注重民族关系协调，编纂《古今图书集成》，任用传教士制定历法。

我国历史上最早以"字典"名称亮相的字书是什么？

世界大事记

新英格兰殖民地者由西印度群岛酿成甜酒，至黄金海岸交换奴隶、象牙和黄金。法国设立通用银行。

人物：于成龙
关键词：廉洁
故事来源：《清史稿·于成龙传》《碑传集》卷六五

于成龙乘势骑一头骡子，一人鸣锣前导，一人张盖随后，直奔贼寨。叛众皆持弓弩鸟枪夹道，他镇定自若，旁若无人，入抵寨中，升堂而坐。叛众惊愕，齐来罗拜。于成龙令人脱靴，命取水解渴，过后，就躺在榻上，进入梦乡了。醒了后，便骂道："君孚老奴，为何不来？竟敢怠慢客人吗！"刘君孚曾在于成龙衙门里干过事，平素就敬仰他，见他别无恶意，急出叩头，表示愿率众归顺。

于成龙《行书格言》

于成龙(1617—1684)，字北溟，号于山，清山西永宁州（今离石市）人。清顺治十八年（1661）出仕，历任知县、知州、知府、道员、按察使、布政使、巡抚和总督，加兵部尚书、大学士等职。以卓著的政绩和廉洁刻苦的一生，深得百姓爱戴和康熙帝赞誉，有"天下廉吏第一"之称。谥"清端"，赠太子太保。

事后，于成龙就以这支降众，讨平了黄金龙等人。

人呼为"于青菜"

康熙十七年（1678），于成龙升福建按察使。当时，驻闽清军借防御郑成功侵犯漳、泉，以"通海"罪将所株连的几千人定为死罪。于成龙知道后，向统帅、康亲王修书说明，其中大多是无所关连的平民。康亲王同意了，并请他办理，由此拯救了很多人。当时前线将士多掠夺平民子女为奴婢，于成龙又设法用

康熙帝读书像

康熙帝特别注重吸收汉族文化知识，是一个勤奋学习的楷模。他说："读书一卷，即有一卷之益；读书一日，即有一日之益。"

中国大事记

定商船出洋贸易法，除日本，其余皆不许往。再禁天主教。

钱财赎买，放他们回去安居乐业；还取得康亲王赞同，将军队每月向民间征调几万民夫事取消，还民于耕。他在任上，廉明办事，不贪财，不仗势。福建巡抚吴祚向康熙帝推荐，称他是“全闽廉能第一”。

康熙帝也知道了于成龙其人其事。康熙二十年（1681）在他任直隶巡抚接见时，褒奖是“当今清官第一”。

于成龙自身要求严格，当赴江南出任两江总督时，仅乘一辆骡车，千里迢迢奔赴江宁。在总督任上，每

《采芝图》（清·郎世宁绘）（左图）

郎世宁从事中西合璧的新体画创作的黄金时代，是从乾隆朝开始的。这是一幅有趣的水墨画作品，图中一青年身穿汉族衣冠，右手持如意状灵芝，左手扶梅花鹿背，神态安详而儒雅，旁边一个少年，亦着便装，右肩扛小锄，左手提花篮。从两人面相看，好像都是爱新觉罗弘历（乾隆），一是青年时，一是少年时，当是清高宗弘历为皇子时的行乐图。从人物面容以及那头梅花鹿来看，应当出自郎世宁之手。图上有乾隆各个时期的印章。

《野田黄雀图》（清·华喦绘）

华喦（1682—1756），字秋岳，原字德嵩，号新罗山人，又号白沙道人、离垢居士、东园生，福建上杭人。清代画家。擅画人物、山水，尤精花鸟、草虫、走兽。此图画荒草之中，几只鸟雀正探头张望，下有三只鸟雀正翻飞嬉闹。画面生趣盎然，充分体现出画家的大家风范。

世界大事记

法国创立密士西比公司，计划开发北美法属殖民地。

《山水图》（清·石涛绘）
此图画白云环绕松岭云壑，书斋屋舍深藏其间，意境幽谧。

日吃的仍是粗粮，佐餐是青菜，因而被同僚呼为“于青菜”。他做了二十几年地方官，从未携带家眷，只是孤身一人在任上。康熙二十三年（1684）他病死后，同僚和属吏入视，只见住室简陋，仅笥中绨袍一袭，床头几盒盐豉，瓦瓮米数斛。当江南百姓得悉于成龙病死，自动罢市，聚会痛哭，丧归之日，几万人步行二十里，伏地跪送，很多人家还视为祖宗绘像祭祀。康熙帝知道后说：“做官像于成龙那样的，能有几人啊！”这年冬天，康熙帝南巡到江宁，又多次说到于成龙，他说：“我到处听到舆论，说于成龙是天下廉吏第一。” 〉盛巽昌

《莲塘双禽图》（清·黄慎绘）（左图）
画面中，双鸭相伴嬉游荷塘之中，生动有趣。

〉历史文化百科〈

〔布政使〕

布政使始于明初，清沿明制，各省最初设左、右布政使共二人，康熙六年(1667)始改为一人。乾隆二十五年(1760)又在江苏江宁（南京）增设一人。官级为巡抚之次，巡抚出缺，每每署理其职。布政使又称藩台、藩司，尊称方伯，从二品。

中国大事记

孔尚任死。

○四一

施琅取台湾

康熙帝得到捷报，吟咏了一首《中秋日闻海上捷音》之诗，表达了人间统一的喜悦心情。

清朝为统一中国，对盘踞在金门、厦门的郑成功多次采取招抚之策；在郑经父子据台湾时，为使台湾回归，又屡次主动遣使招抚，但仍没有成效，最后只得诉诸军事行动。

多次招抚郑氏父子

清朝为招诱郑成功投诚，从顺治九年（1652）到十一年就遣使到厦门与郑成功先后作了三次会谈，封他为海澄公，还让出泉州、漳州、惠州、潮州四府地给他部队驻扎，但因郑成功坚持不剃发而未告成。

郑成功收复台湾后几个月，就病死了，其子郑经接班，清朝又先后七次派专使前往谈判。郑经坚持“如琉球、朝鲜例，不登岸、不剃发、不易衣冠”，康熙帝态度也极明确：“朝鲜系从来所有之外国，郑经乃中国之人，若因居住台湾不行剃发，则归顺的诚意以何为据”，而郑经执意不行剃发，双方谈判就此破裂。

收复台湾的功臣施琅

施琅（1621—1696），字尊侯，号琢公，福建晋江人。早年，是郑芝龙的部将，顺治三年（1646）随郑芝龙降清。不久又加入郑成功的抗清队伍，后因微嫌与郑成功发生矛盾，终于酿成父、弟被郑成功诛杀之祸，施琅再次降清。降清之后，被授为同安副将，迁总兵。康熙元年（1662），施琅被任命为福建水师提督，1665年，封靖海将军。1683年率军收复台湾。

收复台湾最佳人选

康熙二十年（1681），郑经死了，台湾内部发生政变，冯锡范和刘国轩联手，将其长子郑克𡒉杀死，却把年仅十二岁的次子郑克塽扶植起来，人心浮动。

一天。康熙帝正在内廷与几位翰林院学士说古论今，一个内侍匆匆趋前附耳禀报说，福建总督姚启圣折奏台湾发生内乱，主张趁此机会一举收复，并举荐施琅担此重任，因他对东南沿海情况熟悉，又与郑成功有杀父之仇。

康熙帝觉得这确是统一国家的大好时机，总督推荐的那个施琅他也知道，原是郑成功之父郑芝龙的部下，先帝时与郑一起投诚，曾任水师提督，后提升为靖海将军、内大臣。康熙帝想到这里，当即宣施琅进见。施琅不知何事，急急前来。康熙对他说：“召卿前来，非为别的。台湾是我大清国土，一日不收回朕一日寝食难安。现台湾出现内乱，朕想乘此时将其收复，欲让你挂帅出征，不知意下如何？”

施琅曾两次奉命出征台湾，因为风浪所阻未成，这次听说又要他出征收归台湾，十分高兴，这是他多年的愿望。立即下拜说：“微臣谨领圣谕，赴汤蹈火，

福建泉州开元寺藏有关“福建水师提督施琅”字样的石碑

世界大事记 奥地利、威尼斯与土耳其签订波热列瓦茨和约。

施琅 康熙帝 刘国轩

人物

爱国 德政

关键词

施琅《靖海纪事》《清史稿·施琅传》

故事来源

施琅操练水师的指挥台

1681年，清政府在平定了三藩之乱后，大陆已完全统一，这时康熙皇帝重新任命施琅为福建水师提督加太子少保衔，以求收复台湾。施琅在福建省东山县操练水师，图为指挥台。

敢不效命。不过微臣乃一降将，难当统帅重任，恐辱圣望。可否请一宗室执掌帅印。”

康熙帝微微一笑，道：“卿不必多虑。朕向来只注重才能，不计较汉臣满人。今让你复为福建水师提督，加太子少保衔，让姚启圣助你粮饷船只。朕在京专候你的捷报！”

澎湖海战大胜

施琅便让姚启圣守卫厦门，自己统率水师二万，战船三百过海，攻克花屿、猫屿、草屿等澎湖外围小岛，乘南风进泊八罩。前锋蓝理被弹片击中，腹破肠出，倒而复立，仍然指挥杀敌。施琅被流矢射中左眼，忍痛拔箭，继续督师进击。次日再战。刘国轩全军覆没，仓皇逃上台湾岛。施琅一举收复澎湖三十六岛。

郑经派驻澎湖的将领刘国轩兵败回台，郑克塽十分惊恐。澎湖一战，精锐尽丧，屏障顿失，如今如何应敌？

台湾当局的处境，施琅了如指掌。他便不失时机地遣使前往招抚，还表示断不会报私仇。说，“现今杀吾父者已死，与他人不相干。不特台湾人不杀，即郑家肯降，吾亦不杀。”在清军的军事压力和政治攻势下，郑克塽选择了投降之路。在冯锡范、刘国轩的陪同下，郑克塽剃了清朝头发出城归降。他将代表台湾军事割据政权的“延平郡王”、“招讨大将军”印捧给了施琅。

闻统一康熙赋诗

施琅有军事才能，也有政治家气度，早年，郑成功杀他无辜的父亲、弟弟，逼他逃亡；在平台前夕，

师泉井

师泉井位于平海湾畔朝阳山麓，它背靠天后宫，面临湄洲岛。清康熙二十一年（1682），水师提督施琅奉旨平定台湾，率部三万多人进驻莆田平海卫。因饮水困难而祷告于妈祖，结果在当地妈祖庙前的一口废井中忽然清泉沸溢，可供数万军饮用不竭。施琅感神恩，作《师泉井记》刻石立碑。至今此井尚存，且井泉涌而不竭。

满族妇女穿“连裳”（即旗袍前身），汉族妇女仍着上衣下裙。

留在台湾的家属七十三人又为刘国轩逮捕诛杀，但他进抵台湾后，遵守诺言，以国事为重，未作任何报复，在台南还上郑成功庙宇行告祭之礼；并向皇帝奏报是刘国轩排除冯锡范等逃往菲律宾之议，促使台湾归顺的。

康熙帝得到捷报，时正当中秋佳节，他马上放下手中的月饼，仰起头来，望着碧空一轮皓月，情不自禁地吟咏了一首《中秋日闻海上捷音》之诗，表达人间统一的喜悦心情："万里扶桑早挂弓，水犀军指岛门空。来庭岂为修文德，柔远初非黩武功。牙帐受降秋色外。羽林奏捷月明中。海隅久念苍生困，耕凿从今九壤同。"他还派专使为施琅送去自己所穿的衣袍，并写了一首《赐施琅诗》，对他倍加称赞。

台湾鹿港妈祖神像

妈祖是我国东南沿海地区民众公认的保护神，又称"天后娘娘"或"天上圣母"。此幅妈祖神像为清代中国台湾鹿港地区所印制。

《玛瑺斫阵图》（清·郎世宁绘）

郎世宁所画《玛瑺斫阵图》描绘了呼尔满大捷中清军勇士玛瑺的英姿。画面描绘了主人公在冲锋陷阵时的英姿，人物面貌具有肖像的特征，马匹和武器装备刻画具体、真实，笔触挥洒自如，景色逼真生动，是十分成功的作品。

不久，在施琅的请求下，郑克塽等人获得授封，施琅本人被晋封为靖海侯。康熙帝又采纳了他的建议，设置了台湾府和诸罗、台湾、凤山三县，隶福建布政使管辖，并在澎湖设置了厅的行政机构。并且由蒋毓英出任台湾首任知府。他努力将台湾建制、组织与内地划一，如府县衙门和民居的门就从原来向西开改为中华传统的向南开。

历史文化百科

〔马褂〕

马褂原是入关前满族男子的骑射服，马褂分长袖、短袖、宽袖、对襟、大襟、琵琶襟诸式。入关之初，马褂为营兵着装，康熙时流行于八旗子弟、富贵之家，雍正后普及于士庶，遂成一般便服。

 历史大考场 《佩文韵府》是清代分韵编排的辞书，"佩文"是什么意思？

康熙帝 靳辅 陈潢 勤奋 《清史稿·靳辅传》《清史列传·靳辅传》《清史列传·陈潢传》

人物 关键词 故事来源

〇四二

靳辅治理黄河

靳辅走马上任时，就连续上了八道奏章，提出治河一盘棋。

靳辅治理黄河，取得相当大的成绩，他善于调查，亲临一线，尤其是善于使用陈潢，他们为治河所留下的丰富经验，也是日后中华水利和治黄的一份宝贵遗产。

发现陈潢

清初，黄河泛滥成灾频繁，从顺治进北京到康熙十六年（1677）的三十多年间，黄河决口竟多达七十二次；其中康熙初期的十六年间，为六十七次。其中黄河下游的河南和苏北更是重灾区。

康熙帝即位后，非常重视治理黄河，听政始，就在殿堂台柱上，写了务必解决的三件大事：三藩、漕运和治理黄河。他说：此三事，我是日夜廑念，从不忘怀。又说：黄河不治理，就要影响到漕运。因此当吴三桂等三藩叛乱结束，全国一统后，他就开始把精力用在治理黄河了。

康熙十六年（1677），靳辅出任河道总督。

靳辅在任安徽巡抚期间，就很注意对淮河的治理。他也很注意水利人才。有年，他路过邯郸，在参观出自黄粱梦典故的吕祖祠时，发现墙上题有一首无具名的诗，抒发了作者对治理黄河的情结，可又包含怀才不遇的愤懑，引起他莫大的兴味；于是就地四方查找，终于找到了作诗者、浙江杭州人陈潢。

陈潢对古今治水著作，颇有研究，对今日河道变迁、水性和泥沙又都熟悉，且对治理黄河有很多切实的认识。靳辅和陈潢长谈，一见如故，就引为幕友。在靳辅主持治理黄河始，陈潢都亲躬其事，有关

《康熙帝南巡图卷·治河》（清·王翚等绘）
康熙帝曾六次南巡，看到黄河、淮河水患严重，就将治理河务作为治国的头等大事。

中国大事记

康熙帝死，庙号为圣祖。胤禛即皇帝位。以明年为雍正元年。

各项重大的河道工程，无不有陈潢设计和监督施工。

亲临黄河

靳辅走马上任时，连续向康熙帝上了八道奏章，提出治河一盘棋，还必须与治理运河同时并举。他来到黄河南北两岸，视察了康熙元年（1662）河南黄河大决口遗迹，所到之处认真聆听绅士官民以至参加治河的工匠、杂役人等的意见。经过实地调查，强化了他制订的治河规划，主要的是：疏下流，治上

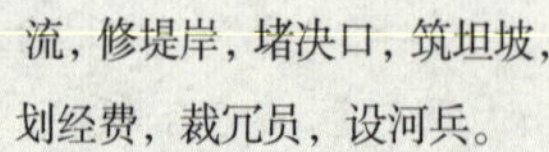

流，修堤岸，堵决口，筑坦坡，划经费，裁冗员，设河兵。

当时黄河出海口淤塞，河水倒灌，冲决堤岸，淹没农田、村镇。靳辅采用了堵塞决口，加固、加高堤岸，使河水按原路流向倾入大海；陈潢还在河道中筑减水坝，在决口处开凿引河分流，然后合拢决口。数年后，黄河下游决口被堵，黄河重走老路。康熙二十三年（1684），康熙帝南巡视察黄河时，见到当年被淹土地又都种上了庄稼，大为高兴。他问靳辅："你治河一定有能人相助吧？"靳辅引荐了陈潢。康熙帝当即授他做参赞河务按察使佥事。

以后几年，靳辅、陈潢又在黄河中游筑堤，还在黄河以北开了一条"中河"，使运粮的漕船在险急的黄河里，由原来航行的一百八十里减为二十里，就可以进入北运河，这样提高了运输的安全概率，也减少了沉船事故。

《治河方略》

明末清初，社会动乱，黄、淮、运俱病，水灾严重。康熙十五年（1676），黄淮北涨，奔腾四溃，淹了淮、扬七州县。康熙帝毅然下了治理黄河的决心，于十六年（1677）调时任安徽巡抚的靳辅（1633—1692）为河道总督，拉开了清代大规模治理黄、淮、运的序幕。靳辅从十六年（1677）至二十六年（1687）间连续十年任河道总督，主持治理黄河、淮河、运河，总结经验写成《治河方略》一书。

《康熙帝南巡图卷·康熙帝临河》（清·王翚等绘）

康熙南巡还多次亲临河堤，视察治河工作。

世界大事记

俄国彼得大帝率军进攻里海西岸属于波斯的阿塞拜疆、格鲁吉亚和亚美尼亚。

《星宿海河源图》

为了从根源上治理黄河水患，康熙四十三年（1704）康熙帝命拉锡、舒兰探黄河河源。他们到达青海腹地。在腹地上有昆仑山，巴颜喀拉山，布尔汉布山；山下有盆地，大片沼泽，是高山雪水形成的花海子，称为星宿海。另外还发现星宿海上源还有三条河流，但并未追至源头。拉锡、舒兰归京后绘有《河源图》，舒兰还写有《河源记》。

罢官复官

康熙二十七年（1688），靳辅因为提出在黄河入海口开大河、筑长堤和减水坝，加速河水流量，被于成龙等官员指责是耗费大，收效低，是劳民伤财。康熙帝也就此将他革职，并逮陈潢入狱，不久病死。翌年，康熙南巡，在“中河”亲睹河深堤固的治河成果，且黄淮地区民众皆称誉靳辅功绩，于是又恢复靳辅原职，但他不久也病死了。

历史文化百科

〔清朝官员任用方式〕

清朝官员任用有多种方式：

署职：初任官试署两年（后改三年），如称职，再实授。

兼职：大学士例兼尚书，总督兼兵部尚书、右都御史。

护理：下级代理上级官，如布政使护理巡抚。

加衔：于本官外另加比原品高的官，如提督衔副将。

额外任用：皇帝特殊的恩赐。

革职留任：虽革职，仍主持原职务。

靳辅死后，继任者于成龙大致遵循他的既定治河方针。康熙帝问他：“你当年曾弹劾靳辅，谓减水堤不宜开，现在可又怎样呢？”于成龙也坦诚地答：“那时是我瞎说，现在可还得按他的办法做。” 〉盛巽昌

《连生贵子图》（清·冷枚绘）

冷枚（生卒年不详），字吉臣，号金门外史，山东胶州人。这是一幅寓意画，以桂树、妇人手中的莲花、芦笙以及膝下的幼儿，组成“连生贵子”的吉祥含义。

中国大事记

设建储密制。命年羹尧主持青海罗卜藏丹津乱事。

六尺巷

一纸书来只为墙，让他三尺又何妨；万里长城今犹在，不见当年秦始皇。

张英跟随康熙帝几十年办事，很得器重，原因在于他处世谨慎，不骄不躁。

深得康熙帝器重

张英是康熙七年（1668）进士，被康熙帝选拔，出任翰林院编修，充日讲起居注官。升侍读学士。当时康熙帝在皇宫设南书房，命他值日。为使张英上下班方便，在紫禁城西安门内为他安排了住宅，就此有文臣赐第皇城的开始。

康熙帝非常信任张英。他虽是汉官，本着入关后诸帝、特别是康熙帝以满汉一家，不分畛域选拔人才，他被引为亲臣。康熙帝于乾清门听政后，常到懋勤殿，召集张英等读书人谈论学问。张英非常注重办事效率，大事小事都能做得相当细心、缜密，让皇帝放心。他每天天明五更，就振衣上朝，要到万家灯火时才归家休息，有时回家刚换去朝服，与家人共餐时，突然接到皇帝诏旨，立即将碗筷丢了，重穿朝服，进宫去了。因此深得康熙帝青睐，此后驾幸南苑或者外出巡察，都须张英跟随，以便随时咨询。当时，颁布的皇帝诏书也多出自他的手笔。

接到家书

康熙帝离不开张英。康熙二十八年，即张英五十二岁那年还命他出任工部尚书、兼翰林院掌院学士，仍管詹事府事，一身三重职。张英几次提出因身体不佳，恳求回乡以终天年，康熙帝总是挽留。康熙三十八年，擢升为文华殿大学士仍兼礼部事。因为他举事敬慎，秉性和易，多次受到康熙帝称许，张英也以此为处世之道。

这天，他接到来自安徽桐城的家书。

家书抵万金。打开家书，亦并非全是报平安事宜，洋洋数百字，围绕的乃是一个内容。原来张英家宅侧墙外有一块空地，隔着这块空地，乃是一户吴姓巨宅。现在吴家要修葺、扩充住屋，拆去边墙重建时，却将原墙墙基向前推进，由此大大影响到张家墙基；张家不甘，也将边墙拆了向前推进，双方都要抢着多占空地，两家就此发生冲突，相持不下。吴家人不是好惹的，但张英家人仗着有相当于宰相的大学士做靠山，派人特快专递，送家书来北京，其意当然要张英出面，以大学士身份，勒令地方，逼使吴家让步。

康熙“文华殿宝”及玺文

文华殿初建时是太子们的正殿，房顶上覆盖绿瓦。后来由于几位太子年纪尚小，不能处理政事，所以在嘉靖十五年正式改作皇帝便殿，换成黄瓦。文华殿是皇帝举行“经筵”、听讲经官讲学“进讲”的地方，在皇帝听讲的前一天，还要到文华殿东的传心殿向孔子的牌位祭告。同时皇帝还要撰写御论，阐发自己学习“四书五经”的心得。朝臣跪在御前，聆听皇帝御论。

世界大事记

日本调走诸幕府户口。

人物：张英
关键词：博学　谨慎
故事来源：乾隆《桐城县志略》　光绪《榆社县志》

康熙“懋勤殿宝”及玺文
懋勤殿原是康熙的书房，后改为存放皇帝的碑帖和文具的地方。康熙制了这枚闲玺，爱护备至。

“让他三尺又何妨”

张英博学多才，见识亦广，史传说他民生利弊，四方水旱，知之极多。也许他此时正读了明嘉靖年间宛平县令李锦袭的故事。李锦袭在任宛平县令时，有天接到来自家乡山西榆社县的儿子李兰玉信。儿子在信上说：老家居屋与邻居同墙相隔，现邻人争夺墙的地基。李家本乃榆社豪族，要他们退让，那当然不行，于是来信请父亲定夺。李锦袭于是回信，信上只写了一首诗：“千里寄书只为墙，让他一步有何妨；含元殿上离离草，原辈风流诗味长。”儿子读到了诗，就将家墙所在地基主动让出。

张英也就参照此诗，写了一首诗回去。

《挑刺图》（清·苏六朋绘）
苏六朋（1798—？），广东顺德人，人物画师法元人与清代画家黄慎。本画描绘了普通人的日常生活：男主人坐在凳上，伸出左脚，妇人则坐于地给脚挑刺，一小孩旁观。

话说中国

中国大事记

清政府实行改土归流。赐年羹尧死。

康熙年制红绿彩描金兽面纹镂空方熏

几天后，桐城家人收到了张英回信，拆开信皮，没有另纸，只是在原信后页空白处，批有一首诗：“一纸书来只为墙，让他三尺又何妨；万里长城今犹在，不见当年秦始皇。”家人见了，遵照张英所说，就在已建墙基所在处，主动后撤三尺，吴家知道了此情此

《乞儿图》（清·高其佩绘）（右图）

高其佩（1672—1734），字韦之，号且园，又号南村，辽宁铁岭人。他年轻时学习传统绘画，中年以后开始用指头作画。所画花木、鸟兽、鱼、龙和人物，无不简括生动，意趣盎然。此幅《乞儿图》便是高其佩指画中的杰作。

历史文化百科

〔南书房〕

南书房本是康熙帝读书和讨论学问的场所，后来也常在此谈论、商定国家大事和机密，以致被说成是专门机构。盖康熙帝亲政后，为强化皇权，继续削弱议政王大臣会议权力，在南书房处建立了直接听命于皇帝的内廷顾问办事的班子。入选南书房的人，可与皇帝谈论学问、民情，商议军政机密，撰拟制造。如平三藩、弹劾权臣明珠等重大事件，都首先由南书房制定方案。但南书房不是国家机构，所选官员仍依原来职衔，加上“南书房行走”等衔，且品级也不超过四品，但都属皇帝亲信和倚重之臣。为确保集权，后来又每天从翰林院、詹事府和国子监轮流抽调四人入值，以免常值人员滥用权力，产生营私舞弊现象。

世界大事记

英、荷、法、普鲁士结盟，反对西班牙、奥地利。

多子的康熙帝

爱新觉罗玄烨共有35个儿子，排序的有24人，成年且受册封的只有20人；有20个女儿，其中只有7个女儿活到成年。			
排序	**姓名**	**封号**	**备注**
皇长子	爱新觉罗胤禔	固山贝子	原名爱新觉罗保清
皇次子	爱新觉罗胤礽	皇太子，后封理密亲王	原名爱新觉罗保成
皇三子	爱新觉罗胤祉	诚隐郡王	
皇四子	爱新觉罗胤禛	雍正皇帝	
皇五子	爱新觉罗胤祺	恒温亲王	
皇六子	爱新觉罗胤祚		幼觞
皇七子	爱新觉罗胤祐	淳度亲王	
皇八子	爱新觉罗胤禩	原封廉亲王，后废	
皇九子	爱新觉罗胤禟		
皇十子	爱新觉罗胤䄉	辅国公	
皇十一子	爱新觉罗胤禌		幼殇
皇十二子	爱新觉罗胤祹	履懿亲王	
皇十三子	爱新觉罗胤祥	怡贤亲王	
皇十四子	爱新觉罗胤禵	恂勤郡王	
皇十五子	爱新觉罗胤禑	愉恪郡王	
皇十六子	爱新觉罗胤禄		出继承泽亲王硕塞之后
皇十七子	爱新觉罗胤礼	果毅亲王	
皇十八子	爱新觉罗胤祄		幼殇
皇十九子	爱新觉罗胤禝		幼殇
皇二十子	爱新觉罗胤祎	简靖贝勒	
皇二十一子	爱新觉罗胤禧	慎靖郡王	
皇二十二子	爱新觉罗胤祜	恭勤贝勒	
皇二十三子	爱新觉罗胤祈	诚贝勒	
皇二十四子	爱新觉罗胤祕	诚恪亲王	
爱新觉罗承祜			幼殇，未序齿
爱新觉罗承瑞			幼殇，未序齿
爱新觉罗承庆			幼殇，未序齿
爱新觉罗赛音察浑			幼殇，未序齿
爱新觉罗长华			幼殇，未序齿
爱新觉罗长生			幼殇，未序齿
爱新觉罗万黼			幼殇，未序齿
爱新觉罗胤禶			幼殇，未序齿
爱新觉罗胤禨			幼殇，未序齿
爱新觉罗胤禨			幼殇，未序齿
爱新觉罗胤禐			幼殇，未序齿

景，亦在贴近张家建墙基处自动后撤三尺。这样就相隔了六尺之遥。这就是后世所传的“六尺巷”。六尺巷遗址，在今桐城城西后街，巷内竖有两米见方巨石，上镌有“六尺巷”三字。 〉盛巽昌

中国大事记

立保甲法。兴查嗣庭之狱。《古今图书集成》活字印刷64部，囚禁隆科多。

○四四

江宁知府陈鹏年

陈鹏年来到江堤，脱下冠服，下堤带领民夫劳作，周边民众，包括很多吏员、读书人也都自动前来，帮同搬运土石。

陈鹏年办事认真，为人清直，有“江南第一清官”之称，很受康熙帝欣赏。当他受到诬陷时，康熙帝又为他解围。

得罪两江总督

康熙四十四年（1705），康熙帝决定再次南巡。

两江总督阿山急得团团转，召集了省府县等地方官员，限时限刻要他们增加地丁税和夫役，以供皇帝巡幸。江宁知府陈鹏年不同意。阿山心里恼火，表面不发作，而故意给他出难题，叫他承办龙潭行宫事宜。康熙的侍从按惯例前来索贿，陈鹏年一概拒绝，他们就在皇帝面前打小报告，还在皇帝卧席处安放蚯蚓粪，进行莫须有的陷害。

这时，跟随康熙帝南巡的大阿哥胤禔就沉不住气，执意要诛杀陈鹏年，但康熙处事谨慎，不听一面之词。

《关公像图轴》（清·佚名绘）
它从一个侧面反映了清人对关公的狂热崇拜。

《赐福天官图》（清·丁观鹏绘）
此图反映了清人的文化思维和对幸福生活的追求。

清一

清代饯别多在哪里举行来表示主人对出行客人或亲友的惜别、祝福之意？

世界大事记

俄罗斯设立科学院。

《岁朝欢庆图轴》(清·姚文瀚绘)
此图描绘了元旦民间欢庆的景象。

当时，他下榻在江宁织造府。江宁织造曹寅的小儿子在庭院玩耍，康熙帝随意发问："尔知有好官乎？"他答道："有，陈鹏年嘛！"正在此时，已退休的大学士张英由家乡安徽桐城前来谒见，他又问道，江南有谁是清官。张英也推荐陈鹏年。康熙帝又问："陈鹏年官做得怎么样？"张英回答："吏畏威而不怨，民怀德而不玩，士式教而不欺，廉其末也。"康熙帝放下了心，他清楚了陈鹏年的为人。

阿山心不甘休，就借康熙要赴镇江检阅水师事，命陈鹏年主持江堤叠石，以缓冲急流。他故意在检阅的前一天通知，时间非常仓促。陈鹏年却无所畏惧，来到江堤，脱下冠服，亲自下堤带领民夫劳作，周边民众，包括很多吏员、读书人也都主动前来，帮同搬运土石。一个晚上，就把几十里江堤叠石完竣。

民众保清廉太守

阿山仍不罢休，上奏诬陷陈鹏年受盐、典各商年规，侵吞龙江关税银，先把陈鹏年摘去顶戴下狱。他还因陈鹏年曾在省城南市楼妓院旧址建乡约讲堂，每月朔日，宣讲皇帝圣谕，是"大不敬"，判定为"大辟"死刑。

陈鹏年被问罪，很快引起江宁市民呼号罢市，士民们举着旗幡包围总督衙门，责问被劾理由；另有秀

> 历史文化百科 <

〔官学化的清代书院〕

清代书院一改过去如白鹿洞书院、岳麓书院等隐在深山密林、幽静僻寂的格局，多于省县人丁热闹处建立。它的经费由政府供给赞助，山长与讲习由地方主官聘请，学生由道员与布政司考核录取。若有私创之书院，须向当地官府申报查核。以后各府、州、县都热心创办书院，包括绅士捐资倡立，都是经官办理，报官核准督办。

才大呼“保清廉太守”，表示愿意入狱与太守同生死。当时句容县正在进行江宁八县的秀才考试，八县生童听说陈鹏年下狱，于考场大吵大闹，说：“读书应试，为了什么？”纷纷烧了考卷，退出考场。还有秀才绘了“九学（江宁府加八县）哭庙图”。

阿山奏章送到北京，康熙帝不置可否，与大学士李光地议论阿山为人。李光地不敢得罪满人，只委婉陈说阿山办事干练，唯独弹劾陈鹏年一事遭到舆论非议。因而康熙帝将阿山建议的判决，改为解除江宁知府，征调到武英殿修书。

康熙帝再保陈鹏年

康熙四十七年（1708）陈鹏年出任苏州知府。当时继任阿山的两江总督噶礼横行霸道，受到江苏巡抚张伯行抵制。陈鹏年站在张伯行一边，于是噶礼先拿他开刀，上奏皇帝，说他种种不是，要将他罢官，发配黑龙江做苦工。康熙帝接到噶礼奏章后，仍然命陈鹏年到京修书。

康熙年制青花万寿字大瓶

《合家欢》（清年画）

此图含有祝福新年吉祥、喜庆之意。

噶礼不罢休，再次密奏说陈鹏年曾作游虎丘一诗有怨望。康熙帝心里明白，反而把这首诗当殿给大臣们传阅。他说：“噶礼曾奏陈鹏年诗语悖谬，小人伎俩，大都如此，我岂能受这种人的欺骗呢？”

〉盛巽昌

话说中国

落日余晖

1644年至1840年的中国故事

孟彭兴 著

上海文化出版社
上海故事会文化传媒有限公司

下

〇四五

彭鹏和施世纶

清官的标准，一是开明而不迂腐；二是刚直而不固执；三是有创新立异，而不是墨守成规。

清初诸帝重视吏治，刻意扶植有进取心的清官，以至“清官如云”。民间传诵红得发紫的清官中，就有彭鹏和施世纶，民间艺人还编了《彭公案》和《施公案》，把古今以来所有清官审案故事，几乎都放在他们名下了。

“治行为畿辅第一”

彭鹏是福建莆田人，康熙朝出任三河县县令，三河地濒北京东部，是清军入关时安顿八旗及其家属所圈地的主要地区，此处旗民混杂，来往官差不绝，甚至光天化日之下还有盗匪抢劫，被称为难治的盲肠地区。但彭鹏到任后，革除陋规，减轻驿道负担，严禁旗人凭特殊身份犯制，致使县治面貌有所改善。

彭鹏能文兼武。有时坐在县衙审案时，差役来报某地发现有盗匪正在抢掠，他即带刀乘马，亲赴捉拿，毫无犹疑畏惧，因而办事效率也颇高。一时间地方安宁，过去不少冤案多得平反，周边诸县发生案件不能判决的，也都请他前去审讯，真个是处理得井井有条，水落石出。由此被誉为“治行为畿辅第一”。

康熙帝赴北陵和东陵祭祀，必经过三河，他很清楚彭鹏是个好官、清官。康熙二十七年（1688），康

三太打虎（清末年画）

小说《彭公案》是以康熙年间名吏彭鹏为主人公的公案侠义小说，此幅《三太打虎》年画画的是《彭公案》中的一段故事：康熙帝出外打猎，忽遇猛虎，千钧一发之际，镖客黄三太拳打猛虎，救出康熙帝。康熙赐以黄马褂，黄三太由此得宠。

中国大事记

先后改军需房为军机房、军机处。

石青色纳纱彩云金龙纹皇后夏朝服

清代皇后朝服，有裘、棉、夹、罩、纱多种，分四季穿着。颜色也有四种：明黄色是等级最高的颜色，用于元旦、冬至、万寿及祀太庙等典礼；蓝色用于祀天；红色用于祭朝日；月白色用于祭夕月。夏朝袍以妆花绸、妆花缎、妆花纱织成料，刺绣绸、纱、缎等作面料，单夹随季节，以片金缘边。

熙帝奉太皇太后尊谥册宝出巡，在驻跸三河时，特召彭鹏面谕："你本是穷书生，做官颇有好声誉，现赐银三百两，作为日常需用。"

帮助约束军纪

比彭鹏稍后时有施世纶。

历史文化百科

〔清代的公案小说〕

清代推出了不少公案小说，最早有《龙图公案》（《包公案》），后来知名的是《施公案》、《彭公案》。

在此期间，清代公案小说满天飞，出现如《于公案》、《刘公案》、《李公案》、《林公案》，书中主角都是清史中人物，但它们都比不上《彭公案》有社会影响。据《彭公案》序说，该书"大街小巷，侈为异谈，皆以脍炙人口，故会庙场中，都是书者，不计其数，一时观者如堵，听者忘也"。

拿费德功（瓷盘画）

小说《施公案》是以康熙年间的清官施世纶为主人公的公案侠义小说。此瓷盘画"拿费德功"画的即是《施公案》中的一段故事：淮安费德功乃一巨盗淫贼，称霸一方，人称"追魂太岁"。他看中了镇上武举梁大刚之妹，便遣人说亲，梁不允，竟遭费德功灭门。事报施公，施公先派黄天霸暗中探访，随后定下妙计，终将费德功捉拿归案。

湖色地梅竹提花女单衣

清代丝织工艺不仅保留和发展了传统的品种和织造技术，而且有很多创新，形成了这一时期特有的风格。锦是多彩提花丝织物的泛称。一向以其织造技术复杂，花纹图案丰富，色彩艳丽著称。这件单衣为梅、竹图案，颜色丰富，配色巧妙，花纹复杂、织工精细的花纹，可说是织锦技术达到高峰的代表作。

世界大事记：彼得大帝侄女立为沙皇。

施世纶是收复台湾的名将施琅之子。康熙十七年（1688），他在江南泰州知州任上，因淮安发生大水，奉命负责督修堤坝工程；而驿吏假公济私，乘机扣压赈银，以饱私囊，他查明真相，将为首几个人捉拿，严厉审讯、处决，当地百姓大为欢悦，称之为“清官”。

同年，湖北发生兵变，有军队奉命前去讨伐，将路过泰州地区。施世纶得悉此军军纪不好，沿途多发生抢掠事，他命州吏、差役人等全副武装，驻扎在军队必经的村集，凡有士兵离开队伍，私自前来骚扰民间的，立即捉拿，毫不宽贷。带队军官前来交涉，他说：本州遵上司指令，负责督办过境将士的粮秣，只有不肖之徒，竟敢借冒大军名义，对此我是帮忙纠察军纪的。军官自知理亏，只得约束将士，穿过州境而去。百姓没有受到骚扰，依旧安居乐业。

一文亭

康熙三十二年（1693），施世纶调任江宁知府。三年后，施琅病死，按礼制所定，施世纶请求离任、回福建晋江家乡为父守孝，消息传遍了全城，民众闻讯聚集了万余人乞求留在任上服孝。两江总督范承勋，就以舆情爱戴为理由，请批准带职守孝，但未获同意。他在守孝时期，不幸母亲病死，于是连续守孝。

江宁百姓怀念施世纶的政绩，于是每人自发地捐献一文钱，集资在府衙前修建对称的两个亭子，并取名为“一文亭”，以为纪念。

施世纶也和彭鹏一样，每调任一地，就在此处任上忠于职守，清廉正直，因而都得到民众拥护。〉盛巽昌

金黄色刺绣彩云金龙双喜贵妃吉服

此款服饰是清代皇妃在生活场合所穿礼服，级别比朝服及皇后服饰低一级。圆领，右衽大襟，左右开裾。石青马蹄袖，饰金团龙九条。正当中绣一座团正龙，两侧绣侧行团龙，都象征皇权至上。有一条龙被盖在前搭襟里，这样一来从正面、背面看都为五条龙，象征皇帝的“九五”之尊。此款服饰的最大特点是纹样内有双喜纹装饰。

皇后冬朝服（上图）

此款服饰是清代“皇后”在皇帝登基、大婚、万寿圣节、元旦、冬至、祭天地等重大典礼所穿的级别最高的礼服。款式由披领（扇肩）和上衣下裳相连的袍裙组成。绣五彩金龙九条，间以五色云，下幅寿山江牙，八宝平水。衣身明黄色。披领饰行龙二，两袖端饰正龙各一，袖相接处饰行龙各二。披领及接袖、综袖、袖端均石青色，片金（织金缎、织金绸）加貂皮边，在边的里侧钉三色金线的装饰。肩上下袭朝褂处（护肩外侧不与袖身缝死的一面）及袍襟右侧和底边亦加边。

〉：用小米或高粱米充实枕头，枕在孩子头下，久之，小儿后脑勺齐平，成为扁头。

公元 1735 年

中国大事记

雍正帝死，庙号世宗。弘历即帝位。以明年为乾隆元年。纂修《明史》完成。

〇四六

词家纳兰性德

有佳词三百传世，被誉为“国初第一词人”，“北宋以来，一人而已”。

清代，文人辈出，其中满族亦多有大家诞生，颇有建树的就是纳兰性德。可惜三十一岁就病逝了，否则正如梁启超所说的，如果活得长些，也许清儒皆须让此君出一头地也。

明珠之子，徐乾学门生

纳兰性德是康熙朝权倾朝野的大学士明珠之子。他原名成德，字容若，后因避太子名讳（允礽小名保成），改名“性德”。

康熙十年（1671），十六岁的纳兰性德进入国子监，翌年中举，主考官有著名大学者徐乾学。发榜那天，他穿着青袍，随同年一起拜访徐乾学，因为穿着朴素、举止闲雅，丝毫没有贵家纨绔子弟派头，初见时，就给徐乾学留下良好的印象。

以后他出入徐家，徐乾学热情款待，收为学生；此后有三四年时间，每逢三、六、九日，骑马赴徐家聆听讲解经史，每次均是黎明启程，夕阳西斜方策马归家，非常准时，很少有耽误。

清初第一词人纳兰性德（左图）

纳兰性德（1655—1685），原名成德，字容若，号楞伽山人，满洲正黄旗人。大学士明珠之子。康熙进士，官一等侍卫。善骑射，好读书。词以小令见长，多感伤情调，被誉为“清初第一词人”。

纳兰性德家族墓地祭奠庙堂

纳兰氏祖坟位于明府花园北墙外。墓地分为南寿地、北寿地。南寿地有宝顶五座、坟两座，坐东朝西，分昭穆次序左右燕翅分列。北寿地在南寿地西北向二百米，坐北朝南，有宝顶四座。墓地祭奠庙堂为后人修建。

清一

明珠家庙碑

明珠为康熙朝武英殿大学士。其墓地共占一百二十亩，规模宏大，神道深远，碑碣、牌坊、望柱林立，一派肃穆、森严的景象，被当地人称之为“小十三陵”。南北寿地的神道交汇处有一座碑亭。亭内有汉白玉碑一块。沿神道往西，有石人、石马各一对。

纳兰性德非常庆幸有这样一个好老师。当他被徐乾学接纳时，兴奋之情，溢于言表，逢人就说：“我真高兴，有幸遇到一个好老师！”夜晚梦寐之间，时而也会说：“我真个遇到好老师了！”

> 历史文化百科 <

〔管理皇族的机构：宗人府〕

清沿明制，顺治九年（1652）设宗人府，置宗令一人，由亲王或郡王担任。宗人府有左、右宗正，左、右宗人，均由宗室中贝勒、贝子等爵位者担任。它开始还由爱新觉罗家族和其他满洲贵族任职，至乾隆二十九年（1764），仅囿于爱新觉罗家族。

宗人府名为国家机构，实为管理皇族家事，它的职能是，管理皇族的属籍，定期续修宗谱，登记宗室子女之嫡庶、名封、嗣袭、赏罚、生卒、婚嫁、谥葬诸事项。另外，宗室人等若有陈情，则代为向上转达。宗族中有才能者则负责进行举荐。如有罪过者，亦由它审理、判决，刑部等职能机构不得过问。

生意兴隆的绸布店（清·佚名绘）

丝绸是中华古老文明的最重要标志之一，大众对它的喜爱千年不衰。随着商品经济日趋成熟，买卖丝绸的店铺出现了。清代的绸布商店较之明代更加普遍，表明丝绸已经成为人们生活的必需品。

名师出高徒。纳兰性德年纪轻轻，就很好掌握了经史学问，特别是写得一手好词，被誉为“北宋以来，一人而已”（王国维），“国初第一词人”（况周颐）。青出于蓝而胜于蓝，其成就超过了徐乾学。

乾清门侍卫

康熙十五年，纳兰性德考中进士，授乾清门三等侍卫。乾清门是皇宫内殿大门，侍卫是最接近皇帝的亲臣，贵家子弟能被选拔充任，是被视为非常光彩的事，它也是做高官的重要台阶，满族许多权臣遏必隆、索额图、明珠就是始以侍卫为台基擢升的。显然

中国大事记

颁《十三经》、《二十一史》于各省及府、州、县学。

康熙帝知道纳兰性德有才学。但纳兰性德不是官迷，他既精通文翰，又善骑射，很想抒发自己的抱负，做一番事业，可现在却摆脱不了官务，有诗为证：“我今落拓何所止？一事无成已如此。平生纵有英雄血，无由一溅荆江水。”

康熙帝却相当器重他，在跟随自己的九年里，将他由三等侍卫擢升至二等侍卫，再升至一等侍卫，每次外出巡察，还都带着他同行。行万里路，这也使纳兰性德大大开拓眼界，对此也留下不少佳作，如以写边塞抒发古今兴亡情结的《蝶恋花·出塞》。

《山水图》（清·王鉴绘）（上图）

此图画远山近岭，延绵起伏；山麓下树丛间，村舍房屋错落；溪水蜿蜒曲折，流过山林村庄。构图繁复严谨，设色艳丽秀润，明朗而洁净，独具特色。

北京前门商业区

城市人口众多，造成了巨大的需求，交通便利给商品转换集散带来优势，所以古代城市既是政治中心，又容易成为工商业中心。北京前门商业区在明代就成为商业中心，清代沿袭下来，产生了一批独具特色的老字号店铺，如同仁堂、内联陞、瑞蚨祥、马聚源、张一元等，也是一条文化娱乐街，有广德楼戏园、庆乐园、大亨茶园等。这儿店铺林立、游人如织、车水马龙的氛围反映了商业活动的频繁。

纳兰的悼亡词

康熙十三年（1674），纳兰性德娶了卢氏女，伉俪情笃，恩恩爱爱。但婚后三年，妻子死于难产，致使他伤心不已，为纪念亡妻，写有悼词五十余首，占现存纳兰词的六分之一。其中一首是康熙十六年重阳前夕，梦见妻子，执手哽咽，醒后即作《蝶恋花》：“辛苦最怜天上月，一昔如环，昔昔都成玦。若似月轮终皎洁，不辞冰雪为卿热。无那尘缘容易绝，燕子依然，软踏帘钩说。唱罢秋坟愁未歇，春丛认取双栖蝶。” 〉盛巽昌

盐商富户

食盐为人们日常生活之必需，盐税乃国家重要税源，历代封建王朝无不重视盐业的生产和营销。清朝初年，为充裕国税，政府鼓励豪绅富户经营盐业。许多工商业者在与官府合作过程中发财致富，尤其是经营食盐的人，能够在政府的支持下垄断市场，明清出现了许多盐商富户。以盐业为龙头的经济发展和盐商的崛起，从而导致了盐商文化的诞生。

世界大事记

俄与奥地利缔结同盟，向土宣战。

人物：康熙帝　林兴珠　萨布素　托尔布津

关键词：爱国　尊严

故事来源：《清圣祖实录》

○四七

中俄雅克萨之战

红衣大炮威力无穷，打得沙俄侵略者不得不要求停战议和。

沙俄原是欧洲国家，与中国不接壤，17世纪向东不断扩张疆土，并多次入侵中国黑龙江流域，也多次被当地民众和军队赶走。

康熙帝决定武力驱逐

清顺治十一年(1654)，沙俄入侵黑龙江上游流域，占领了尼布楚，康熙四年（1665），沙俄又东进占领了雅克萨。康熙二十年(1681)，清廷派使者前去交涉，为雅克萨沙俄头目拒绝。康熙帝决定以武力驱逐沙俄。

康熙二十三年（1684）初冬时节，康熙帝御案前摊着一张东北地图，两眼却不时朝殿外瞧，他在等一个人。

不一会，一个六十多岁的老者在内监引导下健步走来。此人名叫林兴珠，福建人，原是吴三桂帐前的水师将领，削藩时投清，封为建义侯。君臣见礼后，康熙帝对他说：“戴梓所造连珠炮，一下连发二十八丸，甚是厉害，不知可有防御之法？”

行伍出身的林兴珠见谈兵器，不觉来了精神，答道：“臣以为一物必有一物所降，防御火器，第一要数滚被。”他见皇上露出不解之色，解释说：“滚被是军中所称，实乃家常棉被，取其以柔克刚之意，以水淋湿，包裹体上，弹丸便不易射中。”康熙帝不觉笑出声来，说：“此法好是好，怎奈不利拼杀。”

“圣上说得是，还有藤牌一法。”林兴珠继续介绍说，“藤牌作用一如盾牌，但使用轻便，亦易攻杀。”康熙帝急问：“爱卿可会使用？”林兴珠说：“老臣家中现有此物，还有会用之人。”

第二天，康熙帝便坐在观德殿前，殿前有一空场，是他日常练功的地方。现在有十几个手持藤牌的年轻兵士排在那里，林兴珠一声令下，弓箭手发射，藤牌手挥刀舞牌抵挡，瞬间已冲到弓箭手跟前。看得皇帝兴趣倍增，高兴地对林兴珠说：“劳卿为朕速速训练一支五百人的藤牌军。”

第二年开春，康熙帝得知藤牌军已经训练好了，便将林兴珠召去，告诉他准备让他统兵前往黑龙江，

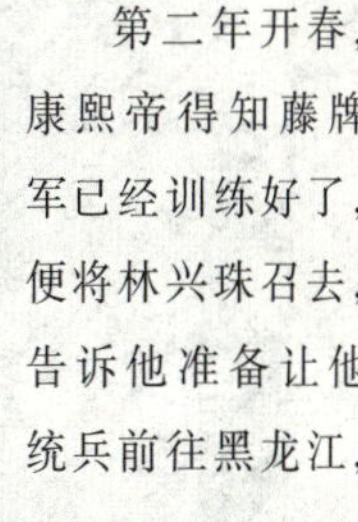

康熙出巡

康熙帝于1682年春出巡东北，视察盛京和吉林乌喇等地的防务，以抵御沙俄入侵。

中国大事记

试续行博学鸿词科。

清军所用的藤牌

康熙二十四年，朋春等攻雅克萨城沙俄军队，林兴珠率藤牌兵迎击于江中，大破敌军，敌军首领额里克舍乞降。图为当时清军所用的藤牌。

朋春诰书碑

朋春（？—1699），一称彭春，栋鄂氏，满洲正红旗人。顺治九年（1652），袭父一等公爵。 康熙十五年（1676），加太子太保，授正红旗蒙古副都统 。二十一年(1682)，奉命与郎坦沿黑龙江行围，侦沙俄窃踞之雅克萨（今俄罗斯斯科沃罗丁诺以南，时为中国领土）居址形势，细致地了解敌情和水陆交通路线，并作为统帅抗击沙俄，收复雅克萨。此碑由汉文和满文刻成，是康熙二十三年授予朋春光禄大夫的诰书。

为赶走罗刹（清朝称沙俄兵为罗刹），收复雅克萨效力。此时，林兴珠才恍然大悟皇上问他抵御火器的方法和要他训练藤牌军的用意。当时与他一同被召见的还有都统朋春。康熙命朋春任总指挥，用黑龙江将军印；林兴珠参赞军务，督率藤牌军。

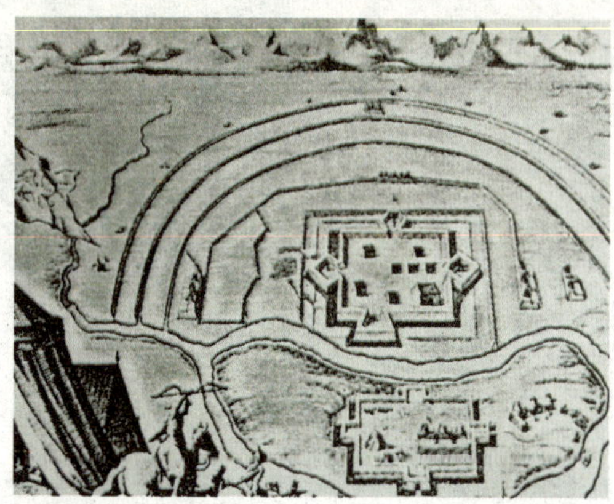

首次清军围攻的形势图

沙俄于清军忙于入关时乘机侵占中国北部要塞雅克萨，统一台湾后，清政府于康熙二十四年反攻雅克萨，沙俄军队战败投降。清军撤走后沙俄复占雅克萨，次年清军再次围攻并给以毁灭性重击，后签订《尼布楚条约》，彻底收复雅克萨地区。图为首次清军围攻时的形势图。

雅克萨城驱罗刹

清军三千人在朋春、林兴珠率领下，五月二十二日到达雅克萨城下。

一份用满、蒙、俄三种文字写成的最后通牒，送到雅克萨城守将托尔布津手中。一天过去，未见任何反应。林兴珠、朋春商量，决定采取声东击西、避实就虚之策速战速决。林兴珠说：“都统可修工事于城南，以火枪弓弩

神威无敌大将军炮

清代陕北窑洞有土窑和石窑之分，它们的用处各是什么？

世界大事记

英路易士·保罗发明新式纺车。

佯攻。将红衣大炮隐秘移往城北，以‘神威将军’作先锋，不愁攻城不破。”朋春觉得如此安排甚好，他们定下以藤牌军拦截沙俄援兵的计划。

林兴珠率领藤牌军，乘船沿黑龙江溯上。不多时，果见沙俄援兵数百乘筏顺流而来。双方接仗，林兴珠命军士下水围攻沙俄木筏。俄军向江面望去，只见藤牌不见人，不觉慌了手

《西域图册·土尔扈特风情》（局部一）

西域是西汉以后玉门关以西地区的总称，这本图册描绘新疆南北少数民族的社会生活状况，图中的“厄鲁特”是清代对西部蒙古各部的总称，他们经营牧业，并有部分农业。此图中的土尔扈特，在明末清初迁至伏尔加下游游牧，乾隆时返回中国，被安排在伊犁等地游牧，这里描绘了土尔扈特的游牧生活。

中国大事记：重修《大清律例》、《大清一统志》颁行。

《西域图册·土尔扈特风情》（局部二、三）

脚。他们有的被砍伤腿足，有的被掀翻木筏，纷纷落水，剩下的抱头鼠窜而逃。

朋春统军在城北督战，红衣大炮和“神威将军”威力无穷，打得沙俄侵略者不得不要求停战议和，立下诺言，决不再到雅克萨侵扰。

萨布素重围雅克萨

可是，当清军遵照康熙帝的旨意平毁雅克萨城，撤军驻防瑷珲两个月后，狡猾的托尔布津立即背弃诺言，纠集俄军又占据了雅克萨，修筑了更加坚固的城堡。康熙帝非常恼怒，命令黑龙江将军萨布素，统率二千人马前往，给予严惩。

萨布素兵临雅克萨城下。他在四周掘壕沟，筑堡垒，断绝城内食粮水源，还用大炮不断对城中轰击。不到半年，八百俄兵只剩下了一百五十多人，托尔布津也被乱炮击毙，俄军再也无法坚持下去。就在这时，沙皇的使节到了北京。

沙俄使节要求解除雅克萨之围，进行议定边界谈判。康熙帝宽大为怀，同意了他的要求，下令黑龙江将军萨布素撤围，同时派出以大学士索额图为首的代表团，前往尼布楚同俄国进行边界议定的正式谈判。

历史文化百科

〔避暑山庄的皇室饮宴活动〕

河北承德的避暑山庄，在清代亦称热河行宫，是皇帝避暑和从事各种政务活动的地方，也是著名的园林胜地。在避暑山庄里举行的宴请活动是十分频繁的。皇帝进早膳大多在寝宫或勤政殿；晚膳大多选在风光秀丽、可坐览湖光山色的地方，如梨花伴月、水芳岩秀、烟雨楼、文津阁等处。凡寿宴、节令宴及大规模宴会，则多在澄湖畔的万树园举行。宴会上还要表演摔跤、赛马、驯马，演奏蒙古族乐曲和大型舞蹈等。

清代香烛业、颜料业、印染业奉谁为祖师？

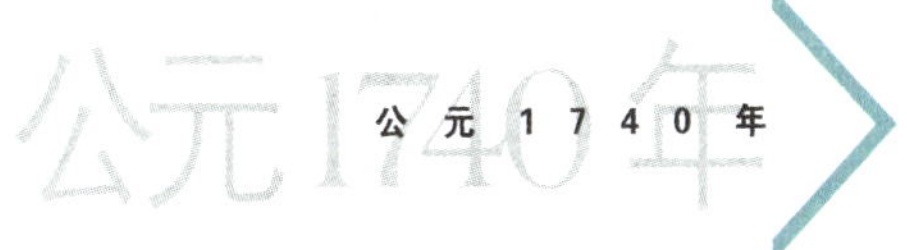

世界大事记　荷兰在爪哇岛屠杀土人。

人物：索额图　戈洛文

关键词：尊严　德政

故事来源：《奉使俄罗斯日记录》《清圣祖实录》

〇四八

尼布楚条约

经过十六天僵持，终于在中方预期的条件下达成协议。

沙俄在雅克萨再次挨打后，只得乖乖地倡议和谈，康熙帝本着战争非善事，同意谈判。

给索额图谈判处置权

康熙二十七年（1688）五月初二，由领侍卫内大臣索额图、国舅佟国纲率领的对俄边界谈判代表团启程了。

索额图是和谈首席代表，他对康熙帝的隆遇十分感动。在乾清宫辞行时，皇帝亲自向他交待说："这次出使，意义重大。罗刹屡犯我边疆，占我土地，掳我人民。我不得已而出兵，才有此议和机会。你等当据理力争，万勿轻易放弃祖宗的每一寸土地！"另一方面，康熙也给了他相机处置的权力，即在不损害原则的条件下，灵活机动完成此次使命。

使团走了两个多月，到达蒙古境内，再走几天就是色楞格斯克了。谁也没想到，前方却在打仗。原来是噶尔丹武装叛乱，侵入了喀尔喀蒙古领地。使团请示后，只得暂时折返北京。俄国由于远征克里米亚失败，国库空虚，群情怨愤，想尽快摆脱与中国关系的恶化，要求早开谈判，缔结和约。康熙帝答应明年夏天在尼布楚举行和谈。

历史证实为中国领土

翌年春天，和谈代表团原班人马前往尼布楚。考虑到噶尔丹叛乱及其暗中勾结沙俄，康熙帝指示不必拘泥于尼布楚，若有争执，可以喀尔古纳河为界，以利和谈成功。

俄方和谈首席代表是御前大臣戈洛文，还有一个尼布楚将军符拉索夫，他们拼凑了一个三千人的武装，带着大量枪支弹药，还有大炮，打算谈不成就开战。

尼布楚城坐落于涅尔查河与石勒喀河交汇处的平原上，四十多年前被沙俄强占。城外五里处搭起的大型帐篷，便是这次谈判场所。

谈判人员进帐，分坐两侧，简单寒暄过后，双方便唇枪舌剑展开辩论。索额图指出，这块土地虽说五十年前为俄国占领，但千百年来一向属中国领土，他列举出大量历史事实作证据。但是戈洛文蛮不讲理，僵持不下。

次日，戈洛文要求中方提出边界线划法。索额图表示，出于和平愿望，可以退让色楞格河以东土地，建议以尼布楚为界。双方又是一番针锋相对的争辩。

17 世纪的尼布楚城

尼布楚城在石勒额河北支流尼布楚河口东岸，今俄罗斯的涅尔琴斯克。明代时属于奴尔干都司管辖。1658 年，沙俄侵略军侵占此地，建立城堡。1689 年，中俄两国使臣会于尼布楚城附近，双方签订《尼布楚条约》。

尼布楚城中教堂

话说中国

中国大事记

禁江南贩米出洋。

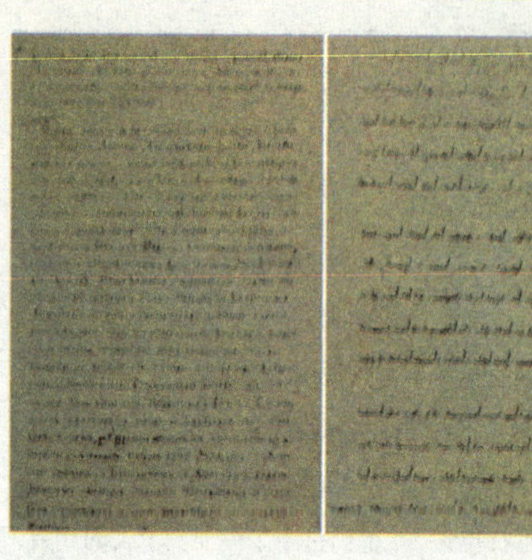

《尼布楚条约》（左图）

《尼布楚条约》，正式名称是中俄《尼布楚议界条约》。康熙二十八年（1689），清使臣索额图和沙俄使臣戈洛文会于尼布楚，在中国政府作了让步的情况下，经过平等协商，中俄双方正式签订了第一个边界条约即《尼布楚条约》。条约从法律上肯定了黑龙江和乌苏里江流域包括库页岛在内的广大地区都是中国领土。沙俄同意把侵入雅克萨的军队撤回本国，清朝同意把贝加尔湖以东尼布楚一带原属中国的地方让给俄国。条约签订以后中国东北边疆获得了比较长久的安宁。

《贤母图》（清·康涛绘）

图上题款云："临民听狱，以庄以公。哀矜勿喜，孝慈则忠。"可以推知此图为贤母对即将离家赴任的儿子所作的教诲。图中贤母严肃训诫而暗伤离别，儿媳恭立一旁而又对丈夫依恋不舍，儿子恭敬聆听而踌躇难离，三个人的三种表情刻画得极其生动传神。

由于谈不拢，一连数日，谈判桌上不见人影。戈洛文坐立不安，一次次派翻译贝洛博茨基来中方营帐询问。不料这时中方使团内出现了叛变分子，在双方翻译的往来中，不断将使团情报向俄方密告。这便是混在清政府使团中充当翻译的革比勒和佩雷拉。革比勒是法国教士，中文名张诚；佩雷拉是葡萄牙教士，中文名徐日升。戈洛文心里有了谱，便想进行更大的讹诈。

十六天谈判达成协议

中方使团带去的大批牲畜草料将尽。索额图决定全体人马渡过石勒喀河，寻个新草场放牧。这一行动引起了戈洛文的惊慌，误认为清军要采取军事措施。

历史文化百科

〔恰克图贸易城〕

雍正五年（1727），中俄签订《恰克图条约》，确定恰克图和尼布楚、祖鲁海克三地为两国边境贸易通商点，允许两国商人在三处建屋、开店，免除关税，自由贸易。翌年俄国在色楞格斯克附近建立恰克图城，城内有俄商三十二座小木房和一所客栈。它是中俄边境上俄国的贸易城。恰克图正式开市时，参加交易的只有四名中国商人和十名俄商。雍正八年（1730），清廷也在恰克图对面的中方边境建买卖城。所建买卖城为正方形，有三条由北向南的单行道；当时规定只能男子定居，可以带十四岁以下男孩。乾隆三十五年（1770）已有人口四百，都是山西帮商号，出口红茶、砖茶、布绸和杂货，进口毛皮、呢绒和牲畜。

世界大事记

俄军屡败瑞典。

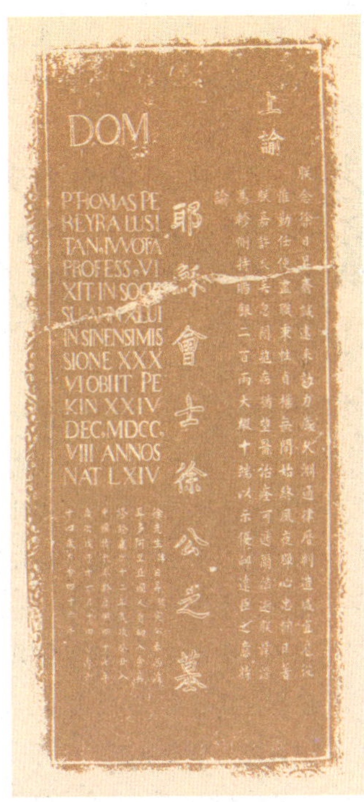

徐日升墓碑（上图）

徐日升（1645—1708），葡萄牙人，耶稣会传教士。1673年来华，传入五线谱及音阶唱名法。曾与另一耶稣会传教士张诚任中俄《尼布楚条约》谈判中的拉丁文译员。徐日升墓碑今在北京西城区行政管理学院内。碑文正书，汉文、拉丁文合璧。

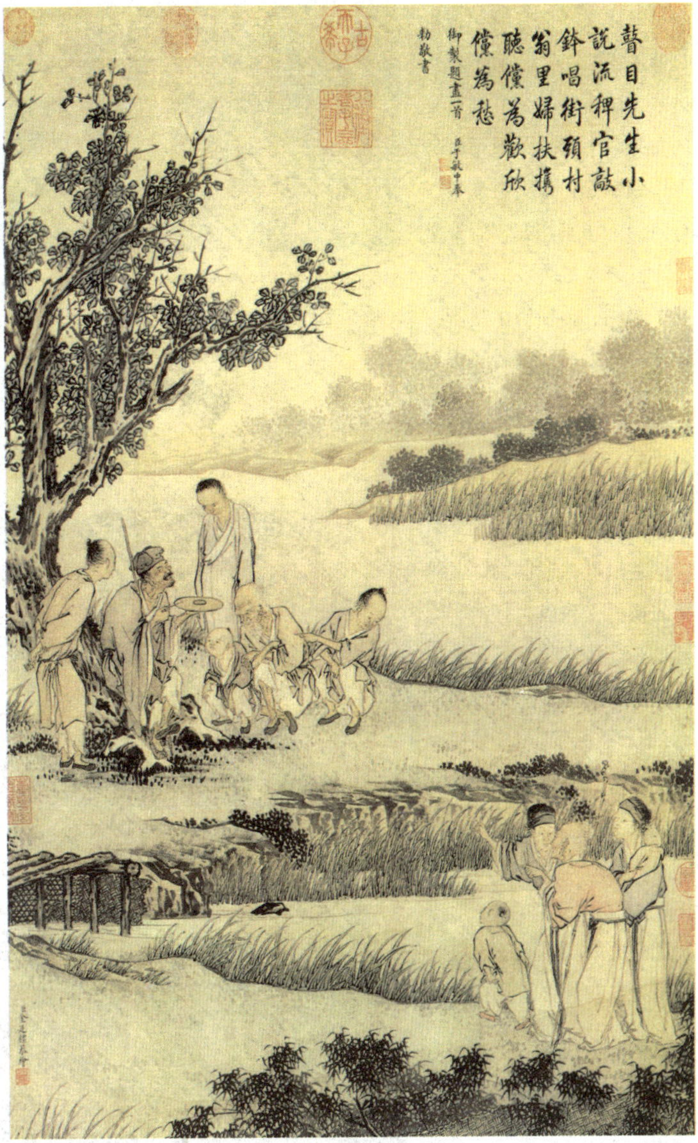

《瞎子说唱图》（清·金廷标绘）

此图描绘农村田头，一群老少农夫正静听着一盲人在大树下说唱，引得隔溪老妪农妇抱婴携童指手欲趋，颇富农村生活情趣。

恰巧此时尼布楚附近的布里亚特和温科特等民族举行了反对沙俄压迫，要求重返祖国的起义。戈洛文知道拖下去将对他不利，不得不重新坐下来谈判。

康熙二十八年七月二十四日（9月7日），经过十六天僵持，终于在中方预期的条件下达成协议。晚上六时，两国代表团举行正式签约仪式。尼布楚条约规定：中俄以流入石勒喀河的格尔必齐河向北，沿外兴安岭直到海为界，以南归中国，以北及格尔必齐河以西归俄国。双方签约后，两国大臣互相拥抱和祝贺，然后分道而归。

内务府。

中国大事记 设湖南苗疆义学。鄂尔泰死。

〇四九

孝庄太皇太后

一位杰出的女政治家。相传她为儿子能做皇帝，毅然下嫁多尔衮，这是莫须有，实不可信。

孝庄文皇后是康熙帝祖母博尔济吉特氏死后的谥号。她本是蒙古科尔沁贝勒寨桑的女儿，十三岁跟随哥哥吴克善到后金，嫁给皇太极，被封为永福宫庄妃，后来生子，也就是皇太极的第九个儿子福临。福临当了皇帝，被尊为皇太后，以后又被孙子康熙帝尊为太皇太后。

“没有皇祖母就没有我玄烨今天”

皇祖母的逝世，使康熙帝的精神受到极大打击，他特地在乾清宫外搭了个简陋的篷帐，割了发辫，住到里面，每天早晚都要号啕痛哭。他知道，没有皇祖母，就没有他的今天。母亲佟佳氏二十四岁便去世了，当时他年仅十岁，是祖母一手把他抚育长大的。在沉浸于丧妃丧子无尽悲痛中的父皇顺治病情日益恶化时，又是祖母催促父皇早立太子，并且坚持选择了他。

孝庄皇太后像

孝庄即皇太极的庄妃博尔济吉特氏。皇太极死时孝庄三十二岁，她六岁的儿子福临继承了皇位，改元顺治。孝庄被晋封为皇太后。顺治死时年仅二十四岁，由八岁的康熙继承皇位。康熙尊自己的祖母为太皇太后。她辅佐了顺治、康熙两位幼主，为清初的繁荣和稳定立下了大功。

祖父在世的时候，祖母年轻美丽，既能干又有谋略，常以自己的智慧帮助内政，卓有成效，当年劝降招抚汉人的政策中就有她的一份主意，那时，朝廷上下谁不知道庄妃？皇太极死后，她痛不欲生，愿以身殉夫。众贝勒大臣以子女年幼需人抚育相劝，才使她改变主意。最小的儿子福临，在诸王兄弟窥视神器的角逐中，作为折中被拥上皇帝宝座，她就一心一意扶持这个小皇帝主政。

施展手腕摆平方方面面

在几个政治集团激烈的明争暗斗中，相传她看出多尔衮势力最大，又有野心，就一方面通过加官晋爵加以利用，一方面经常同他周旋，让他南征北战地为自己儿子效力。当多尔衮权势不断膨胀，大权独揽，连皇帝的印玺也放在他家里时，她经过深思熟虑，毅然下嫁给多尔衮，以此对他笼络和控制。这就是所谓清初宫廷三大奇案的“太后下嫁”，其实不

明黄色缎绣五彩金龙戏珠女朝服

清代衣制，皇帝在登基、大婚、万寿圣节、元旦等重大典礼和祭祀活动时穿朝袍，皇后也须着朝袍相配。此款为雍正皇后的礼服，故纹饰仍保持清前期风貌，前胸、后背及两肩各绣正龙一，前后襟绣升龙四，底襟绣升龙一，两袖与两肩小正龙各一，中接袖与佩领绣行龙各二，金色龙纹间隙处用五彩线绣云，下摆处绣八宝海水江崖。绣工精湛，纹样工整精致，配色和谐。

足为信。但她在多尔衮死后对王朝起有很大的作用。她努力辅佐十三岁的顺治帝亲政，重用范文程、洪承畴等汉人官员。她要利用汉官汉将在政治上、军事上为清朝效力，壮大自己的力量，以牢牢握住中央的权柄。

不料福临早逝。她不得不又挑起教育皇孙玄烨的重担。安徽有个很有政治敏感的秀才，名叫周南，嗅

孝庄皇太后便服像

历史文化百科

〔清初宫廷疑案多莫须有〕

清初诸帝红白事在清末民初多成疑案，民间相传所谓有清初三大宫廷疑案：太后下嫁，顺治出家，雍正改诏，以及雍正被刺，乾隆换包等等，其实都有悖于史实，不合常理。太后下嫁，皇太极生前已有明诏：禁夫死弟娶其嫂。顺治出家，他虽信佛，未有能独自溜上五台山，且董鄂妃非比他年长十余岁之董小宛。雍正帝更改不得“传位于皇十四子”密诏，盖密诏用满蒙汉三种文字，且汉字当年应作“於”，非后来之“于”字。乾隆帝乃汉人，更误。雍正帝被刺，也是客里空，但他的病死，却有多说：按，雍正帝系雍正十三年(1735)八月二十三日深夜去世，从发病到死，只有三天时间。他的死可能是为求长生，服僧道丹药中毒暴死，后来从乾隆帝驱逐僧道，或可佐证。

中国大事记

命校刊《通典》、《通志》及《文献通考》，并命编《续文献通考》。

出了她在清朝统治集团中是个一言九鼎的人物，特地千里迢迢赶到京城，请求她垂帘听政。她没有陷入蛊惑迷乱，严词加以拒绝。宗室协理朝政的苦头使她特别清醒，说服了皇帝变更祖宗成法，在遗诏中规定，不再用宗室，而改用大臣辅政。

体现发达肖像画技法的清代女像

清代肖像画类似于今天的照相，请画工摹写真人的容貌。一般为贵人或者是富贵之家的女性，多是有诰封的贵族妇女。由于人物肖像画技法比较细腻，尤其是西洋画法的渗入，基本上比较逼真地表现了人物的风貌。

场面热闹的民间嫁娶图（及右页上图）

在清代，汉族嫁娶的形式多是男子将女子迎娶到自己家来。因地区不同，婚俗礼仪各不相同。此画卷中新娘骑着毛驴，新郎随旁，伴有不少迎亲者，像中国北方及西北的仪式。迎亲后，即是饮酒相贺，画面上众多客人聚在一起，饮酒助兴，场面十分热闹。此为清人绘民间嫁娶图。

杰出的女政治家

从小跟在祖母身边的康熙帝，与祖母的感情极为深厚，他每天都要去给祖母请安，有时一日三次，这不仅出于感情，更是一种国事政务处理的思想交流。除鳌拜，平三藩，征察哈尔之类重大行动，都是在太皇太后的策划指导下进行的。所以，皇帝对臣子们谈起祖母时常说："我幸有祖母鞠养教诲，才事业有成。"

康熙二十六年（1687）九月，太皇太后开始卧病。康熙帝昼夜不离，亲尝汤药，专心服侍。到春节前夕，

所谓"男不拜月，女不祭灶"指什么？

世界大事记

法国陆军击败英军于拉腓尔德，但舰队却为英海军击溃于培来尔岛。

七十五岁的老祖母自知时日无多，关照孙儿说：“太宗安葬已久，不要再惊扰他的陵墓，我也不忍远离你们，我走之后就葬于孝陵（顺治）附近罢。”言讫溘然而逝。

孝庄文皇后一生，历经清初三朝。她在波谲云诡的政治危局中，支撑着爱新觉罗氏的基业。从这个意义上说，她也算得上是一位杰出的女政治家。

描金漆器代表作：后妃用朱漆描金龙凤纹手炉

朱漆描金龙凤纹手炉，炉双圆相连形，上有提梁，内设铜盆，与铜丝编盖吻合。描金，即在漆地上加描金花纹的做法，描金漆工艺始于战国时代，清代是描金漆器发展的辉煌时期，技法多样，工艺精绝。此件手炉金色浓淡成晕，如画家运色，为清代描金漆器的代表作品。

蒲松龄和《聊斋志异》

虽是一个老秀才，但在文学上的卓越成就，使他名扬海内外。

蒲松龄生活在科举取士的清朝初期，一生羡慕功名，醉心仕途，却与功名无缘。但他的《聊斋志异》，却是中国传统笔记小说的一座高峰，堪称前无古人，后无来者。

七十一岁跨入科举之门

蒲松龄从小就相当聪颖，经史过目就能记忆，十九岁时应童子试，以县、府、道均获得第一补博士弟子员，受到大诗人、山东学政施闰章赏识，称赞他的文章有如“观书如月，运笔如风”。

老秀才蒲松龄

蒲松龄（1640—1715），字留仙，又字剑臣，别号柳泉居士，世称聊斋先生，蒙古族，淄川县（现淄博市淄川区洪山镇）蒲家庄人，清代著名文学家。自幼聪慧好学，十九岁应童子试，以县、府、道三考皆第一而闻名籍里，补博士弟子员，但后来却屡试不第，直至七十一岁时才成为贡生。

但他命运多舛，每次参加乡试，都落第了。直到康熙四十九年（1710），七十一岁的蒲松龄在青州应试，考取了岁贡，方才算是踏进科举的初阶。

顺治十四年（1657），蒲松龄虽已结婚，但仍在外游学，生活极不稳定。康熙九年（1670），他在宝应知县、同乡孙蕙处做幕宾，旋又因孙调任高邮，随同前往，帮助起草公私文牍。在此期间，他开始了以鬼狐为题材的笔记体裁写作。

死后五十一年才有刻本

康熙十八年（1679），蒲松龄应邀到家乡山东淄川西铺村毕家做塾师。毕家是当地望族，有丰富的藏

山东淄博蒲松龄故居入口

蒲松龄故居位于淄川区洪山镇蒲家庄。他一生怀才不遇，穷困潦倒，但毕其一生精力完成《聊斋志异》8卷491篇，约40余万字。

每年农历十月间，天气渐冷，皮货商人举行的宴会叫什么？

世界大事记

奥、英、法、荷、西与撒丁诸国共同签订亚琛和约。

人物：蒲松龄

关键词：正义 灵感

故事来源：《蒲松龄集》《蒲松龄年谱》

书。这年，他创作了多篇狐鬼短篇，并编辑成集，取名“聊斋志异”。相传蒲松龄为著作此类文字，特地向各处友朋征集素材，还常在要道口泡上一大壶茶，坐在集市上人群中间，在来往行人休息时，聆听他们讲自己知道的流行的鬼狐故事，并从这些道听途说里加工、塑造出一个栩栩如生的鬼狐世界。

这部《聊斋志异》，在他四十岁时大致已建构成册，此后仍不断有增补和修改。当它还是草稿时，就传开了。大诗人、《香祖笔记》作者王士禛在读了转辗传抄的若干篇章后，颇有共鸣，在抄件上加了眉批、旁批、总批，并写信给蒲松龄，要求送上其他未读的篇章，还题了一首七绝相赠：

蒲松龄故居内堂

“姑妄言之姑听之，豆棚瓜架雨如丝。料应厌作人间语，爱听秋坟鬼唱时。”

蒲松龄读了后，于是和了《次韵答王司寇阮亭先生见赠》：

“志异书成共笑之，布袍萧索鬓如丝。十年颇得黄州意，冷雨寒灯夜话时。”

当时，蒲松龄由于家境清贫，无力将《聊斋志异》和他的诗文集，以及创作戏曲三出、通俗俚曲十四种刻版刊印。直到他死后的第

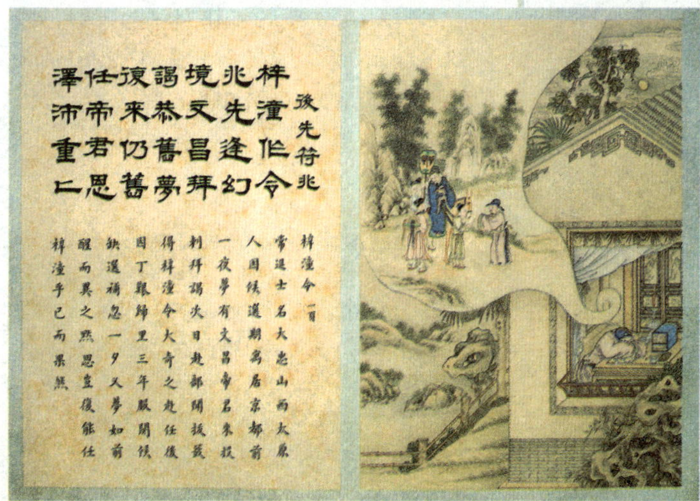

清人绘《聊斋图册》

这是一本根据蒲松龄著作《聊斋志异》编绘的图册。《聊斋志异》是他创作的一部优秀短篇小说集，小说借鬼狐和托梦故事，揭露当时社会现实的黑暗，表达民众追求美好生活的愿望和感情。

中国大事记 平定大金川。

五十一年，即乾隆三十一年（1766）冬，才见有《聊斋志异》第一个刻本，此后就多家翻刻，层出不穷，风行天下。

花面相迎，世情如鬼

《聊斋志异》写活了那个时代的社会文化和中下层民众生活。它在一个个短小精悍的故事里反映了广泛的中国社会层面。像《细侯》写的是满书生和妓女细侯情投意合。当细侯问及书生家有薄田五十亩，破屋几间后，就表态说："勉强可以维持生活了，再种十亩黍，织五匹绢，缴纳平常的赋税还有多了。关着门互相照应着，你读书，我织布，有空的时候，喝几杯酒，吟几首诗，消遣消遣，就是千户侯也不过如此啊。"这正是作者、也是当时人们的最理想的选择和奋斗目标。

龙舟竞渡救贤臣

《聊斋志异》也有几则以赛龙舟为背景的故事。它是每年端午节的一项重要的民间文化体育活动。清时它更加盛行，官廷、民间各地都举行竞渡，其场面极为壮观。龙舟盛会那天，人山人海，锣鼓喧天，一条条龙舟勇搏激流，你追我赶，热闹非凡。

牛气宏村（安徽）

清代大盐商汪定贵的家宅就位于宏村，占地两千多平方米，雕梁画栋，有"民间故宫"之称。远望宏村，是否宛如一头壮牛？怎能不带来滚滚财富。

蒲松龄有丰富的想象力，他笔下的鬼狐极大多数都相当善良，乐意帮助人解决困难，还描写她们大胆、主动与异性接触。《聊斋》借鬼狐说教，写男女恋情多是很有艺术性的；鬼狐都会做诗，而且还颇有情趣，比那些科班出身的书生还要好，像《小谢》是写陶书生和秋容、小谢两女鬼之间的友好关系。在这篇笔记里，反映了个性解放的强烈要求，人与人的关系应该是民主的、平等的。

《聊斋》大胆地抨击科举制度和八股文，如《叶生》、《素秋》、《神女》；揭露社会和官场阴暗面，有名的如《促织》，写前朝皇帝私好，遂使民间无数家庭受到迫害以至荡产；《席方平》是以阴间影射阳间的官场昏聩，地上地下，都是官官相护也。 〉盛巽昌

〉历史文化百科〈

〔清朝的皇家园林〕

清代的皇家园林，有西苑、南苑、颐和园、绮春园、畅春园、圆明园等处。它们是帝后王公贵胄休息、游乐与避暑之地，有的则是著名的皇家花园。其中最负盛名的当推有"万园之园"美称的圆明园，后毁于英法联军的战火。圆明园为世宗（即雍正帝）居藩邸时赐园，康熙四十八年（1709）建，高宗（即乾隆帝）六巡江浙，罗列天下名胜点缀于园，其中四十景俱仿各处胜地为之。

世界大事记 日本定庄园制。

《清史稿·王士禛传》 故事来源
胸怀 正直 关键词
王士禛 康熙帝 人物

〇五一

诗人王士禛

在主持国子监期间，禁止生员向师长送礼，奖励品学兼优的学生。

王士禛做好官，又写得一手好诗文，多才多艺，为当时文人崇敬，被与宋苏轼并列，奉为文坛泰斗。

年轻的扬州推官

王士禛科班出身。顺治八年（1651），十七岁乡试中举人，二十一岁会试中进士，这在科举史上，是不常有的。

开始，王士禛出任江南扬州推官（司法官），做了五年，年纪轻轻，却清理了大案八十三件，纠正了不少冤案、假案。在此期间，经他手将扬州盐民积年欠税二万两，以募款代输、割俸集资及朝廷部分减免，终于给清了亏空，释放被逮追的不少盐民。还逐案审理因通海盗狱株连的无辜居民，予以平反。

国子监祭酒

康熙十一年（1672），王士禛已在户部郎中任上。有天，康熙帝问大学士李霨：“当今国内博学善诗文，要数哪个人第一？”李霨回答说：“为首当称王士禛。”康熙帝又分别问冯溥、陈廷敬和张英等大臣，他们不约而同都说当推王士禛。

康熙帝一次在懋勤殿召见王士禛，王士禛即席赋诗，大得皇帝称赞。就此，由六部官员改授翰林院侍讲，不久升为侍读，入直南书房。康熙帝相当喜欢他的才学和诗文风格，还将王士禛诗文三百首辑录编辑，取名《御览录》。这年他只有三十八岁。

不久，王士禛又升任国子监祭酒。他任职后就改革整顿监规，对历年来陋俗多加取缔，如禁止生员向师长馈送礼物，奖励品学兼优的学生。他还奏请朝廷编集国子监历年所藏的经史旧版，以保护珍贵版本，致使不少版本得以传世。

《王士禛蚕尾山图》（清·禹之鼎绘）

王士禛

王士禛（1634—1711），字贻上，号阮亭，别号渔洋山人，山东新城（今属桓台）人。顺治十五年进士及第，为扬州推官。著作甚富，有《带经堂集》、《渔洋山人精华录》等。是顺治、康熙年间诗风转变的先行者。王士禛曾路过蚕尾山，遂以山名命名书房，后请画家绘出。

话说中国

中国大事记 乾隆帝巡视河南至嵩山。

《王士禛放鹇图》（清·禹之鼎绘）

此图将诗人的怡然之态毕现。

王士禛《行书诗》卷

“我来太学已八月，长日坐卧石鼓旁。”诗人的心情你可否知晓？

《渔洋山人精华录笺注》书影（下图）

《渔洋山人精华录笺注》十二卷，清王士禛撰，金荣笺注。该书原为十卷，凡古体诗四卷，近体诗六卷，共收诗千余首，为作者门人盛符升、曹禾编选，一说为作者自己编选。笺注本另增补注一卷，年谱一卷，但编次与原本有异。

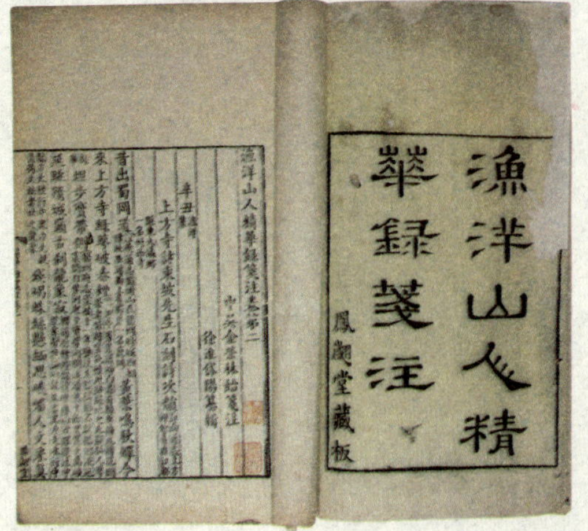

不写阿谀诗文

工士禛为官清正，不阿谀，不逢迎。他的诗文就没有向权贵献媚的，因而为当时文人称赞，引为表率。

有一年，权力显赫的内大臣明珠做寿，内外官员趋之若鹜。有个大官手持千金作为润资，请他代作一首阿谀吹捧明珠功德的祝寿诗文，以结明珠的欢心。王士禛当即拒绝了。回答说：“曲笔以媚权贵，君子不为也。”不与浊流同污。他真是难能可贵。

王士禛著作等身，他的名字在康熙朝一直称原名“士禛”。死后，后人因避雍正讳（胤禛），将他改名“士正”。乾隆帝也很喜欢他的诗，而以为改名“士正”与原名不相近。认为此名流传日久，后世几不复知为何人，命改为“士祯”，也可与弟兄同行派，不至淆乱。此后，凡涉及他的名字，包括《清史稿》、《清史列传》，均用的是“士祯”。但文坛通常称他的自号“渔洋山人”。 〉盛巽昌

历史文化百科

〔科举考场：北京贡院〕

贡院会试每隔三年一次，在三月，叫“春闱”。届时全国举人聚集于此，中榜后方可参加皇帝主持的殿试，点进士。贡院考棚是几十排矮房子，共九千多间，称号舍。始建于明永乐十三年（1415）。光绪三十一年（1905）科举考试停止后，屋宇逐渐倾圮，现所在地为中国社会科学院。

康熙帝三征噶尔丹

喀尔喀蒙古三部又重回到漠北故乡，安居乐业。

准噶尔部妄图一统蒙古

当年索额图奉命率领边界谈判代表团赴俄谈判，刚出长城不久，因道路受阻，不得不中途折回，其原因就是喀尔喀蒙古和厄鲁特蒙古两部开战。

那时蒙古分作三大部：长城以北，大漠以南的称漠南蒙古，也叫内蒙古，共有二十四个小部落，归附清朝后划为四十九旗；大漠以北的土谢图、扎萨克图、车臣是外蒙古，也叫喀尔喀蒙古；天山以北阿尔泰山以西称为厄鲁特蒙古，有准噶尔、和硕特、土尔扈特、杜尔伯特四个部落。如今打仗的就是喀尔喀和厄鲁特。他们同清朝本来一直保持着臣属关系。

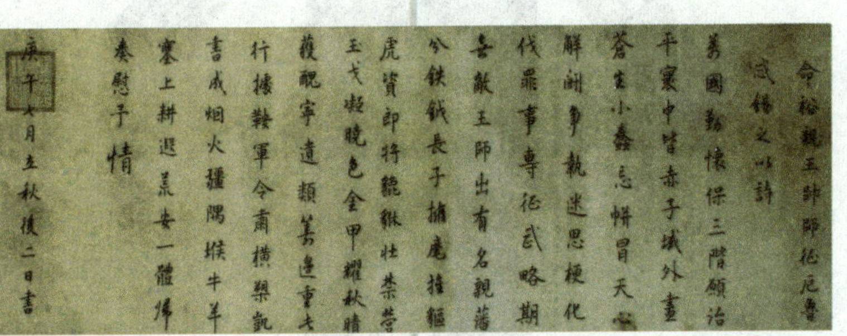

厄鲁特蒙古的四个部落中，以游牧于新疆伊犁一带的准噶尔部最强盛，首领叫噶尔丹，康熙十年(1671)自立为汗，对邻近部族攻伐兼并，控制了青海和西藏，征服了天山南路的维吾尔族和巴尔喀什湖以西的哈萨克族，如今又想一统蒙古高原。

严厉警告噶尔丹

康熙帝知道噶尔丹的野心，只是当时用兵的地方多，腾不出手来，加之这家伙表面上装得相当恭顺，纳贡称臣，一再表白与清廷“一道同轨，不敢妄行”，一时抓不住把柄收拾他。如今他里通外国搞分裂的行径越来越明显，甚至配合罗刹国扰乱我喀尔喀蒙古各部的抗俄斗争，康熙帝这才觉得不能掉以轻心了。

不久，康熙帝又接到喀尔喀蒙古三部数十万众被噶尔丹打败，逃到内蒙古请求保护的报告，他一面派理藩院尚书阿尔尼带着人前去慰问，开仓赈济，妥善安置；一面派使者谕令噶尔丹，不得无故兴兵，从速退回自己地域。

此时的噶尔丹已十分嚣张，哪里还肯俯首听命？他已计划打着追喀尔喀人的旗号，挥戈南下向清朝进攻了。

康熙帝为裕亲王亲笔御题之诗（上图）

裕亲王福全（1653—1703），康熙之兄。康熙十九年，授封为抚远大将军，率师讨伐噶尔丹。大败噶尔丹厄鲁特兵于乌兰布通，以穷追贻误战机而罢议政。康熙三十五年再次起用，从征噶尔丹。图为康熙帝于乌兰布通大战前为裕亲王亲笔御题之诗。

铜威远将军炮

图为现存故宫博物院的一门康熙二十九年(1690)铸的铜威远将军炮，由清代著名火器制造家戴梓监造，口径212毫米，全长69厘米，重约280千克，以四轮车运载，能发射15千克重的爆炸铁弹。在康熙三十五年(1696)平定噶尔丹战役中发挥了重要作用。

中国大事记

乾隆帝首次南巡，至浙江绍兴。

史无前例的骆驼城

阿尔尼见军情紧急，立即组织喀尔喀蒙古兵马抵抗。不料中了噶尔丹的圈套，损兵折将。康熙帝见阿尔尼兵败，便决定亲征。康熙二十九年（1690）夏，他命裕亲王福全为抚远大将军，率兵为左翼，出长城古北口；恭亲王常宁为安北大将军，率兵为右翼，出长城喜峰口先行，向噶尔丹杀去。自己也出北京巡幸边塞，不料到博洛和屯（河北隆化）因患重感冒，只得暂且回銮。

兵出长城，恭亲王在乌朱穆秦出师不利，初战失败，噶尔丹竟乘胜越过西剌木伦河，抢占了乌兰布通峰。乌兰布通峰距离北京仅七百里，铁骑数日便到，形势顿时紧张。康熙帝马上改命康亲王杰书为安北大将军，屯兵归化，堵住噶尔丹退路，下令裕亲王急进拦截，自己带着大军日夜兼程，赶去围剿。

两军对阵，噶尔丹将一万头骆驼缚住脚，驼背上叠加箱垛，盖着湿毡，环列如栅，称为驼城，以此抵御清军进攻。清军隔河列阵，设鹿角枪炮，由南向北徐徐推进。

攻击开始了。清军的鸟铳、火炮一顿猛射，子母弹、铁心弹呼啸着飞向驼城，雷鸣般炸裂开来。骆驼怎经得起这等轰击？顿时血肉横飞，尸骸狼藉。驼城垮了，清兵乘势冲杀过去，准噶尔军拼命抵抗，终究敌不过清军的大规模进攻。

两天后，清军将噶尔丹追赶到沼泽后面的山上包围起来。噶尔丹使出缓兵之计，派人至清营求和。清军统帅部竟然相信了他的鬼话，令各路兵马暂勿进击，以待后命。这样一来，一鼓作气的清军士气松弛下来。噶尔丹利用一个漆黑的夜晚，悄悄渡过萨里克河，穿过大碛山，溜走了。

乌兰布通

乌兰布通（蒙古语红瓮的意思，汉译红山），今位于内蒙古昭乌达盟克什克腾旗南部，1690年8月，裕亲王福全将噶尔丹叛军围困在乌兰布通，给了噶尔丹沉重打击，使其从此一蹶不振。

小召晾甲日（上图）

康熙三十六年（1697），康熙帝西征凯旋回京时路经归化城，驻跸小召（崇佛寺），将甲胄、弓箭、腰刀等随身之物留作纪念。以后每年正月十五，小召都要把康熙赠留的物品公开展示，称之为“小召晾甲日”。

历史文化百科

〔章京〕

章京，源自满语，意为有职守之官。各级职官中多有称章京的，如军机处章京、总理衙门章京等等。蒙古各旗札萨克的属员也有称章京的，如管旗章京、苏木章京。在满族官员中，章京习惯上也被用于官员对上级的谦称。

清

《北征督运图》

《北征督运图》是多幅画面缀成的图册，原为二十四开，现存十九开，绢本，每半开工笔设色绘图，半开范承烈自题画面内容梗概，说明负责康熙三十五年（1696）平定噶尔丹时督运军粮的始末、所经地点和随着战争形势的变化督运军粮的情形。每半开纵38.4厘米、横41.1厘米。末开有“广陵禹之鼎绘”署名和印记。

康熙帝三次亲征平定噶尔丹叛乱

《亲征平定朔漠方略》，康熙四十七年由温达等奉敕撰，共四十八卷，记载康熙帝三次亲征平定噶尔丹叛乱的始末。

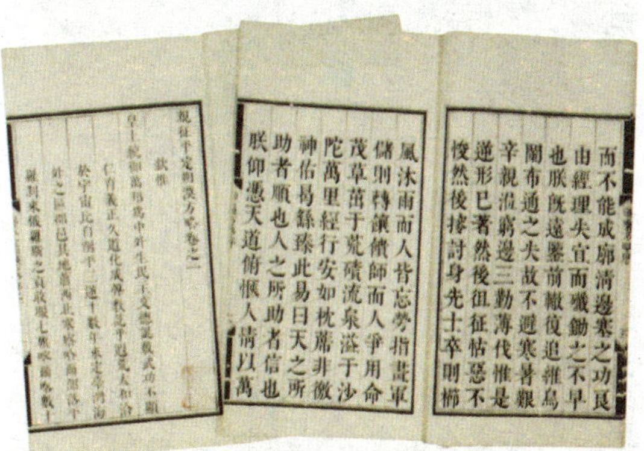

而不能成廓清邊塞之功良
由經理失宜而饟餉之不早
也朕既遠鑒前轍復追維爲
闢布通之失故不避寒暑艱
辛親涉窮邊三勤薄伐惟是
逆形已著然後徂征怙惡不
悛然後捧討身先士卒明晰

風沐雨而人皆忘勞指畫軍
儲則轉饟餽師而人爭用命
茂草苗于荒磧流泉溢于沙
陀萬里經行安如枕蓆非徼
神佑曷繇臻此易曰天之所
助者順也人之所助者信也
朕仰憑天道俯愜人情以萬

两次统兵亲征

噶尔丹逃到漠北，只剩下了几千人马。他不甘心就此失败，决定重整旗鼓，卷土重来；一面又派人去罗刹国向沙皇乞求援助。

康熙帝知道噶尔丹野心不死。又于三十五年（1696）、三十六年两次统兵亲征，打得噶尔丹走投无路。手下只有五六百人马，粮草全无，日日靠杀战马充饥。这一年的三月，噶尔丹病死，余部投降。喀尔喀蒙古三部的几十万人马又重回到他们的漠北故乡，中国北部和西北部这才恢复了安宁。

饰银火枪

由木、银制成，长147.5厘米，铁枪筒嵌于木枪床中，枪筒上有引信，下有扳机，枪床前端下部有支架。此为清代蒙古火枪营士兵之武器。

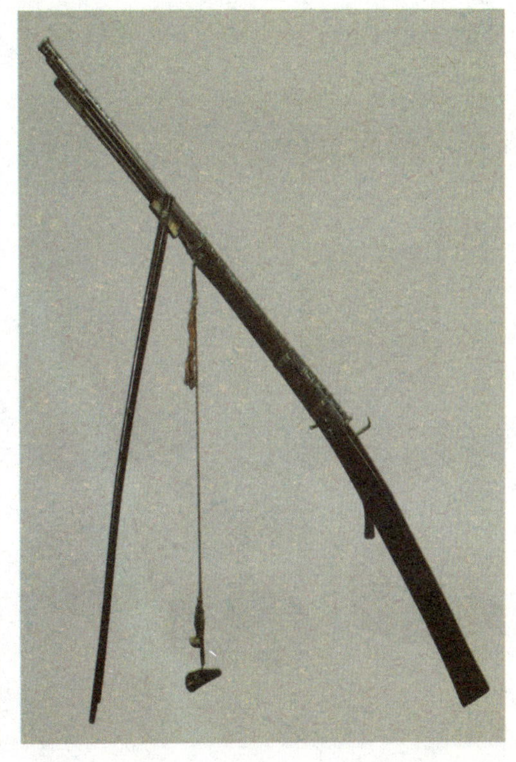

〇五三

多伦会盟

康熙帝继承皇太极遗愿，亲自主持了多伦会盟，非常成功地把盟族制推行到喀尔喀蒙古地区，强化了北方边疆。

库伦会盟

清朝初年，漠北蒙古喀尔喀已经形成三部，即扎萨克图汗、土谢图汗和车臣汗。崇德三年(1638)，三大汗分别派使来沈阳，向皇太极呈表称臣，献上“九白之贡”，即每年进贡白马八匹，白骆驼一头。盖清（后金）崇白，贡此表示吉祥。皇太极大喜，他曾打算参照漠南蒙古设四十九旗例，在漠北亦设若干旗，不料突然病死，而未推行。

仅仅又过了半个世纪，清和喀尔喀三部都发生了巨大变化，清统一了中国，喀尔喀却时有内讧，扎萨克图汗被杀害，所隶部众多归附土谢图汗，新汗要求索回，没有成效，双方形成僵局。康熙二十三年(1684)，他只得上书康熙帝请求解决。

康熙帝很关心喀尔喀三部的团结。

康熙二十五年(1686)，他派出理藩院尚书阿喇尼和大喇嘛等到土谢图汗部库伦伯勒齐尔会盟。会盟乃是蒙古各旗定期集会、协商解决重大事件的一种制度。阿喇尼在会盟时，向与会蒙古贵族王公传达皇帝的话：不要再以兄弟之亲互相吞并了。要尽解前怨；命土谢图汗将所附人民各归扎萨克，“令其和协，照旧安居”。至此，喀尔喀三部重归于好。

清代酒膳挑盒

为清代中期器物。挑盒可分五层屉，内分多格，设计精巧，可盛放梅花式银酒壶，备有酒杯、盘碟等，便利携带，可随侍酒膳。材质为花梨木。

《醉归图》（清·袁江绘）

图中夜已阑珊，华灯竞放，主人酒兴刚尽，目送醉客，是当时高官享乐生活的描绘。

《渔家乐图》（清·黄慎绘）

《渔家乐图》取材民间，描绘渔家生活：黄昏时分，船坞上燃起了炊烟，有的已经在吃饭了，中间两只船上的人聚在一起，饮酒猜拳，一副“知足常乐”的景象。

遵照康熙帝旨意，喀尔喀的原八旗改置为十四旗。

噶尔丹使诈破坏

库伦会盟使噶尔丹颇为不安。

当他探悉土谢图汗并未完全执行库伦会盟，只将投附的扎萨克图汗的部众归还了一半，就从中挑拨，唆使扎萨克图汗上当受骗，与他联手向土谢图汗进攻；土谢图汗就贸然起兵迎战，并将扎萨克图汗俘杀，噶尔丹乘着扎萨克图汗部失去首领，掳走了很多部众。

不久，沙俄入侵，土谢图汗主力出征防御，噶尔丹乘机自杭爱山后突然袭击土谢图汗，土谢图汗部腹背受敌，失败南走。噶尔丹乘势东进，又打垮车臣汗部，噶尔丹在返程途中，又与土谢图汗部相遇，经三天激战，土谢图汗又被打败，继续南迁。

康熙帝知道后，决定与噶尔丹开战，同时要求妥善安排喀尔喀蒙古各部。

康熙二十七年(1688)，喀尔喀蒙古纳木扎勒等贵族就主动提出要实行与漠南蒙古四十九旗相同的盟旗制。康熙帝欣然同意。翌年，就在库伦会盟的十四旗之外，又增设了十二旗。

清对饮图杯

为清代雍正年间器物，撇口深腹，直圈足，白釉粉彩画面，杯胎较薄，透光莹润，人物形象生动，写两位高士凭案对饮，各呈酒酣人醉的场面。

历史文化百科

［清代的行聘订婚］

清代，行聘订婚系指男女缔结婚姻的方式。男方以娶之程序而娶；女方以聘之程序而嫁。聘的含义：一是通过父母之命，媒妁之言，此所谓“明媒”。二是要有聘约、聘礼，此所谓“正娶”。三为须按规定的婚姻仪式进行，此所谓“明婚”。清代法律对按“聘娶婚”程序进行的婚姻，称合法婚姻，多予以保护。具体的行聘订婚仪程，大体遵循《仪礼》一书所载，即“六礼”礼仪程序进行。分别为：纳采、问名、纳吉、纳征、请期、亲迎。

中国大事记

禁翻译满文小说。

多伦会盟

多伦会盟本来要在康熙二十八年举行的，由于噶尔丹入侵而推延。但它终于在康熙三十年(1691)，在多伦诺尔举行了。

这次会盟共举行了八天。

康熙帝自始至终参加了会盟。

四月三十日，康熙帝抵达多伦诺尔，设皇帝金帐行营，命令喀尔喀各部和漠南蒙古四十九旗从百里外内移五十里，环绕行营排列；

五月一日，康熙帝与他们讨论座次安排，规定了蒙古贵族共坐八排，其中第一排就是喀尔喀蒙古各大汗；

五月二日，喀尔喀各汗自我检讨，分清是非；康熙帝再三表示，既往不咎，以观来者；

五月三日，决定将喀尔喀蒙古编为三十六旗，保留土谢图汗、车臣汗名号，并按序封各蒙古贵族，按等级封爵；

清人绘农事图——耕田

清人绘农事图——甘蔗

五月四日，进行了大阅兵，受阅队伍长约十里；在阅兵前，康熙帝应邀当场表演骑射，十矢九中红心，令蒙古贵族王公赞为神武，拍手称好；

五月五日，康熙帝视察喀尔喀各旗营寨；

五月六日，康熙帝接见黄教领袖人物；

五月七日，同意建新寺以彰化此次盛典，拨出专款在多伦诺尔建造汇宗寺。同日，康熙帝回京，喀尔喀三十六旗和漠南四十九旗夹道相送。

康熙帝在回程途中，非常兴奋，他对大臣说：“秦始皇造长城，我朝施恩于喀尔喀蒙古，使之防御北方，比它更为巩固呢。”在回到紫禁城时，看到有请修古北口长城的奏折时，又说：“自秦筑长城以来，汉唐宋亦常修理，但仍有边患，可见治国在于修德安民；民心大乐，边境自固，这就是常说的众志成城啊！” 〉盛巽昌

汤斌破除迷信

汤斌虽是理学家，却学以致用，是一个很有作为的清官。

读书人死后能为子孙夸耀的最高荣誉，就是能在孔庙里立牌位。康熙朝大儒如云，但经过评比，能从祀孔庙的只有三人：张伯行、陆陇其、汤斌。他们都具备高深的学问，有著述留传于世，而且为官廉明刚直，敢于破邪留正。

不为御道而拆除民房

汤斌是清初理学名臣，康熙帝称他为人颇有操守，康熙二十三年（1684），由内阁学士外放江苏巡抚。

汤斌任巡抚这年，苏北大水灾，灾民成千上万涌进苏州城，秩序混乱，人群拥挤。正好这时传来康熙帝南巡到苏州的递报。两江总督等官员见苏州城里灾民沿街搭设简陋房屋，致使原本狭窄的道路更显得狭窄了，便下令拆毁民居以拓展皇帝车驾通过的御道。汤斌知道了，立即予以劝阻，经他制止，街道仍和往常一样，人群熙熙攘攘，拥挤不堪。

康熙帝车驾来到苏州，进入城区后，发现街道颇见狭窄，车驾和大队人马很难顺利通过，就叫来地方官员问话。汤斌向皇帝面奏，他说：“圣明天子是最关怀、体贴民间疾苦的，所以才要南巡。如果仅为了一时通行而扩充街道，令民众没有住舍，这可不是当今皇上的本意啊！”又说：“我领会皇上爱民之心，体民之情，所以就不拆民居。”

汤斌说得头头是道，康熙帝听了大喜，当即批准报蠲睢宁、沭阳和邳州等地税银几千两。

告诫属官不得行贿

清初，苏松两府富甲天下，在那里做官的，未满三年就自我离任，盖上司知是肥缺，经常向下属逼贿，以至因挪用库金而进狱者多多。

汤斌在家读书二十年，又长期做地方官，深知其中积弊，积重难返。于是在刚出任江苏巡抚时，就向所属的道、府、县等地方官先打招呼，以免日后言之不预。他说：“你们挪用库金讨好上司，无非是为了做官嘛，现今为拖欠所牵累，那还有什么希望呢！我愿和你们相约，日后能够称职，我自然会提拔你们；要是做不到，以考成后顺利归家，太太平平地回乡，也不很好嘛？！”他还告诫所属官员，切切不得受下属贿赂。汤斌办事，令出期于必行，致使苏州大治。

清正廉明的汤斌

汤斌（1627—1687），字孔伯，别号荆岘，晚又号潜庵，河南睢县人，清顺治九年进士，曾任陕西潼关道、江西岭北道、江苏巡抚、礼部尚书、工部尚书等职。他一生清正廉明，所到之处体恤民艰，政绩斐然。

中国大事记

授出征准噶尔军统帅。吴敬梓死。

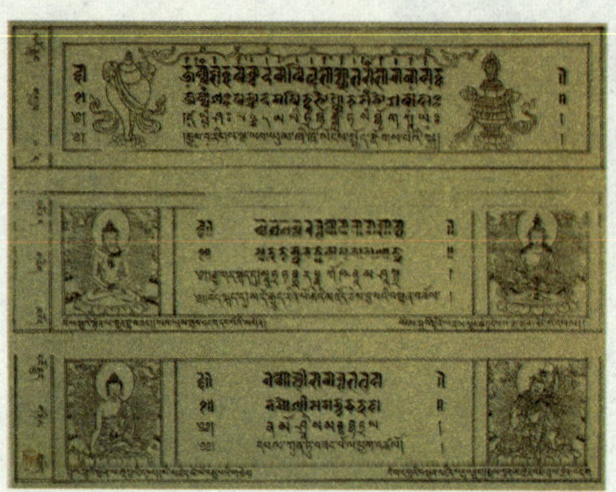

出相藏经

此出相藏经为清代梵夹装的藏族佛经中的三品，两边画佛像，中间为藏文佛经。图中佛像虽高不到5厘米，但人物的衣帽手势及手中的诸般法器等皆刻画细致，可见敬佛之虔诚。

江湖郎中行医图

明清时期经济发达地区人口密度增高，流行性传染病明显增多，新的治病理论出现，民间走街串户的江湖郎中行医卖药的情景随处可见，这幅行医图就是清代民间绘画中的江湖郎中。

拆毁五通祠

明清之际，江南亦多寺庙，其中散布面最广的就是五通神庙，庙甚小，仅一进，但它多立于乡镇，信徒甚众，四时香火不辍。所谓“五通神”，相传乃是朱元璋打天下时，将跟随他作战牺牲的将士，每五人名讳写在一起，立庙祭祀。民间传说五通神灵验，如不好好供奉，必有灾殃，而江南又以苏州上方山（楞伽山）的五通神祠最为灵验，富家施舍千金，穷苦人家虽倾家荡产而不惜，因劳民伤财，当地人比喻上方山为“肉山”，山下石湖为“酒湖”。更有甚者，恶巫奸僧狼狈为奸，还将少妇少女身体不适，胡说是“五通神将娶为妇”，勒令送进神祠，不作治疗，听其自然。是以每年都有几十人被害死。

此时汤斌正奉调入京出任礼部尚书，他临行前，决定尽毁苏州五通神祠等。于是他亲自赴上方山。当看到山径上下善男信女来往不断，五通祠前人群如潮，勃然大怒说：“从来的鬼神是保佑好人惩办恶棍，如果说来祭祀者都能避免灾恶，不祭祀人人都会遭殃，此与纳贿贪官又如何区别呢！”又骂道，“说是五通神每年都得要娶媳妇，岂不真乃是个淫贼恶鬼嘛！”

汤斌当即下令将五通神以及五显神、刘猛将、五方贤圣等木像焚毁，泥偶尽抛进石湖里，拆毁五通神祠等，将木材砖瓦扩建学宫，修理城墙。当地民众开始感到惊惧，后而又表示疑惑，最终恍然醒悟。

汤斌离开苏州时，又做了一件大好事，民众就送了一个绰号“黄连半夏人参汤”，又因为他非常俭朴，还称为“豆腐汤”。 〉盛巽昌

〉历史文化百科〈

〔买官：捐纳〕

捐纳就是出钱买官做。捐纳文职可由小京官至郎中、道员；武职可由把总至参将。捐纳制度在清初已立，历朝皆有，康熙十三年（1674），因用兵三藩，又开文职捐官事例，三年间，即有五百余人捐纳知县。而至嘉道趋剧。其原因则在于当时的财政收入已无法满足支出。捐官太滥，署职不易。仕途壅塞，于是贿赂贪鄙之风大炽。谋到职位的，将本求利，怕过期作废，便利用职权拼命捞钱，不务正业，使吏治更加腐败。

世界大事记：法、英在北美洲俄亥俄地区战争。

人物：孔尚任
关键词：灵感 勤奋
故事来源：《桃花扇》

〇五五

孔尚任与《桃花扇》

李香君问侯公子："妾之志固如玉兰，未卜公子之志，能似金钿否？"

"打鼓吹箫掩泪听，家家罢却上元灯。梨园小部人何在，扇里桃花哭不胜。"

康熙五十七年（1718），离灯火辉煌的元宵节还有三天，我国古典戏剧史上的一颗明星陨落了。

他就是孔夫子的六十四代孙孔尚任。尚任字聘之，又字季重，号东塘，别号岸堂，自称云亭山人。因给皇帝讲过经书，破格授国子监博士。但是，人们对于他的行状，最津津乐道的还是他与《桃花扇传奇》的故事。

《孔尚任引驾图》（清·佚名绘）

康熙二十三年(1684)，康熙皇帝到曲阜祭祀孔子。为了笼络孔子后裔，以安定汉族士大夫之心，康熙皇帝在阙里听取孔尚任讲解《大学》、《中庸》，甚为满意。后康熙皇帝遍览孔庙、孔林，由孔尚任当引驾官。孔尚任因此深得康熙帝赏识，被破格提升为国子监博士。

游览南京名胜古迹

清朝初年，曲阜一带有个手执鼓板的老者，经常穿城过市，走乡串镇，到处演唱鼓词，讲古说今，借着历代兴亡，抒发遗民幽愤。此人虽然隐姓埋名，可与孔尚任的父亲孔贞璠素有深交，年幼的孔尚任也知道他就是木皮散人贾凫西，并且深受他"十字街坊几

侯方域像

侯方域(1618—1655)，字朝宗，河南商丘人。明末与方以智、陈贞慧、冒襄齐名，并称"四公子"。入清后曾应河南乡试，中副榜，并为清总督出谋献策。能诗文。所著有《壮悔堂文集》、《四忆堂诗集》。

中国大事记

平定准噶尔。

孔尚任书《行书题仲景小照》卷

孔尚任(1648—1718)，字聘之，又字季重，号东塘，别号岸堂，自称云亭山人。孔贞昇之子，孔子第六十四代孙。康熙三十八年（1699）六月，经过他十余年苦心创作的传奇剧《桃花扇》完稿。该剧以复社名士侯方域与秦淮名妓李香君的爱情故事为主线，广泛而深刻地反映了南明王朝灭亡的历史。一时间王公显贵争相传抄，清宫内廷与著名昆曲班社竞相演出，轰动了京城。当时与《长生殿》作者洪昇有“南洪北孔”之称。

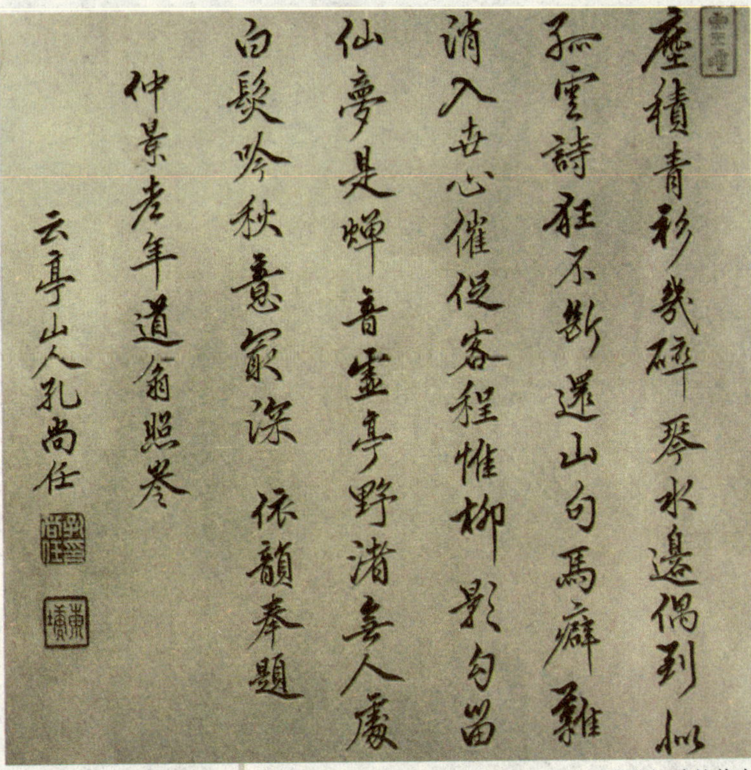

下捶皮千古快，半生湖海一声醒木万人惊”的影响。后来，孔尚任入仕为官，随侍郎孙在丰到江淮一带治河，他也像贾岛西一样，游历南京、扬州等地名胜古迹，访问南明遗老，搜集遗闻轶事，从而结识了冒辟疆、邓孝威、杜于皇、石涛和尚、张瑶星道士等许多文人名士。

南京龙蟠虎踞，乃六朝胜地，十代名都。孔尚任登临燕子矶，参观明故宫，拜谒明孝陵，抬头仰望钟山紫烟，低头俯视秦淮碧波。夜幕低垂时，他坐在游艇上，品着香茗，放眼秦淮两岸，灯红酒绿，玉软香温。四周的大小船上，也点起盏盏灯火，悠然间歇的桨声和着凄婉幽怨的箫笛声，此情此景，慢慢地将他带入一个风流哀艳的香扇坠故事之中。

> 历史文化百科
>
> **〔机器人演《西厢记》〕**
>
> 乾隆二十九年（1764），西洋贡铜伶十八人，经过改造后，能演一部《西厢记》。铜人长一尺许，身躯耳目手足为铜铸成。每次插匙开锁，有一定准程，误开则坐卧行止混乱。张生、莺莺、红娘、惠明、法聪诸人，能自行开箱着衣服，身段交接，揖让进退，俨然如生，唯一不能说话唱歌。一出演毕，自脱衣卧倒箱中。

秦淮名妓李香

香扇坠乃秦淮名妓李香的诨名，也就是后来孔尚任笔下的李香君。此女十三岁就跟苏州周如松学歌，人虽生得小巧玲珑，慧俊婉转，却有着一副磊落豪迈的性格。她与复社人士侯方域相识后，倾心结交，以身相许，不怕权贵利诱威胁，忠贞不贰。后来，侯方域去了中州，她给他写信，先说“未裁素纸，若有千言；乃拂红笺，竟无一字”的思念之情，而后表明“桃花艳褪，血痕岂化胭脂？豆蔻香消，手泽尚含兰麝”的坚贞立场，继而追问侯公子：“妾之志固如玉兰，未卜公子之志，

李香君 读书图

李香君，苏州人。明朝末年，她与董小宛、陈圆圆、顾横波等被称为“秦淮八艳”。后与南明四公子之一的侯方域一见倾心，至死相爱，并支持侯方域抨击阉党与反清复明的政治斗争。侯方域回到归德后，即将李香君接回，住在翡翠楼上。因出身低贱，香君后来被赶到城外的侯氏庄园（今李姬园）居住。李香君因此终日郁郁寡欢，不久含恨而死。

能似金钿否？”从信中充分显示出她的坚贞执著。

侯方域有个朋友，名叫杨龙友，移居南京，隐居在栖霞山中读书。此人学兼文武，诗、书、画俱佳。然而空有安邦定国之志，苦无寄托，只能放浪山水，游戏名场，自然难免明末文人风流癖习，因此与秦淮名妓都混得很熟。为抗拒阉党的迫害，李香用侯公子送给她的诗扇作武器，拒逼却妆，将额头鲜血溅于扇面之上。杨龙友便以扇面之血点染成鲜艳桃花。姜实节曾为他题画有诗句说：“记否桃花留扇底，一回首处一消魂。”

写作《桃花扇》

这段故事使孔尚任十分神往，他觉得可以以此为题材写个作品，那把桃花扇可以作为贯穿人物故事的主线。他一边构思遐想，一边索性将一把画着桃花的折扇放在案头，时时把玩，暗暗揣摩。

一天，族兄孔尚镁来看他。时值隆冬，窗外大雪纷飞。他见孔尚任摇着一把桃花扇苦思冥想，觉得好笑，说道：“窗内与窗外可是两个季节呀！可见你写《桃花扇》真是用心良苦！”孔尚任说：“我时刻提醒自己，不要忘记用桃花扇这条主线贯穿全剧。”他见族兄颔首若有所思，接着又说：“此剧名‘桃花扇’，则桃花扇犹如是珠，作《桃花扇》之笔犹如是龙。游龙穿云入雾，或正或侧，而龙睛龙爪总不能离开此珠。”

孔尚镁问他：“这传奇可有渲染处？”他说：“朝政得失，文人聚散，都是经过考证的。至于儿女情怀，宾客解嘲之处，稍有点染，却决非毫无踪影的杜撰。”言罢不由叹了一口气：“我是借他们的离合之情，写兴亡之感。不知世人能理解否？”

孔尚镁沉默了良久，点点头。这时，孔尚任对着那柄桃花扇，又低头沉思起来。

乾隆年制粉彩滕王阁山水纹暖锅

中国大事记

准商人往西北两路军营贸易。

〇五六

看戏丢官

可怜一出《长生殿》，断送功名到白头。

清入关之初，心怀疑忌，制造了大大小小许多冤案。冤案的发生，自然有各种各样的原因，但其中最为蹊跷的恐怕当数查慎行罢官一案。蹊跷在哪里呢？就在于罢官的缘由，既不是贪赃枉法，也不是玩忽职守，更不是叛逆谋反，仅仅是因为看了一场戏。

看戏断送功名

查慎行本来叫查嗣琏，得了进士后被选拔到翰林院深造，称为庶吉士。肄业成绩优良，授了个编修之职。康熙二十八年（1689）七月初一是戏曲家洪昇的四十五岁生日，由于佟皇后病逝，所以这个生日延到八月才做。查嗣琏与京中一般好友名士都去庆贺生日。这一天，洪昇家中高朋满座，还请了戏班子，演出他自己的作品《长生殿》。

“可怜一出《长生殿》，断送功名到白头。”有谁能料到，看看戏竟然会惹出一场政治风波来呢？竟然有人借此兴狱，说他们在国丧期间一百天里宴饮唱演，犯的是“大不敬”之罪。结果将洪昇革去国学生籍，打入刑部大牢。参与庆贺看戏的查嗣琏、朱典、赵执信等五十多位官员全被摘了顶戴。查嗣琏接受了这个令人啼笑皆非的教训，改名为慎行，还起了个“悔余”的字，就此急流勇退，归隐乡里，再也不入仕途。

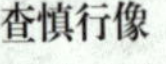

查慎行像

查慎行（1650—1727），字悔余，号初白，原名嗣琏，字夏重，浙江海宁人。康熙时举人，赐进士出身，官编修。曾从黄宗羲、钱澄之问学。诗学宋人，多抒发行旅之情，善用白描手法。有《敬业堂集》。

洪昇寄情《长生殿》

洪昇是浙江钱塘人，生在崇祯帝吊死煤山、清兵入关以后的第二年。他的少年时代，经历了当时江南知识分子战斗、彷徨、消沉、承受迫害的一系列过程。严酷的现实，在洪昇的心灵中增强了家国兴亡的意识。长大以后，他到北京国子监读书，肄业后未捞到一官半职。回乡后因家庭不和，又去北京谋生。二次进京，使他增长了不少阅历。康熙二十七年（1688），历经十余年，三易其稿，终于写出了具有民族意识和故国之思的剧本《长生殿》，就此奠定了他在文坛上的地位，与《桃花扇》的作者孔尚任齐名，在当时被称为“南洪北孔”。

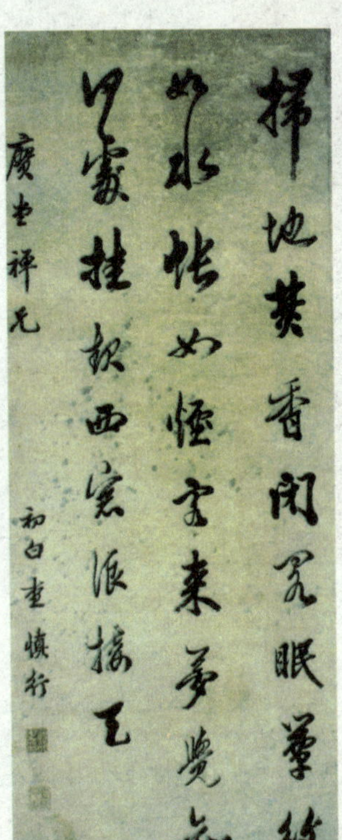

查慎行《行书七言诗》

为官之人多羡慕常人能悠然自在“扫地焚香”。

世界大事记

普鲁士进攻萨克森，开始“七年战争”，英、法等国加入。

人物：查慎行 洪昇

关键词：冤狱 专制

故事来源：《洪昇年谱》

洪昇《长生殿》书影

洪昇（1645—1704），浙江钱塘（今杭州市）人。他的戏曲作品《长生殿》是一部爱情悲剧。叙述唐明皇在开元以后，纵情声色，委政权奸，国政日非。杨贵妃恃宠善妒，杨国忠招权纳贿，激起拥有重兵之番将安禄山造反之事。

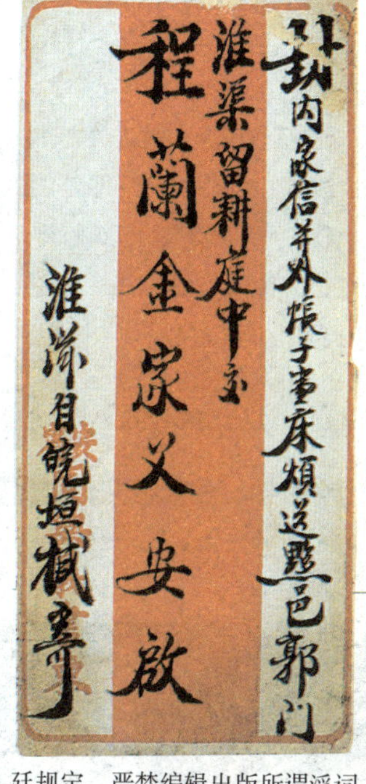

水路邮政

清代邮政事业已经非常发达，随城乡经济发展，已经拥有数千个民信局。不仅在上海、宁波等地设立总店，而且在各地设分店或代办处，构成全国范围的通信网络。这是当时的信封。

《长生殿》问世后，戏班子争着把它搬上舞台。像《桃花扇》一样，朱门宴席，酒社歌楼，纷纷唱演，出现了“勾栏争唱孔洪词”的盛况。甚至康熙帝也观看了京城梨园演出，连声说好，赐演员白金二十两，并向诸王推荐。此后在朝廷宴会上也常演出，戏班也以能上演《长生殿》而自傲。出现这种盛况，当然是剧本本身的艺术魅力，它栩栩如生地描绘了唐明皇和杨贵妃的生死情缘。

无端受牵连，以此潦倒余生

清兵入关，以少数民族统治中原，处处设防。朝廷规定，严禁编辑出版所谓淫词、小说、戏曲，到处传播，坏乱人心。若有狂妄之徒因事造言，沿街唱和，一律拿问治罪。洪昇的《长生殿》中，不仅有唐明皇

《康熙帝万寿图卷·众人观戏》（清·王翚等绘）

戏台开演，是古人的一种表示庆祝的方式。康熙帝的生日庆典更要场面隆重。

中国大事记

清廷发兵征讨大小和卓木。惠栋死。

和杨贵妃这样的主角，而且还有外族人安禄山及其番兵番将入侵中原的影子。“一从鼙鼓起渔阳，宫禁俄看蔓草荒。留得白头遗老在，谱将残恨说兴亡。”好事者就借此无中生有，说是影射满洲贵族入关之事，加上个“国丧期间非时演唱”的“大不敬”罪名。虽说这件案子在处理上比较宽大，没有人因此掉脑袋，然而，还是有人锒铛入狱，不少人永不叙用，从此与仕途无缘，寒窗苦读的希望化成了泡影。

《历朝贤后故事图·麟趾贻休》（清·焦秉贞绘）

焦秉贞（生卒年不详），活动于雍正、乾隆年间，字尔正，济宁（今属山东省）人。康熙时供奉内廷，擅画人物、山水、花卉和楼阁。此图册共十二开，取材于古代贤后顺妃故事。此图为其中的《麟趾贻休》。

历史文化百科

清前期戏曲中的一枝独秀——昆曲

清前期，社会日趋稳定，各种民间形式的娱乐活动非常活跃，不少地方戏班也开始出入乡村与市镇之间，使清代地方戏曲表现出全面发展与高度综合的特征。此时，传统的北方杂剧走向衰落，而以南曲为主的各种声腔逐渐形成主流，出现了余姚、海盐、弋阳、昆山四大声腔，影响最广。清初，昆曲受到统治者的青睐。昆曲又称吴音，又名水磨腔，以腔音皆清细也。由于清朝贵族大力扶持昆腔戏曲，所谓“国初最尚昆剧”，昆曲得以正声姿态居于统治地位，封建文人士大夫无不靡然从好，纷纷染指戏文，雕词琢句，审音协律，将自己的审美趣味融入其间，致使昆曲一枝独秀、愈益丰满，成为风靡南北的官腔剧种，时称雅部。

清代前期沙俄事务归哪个机构掌管？

康熙帝南巡

他对于成龙推荐的江宁知府说：你务必效前总督于成龙，正直清清。

康熙帝是中国走出紫禁城、巡察地方最多的皇帝。他做皇帝的六十一年，其中先后积十八年时间，是在各地巡察，多达一百三十次，次数最多是长城南北热河诸地，多达七十八次，而民间最有影响的却是六次南巡，总共有五百四十九天。

关心河工

康熙南巡有多种目的，如笼络知识分子、游览各地风光，但每次必到治黄工程现场，视察三五天，提出可行性意见，由此开始了南巡的考察民情和地方吏治。他说："古人之君，居深宫之中，不知民间疾苦者多，朕于各地巡行，因目击之故，知之甚确。"康熙二十三年（1684），首次南巡，就在苏北视察。他乘舆自宿迁至清河（淮阴），路程二百里，就走了整整十二天，所过之处，见河工夫役运土、夯筑大为辛劳，特地多次停下车驾，步行外出，亲加慰劳，并面谕靳辅等治河大臣，严防有不肖官役侵蚀本已微薄的劳务工资，务必让人人都能拿到定额的银钱。

几天后，康熙帝乘船由清河沿运河南下，在过高邮湖时，见民间田地庐舍多浸没在水中，心甚不安，舍舟登岸步行湖堤十余里，察看形势，召集当地父老和读书人，详细了解水灾根因，并寻找解救办法。他对陪同的两江总督王新命说："朕此行原欲访问民间疾苦，凡有地方利弊，必设法兴除，使之各得其所。现在目睹此方水灾，哪里能不设法拯救呢？"他下诏，凡是有水灾的州县，一一详加考勘，确切查证后，务必解决，需要多少经费，就用多少，在所不惜。

当日，康熙帝夜不能寐，赋古风一首：

"淮扬罹水灾，流波常浩浩。龙船偶经过，一望类州岛。田亩尽沉沦，舍庐半倾倒。茕茕赤子民，栖栖卧深潦……"

考察清官

康熙帝南巡察访吏治，也发现了一批好官。

康熙帝首次南巡前夕，获悉两江总督于成龙逝世，

《康熙帝南巡图》（局部）（清·王翚等绘）

王翚（1632—1717），字石谷，江苏常熟人。1684年、1687年康熙皇帝两次下江南视察，为彰显文治功绩，于1690年命兵部左侍郎宋骏业招募全国知名画家绘制《康熙帝南巡图》，王翚被举荐入京担任主笔。《康熙帝南巡图》手卷全图共十二卷，描绘康熙南巡时盛况。此图是《康熙帝南巡图》第一卷，绢本设色，纵67.8厘米，横1555厘米，描绘康熙二十八年正月初八，康熙帝一行从京师出发，车驾从北京外城永定门到京郊南苑的情景。

中国大事记

屯田于伊犁、乌鲁木齐。

《康熙帝南巡图》（局部）（清·王翚等绘）
此图描绘的是康熙帝一行由河北省南部至山东济南的情景。

灵隐寺
灵隐寺位于杭州西湖之西，北高峰与飞来峰之间，建于东晋咸和元年（326），至今已有一千六百多年历史，是我国佛教禅宗十大名刹之一。康熙皇帝南巡时，四次游览灵隐寺。天王殿上悬“云林禅寺”匾额即为康熙皇帝御题。

大为痛惜，临朝讯问：“今天下清廉官如于成龙者有几人？”回答有七人，其中有张鹏翮、郭琇和彭鹏。但他没有轻易相信。

历史文化百科

皇舆全览图

康熙帝钦定的皇舆全览图，是康熙四十七年（1708），命供职清廷的耶稣会教士白晋、雷孝思等测量绘制的；它从北京附近长城始测，遍及东北、新疆、西藏等地，历经八年完竣，绘成全图。以后几经修改，现今收藏于上海图书馆的就是这部皇舆全览图（也称《唐维尔地图集》）。从其绘制技术，可见它在实测时已发现经纬度上下不同，证实了当时牛顿提出的地球扁圆说理论；而在此期间，欧洲各国大地测量尚未进行，中国却已测量全境，其成就在世界上可说是超前的。

当年秋，他南巡路过兖州，见到兖州知府张鹏翮，经考察后果然不错。张从此擢升，由浙江巡抚直至吏部尚书。南巡至江苏吴江，微服至民间，百姓都称赞本县知县郭琇是清官好官，由是超擢为御史，后任湖广总督。在南京，他特别注意当年由于成龙推荐的江宁知府于成龙（汉军镶黄旗人），经密访果然与所说相同，证实此于成龙确是清廉、干练，特予以嘉奖，赐亲书手卷一轴，对他谕说：“人靡不有初，鲜克有终，尔必自始至终毋有改操，务效前总督于成龙，正直洁清。”当月即超擢为安徽按察使，两年后又擢为直隶巡抚。并在首次南巡归京后，专门召见于父，赐貂裘，奖励他教子有方。

公 元 1 7 6 0 年

世界大事记　英国占领法属加拿大。

严惩贪官

康熙帝南巡也很注意地方官吏的贪赃和渎职。首次南巡驻跸宿迁，发现漕运总督邵甘问题相当严重，便当面申饬他：“朕时巡之举，原欲周览民情，察访吏治。你身为大臣，理应廉洁，为僚属做个表率。谁知到任以来，没有做过一件实事，而且还多有不谨处。”邵甘心中不甘，为己行为作了诡辩。康熙帝拿出人证物证，又说：“朕还查询本地民众，多是这么说的，可谓言之凿凿。”邵甘只得低头服罪。康熙帝把他带往南京，随即革职。

桐城派师承

戴名世 →	方　苞 →	刘大櫆 →	姚　鼐 →	湘乡派曾国藩
	↓	↓	↓	↓
	雷　鋐	钱　伯	管　同	张裕钊
	沈　彤	阳湖派	梅曾亮	吴汝纶
	王又朴	①恽　敬	①朱　琦	（桐城派最后一位宗师）
	沈庭芳	②张惠言	②龙启瑞	薛福成
	王兆符	王　灼	③陈学受	黎庶昌
	陈大受	吴　定	④吴嘉宾	
	李学裕	程晋芳	⑤邓显鹤	
			⑥孙鼎臣	
			⑦鲁一同	
			⑧邵懿辰	
			方东树	
			姚　莹	

康熙帝考察、处理官员是相当慎重的。康熙二十八年(1689)三月，在他第二次南巡返京的第二天，才处理出巡时掌握的某些高官，如杭州副都统朱山庸劣免职，靳辅政绩显著，民众口碑极好，恢复河道总督原职。他为官吏政绩定格，与察访民情契合，说：“凡居官贤否，唯舆论不爽。果其贤也，问之于民，民自极口颂之；如其不贤，问之于民，民必含糊应之。官之贤否，于此立辨矣。”

〉盛巽昌

扬州高旻寺（下图）

扬州高旻寺与镇江金山江天禅寺、宁波天童寺、常州天宁寺并称为东南禅宗四大丛林。康熙三十八年(1699)，清圣祖爱新觉罗玄烨第三次南巡至扬州，见天中塔年久倾圮，颁内帑略加修葺，两淮商贾听到消息，争相逢迎捐款，江宁织造曹寅、苏州织造李煦负责修缮扩建，并在寺西修建行宫。康熙第四次南巡至高旻寺，登塔远眺，时逢秋高气爽，万里无云，南见金山，北见蜀冈（扬州大明寺），既高又明，大加赞赏，因而赐额“高旻”。康熙第五、六次南巡时，皆驻跸于高旻寺行宫。

中国大事记

允英国商人请，许每船可买土丝、二蚕湖丝。

〇五八

戴名世《南山集》

罗织几百人，可又找不到诋毁本朝的片言只字。

清代文字狱不断，在康熙五十年，发生了震惊天下的《南山集》案。

门生编就《南山集》

康熙年间，有个与皇帝同月同日生的安徽人名叫戴名世，出生在桐城世代耕读的中小地主家庭，只比康熙大一岁。此人自小勤学苦读，喜爱历史，一心想写部明朝历史。他的同乡前辈中有个叫方孝标的，以游历云南、贵州的所见所闻，加上明末清初当地发生的一些事件，写了一本《滇黔纪闻》。戴名世觉得书中不少资料可供自己写明史参考，因此将有用的内容作了大量摘录。此后，戴名世听到自己的一个名叫余湛的学生说起，曾经碰到过一个在永历宫中做过事的犁支和尚，谈起南明的事无不如同亲历。戴名世不由大喜，可惜此时和尚已经离去。他便要余湛凭记忆将和尚所谈整理出来。他将这些材料同《滇黔纪闻》中的有关内容对照研究，发现了不少疑问，便给余湛写了封长信，畅谈自己的看法和心得。过后不久，戴名世的另一个学生龙云鄂将老师平时写的文章选出百余篇，用老师所居江宁南山冈命名，编了一本《南山集》，戴名世写给余湛的那封长信，也以“与余生书”为题收入集内。

南山全集卷一 桐城宋潛虛著

史論

昔者聖人何爲而作史乎夫史者所以紀政治典章因革損益之故與夫事之成敗得失人之邪正用以彰善癉惡而爲法戒於萬世是故聖人之經綸天下而不患其或敝者惟有史以維之也史之所繫如此其重然而史之難作乃作史之難其人抑又久矣今夫一家之中多不過數十人少或十餘人吾目見其人吾耳聞其言然而婦子之詬誶其釁之所由生或不得其情也主伯

《南山集》书影（上图）

戴名世这个人，才思洋溢，驰名文坛，但很孤傲，放荡不羁，又相当直率，凡事触喉而出。这种个性，无论在文坛或政坛，都容易得罪人。另外，他出道虽然很早，但不愿参加科举，只教书糊口，直到三十四岁才进国子监。京城国子生涯见多识广，更磨练了他一身傲骨。他厌恶官场的虚伪龌龊，常常借酒嘲谑讥骂，被人称作“狂生”。那些有权势的官僚都想寻机会整他一下。

康熙四十四年（1705），戴名世五十三岁那年，参加乡试中了第五十九名，五十七岁中会试第一名，殿试获第一甲第二名，给了他一个翰林院编修的官职，让他在明史馆工作。从不愿参加科举到步入仕途，说明戴名世在调整观念，愿意同清朝合作了，但还是有人要暗算他。康熙五十年（1711）十月十二日，都察院左都御史赵申乔以《南山集》发难，把他告了一状。

赵申乔发难

赵申乔是何许人呢？原来是戴名世殿试时头名状元赵熊诏的父亲。儿子中了状元，排名在戴名世之前，老子为何还要来寻事呢？说来也不奇怪，戴名世的才学名气本来在赵熊诏之上，会试又名列榜首，士林都认为状元非戴莫属。可是殿试揭晓，金榜却被赵某占了鳌头，舆论哗然，怀疑赵申乔依官仗势从中做

清 一

产生于乾隆、嘉庆年间（1736—1820）的乾嘉学派以什么为主要内容？

了手脚。赵申乔又怒又惧，决定先下手为强，于是，向皇上状告戴名世恃才狂妄，私刻文集，影响恶劣，居心叵测。

罗织罪名莫须有

康熙帝令刑部严察审明。政治问题的罪状是无限上纲罗织升级的，书中凡是南明政权年号、事迹，流露民族感情的地方，都成了反清铁证，并且还牵连到《滇黔纪闻》的作者方孝标。

那时，一人犯谋逆大罪要株连九族。刑部给戴名世定的是“大逆”罪，依法凌迟。方孝标早死，应戮尸锉骨。他们的祖、父、子、孙、兄弟及伯叔父、兄弟之子，十六岁以上的都要杀头；母、女、妻妾、姐妹，子之妻妾，十五岁以下子孙、伯叔父兄弟之子配给功臣作奴婢。方苞为逆书作序，也要杀头，因李光地说情，免死。龙云鄂自首，将其妻、子发配宁古塔。编修刘岩知情不报，革职，着与其妻充军三千里。

《南山集》一案牵连数百人，可又找不出诋毁本朝的片言只句，连皇帝也认为连累太众。他不想用这么多人的鲜血染红即将来临的六十岁庆典。于是开恩将戴名世一人减刑砍头，其余皆免死罪，有的送往黑龙江，有的配入旗籍为奴。尽管如此，《南山集》的沉冤，仍然是清朝在思想领域镇压异端的一个典型。

清代钟表

自明末起，欧洲耶稣会士最早带来了西方机械时钟。至清初已开始仿造这些西方机械钟表，清中期，从宫廷到各地民间作坊大量制造钟表，然而当时的钟表主要是充当玩赏之物而不是计时工具。

热闹的节日集市

北京和平门外的厂甸在每年初一正月到十五都逢集市。小贩商贾云集此地，摆摊设点，人来人往，车水马龙，反映了清代集市风貌。

与西方数学接轨的清代对数尺和平行线尺

西方数学传入中国以后，高等数学中的计算工具逐渐使用、流行，这就是清人制造的对数尺和平行线尺。

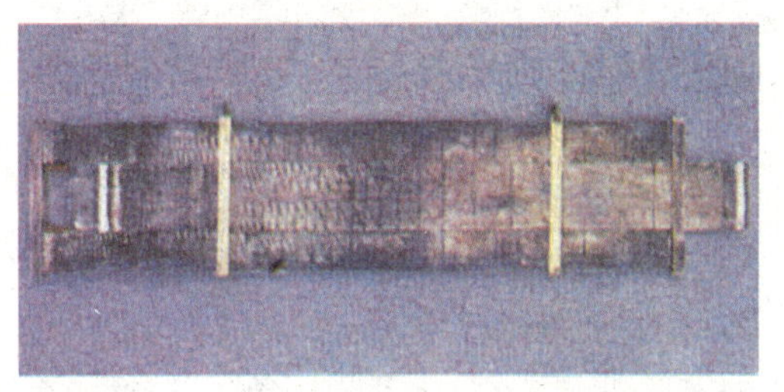

历史文化百科

〔选秀女〕

清朝皇帝后妃的来源与历代不同，选秀女制度便是清代的一大特点。秀女每三年选举一次，年龄自十三岁至十七岁，范围规定在八旗内部。被选中秀女的，或备内廷主位，或为皇子皇孙拴婚，或为亲王郡王及其子指婚。以后，为防近亲结婚的恶果，历朝又有规定，凡后族近支或母族系宗室觉罗之女，可声明免选；外任旗员文官同知以下，武官游击以下之女，可停送选；公主下嫁生女，毋庸入选。秀女在记名期内，不许聘嫁。入宫后的秀女，一般封号是答应、常在、贵人、嫔妃，以后可逐级晋封。如果选中做皇后，就要通过大婚进入坤宁宫。

中国大事记

命北方各省广栽卧柳。

〇五九

千叟宴

老者安之。康熙的千叟宴继承了中华自古以来的敬老传统。

康熙帝对高龄老人相当尊重，还几次在京都宴请来自各地的老人。

宽待老人

康熙帝在位时，国强民富。他对老年人，无论是官是民都相当宽厚、优待，在《清史稿·圣祖纪》多有记载。如在康熙二十二年（1683）南巡归途中，在经过江苏宿迁白洋河，遇见有高龄老人在路心，来不及回避銮驾时，不让侍卫吆喝，还赐以银子安慰。

他每次南巡，都要就地接见在籍的退休官员，了解他们的生活起居，并嘱地方官员妥善照顾和关怀。

万寿节设宴

康熙晚年，曾两度大规模地宴请各地老人。

康熙五十一年（1712），他五十九岁时，群臣联手上奏说，明年是皇帝六十大寿，请上尊号。康熙没有同意，但同意组织一次史无前例的祝寿活动。翌年，在他万寿节（皇帝生日）那天，就在所住畅春园设宴招待在京的老人，凡是年满六十五岁的官员和本地或自外省赶来的庶民，都在宴请之例。

清圣祖康熙帝朝服像

在宴会上，康熙帝为了表示养老尊老的高姿态，还特意命诸皇子皇孙以及十岁以上、二十岁以下的宗室子弟都来参加，足岁者执爵敬酒，未满足岁者侍立观礼，让他们从小懂得敬老。其中八十岁以上的老人，格外被扶至康熙帝面前，由他亲自劝饮。康熙帝还发表了讲话，说："古来以养老尊贤为先，使人人知孝知悌，则风俗厚矣。希望你们把这个意思带回去告诉乡里。"又说："昨日大雨，田野沾足，宴后你们赶快回去，勿误农时。"这一天前来参加宴会的，九十岁以上有三十人，八十岁以上有五百三十八人。康熙

晚年的康熙帝

康熙帝晚年一直被立储问题所困扰，这使他殚精竭虑。

《圣祖庭训格言》

《圣祖庭训格言》为世宗胤禛所辑，成为后世子孙必读的祖宗家训之书。

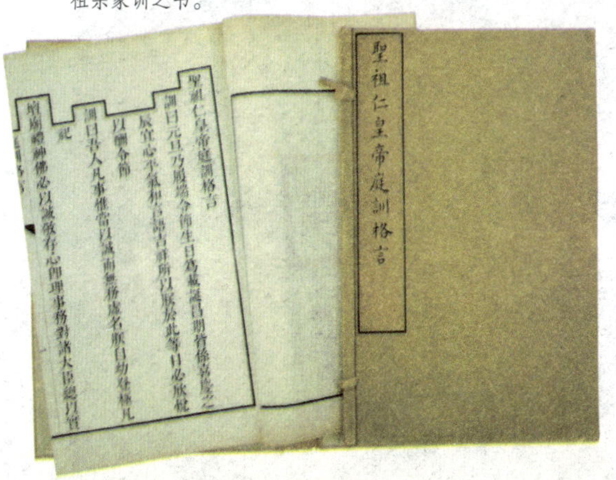

聖祖仁皇帝庭訓格言

帝对这些高龄老人都赐以银子。几天后，康熙帝又在畅春园宴请八旗退休官员兵丁，出席者中有九十岁以上七人，八十岁以上一百九十二人。

千叟赴宴

康熙六十一年正月（1722），康熙帝召集满蒙八旗文武大臣，凡年龄满六十五岁以上，包括已经告老回乡的官员共六百八十人，在乾清宫前赐宴，由皇子和宗室子弟执爵敬酒。三天以后，又宴请满六十五岁以上的汉人官员三百四十人，同样由皇子和宗室子弟执爵敬酒。康熙帝非常高兴，这时正值新春来临，充满节日祥和气氛。他诗兴大作，即席赋诗一首，庆贺这

“圣祖仁皇帝谥宝”及宝文（及上图）

雍正元年二月十九日，康熙上谥号“圣祖合天弘运文武睿哲恭俭宽裕孝敬诚信功德大成仁皇帝”，乾隆元年三月十一日，在谥号“诚信”与“功德”之间加“中和”两字。

中国大事记

弛蚕丝出洋之禁。《红楼梦》作者曹雪芹死。

历史文化百科

〔人口增加不增税〕

康熙五十一年(1712)，康熙帝宣布实行“滋生人丁永不加赋”，即是按现有钱粮册丁数征赋，其后所生，不必再行征收。它使全国丁银总额大致固定，相对稳定了农村人口。但这样却也使人口大幅度增加，如顺治十八年(1661)，全国人丁为2106万；康熙五十年(1711)为2462万，康熙六十一年(1722)为2530.9万；到了乾隆六年(1741)，突增至14340万余人；道光二十九年(1849)竟达到41298万人。

件大盛事。“百里山川积素妍，古稀白发会琼筵。还须尚齿勿尊爵，且向长眉拜端年；莫讶君臣同健壮，愿偕亿兆共昌延。万几唯我无休暇，七十衰龄未歇肩。”

圣祖仁皇帝谥册

康熙庙号圣祖，葬河北遵化清东陵“景陵”。

与宴官员们自然也纷纷献上和诗。这些诗后来就题名“千叟宴诗”。

当时年仅十二岁的小皇子弘历（乾隆帝）也奉命侍立观礼，此情此景给他留下非常深刻的印象。过了六十四年，弘历做皇帝五十年（1785）之时，也仿效祖父在北京举办了一次千叟宴，宴会上按康熙帝原韵和诗，并将它制作于木匾，送给每个参加千叟宴的老人，带回家去悬挂，以示荣光。

两次盛宴，出席老人共达一千零二十人，所以称为千叟宴。 〉盛巽昌

旗人过年

此图描绘的清代北京城里旗人过年时的热闹情景。清朝开国之初，编立四旗以统民众，后增为八旗，故又称满人为旗人。旗人入关后，虽与汉人相融合，生活习俗日近，但仍稍有差异。从此年画中可看出，旗人过年不包饺子，也不烧佛香、请财神。

世界大事记：英国哈格里夫斯发明新式纺车，由此引起产业革命。

人物：康熙帝
关键词：闲适 顺境
故事来源：《康熙朝实录》

木兰围场

皇帝狩猎，不仅是家法、习俗，更是军事训练的一种方式。

天然的皇家围猎场

承德往北一百一十七公里，如有一把神斧将起伏连绵的峰峦劈成两爿，陡峭壁立的两崖之间形成一个峡谷。伊逊河从峡谷中奔流而出，顿时显得十分开阔。这个峡谷清时称作崖口。乾隆帝的《入崖口诗》就用汉满蒙藏四种文字刻于石碑，竖在崖口台地上。

进入崖口便是木兰围场。“木兰”是满语“哨鹿”的意思。所谓“哨鹿”，就是猎人头上套着制作逼真的鹿头，口中吹着木哨，以呦呦鹿鸣吸引真鹿的一种诱猎方式。这个围场是康熙二十年（1681）四月，皇帝第二次出巡口外时勘察圈定的，东西南北径距三百里左右，周长约有一千多里，总面积约有一万多平方公里，按地形变化与禽兽分布状况，划分成六十七个小围场。北有坝上高原作屏障，南以燕山山脉作围墙，气温适宜，林木茂盛，峦谷起伏，泉流纵横，飞禽走兽，应有尽有，确是行猎的好地方。

秋天，天高气爽，苍山滴翠，红枫似火，是狩猎的大好时光。每年秋分过后，康熙帝便要出猎了，陪伴的有各部院官员和青海蒙古、喀尔喀蒙古、内蒙六

清代皇家最大的猎场：木兰围场

木兰围场位于河北省围场县最北端和内蒙古克什克腾旗交界处，占地面积约一万平方公里，是清代皇家最大的狩猎场，也是习武场。康熙二十年（1681）康熙亲自出塞勘测，以喀喇沁、敖汉、翁牛特诸旗敬献牧场为名，划定木兰围场的界地，内设七十围，按八旗制度管理。木兰围场以树栅为界，以区分内外，每年举行一次大约为二十天的木兰秋狝。木兰：满语哨鹿的意思，是一种诱猎方式。秋狝：是皇帝狩猎指定的名称，“春为蒐”，“夏为苗”，“秋为狝”，“冬为狩”。

中国大事记

杨应琚率兵攻缅甸。《大清会典》完成。

盟四十九旗的王公贵族以及察哈尔八旗的蒙古官兵，不下一万二千多人。内蒙喀喇沁、科尔沁、翁牛特、巴林、克什克腾、敖汉等旗一般都要派出一千二百五十名骑兵，一百个向导，以及三百个随围枪手、打鹿枪手和长枪手参加侍候。

普陀宗乘之庙

"普陀宗乘"为藏语"布达拉"的汉译，因有"小布达拉宫"之称。于乾隆年间按布达拉宫形制建于承德避暑山庄以北。为清外八庙之一。

满洲贵胄狩猎

此图描绘了满洲贵胄狩猎之态。

以楠木精制而成的鹿哨

哨鹿是命数十名随围兵士头戴鹿首，藏于丛林，吹响鹿哨，模仿雄鹿叫声，吸引雌鹿过来再将其射杀的意思。鹿哨是一种诱捕野兽的工具，一般用桦木制成，形似牛角，一端粗一端细，能发出鹿鸣的声音，鹿群或其他野兽闻声而来，猎人便可乘机捕捉或射杀。图中鹿哨以楠木精制而成，并在所雕龙体外涂上一层金漆，显出富贵的皇家气象。

避暑山庄正门

清一

明清在少数民族地区废除世袭土司，改行临时任命的流官统治的政治措施叫什么？

世界大事记

因美洲民众反对，英国被迫取消印花税条例。

承德避暑山庄主殿：澹泊敬诚殿

皇帝出猎之际，满蒙负责行围的大臣黎明前就率领各部骑、射手左右潜伏，形成方圆数十里的包围圈。太阳将出时，皇帝携弓佩刀，带着大臣、侍卫、亲随、射生手、虎枪手等入围了。首先是皇帝、皇太子射猎，之后，皇帝便驻马观围，令其他人员射猎。此时，包围圈已逐渐缩小，人马啸蹄声，火枪弦矢声，旌旗猎猎声，禽兽哀鸣声，震撼原野。一天结束，统计战果，论功行赏，然后在夜空下燃起篝火，割生炙熟，大啖野味。二十天行围期满，还要举行一次盛大的庆功告别宴会，观赏蒙古勇士比武、摔跤和蒙古歌舞。最后，皇帝对蒙古王公贵族进行赏赐，表示答谢。

历史文化百科

〔圈地〕

顺治元年(1644)十二月，多尔衮颁布了《圈地令》，内称将北京周边无主土地分给满族王公贵族及八旗将士。但在执行过程中，不仅将原明朝的皇庄、官田、无主田地圈占了，而且将有主土地也圈了，原来只圈于土地，后来竟包括地上的房屋、树木，甚至将土地上居民也变成耕种的农奴，圈地涉及州县地区达81处，占直隶省全省土地51.59%。后鉴于圈地采用奴隶制或农奴制生产是一种倒退，行不通，逐渐转而采用租佃形式的庄田。皇庄、官庄和旗庄都设有庄头，由庄头招佃，找人耕种，收益上缴内务府或八旗衙门，用来补助贵族和将士的生活费用。

避暑山庄（清·冷枚绘）

世界大事记

英阿克莱特发明水力纺纱机。

承德避暑山庄内一景

习武木兰，毋忘家法

康熙帝十分重视一年一度的围猎活动，对军伍、行阵、纪律、号令各个方面要求都很严格。他认为这样的环境，既有利于提高兵将越高山、登峻岭、奔平甸、跨深涧的骑术，也可以训练军人弯弓射箭和近距离搏击的本领。康熙对宁古塔将军巴海就这么说过："围猎是军事训练的一种方式，不可荒废。不认真对待，按军法从事。"这种要求代代相传，雍正帝嗣位后，专门立了一个规矩："后世子孙，当遵皇考所行，习武木兰，毋忘家法。"

清帝木兰行围，当然不仅是家法，也不仅是一种狩猎习俗，重要的是在于创造一种常备不懈的训练状态，保持八旗军事力量；另外，通过这种活动，也起到了团结蒙古上层人物，巩固北方边防的作用。

《避暑山庄》（左页图）（清·冷枚绘）

避暑山庄原名热河行宫，是我国现存的最大的皇家园林。山庄自康熙四十二年始建，乾隆五十五年完工，历时八十七年。建楼、台、殿、阁、轩、斋、亭、榭、庙、塔、廊、桥一百二十余处，尤以康、乾御题七十二景为著。作者冷枚。此图取自实景又加以集中，画法吸收西画因素，增强山水明暗立体感。

中国大事记
准俄国仍可在恰克图通商。

〇六一

立储难

英明皇帝往往是治国易，治家难。

晚年的康熙帝最为忧心忡忡的，莫过于立继承人。

册立皇太子

按满人传统，继承人从有权势的诸王子中挑选，诸王嫡妻，即大福晋所生的儿子则有优先权。但满人入关后承袭了汉人的机构体制、政治理念和道德标准，因此，康熙十四年十二月十三日，康熙帝就将出生才十八个月的胤礽册立为皇太子，确立了皇位的继承人。

胤礽的母亲是原摄政大臣索尼的孙女、内大臣噶布喇的女儿，十一岁就被皇祖母选定当了皇后，十五岁生下第一个皇子承祜，只活到三岁就死了。以后三年中嫔妃们生了六个儿子，竟接连死了四个。皇后生下胤礽的当天下午也死了。

胤礽初生时，取奶名为保成，意为“保证成活”。当时皇帝正面临三藩和台湾的战乱，又要对付自称朱三太子的谋刺以及朝中的南北党派之争，没有精力去照顾皇太子，以致宫中的溺爱与放纵，铸成了太子自私、乖戾的性格，奶公凌普的贪婪和舅公索额图的专横跋扈，也给了他极大的负面影响。

康熙帝在政局稍为稳定后加强了对太子的培养。胤礽读完了《四书》，熟练了满、汉、蒙三种语言，骑射方面也有很大长进，九岁时还射中过一只老虎。他的太子身份和不俗表现，给了南书房供职的朝臣趋炎附势、奉承讨好的机会，胤礽由此变得越来越肆无忌惮。

皇太子只想登基

康熙帝对这个继承人有异于常，开始感到了不安。他想让太子出阁读书，接受儒家正规教育，然而为时

胤禛为其子弘历（乾隆帝）出生洗浴的洗三盆（上图）

旧时小孩在出生的第三天要洗浴一次，俗称“洗三”。“洗三”有洗去身上的污垢，以保平安健康之意。这是清代雍正的皇子，后来的乾隆皇帝在他出生的第三天洗浴用过的盆，又名鱼龙变化盆。谁知经过这一洗的弘历日后还真变成了一个真龙天子。

胤禛在朗吟阁观景（左图）

雍正帝胤禛，生于康熙十七年（1678），是康熙的第四子。未登基的胤禛刻意将自己装扮成清心寡欲、生活恬淡的富贵闲人，自诩“破尘居士”。朗吟阁位于圆明园中路“天然图画”内，是康熙赐给胤禛的书斋。图中所画即为年轻时的胤禛在朗吟阁观景的情境。

讲述施世纶任江都知县至通州漕运总督时断案故事的小说是什么？

世界大事记

英国瓦特发明蒸汽机。

人物：康熙帝 胤礽 胤禛

关键词：谋略 机遇

故事来源：《清史稿·圣祖纪》

蟠螭钮印（及右图）

康熙十四年(1675)，康熙帝颁给皇太子胤礽的印信。石质，蟠螭钮，长9.2厘米，宽9.2厘米，通高7.4厘米。玺文为汉文篆体。

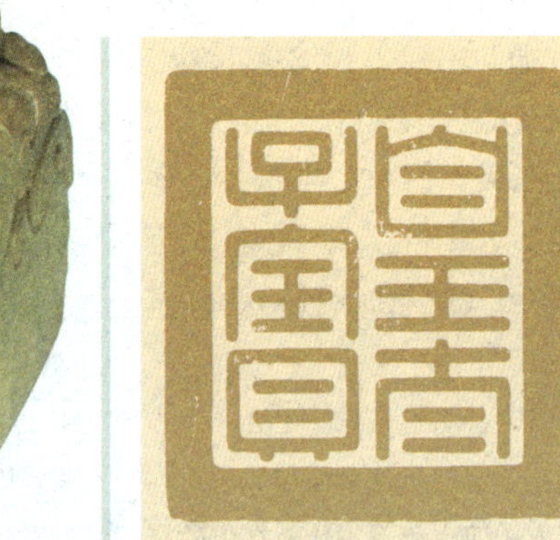

已晚。皇帝出征病重回来召见太子时，竟发现他毫无忧虑之色。国舅阵亡，皇帝抱病参加葬礼，然而他却似乎没有什么反应。祖母去世后，皇帝打破满汉传统，采取割辫、停灵、居帐守制等异乎寻常的举动，想以此非常孝道对他进行精神感召，然而，他对这一切也都无动于衷，他想的只是如何早日登上皇帝的宝座。索额图已多次向康熙表达了这一意向。康熙三十三年（1694）清明，索额图甚至授意礼部，将太子的祭祖拜褥同皇帝的一起放在奉先殿门槛之内。康熙对此十分恼怒。

尽管如此，第二年，康熙帝还是给年满二十的太子立了妃。不久，又决定让太子代理国政，自己统兵去讨伐噶尔丹。有关太子行为不端的传言日渐多了起来，甚至纷纷谣传皇帝很快就要让位给太子。这实际上反映出太子政治上的野心日益明显，年过半百的康熙帝面临着痛苦的抉择。

最终废黜胤礽

康熙四十七年(1708)九月，康熙在木兰围场秋狝时终于采取行动，将三十五岁的胤礽废黜。起因是太子白天

毓庆宫

毓庆宫位于东六宫之南，斋宫的东面，与皇室家庙“奉先殿”比邻，始建于康熙年间，是专为太子建造的寝宫。后成了皇帝指定的皇子居住和学习的地方。

历史文化百科

〔雍和宫〕

位于北京内城东北角，为喇嘛寺庙。原为清世宗胤禛的旧邸，先称允贝勒府，后叫雍亲王府，登基后将一半改为黄教上院，供喇嘛们诵经，另一半改作行宫。后行宫遭焚，雍正三年（1725）改上院为雍和宫。为五进院落，依次有牌坊、影壁、甬道、东西碑亭，天王殿、雍和宫，永佑殿、法轮殿、万福阁，楼宇层叠，飞檐翘角，画栋雕梁，气势非同凡响。各殿阁之中，或塑或画地供着各种大小佛像。

《施公案》。

中国大事记

清军入缅甸，旋退回。

黑夜都在监视皇帝的行动，甚至每夜从营帐缝隙中窥视。康熙帝痛心地对胤礽说："我已经容忍了你二十年！"

这以后，众皇子便为太子之位勾心斗角起来。老皇帝身心受到严重损害，老眼昏花，双耳重听，人也消瘦了不少。他痛定思痛，还是把机会再一次给了胤礽，恢复了他的太子地位。

胤礽复位以后，狂疾未除，故态复萌，一心做登基的准备，甚至在朝鲜驻京使节面前放风说："自古至今，有过立太子四十年而不让他继位的皇帝吗？"康熙帝十分担心太子会发动宫廷政变，直接危及自己的生命安全。于是，他再次采取断然措施，于康熙五十一年（1712）以胤礽叛逆嫌疑罪告示天下，将他永远废黜。

皇四子胤禛

康熙的健康状况越来越差，然而，他仍旧坚持着象征满人尚武的秋狩活动。康熙六十一年（1722）十月，他由人抬着来到南苑皇家猎场。半个月后，实在支持不住了，才命人将他送回北京西郊畅春园静养斋戒，还准备在冬至日去天坛主持祭天仪式。

十一月十三日凌晨二时，畅春园突然传出皇帝病危，急召在京诸皇子见面的旨意。四时，胤祉、胤祐、胤禩、胤䄉、胤祹、胤祥先后会齐，在舅父隆科多带领下，到寝宫与父皇见面。

晚上八时左右，康熙皇帝驾崩。寝宫外众皇子闻讯，匆忙进入跪拜在父皇榻前。胤禛更是哀恸哭号，痛不欲生。这时，隆科多突然宣布："圣上遗诏：着皇四子继朕登基，即皇帝位。"隆科多说："这是圣上在早上四时当着诸位皇子的面下的旨意。"胤䄉听了，惊讶得目瞪口呆；胤禩听了，怒气冲天；其他人则低头默无一语。

皇四子胤禛遵照隆科多宣布的遗诏，登上了皇帝宝座，他就是雍正帝。多年来太子之位的角逐终于降下帷幕。

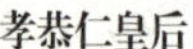

孝恭仁皇后

孝恭仁皇后（1660—1723）乌雅氏，蒙古人，满洲正黄旗，于康熙十七年（1679）十月三十日生皇四子，即雍正帝。次年册为德嫔。十九年生皇六子胤祚。二十年封为德妃。二十一年生皇七女，二十二年生皇九女，二十五年生皇十二女，二十七年生皇十四子恂郡王胤禵。雍正即位后尊奉为皇太后，旋死，葬于景陵，全部谥号为：孝恭宣惠温肃定裕慈纯钦穆赞天承圣仁皇后。

清代每一官缺皆由满汉各一人或数人充任的制度叫什么？

世界大事记
英国会通过新闻报道自由法。英国创立了第一家工厂。

人物：雍正帝 年羹尧 隆科多
关键词：权术 骄傲
故事来源：《清史稿·年羹尧传》《清史稿·隆科多传》

年羹尧隆科多获罪

飞扬跋扈，忘乎所以，就要出轨。

雍正帝有两个柱石大臣，一个叫年羹尧，另一个就是隆科多。

投靠雍亲王

年羹尧本是雍亲王藩邸的旧人，关系原很密切。后来，康熙帝用他带兵为将，做了四川巡抚，关系疏远下来，六七个月不曾向主子写个请安的字，却去向皇三子诚亲王胤祉献殷勤，结果银子被冒充诚亲王属下的人骗走，偷鸡不成反蚀了一把米。不过此人精明，有胆识，是个有思想的人。他一听说雍亲王要做皇帝，态度立刻又转过来，表示坚持拥护。因此，雍正帝一登基就予以重用。他也不负所望，统军将和硕特部蒙古罗卜藏丹津发动的叛乱一举扫平，稳定了青海的局势。更关键的是，平叛的胜利大大提高了新皇帝在朝野的威信。

隆科多跟雍正帝本来没有什么特殊关系。他是康熙帝娘舅佟国维的儿子，与康熙是表兄弟关系；又是康熙帝孝懿皇后的弟弟，与康熙是郎舅关系。与雍正像与其他皇子一样，不过是个舅舅而已。他原先同皇长子胤禔比较接近，也是皇八子胤禩的积极支持者。然而，在紧要关头，隆科多突然投奔到了雍亲王麾下。

尊隆过甚，忘乎所以

康熙帝传位遗诏宣布的第二天，雍正帝就把隆科多提拔到总理事务大臣的位置上，几天后又让他袭了一等公的勋爵，还下令将他当嫡亲娘舅一般厚待。年羹尧当上了抚远大将军，连他手下的兵卒也倍受称赞。雍正帝对年大将军说："你此番为国为民竭尽忠诚，苍天有眼，定会保佑你一辈子灾去福来，子孙昌盛，阖家平安。否则还会有谁相信'报应'二字呢？"

隆科多、年羹尧受到雍正帝如此尊隆，不禁忘乎所以，渐渐就有些出轨了。尤其是年羹尧，在外做川

雍正帝朝服像（上图）

雍正"为君难"玺文（左图）

雍正帝勤政、亲贤、爱民、兢兢业业，但也"为君难"，这就是皇帝的感慨。

满汉复职制，例如六部皆设满汉尚书各一人，满汉左右侍郎各一人。

中国大事记：土尔扈特蒙古部十余万人回归。

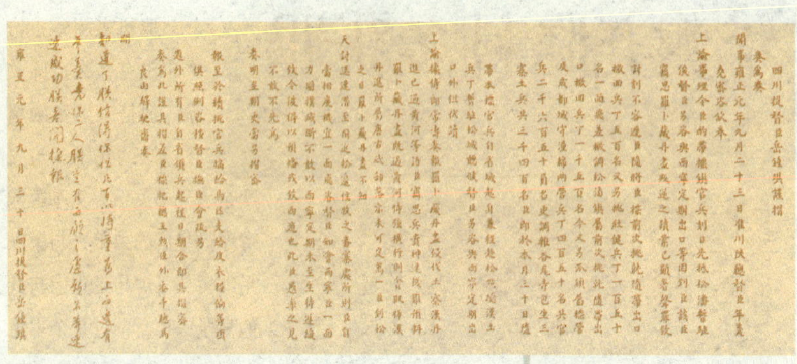

年羹尧关于罗卜藏丹津奏折

罗卜藏丹津为青海和硕特蒙古贵族首领顾实汗之孙，康熙五十三年(1714)承袭其父的亲王爵位，成为青海和硕特部蒙古贵族的最高首领。雍正元年(1723)罗卜藏丹津起兵。清廷闻变后，立即命年羹尧、岳钟琪等率军镇压，很快将叛乱平定。对蒙古族各部采取编旗设佐领措施，共编为二十九旗，同时派驻“办理青海蒙古番子事务大臣”(简称西宁办事大臣)，管理青海一切政务。

陕总督，挂着大将军印，经济上克扣军饷，贪赃受贿，生活上奢侈糜烂，极度享乐；政治上随心所欲，“年选”的文武官员，连吏部都不好过问；另外，还搞小宗派，把钦差军中的御前侍卫当马夫一样使唤。

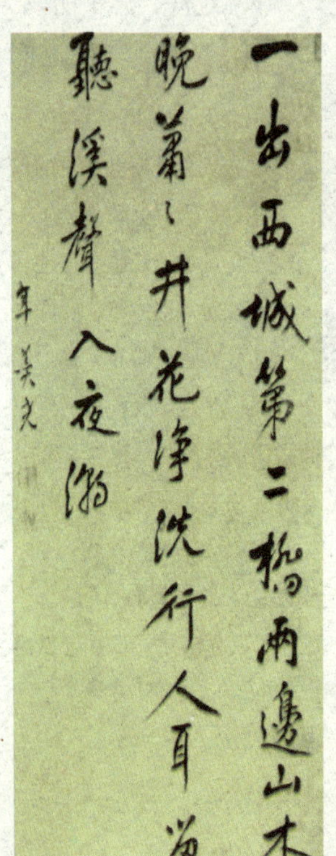

年羹尧手迹

雍正帝不能容忍年羹尧自恃有功，言行不检点，寻机以年羹尧所上贺章字迹潦草，并把“朝乾夕惕”四字颠倒为“夕惕朝乾”作为借口，暗喻臣下劾奏，相传连降年羹尧十八级，罚至杭州看守城门，并罗织罪名，令其自尽，家产抄没入官。

到京师来也不收敛一些，竟要总督、巡抚跪地迎接，连皇帝的女婿也不放过。这种擅作威福，窃弄权柄，是对皇权的公然蔑视和威胁。一般官吏都气愤难平，堂堂雍正帝岂能忍受？

年羹尧罢官自杀

雍正三年（1725）三月，雍正帝终于借年羹尧奏贺日月合璧、五星连珠本章跟他翻脸，说他的本章字迹潦草，竟把“朝乾夕惕”写成“夕惕朝乾”；斥责他说，你年羹尧不是办事粗心之人，怎会胡乱书写？你如不想从早到晚兢兢业业为朝廷办事，以前的所谓平青海之功也可给你抹掉。雍正帝在申斥谕旨中还说，如今我责问你，你必然推托自己生病，此奏章系由他人代笔，这更没有道理。臣事君须毕恭毕敬，陈奏本章，怎好随便让人代写？从这点即可证明，你年羹尧仗着几分功劳，便显露出不忠不臣的心迹，难道能说是无心出错的吗？

雍正帝就此以年羹尧怠玩昏聩，不可复做总督和抚远大将军，改授杭州将军。由岳钟琪代理川陕总督。年羹尧接到圣旨调令后，迟迟三天，才交出总督印信，在赴任途中，又上奏折说，我没有久居陕西，但也不

历史文化百科

〔步军统领〕

清代提督九门步军巡捕五营统领的简称。掌管京师正阳、崇文、宣武、安定、德胜、东直、西直、朝阳、阜成九门内外及周边的守卫巡警等职，俗称九门提督。均由满人担任，且为皇帝亲信。清人戏曲平话，常有将汉人封为“九门提督”，实不可信。

 清代浙江海塘由块石篓塘和鱼鳞石塘构成，各是什么？

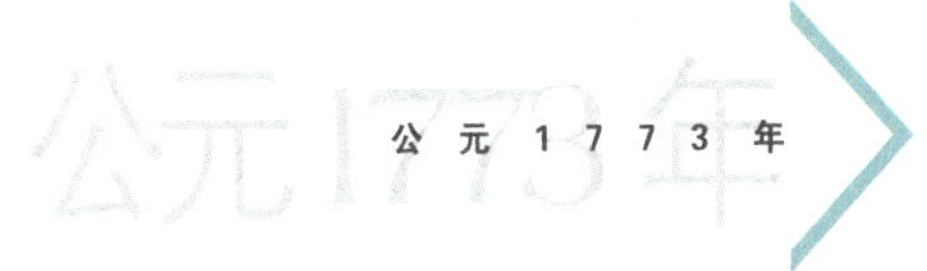

世界大事记

英国强迫印度农民种植鸦片，由东印度公司收购。俄国普加乔夫起义。

隆科多奏折

隆科多乃前朝重臣佟国维之子，康熙皇帝驾崩后，他即宣读遗诏，让身为四阿哥的胤禛继位。胤禛对其以“舅舅”相称。之后年羹尧、隆科多成为雍正朝的重要支柱，一个在外，一个在内，权势极大，年党、佟党布满朝廷内外。胤禛逐渐觉得权势日强的朋党在威胁皇权，就设法剪除了两个重臣。

敢急于赶往浙江，现在仪征听候圣旨。雍正帝读到奏折后，更为愤怒，命他立即赴任，并将他的这份抗旨奏折故意抄给各处督抚。

皇帝的用意明白，大臣便纷纷上奏章弹劾。于是，年羹尧之子均削籍夺官。他在七月里，即由一等公降为二等公，再降为三等公，不久又免去杭州将军，再降为闲散章京，又撤销了这个无职无权的空头章京。民间相传，雍正帝多道下旨，一夜之中将年羹尧连降十八级，由大将军直降为杭州庆春门城门官。但年羹尧依旧飞扬跋扈，高踞城门口，旁若无人，虽总督巡抚亦等闲视之。原来雍正帝收缴授与他的所有印信，却忘了还给过的一块金牌：“文官下轿，武官下马。”于是收回金牌。并经议政大臣和刑部界定，他共犯了九十二条大罪。其中五条大逆罪，九条欺罔罪，十六

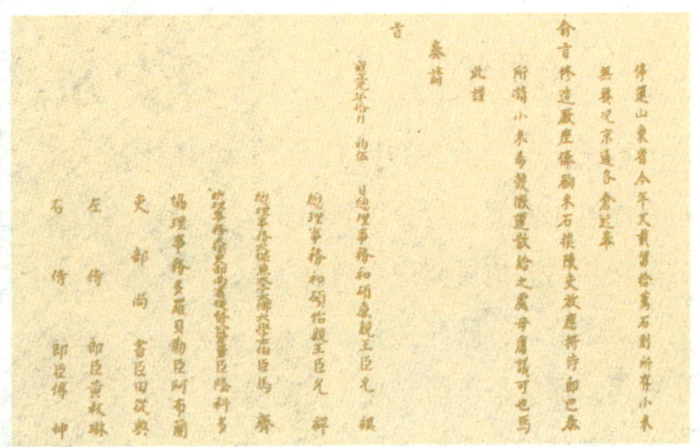

允禩奏折

康熙废皇太子后，抱有野心的皇子们，结党钻营，谋贪大位。在太子党之外，又形成皇八子集团和皇四子集团。皇八子允禩，“有才有德”，聪明能干，内外经营，很得众心。在初废皇太子之后，允禩署内务府总管事。皇九子允禟、皇十子允䄉、皇十四子允禵，大臣阿灵阿、鄂伦岱、揆叙、王鸿绪等，都依附于允禩。

条僭越罪，十三条狂悖罪，六条专擅罪，十八条贪婪罪，十五条侵蚀罪，四条残忍罪，六条忌刻罪。如此大罪，岂能宽贷？于是逮捕进京下了天牢，迫令自杀了事。

隆科多终身监禁

同年五月，雍正帝又公开点了隆科多的名，指责他结党营私，诸事欺隐。接着剥夺了他使用黄带、紫扯手、双眼花翎的特权，将他贬到阿兰善山修城开荒。次年，指派他到阿尔泰岭同策旺阿拉布坦谈判。之后，又派去同俄罗斯进行边界问题谈判。过了一年，隆科多私藏玉牒的事被揭发出来，马上将他调回，定下四十一条大罪：大不敬罪五条，欺罔罪四条，紊乱朝政罪三条，奸党罪六条，不法罪七条，贪婪罪十六条。雍正帝说念在舅舅分上从宽处理，免了死罪，在畅春园外造了三间屋子，作为他终身监禁之所，直到雍正六年（1728）六月死去。

雍正帝剪除年羹尧和隆科多的目的，无疑是为了强化皇权，进一步巩固他的统治地位。除此而外，是否还有其他不可告人的原因，就不是局外人所能知道的了。

：前者是盛满石块的巨型竹篓堆摞而成，后者则是以大石条块互相扣合而成，都可以抵挡风浪潮汐。

中国大事记

开四库全书馆。以刘统勋为总裁。

〇六三

孙嘉淦直言

孙嘉淦因为讲真话得宠于皇帝也得罪于皇帝。

有胆有识

康熙五十二年（1713），孙嘉淦进士及第，被分派到翰林院做检讨。他研究理学颇有名气，还给自己做官立下了戒律，那就是所谓“八约”：事君笃而不显、与人共而不骄、势避其所争、功藏于无名、事止于能去、言删其无用、以守独避人、以清费廉取。

雍正帝登位，鼓励群臣上疏议事，广开言路。孙嘉淦激动了，信以为真，于是上疏建议要“亲骨肉、停捐纳（用银买官）、罢西师”。当时雍正帝还在铲除宗室家族中的反对派和对准噶尔用兵。雍正帝读了孙嘉淦疏状后，当着大臣面对翰林院首席学士说：“尔乃容此狂士耶！”文武大臣不知如何是好，只有大学士朱轼说：“嘉淦是狂，然臣服其胆。”雍正帝也只得嬉笑地说：“朕亦不能不服其胆。”

雍正帝当即召孙嘉淦上殿，升他为国子监司业。

雍正孝敬宪皇后朝服像
雍正继位后立嫡福晋乌拉那拉氏为后，谥号孝敬宪皇后。

几天后，雍正帝在上朝时，指着孙嘉淦对群臣说：“朕即位以来，孙嘉淦每次都直言极谏。朕不但不生气，还很高兴。尔等当以孙嘉淦为榜样才是。”

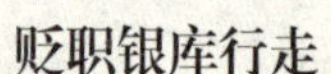

贬职银库行走

孙嘉淦又升任为国子监祭酒。

在这期间，他官职时有调动，但仍兼任祭酒，并负责向皇帝推荐人才。有次，他向雍正帝推荐两个教习时，因为直言，顶撞了几句，被认为大不敬，论罪应斩。但雍正帝事后放了他一马，说道：“嘉淦太憨，然此人不贪财，可在银库当差。”于是被贬在户部当了一名无品级的行走。

户部主管是果亲王允礼，他本以为孙嘉淦降职有怨气，必不会认真工作的，而且还有人送来小报告，说孙某在收纳入库银时为了沽名清廉，有意纳银不足，使库存有减无增。允礼办事也认真，就悄悄到银库窥视，只见他弯身屈腰与下役一起持衡称量，相当劳累地操作。

世界大事记

第一届殖民地会议（即大陆会议）在北美费城召开。

人物：孙嘉淦 雍正帝 乾隆帝

关键词：正直 识才

故事来源：《清史稿·孙嘉淦传》

"胤禛之章"

康熙帝第四子爱新觉罗胤禛之印，胤禛即后来的雍正皇帝。

当允礼得悉凡孙嘉淦经手的银两，都专置一柜，不与他人的收银混杂，就命人员当场复核，真个是无丝毫差错，大加惊叹、钦佩。雍正帝知道后，立即命他署河南盐政。

再为乾隆重用

乾隆帝继位后，立召孙嘉淦回京。他先后出任吏部侍郎、左都御史和刑部尚书兼管国子监总务，在此期间他向年轻的乾隆帝上了一份除"三习一弊"的奏折，受到嘉奖。

果亲王允礼像

康熙帝第十七子果亲王允礼（1697—1738），一度执掌户部大权。

孝恭仁皇太后朝服像

雍正帝生母。画中的皇太后身穿石青色龙袍，头戴凤冠，端庄和蔼。

乾隆三年（1738）秋，孙嘉淦外放直隶总督。

当时，严厉禁止酿酒，但民间喝酒已是主要的饮食习惯，以致犯禁者甚多。孙嘉淦经过调查和研

中国大事记

定聚众结盟罪例。白莲教王伦于山东聚众起事。

究后，向皇帝呈报了一份有尺度的禁酒办法。内称："前任总督李卫任内，一年中查获私酿酒者364案，犯者1400余人。臣只当了一个月总督，就查获私酿酒者78案，犯者350余人。至于府、厅、州、县自结之案，亦不知有多少；吏役兵丁查获又纳贿放纵者更不知其数。直隶省如此，他省就可想而知。"又说："就现在这样禁私酿酒，百姓是弱者失业，强者犯令，酒枭聚众，天下骚然。"因此他认为禁酒令要改革，即禁酒应禁歉收年而不禁丰收年，而黄酒用米麦五谷之精，应禁私酿；若烧酒则用高粱佐以豆皮、黍壳、谷糠，原属废物，杂而成酒，可以得价，其糟可饲六畜，化无用为有用。也就是说禁酿黄酒而放宽酿烧酒。

乾隆帝读了他的建议，相当欣慰，于是按孙嘉淦所说下诏各省。〉盛巽昌

清缂丝团龙——先进纺织技术的体现

缂丝是以蚕丝为原料，采用"通经断纬"的织法，经彩纬显现花纹，形成花纹边界，满幅透空的针孔，悬空视之，犹如万缕晶珠，具有类似雕琢镂刻的效果。缂丝不受颜色的束缚，可以织造出各色图案，古朴典雅。不如刺绣光亮鲜艳，却经洗耐磨，有千年不坏之说。古时龙袍一般采用龙居圆形中间的团龙纹样。清缂丝团龙以圆金线缂织团龙，周围用五彩丝线织流云海水点缀，下摆织寿山福海及杂宝纹样。

清代皇宫用品：斗方纸

皇上赏给大臣福、寿字，用蜡笺斗方写。所谓"斗方"，就是老式斗口大小的正方形，约合市尺一尺五寸见方，四周都印有很复杂的花纹。写时对角写，尖向上，很大的福字、寿字写在中间。京内大臣尚书以上至亲王，外省巡抚、总督、将军等一般都有赏赐。每一精美漆盒放置三十四张红纸，纸上用泥金银粉绘制云龙纹，色彩艳丽，花纹细致精美，充满富贵气，显示出皇室的奢侈豪华。

〉历史文化百科〈

〔官僚士大夫偏好孔府菜〕

由于孔府要迎送祭孔与东巡的皇帝圣驾，还要交接地方官员，故在饮食风味方面十分考究；且形成一套风味独具的孔府菜。孔府的厨房分内外厨房和小厨房，很像皇宫里的御膳房，所以它形成一套独特的传统菜谱和烹饪方法。"孔府菜"既承袭了山东"鲁菜"的传统，又将江南和内地的烹饪技法，广采博收，熔为一炉。恰因如此，孔府每年要数次向皇宫进贡孔府菜。

吴敬梓的《儒林外史》

乾隆朝长篇小说创作大放光彩，吴敬梓的《儒林外史》为中国文坛，也为世界文坛留下了不朽记录。

明末清初，有个华阳散人编过一本名为《鸳鸯针》的话本小说，抨击科场弊病和儒林士人的恶习。后来，蒲松龄作《聊斋志异》，对科举的黑幕也有所揭露。不过在深度和广度上都不如《儒林外史》。有个叫程晋芳的人说过："外史纪儒林，刻画何工妍。"就是说《儒林外史》写得非常生动。

范进中举非虚构

写《儒林外史》的吴敬梓，是安徽全椒人，此人出身显宦望族，后遭变故，家道中落，流落到了南京。他才学虽高，但对科举仕途看得很淡。世态炎凉、官场黑暗萌发了他写儒林种种丑态恶行的念头。

人们对范进中举的故事一定相当熟悉，这就是《儒林外史》中的一个情节。这范进年逾半百，屡试不中，穷困潦倒，一直被丈人胡屠户奚落，骂他现世宝穷鬼，烂忠厚没用。没有米下锅，他不得不抱着一只鸡插上草标到集上去卖。弄到这个地步，还谈什么读书人安贫乐道？忽然报子敲锣打鼓前来报喜，说范老爷高中了。穷经皓首的老书生一下子经受不了这个刺激，竟然疯了。

清代蜀绣绵竹年画八仙图

画面描写八仙得到一坛美酒，开怀畅饮，各呈醉态。八仙为中国民间传说人物，有关八仙的故事流传极广，其中不少与酒有关。

鲁迅说，吴敬梓写的人物，不是凭空想出来的，大都实有其人。有个叫金和的和一个叫平步青的，都认为书中的范进就是陶镛。

陶镛老家在安徽芜湖东北郊一个叫陶屋基的村庄里。他幼时求功名心切，读书过急，落下了痰厥之症，经常发羊癫疯。他的岳父正是个杀猪的屠夫。陶镛出道于芜湖县学。这县学门前的街叫儒林街，东面的长巷叫儒林里，官塘西堤上的桥又叫儒林桥。吴敬梓取书名《儒林外史》，也许就源于此。陶镛是雍正十三年举人，乾隆四年进士。当时铸造青铜器的陶制模型称作模范，吴敬梓以"范"代"陶"为姓，将进士的"进"取来做了名字，这便是范进其人的由来。

珊瑚魁星点头独占鳌头盆景

此盆景以红珊瑚制成魁星，跷左足，独立于翡翠制成的鳌首上。北斗七星以魁星为首，杓星为末，其首称魁。魁星俗称文曲星，传说是专司文章之神，世人供奉魁星以求功名。于是以"魁"字形取像，塑造出鬼举足独立持斗的形象，故称"魁星点斗"。此珊瑚魁星点斗立于鳌首，又可引申"应试高中，独占鳌头"之意。

公元1775年

中国大事记

禁广西商人出国贸易。

"牛布衣"原型

《儒林外史》第二十回和第二十一回中，有个名叫牛布衣的诗人，他寄寓芜湖老浮桥口甘露庵，常和一些达官显宦诗酒唱和，后来一病不起，临终时将平时所作的两本诗稿托老和尚代为保管，结果被一个叫牛浦郎的小子偷走，冒名顶替做了假名士，到处招摇撞骗。这牛布衣其实就是朱草衣的化身。朱草衣名卉，别号草衣山人，安徽休宁人。此人甘贫好学，侨寓芜湖，后至江宁，同吴敬梓有深厚友谊。他写过不少诗，编成《草衣山人集》，南京城中不少人皆熟知其中的"秋草人锄荒苑地，夕阳僧打破楼钟"诗句。朱草衣又曾在芜湖吉祥寺住过，以后浪迹南北，以布衣终老一生，晚景十分凄凉。《芜湖县志》里还有关于他的记载。吴敬梓对他的诗作和为人十分钦佩，就用"朱"的谐音"猪"给笔下人物取"牛"为姓，一生不做官的人称作"布衣"，何况他的别字又叫"草衣"，于是就有了牛布衣其人。

另有一个在吉祥寺门口设摊、为牛浦郎花言巧语所骗、免费帮他刻图章的郭铁笔，其原型则是当时有名的篆刻家诸葛祚。吴敬梓寓居吉祥寺侧东退庵时已与他相识。此人镌刻治章功夫高超，曾经得到过礼部侍郎沈德潜的称赞。

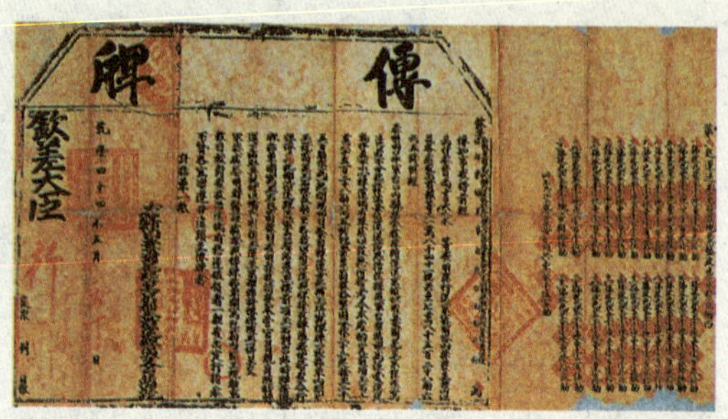

驿传文书凭证：传牌

传牌即为驿传文书凭证，又能验录公文传递情况。这个乾隆四十四年所用的驿站传牌由汉文书写的，说明当时汉化程度已经比较普及深入。

辛勤劳作绘巨著

吴敬梓是一个现实主义的作家。王又曾有诗说，"闲居日对钟山坐，赢得《儒林外史》详。"他在南京搬过好几次家，一是经济原因，一是环境关系，他要的是一个能够安心写作的地方。最后他搬到安静偏僻的大中桥畔，每日灌园种菜，不受外界干扰。一个儒林逃兵，跳出了迷人的科举怪圈，以冷眼旁观者的身份，去剖析那些亲眼目睹、耳熟能详的圈内芸芸众生，奇人异事，寄以同情和鞭挞。

可是，吴敬梓写这部《儒林外史》是相当艰苦的。他常挣扎在饥饿线上，有时靠朋友接济，有时忍痛将仅剩的一些书拿去卖掉换米。南京冬天很冷，无火取暖，饥寒交迫实在难熬时，竟约了五六个穷朋友，踏着月色，从东郭门出去，沿着城墙一路小跑，绕到西郭门回来。血液流畅，身上暖和了，他坐下来继续写作。

吴敬梓就是在生活和才华的强烈反差、现实和理想的尖锐冲突下，孜孜不倦地精心描画出一幅长卷——儒林百丑图的。

历史文化百科

〔文艺复兴后欧洲人关注中国小说〕

18世纪欧洲人翻译中国文学有两方面作品：一是言情小说，如《好逑传》、《玉娇李》；二是短篇通俗平话，即《今古奇观》若干篇。

西方世界目的在于通过认识小说人物和情节，认识中国现实社会世俗伦理，具体即是男女婚姻和家庭组合和建构。西方读者囿于欧洲文化传统，对寡妇扇坟，劈棺求爱；夫妻分离，各守其贞而团圆，极感新味。而《好逑传》等宣扬一夫多妻合理化、和平共处，这在"他们看起来，实在有些新奇而且有趣"（鲁迅）。

清 一

《渔洋诗话》的作者是谁？

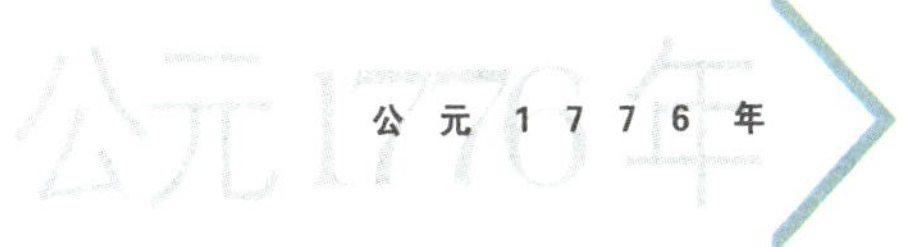

世界大事记

英国亚当·斯密推出《原富论》。北美洲《独立宣言》公布。

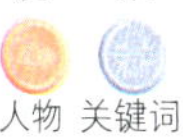

人物 关键词 故事来源

〇六五

查嗣庭狱案

"维民所止"，就是砍去脑袋的"雍正"两字。

康雍年间，浙江海宁有个出了名的查氏家族，查氏家族有个出了名的查嗣庭，此人官至侍讲学士，南书房行走，又由雍正帝的舅舅隆科多推荐，升任内阁学士，最后做到礼部左侍郎。

他的出名，传说是他吃了豹子胆，竟敢在江西主持乡试时出了个"维民所止"的试题，前一个"维"字，后一个"止"字，合拢来刚好是砍去脑袋的"雍正"二字。这还得了！所以，雍正帝大发雷霆，非要兴狱问罪不可。由此引出了清朝前期的一个天字号文字狱——"查案"。

其实，"查案"固然因试题引发，可查嗣庭并未出过"维民所止"的试题。那么，究竟是怎么回事呢？

剪党羽硬挑逆刺

清朝的乡试要考三场。第一场考四书、五经；第二场考论、判、表；第三场考经史时务策。雍正帝想整查嗣庭，确实抓住他主持江西乡试时出的题目进行过挑剔。比如首题"君子不以言举人，不以人废言"，说他对中央和地方官员举荐人才制度心怀不满，借机诽谤。三题"介然用之而成路，为间不用则茅塞之矣"，问他出如此偏题居心何在？策题"君犹腹心，臣犹股肱"，说他为何不称君元首，却称腹心？《易经》次题"正大而天地之情可见矣"；《诗经》次题"百室盈止，妇子宁止"，更成问题。雍正帝给臣子解释说，前头用个"正"，后头用个"止"，又在《易经》三题出了个"其旨远其辞文"，分明是叫人将"正"、"止"两字联起来思考，体会其中的寓意。大家是否记得，去年诛死的那个年羹尧党羽汪景祺写过一篇《历代年号论》，举许多例子说"正"字有"一止之象"，凡带正字年号的帝王都不吉祥。如今此人出此题，不正是要人联系《历代年号论》，对我年号恶毒攻击吗？

查抄到谋逆的证据

一番解释说得头头是道。不过雍正帝也觉得光是试题还难以服众，人家会说穿凿附会，以文字定狱。因此，在揭发查嗣庭的当天，又下令将其在京寓所细细抄检。雍正帝对群臣说，此人生就"狼顾之相"，必有谋逆之心。为什么这样说呢？原来相面书上说，有的人走路身体不动，头却可以转向背后，如同狼回头反顾一样。这种人心术不正，怀有异志。查嗣庭正是这样。后来在他寓所抄到两本日记，经过分析研究，果然证明了他的"狼子野心"。

乾清宫

乾清宫为明代的十四位皇帝和清代的顺治、康熙两位皇帝的寝宫。

话说中国

中国大事记

大小金川战争结束。命于国史立贰臣传、逆臣传。

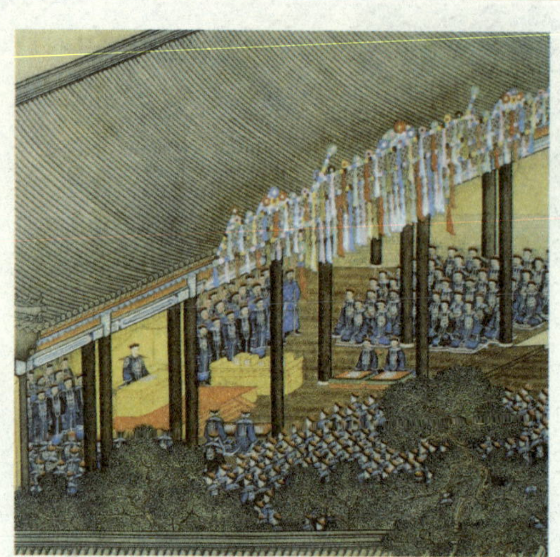

雍正帝临雍讲学图

辟雍又叫璧雍，是国子监的主要建筑。皇帝来此讲学称"临雍"。雍正在位时，曾多次前往讲学。他还曾谕告礼部，将奏章中的"幸学"改为"诣学"，以示自己的谦恭。康熙之后诸帝即位，照例要来讲学一次。

瓷质细腻、花卉生动的粉彩花卉葵瓣瓷碗

清雍正时期，景德镇御窑所制的"年窑瓷"（督窑官年尧希监制），选料上乘，形态优美，名闻遐迩，发明的"粉彩"瓷，明艳雅致，风靡国内外。这件粉彩瓷碗，颜色清雅，瓷质细腻光洁，花卉图案栩栩如生，极为生动。

《雍正耕织图》（剪帛、裁衣）（清·焦秉贞绘）

清人所作《雍正耕织图》描写"浸种"、"布谷"、"插秧"、"收割"、"登场"、"入仓"等生产场面。织图描写"浴蚕"、"上簇"、"下簇"、"窖茧"、"练丝"、"染色"以至剪帛、成衣等生产场面，每幅刻有清高宗弘历之诗。是清初版画中影响较大之作。

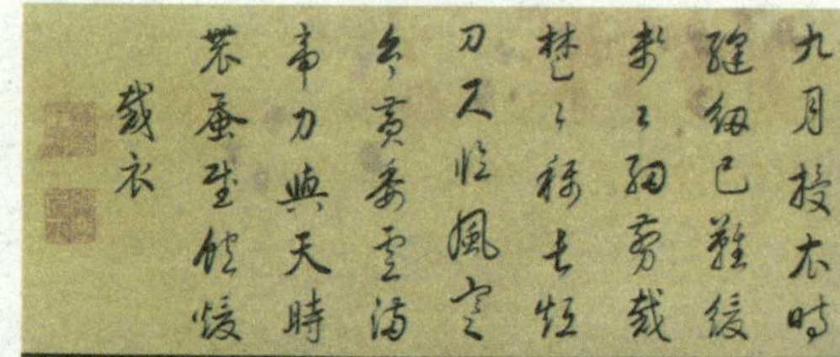

第一，恶毒攻击先皇及其朝政。把扩大教育，增加人才选拔的机会说成"清华之厄运"。把加强选用人才的竞争机制说成是"庶常视为畏途"。把郑重其事的亲定钦点说成是"随心所欲"。把裁减京官冗员说成是"翰林首当其冲"。把集思广益的九卿会议说成是"徒有虚名"。圣祖万寿之日风和

历史文化百科

清帝陵寝规制

清定鼎北京后经历十帝，有陵寝九座，东陵（河北遵化西南）有五：世祖孝陵、圣祖景陵、高宗裕陵、文宗定陵、穆宗惠陵；西陵（河北易县西）有四：世宗泰陵、仁宗昌陵、宣宗慕陵、德宗崇陵，末帝溥仪未建陵寝，即为民国替代。清帝陵寝，无论华简，都有统一定格。前后次序大致是：圣德神功碑亭、五孔神路拱桥、石望柱、石像生、龙凤门、下马碑、神道碑亭、三路三孔券桥、东西朝房、隆恩门、东西燎炉、东西配殿、隆恩殿、玉带桥、陵寝门、二柱门、石五供、玉带桥、方城、明楼、哑叭院、宝城、宝顶。陵寝左侧还设有神厨和井亭。

提出诗歌创作"格调说"的是谁？

日丽，他却记“是日大风”。圣祖到热河度假，他记“大水淹死官员八百多人，其余不计其数，雨中飞蝗蔽天”。尤为可恶的是，圣祖逝世，他记自己“患腹泻，痔疮大发，狼狈不堪”。

第二，恶毒攻击本朝，妄悖不敬。雍正元年元旦龙飞首纪，景运方新，是日云烂日华，海内称庆，他却捏记“大风”。凡皇上亲诣坛庙祭祀等吉礼之期，皆选晴和之日，他却总记“大风”、“大雾”、“大雨”、“大雹”。把缮写上谕称为己作，奉谕旨以为

《姑苏繁华图》（局部）（清·徐扬绘）

《姑苏繁华图》又名《盛世滋生图》。画面中市镇密集，商旅如织，船楫相连，水运繁忙，写尽了乾隆盛世时姑苏繁华景象。画卷全长1255厘米，布局严谨，气势恢宏，重点描绘了一村（山前）、一镇（木渎）、一城（苏州）、一街（山塘）的景观，其中木渎占全卷的二分之一。虽历尽百年沧桑，画面中木渎斜桥、石湖、水盘门、虎丘等景观，至今仍依稀可辨。

丽江古城

依山傍水，古朴自然的古城丽江始建于宋末元初，此后规模不断扩大。清雍正改土归流，在此设流官，管理地方事务。

难行。皇上过生日，记录说收了督抚提镇多少多少礼物，请礼部赴宴，竟说吃的都是草野之食。

可以上纲的自然还有很多，仅上面的一些已足够令查嗣庭“罪该万死”了。白纸黑字，岂容抵赖！

策划冤案目的

皇帝调子一定，刑部、都察院、大理寺三法司过堂，查嗣庭恶积如山，罪难悉述，大逆不道，天地不容，应比照“大逆律”治罪。至于其他私通关节、贪污渎职、请托受贿等违法乱纪行为，已属“轻罪不加议处”，只把牵涉人员作了处理。此案从审理到结案拖了七八个月，查嗣庭等不到明正典刑早就病死狱中。但照例还得开棺戮尸，枭首示众。

查嗣庭一案，雍正帝尽管做得好像与其他方面没有任何牵连，但局内人都知道，显然是隆科多朋党案的一个深入。他深思熟虑，精心策划这一冤案，还有一个目的，就是借此开辟一个打击“科甲朋党”的新战场，解除科班出身的官僚集团对皇权构成的威胁。

: 沈德潜。

曾静的故事

雍正帝太聪明了，制造文字狱也极为独特，他是善于以负面教材，开导天下读书人的第一人。

岳钟琪收到策反信

川陕总督岳钟琪在打道回府的路上，接到一封“南海无主游民夏靓遣徒张倬上书”的信。他大吃一惊，无主游民不就是不承认当今大清朝吗？匆匆走进内室，拆信细读，见是策动他起兵造反，心中更是七上八下，十分恐慌。

你道为何？原来岳钟琪由小小同知改任武职，在西南边疆屡建战功，一路升迁，直至川陕总督，川陕总督按定例须满人出任，而却由他担任，正是任重而又殊荣，时时要小心翼翼，如履薄冰。因为有不少朝臣嫉妒他，说他是岳飞的后代。正因如此，雍正帝对他并不十分信任，总怕他要为宋、明复仇。今天这封策反信要被皇上知道了岂非必死无疑？因此，他在惶恐暴怒之下，急令提审下书之人。

岳钟琪像

岳钟琪虽然与年羹尧成功地平定了青海叛乱，但因在后来平定准噶尔战争中的失利，被监禁并判死刑。

下书人仅供称名叫张倬，其他坚不吐实。岳钟琪又怕又犯难，连夜写了密折，要求将犯人解京审查。雍正帝览奏，心想你把难题给我做，我才不傻呢！提起朱笔批道，此事跟你有利害关系，要设法让他供出详情，不必操之过急。一脚把皮球踢了回去，还卖了个完全信任的人情给他。

定计套供演假戏

岳钟琪没法，只得与陕西巡抚西琳、按察使硕色一起冥思苦想，最后定计演一场假戏。

岳钟琪与西琳在密室接见张倬，让座斟茶，屏退侍从，先向他致歉，说此事关系重大，为避耳目，不得不做个样子，让你吃苦了。接着又称赞他临危不惧，是条好汉，确是成就大事之人。最后流着泪说，自己久存反清之心，要实现武穆王一生的宏志。为表示真诚，岳钟琪还拉了张倬跪地焚香，对天发誓，相约共图大业。那时，对天发誓就是将个人的性命交付神判，这是何等郑重其事！一个涉世不深的读书人，对此怎能不深受感动？于是推心置腹，将实情和盘托出。

案情全清楚了。送信的张倬真名张熙，要他送信的是其老师曾静，其余相关人，或在湖南或在浙江，姓名住址也都说明。岳钟琪飞奏朝廷，调兵遣将，按照名单一个个拿获，

雍正御笔《赐岳钟琪诗》碑

雍正在诗中称岳钟琪智勇无敌，忠诚可丹书。

世界大事记

俄与丹麦、瑞典建立"武装中立同盟"，反对英国妨碍海上航行自由。德意志废除农奴制，实行货币地租。

人物：张熙 曾静 雍正帝
关键词：冤狱 权术
故事来源：《清世宗实录》《大义觉迷录》

但是经过反复刑讯，仔细推究，却并不是一个有计划有步骤的谋反集团行动。

曾静交代，他在策反信中所列雍正帝的谋父、逼母、弑兄、屠弟、贪财、好杀、酗酒、淫色、诛忠、任佞十大罪状，全是道听途说得来的；他的谋反心思，是受了道学家吕留良的思想影响。

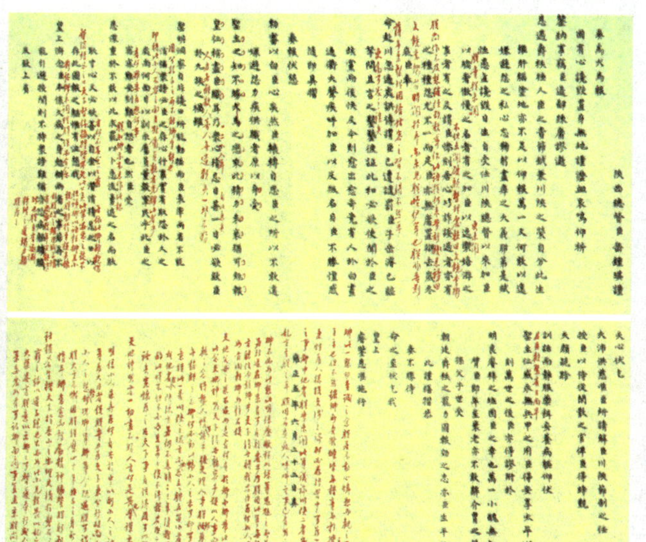

雍正朱批《岳钟琪为谗言自辩奏折》

湖南人曾静偶然见到吕留良的文章，对吕留良的学问十分敬佩，就派了学生张熙到吕留良的老家浙江去打听他遗留下来的文稿。张熙一到浙江，打听到文稿的下落，还找到吕留良的两个学生。向曾静汇报后，曾静约两人见了面，四个人议论起清朝统治，都十分愤慨。大家就秘密商量如何推翻清王朝，想到劝说担任陕甘总督的汉族大臣岳钟琪反清。谁知对大清耿耿忠心的岳钟琪想办法诱得了张熙的实情，派人到湖南捉拿曾静，又写了一份奏章，把曾静、张熙怎样图谋造反的情节，奏报了雍正帝。

散布者与曾静谋反挂起钩来，将允禩集团的残渣余孽全部收拾了。

大臣们认为曾静等人应该处死，雍正帝却说曾静谋反罪在吕留良，必须唯吕留良是问。吕留良死去已经四十五年，浙江总督李卫遵旨严厉查抄吕留良及其弟子严鸿逵家，缉拿所

顺藤摸瓜抓党羽

雍正帝追查谣言来源，顺藤摸瓜，一查查到了允禩集团党羽身上，一批是向南发配广西的，一批是向北发配东北的，他们沿途称冤，逢人讪谤，将京师宫内斗争到处传播，以泄愤恨。雍正帝借此机会把流言

诗人吕留良

吕留良(1629—1683)，字用晦，号晚村，桐乡崇德人。明亡时仅十七岁，曾散万金结客，欲抗清。顺治十八年曾被逼就试为诸生，后隐居不仕。死后因曾静案而被剖棺戮尸，阖门受诛。精研理学，工诗，诗多故国之思。有《晚村先生文集》八卷及《东庄诗存》七卷。

历史文化百科

〔清代名片〕

清代名片，又称"谒"、"刺"、"名刺"、"名纸"、"名帖"、"门状"，为拜访或与人联系时作介绍姓名身份之用。名片的产生，秦汉时已见载文献，材料有竹木帛纸，上书姓名、乡里及职衔等，考究的还用织锦为之，以大红绒作字。明清时期，社会交往频繁，交际拜谒通报都使用名片，故盛行于官场和社会上中层。新年和传统节日，又将名片加上吉祥之辞、祝贺之语，制成帖子，分投亲友师长处，官场中书信往来，多有于书信后以"名不具"，而另附有名片表示的。

中国大事记 乾隆帝第五次南巡，至浙江海宁。

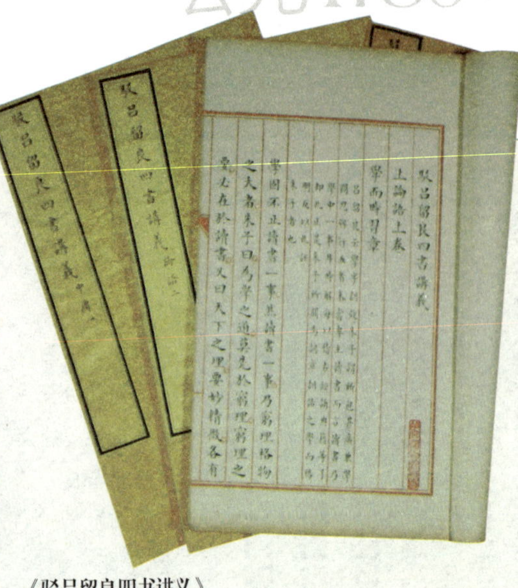

《驳吕留良四书讲义》
曾静案后，雍正帝令高安、朱栻等将吕留良的《四书讲义》、《语录》等进行逐条摘驳，编辑成书，刊刻发行，以肃清华夷之论。

有干系之人。吕留良被挖出坟墓，劈棺戮尸，枭首示众，他的儿子吕葆中忧愤而死，他的学生严鸿逵病死狱中。其余亲族人等有的斩决，有的发配宁古塔，有的给功臣之家为奴，有的按情节轻重或关或流，无一幸免。

雍正帝为什么要抓住已死多年的吕留良不放呢？他的目的是要通过吕案肃清思想界影响，他把他的上谕，曾静和张熙的口供、悔过书以及自己的见解，编

养心殿
从清朝雍正帝之后，皇帝迁往养心殿居住，但仍在乾清宫批阅奏章，召见大臣。

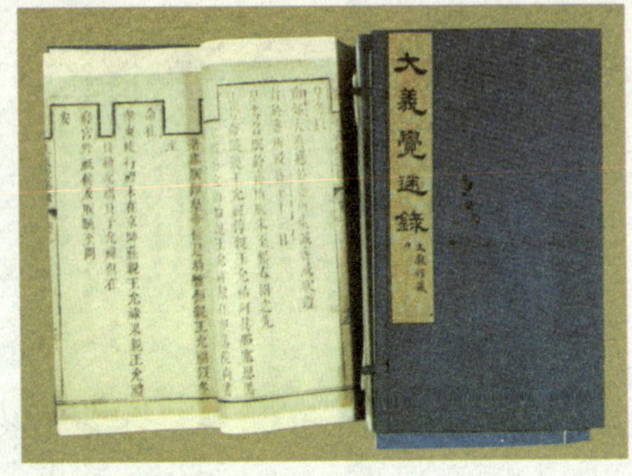

《大义觉迷录》
胤禛登上皇帝宝座之后的一系列变化，使得很多人认为他得位不正。曾静一案，雍正帝读了曾静给岳钟琪的信，也读了吕留良的遗著，为澄清事实，雍正特赦了曾静的死罪，把审讯记录汇成《大义觉迷录》，并公布出来。雍正帝自以为这样可以使传言不攻自破，没想到反而使传言越传越奇。乾隆帝即位后想杜绝传言的流散，把《大义觉迷录》宣布为禁书，更使得人们对其中的内容感到好奇。

成一本《大义觉迷录》，让曾静他们到处现身说法。曾静感蒙不杀之恩，自然特别卖力，在各地宣讲大清统治天下的合理性和雍正帝继位的合法性。

这样做在知识界中的反应究竟如何呢？雍正帝要检阅一下成果，下令给全国各级学校，所有生员必须要作书面表态，如有不以为然的尽可以独抒己见，决不追究。调查结果可想而知，大多数人都表示拥护。至于是不是真心拥护，那又是另一回事了。

后来，乾隆一上台，就将曾静、张熙捉起来杀了，还把发到各地去的《大义觉迷录》全部收缴回来。

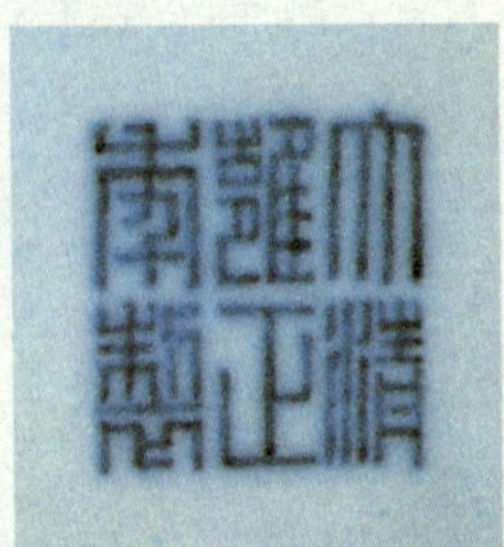

雍正时期的瓷器工艺瓶（上图及右页图）
此器彩色海水团花天球瓶，是雍正年间的代表作，天球瓶因其敛口短颈，上阔下敛，腹大而扁，砂底微凹而得名。斗彩在明代已有，到雍正时有了进一步发展，其色彩明丽，纹饰密布，制作精良。

世界大事记

英国代表与美洲殖民地代表富兰克林谈判和平。

雍正时期的瓷器工艺瓶

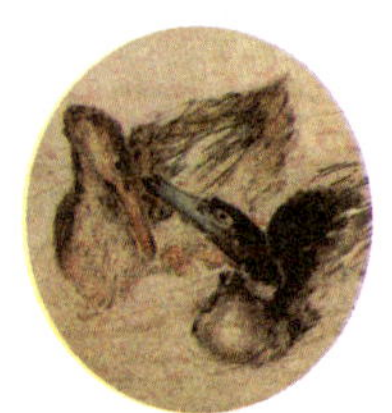

中国大事记

《四库全书》第一部推出。

〇六七

鄂尔泰改土归流

鄂尔泰曾说："大事不可糊涂，小事不可不糊涂；若小事不糊涂，则大事必至糊涂矣。"

雍正帝最宠信三个封疆大臣，就是田文镜、李卫和鄂尔泰。其中鄂尔泰还选拔到北京，出任首辅，首席军机大臣。

"天下第一布政"

鄂尔泰二十岁就因世袭，到皇宫做侍卫，一直默默无闻。康熙五十五年（1716）的某天，皇帝亲试翰林，

他乘值巡之便，将自撰的一卷诗文附入进呈。康熙帝读了很是欣赏，命他此后不须带刀做侍卫了，改以文员，不久遂补内务府任慎刑司员外郎。慎刑司的职责是掌管审拟上三旗的刑狱案件。鄂尔泰因为执法严格，虽王侯公主之家，有过必惩，有善必显，一切按大清律办事，威武不能夺，权势不能摇，受到朝野好评。

当时还未被立储的雍亲王胤禛曾托他帮忙，鄂尔泰就以皇子应毓德春华，不可交结外臣为理由，婉言

"天下第一布政"鄂尔泰

鄂尔泰（1677—1745），字西林，号毅庵。满洲镶蓝旗人，西林觉罗氏，鄂拜之子。世居汪钦。康熙举人。四十二年（1703），袭佐领，授三等侍卫。五十五年（1716），迁内务府员外郎。雍正元年（1723），任云南乡试考官。不久，授江苏布政使。三年，迁广西巡抚，后调云南以巡抚治总督事。累官云、贵、广西三省总督，任期期间积极推行改土归流政策，对多民族国家的统一发展和西南边疆的巩固，起了一定的作用。为雍正帝心腹，雍正临终时受命为顾命大臣。

历史文化百科

〔大型类书《古今图书集成》〕

《古今图书集成》本名《古今图书汇编》，是《永乐大典》以后最大一部类书。由康熙帝皇三子诚亲王胤祉侍奉词臣陈梦雷主持，康熙四十年（1702）开始，历五年完成，共收录自古代到当时的经、史、子、集各类书籍约3600卷，定6编、32志、6109部，分汇考、总论，有图表、列传、艺文、纪事、杂录、外编等项目。雍正帝登基后，胤祉遭禁锢，陈梦雷亦受到牵连，遂由蒋廷锡负责。蒋廷锡改志为典，编、部一仍其旧，改作1万卷，其中目录就有40卷。内容不变，改名《古今图书集成》，雍正四年（1726）用铜活字印行64部，留存京都和赐予重臣。后亦有流散于民间。20世纪20年代，学者钱穆青年时所读的，即为江苏无锡后宅镇泰伯图书馆保存的一部。

胤禛读书像

康熙帝共有35子、20女。其中只有24个儿子、7个女儿活到成年。他十分注重对孩子的教育，胤禛自小就受过严格的文化和军事教育，课程包括满、汉、蒙文，四书五经以及骑马射猎等。

谢绝了。胤禛做皇帝后，首先就召见鄂尔泰，当他应召时，亲友们多担心此去凶多吉少。不料，雍正帝却大加称赞，说他当年不过是一个小郎官，竟胆敢拒绝皇子请求，可见今天如用为大臣，必能断绝他人送红包、开后门的。

雍正帝就命他做云南乡试副考官，乡试还未结束，又授为江苏布政使。鄂尔泰在江苏任上，政绩卓著，被雍正誉为“天下第一布政”。

全面推行改土归流

雍正三年（1725），雍正帝擢升鄂尔泰为广西巡抚，在他赴任途中，又改任为云南巡抚督云南总督事，而原总督杨名时只准管云南巡抚事，两人职权交换，那正是雍正帝对他的格外赏识。

云南舆图

中国自古以来就是一个统一的多民族国家，为实施国家统一版图管理，统治者十分重视舆图及有关典籍的制作与收藏。清统治者早在入关以前，即着手搜罗明朝舆图档册，后在康熙朝又延聘西方传教士运用西方经纬度法和投影法，在实测的基础上重新绘制了全国地图。终于康熙五十六年（1717），完成了全国631个经纬点的测绘工作，最后由杜德美神甫负责利用测绘资料进行全国总图——《皇舆全览图》的编制工作。全图到康熙五十七年（1718）制成并进呈康熙。

鄂尔泰上任后，经过实地调查，发现三十年前已改土归流的东川土司依旧，仍由当地土官管辖，其因就在于其地离省城成都有二千八百里，鞭长莫及。即

中国大事记 黄河新开河成。

四川彝族土司印
印面文字为“阿都副长官司之印”。

奏请要将它由四川改划于云南，因为它离昆明只有四百里，发生问题后容易及时处理。在获得允许后，立即派兵进驻东川，将一切土司尽行更撤，改由流官管辖。此后几年，他又采用同样强制的措施，将云南镇沅、沾益、乌蒙、镇雄，贵州古州、都匀和广西若干地区改土归流，使三省自此结束了土司统治。它也推动了邻省四川、湖南的改土归流。

雍正九年，时为云南、贵州、广西三省总督的鄂尔泰功成回京，临行前将自己所藏的《古今图书集成》、《太平御览》等书籍两万余卷，留存昆明五华书院，他说：“与我家子孙读，何如与万户子孙读也。”

认真办事，谨慎为官

鄂尔泰回京后，雍正帝即授为保和殿大学士，位居首辅。翌年，雍正帝秘密找他和张廷玉，告以传位于弘历的密诏。乾隆帝即位后，又授他为军机大臣兼理侍卫内大臣和议政大臣。

鄂尔泰能得到两朝天子信任，也在于他的认真办事、谨慎做事。他曾说：“大事不可糊涂，小事不可不糊涂；若小事不糊涂，则大事必至糊涂矣。”张廷玉虽和他不甚合作，但对此话相当敬服，说：“最有味，宜静多思之。”他还把皇帝事天归为至诚，对人说：我们亦应以此道对待皇帝，只要诚心，没有得不到皇帝赏识的。雍正帝似乎很认同此说，在朱批中说：“朕实含泪观之。卿实可为朕之知己，卿若见不透，信不及，亦不能如此行，亦不能如此行也。”鄂尔泰弟户部尚书兼步军统领鄂尔奇私宅奢侈，他见后训斥：你还记得当年我们没房子居住的日子吗？今偶得志，就那么奢侈，这样大祸快要临头了。 〉盛巽昌

《张廷玉诗刻》拓片
张廷玉(1672—1755)，字衡臣，一字砚齐，号研斋，安徽桐城人。康熙三十九年(1700)进士。康熙时历官内阁学士、吏部侍郎。世宗继位，擢礼部尚书，入直南书房，任《圣祖实录》副总裁，纂修缮写实录及起居注，深合帝意。雍正间官至保和殿大学士。雍正时初立军机，与鄂尔泰同为军机大臣。政务极繁，张廷玉强记慎密，故世宗恩遇最渥。卒谥文和。他是清代汉官中唯一一个死后陪祀太庙者。

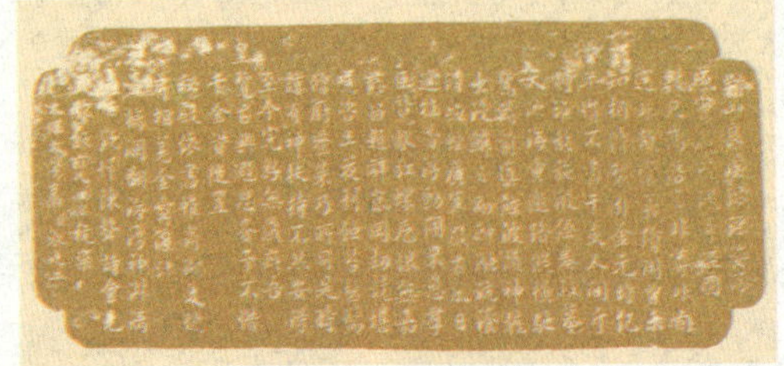

雍正黑彩米芾拜石图盘
清代康雍乾三朝的制瓷达到了历史高峰，尤其是康熙朝发明的釉上彩和光亮如漆的黑彩使釉上彩取代了青花五彩，成为彩瓷的主流。到了雍正朝，受当时淡雅风格的影响，渗入了粉彩的多层次技法，从而取得了清新疏朗的效果。这一时期的五彩传世品虽然比康熙朝数量减少，但所见皆为精品；纹饰多为人物、花卉、山水等，用笔精细、纤巧，构图疏朗、简洁。此盘取材米芾嗜石，如痴如癫的“拜石”故事。

世界大事记

英颁布印度条例，组织印度管理部，控制东印度公司。英有用气球升空的“飞船”。美国第一艘商船“中国皇后”号到广州。

人物 鲁亮侪 田文镜

关键词 识才 正直

故事来源 袁枚《小仓山房诗文集》卷九

〇六八

鲁亮侪摘印

田文镜对鲁亮侪说：“你真是当今奇男子。”

鲁亮侪奉命代理中牟县事，但他亲睹原县令政绩，反而不愿做官，甘愿受罚。

奉命摘印

田文镜任河南总督时，有次查明有中牟知县李某擅自动用了库银，犯反了大律，于是罢官。他命麾下鲁亮侪前去摘印，并即出任代理知县。

鲁亮侪在田文镜处已经多年候补待实缺了，如此好差使，令他非常兴奋，当天他着便衣骑着毛驴赴中牟。当他进入中牟县境，眼见道路两侧，有百十个本地父老乡民，他们几乎都面带蹙容。鲁亮侪不禁诧异，这时，有几个老人问道：“你从开封来吧，可知道有位鲁先生前来替代我县知县的事吗？”鲁亮侪若无其事地问：“你们问这事为什么？”回答说：“本县知县可是好官，爱民如子，我们真不忍心让他离去啊。”鲁亮侪又前行了几里，见有一群读书人在谈话。有人说道：“这样的好官受罪真可惜，待那位鲁先生到来时让他也知道。”也有人说：“你真异想天开，田总督的命令，即使有十位鲁先生也莫能为；何况他正是取而代之，哪里肯舍己利人？”

鲁亮侪听了，虽没有说话，但在心里已产生了对将被罢官的李知县的敬仰。

未果而归

在中牟县大堂，李知县迎来了风尘仆仆的鲁亮侪。他说：“官印挂在案上，早就等候你上差到来了。”鲁亮侪拱手问：“我看你谈吐穿着，都并非是奢侈、

《顶上圆光》（清代年画）

此幅年画中的娃娃顶上光圆无发，故题作“顶上圆光”。清代的官服以袍服纬帽之花纹与冠上的顶珠为标识，所谓“顶上圆光”，说明在朝居官于相当高级的品位，冠上宝石顶子，闪闪发光。

中国大事记

乾隆帝第六次南巡至杭州。

具备现代银行职能的清代银行

钱庄是一种地方性的金融机构，是由宋代金银交引铺发展而来，除兑换银钱外，还发行钱票和银票，办理存放款项和汇兑等业务，开始具备了近代银行的某些职能。清《盛世滋生图》中苏州半塘桥商业区的桥下即是钱庄。

龌龊之士；且老百姓都异口同声说你不错，怎么上任就使库银亏空了呢？”李知县哭泣着说：“我乃云南人也，万里做官，在此预支若干银两迎母归来，竟说是盗库银。”

鲁亮侪听了后，想了又想，突然，向李知县告辞。李知县问他到哪里去，他说，回开封。李知县给印，他不要。李知县说：“那可不行啊。”鲁亮侪掷印于地，说：“你才不了解我是个啥人啊！”竟跨马扬鞭而走。

他到了开封，先去找布政使和按察使报告经过。两人都异口同声地严责：“你难道是神经病发作了？这样的事，其他督抚处都行不通，何况田总督呢？”

认人不认印

清早，田文镜升堂。他已经知道鲁亮侪未摘印归来。当鲁亮侪进堂后，田文镜睥睨地问：“不在中牟理事，来此何因？”“有事报告。”“印呢？”“留在中牟。”“交给谁？”“李知县嘛！”田文镜冷笑地问左右说：“你们说说，普天之下摘印为官的，可有这样的例子吗？”左右都说：“没有听说过。”这时，布政使、按察使起身说：“我们教导无方，才有这样狂悖人员。现在就交由我们严讯吧。”

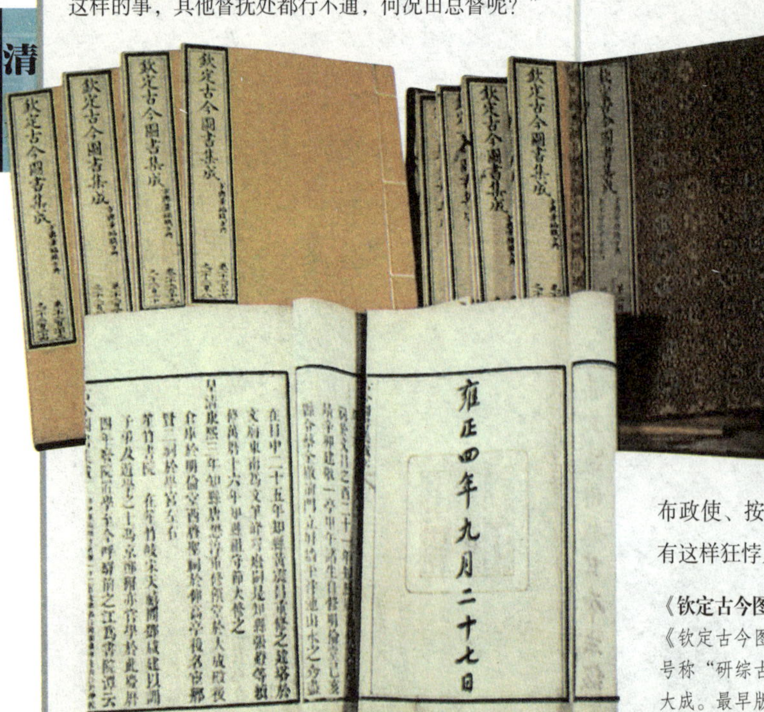

《钦定古今图书集成》

《钦定古今图书集成》，清允礼等敕撰，全书5020册，号称“研综古今，搜讨殆遍”，集经、史、子、集之大成。最早版本为清雍正五年铜活字本，因其卷帙浩繁，当时只印行了64部，流传极少。

清

寺院建筑图稿

此图为一清代寺院的建筑图稿，上面清楚地表明了整座寺院各部分建筑的名称，有牌楼、山门、马殿、龙神殿、大殿、御香殿、更衣庭、寝宫、土地祠、道房、神厨、灵官祠、僧房、神库等，特别值得注意的是，两边各有一大仙堂，因此可以认为该寺庙为清代亲王阵亡之庙。

鲁亮侪毫不畏惧，脱下候补官的蓝顶子，大声地说："请让我讲完话。我候补十多年，现在才得到个中牟县令，高兴极了，真恨不得连夜排衙理事，不料赴中牟县境，发现原任深受爱戴，且所谓盗库银又不是那么回事。如果明公早清楚了，故意命我赴中牟，我因为沽名钓誉而空手归来，那是我的错；如果你事先尚不清楚，而命我前往，我回来如实报告请示如何办，这正不愧是大君子有爱才之心，也符合当今皇帝提倡孝治天下的宗旨。你要是认为无可宽恕，那么我就再跑一次罢了。否则总督辕门外的几十个候补官，哪个人不想趁此替代我做这个官呢。"

田文镜听了，沉默多时。两次用眼色要鲁亮侪离开。当他正要跨出门槛时，田文镜突然走下台阶，招呼鲁亮侪走到面前，取下自己的一品大员珊瑚珠帽子戴在他的头上，叹声说："你真是当今奇男子，此帽，你戴才最适宜；没有你，我几乎将好官弹劾，只是送吏部劾状已送出五天了。"鲁亮侪说："不要紧，我日行三百里，能追回来，只要给支令箭凭证就可以了。"田文镜同意了。鲁亮侪果然奔跑五天，将它追回。

李知县继续做他的父母官，而鲁亮侪因此却闻名于天下。 〉盛巽昌

清金珀瓜形烟壶

烟壶呈瓜形，以天然金珀制成，配翡翠制成的瓜蒂形壶盖。烟壶随意赋形，其上枝叶蔓藤覆盖，有"瓜瓞绵绵"之意。作品雕工精细，形状别致，表现了工匠对大自然的洞察力和对事物准确的描述能力。

〉历史文化百科〈

〔绍兴师爷〕

师爷通常是指明清时代各级地方官署中主官请来帮助料理刑名、钱粮、文牍等事务的辅助人员。这些师爷通常是科举不就、无功名的读书人，也有很少是秀才充任的；师爷不列入吏员编制，是主官自己出钱雇佣的办事人员，所以常随主官进止与否。清代是师爷全盛时代，形成一支庞大专业队伍。师爷队伍中，以浙江绍兴籍最多，也最有能量。因有"无绍不成衙"之说。

中国大事记

乾隆帝登基50年庆典，乾清宫举行亲王士商兵民等三千人的千叟宴。

〇六九

贱民除豁

雍正帝说："清除贱籍，亦系好事，礼部不要反对了。"

皇帝登位万把火，雍正的一把火，就是大刀阔斧地除豁积习几百年的贱籍。

山陕乐户

雍正帝刚改元的那年春天，在他示意下，监察御史年熙上书，提出清除山西、陕西乐户的贱籍，即改变他们的成分。奏章中说，这些沦落为乐户的先祖，原本是明初永乐皇帝搞靖难政变时，坚决站在建文帝立场上的官民，当永乐帝胜利了，他们即受到杀戮，且罗织妻女打进教坊司，充当乐户、官妓，世代相传，久习贱业。又说，他们乃是前朝忠良之士的后代，沉沦至今，理应开豁贱籍，改业从良。

雍正帝读了这份奏章，连声说："很好！很好！"当时他正要厘革前朝弊政，做一番事业，而革除前朝这项"压良为贱"的弊政正可作为一项仁政，提高皇帝威望。当下就命礼部议行。皇帝表态了，大臣们当然一致赞同。雍正就批准山陕乐户改业从良，并下诏全国各省检查，如有类同贱民，一律准许出贱为良。

说到做到。在此同时，雍正帝就地命将京都教坊司乐户脱贱民籍。它也是明初永乐帝时遗留下的，这些乐户的先祖也多是忠于建文帝官员的后裔。为此，他还另选精通音乐的良人充当乐工，使教坊司成为良人的职业机构；几年后，为求名实相副，他又把教坊司改称为和声署。

从此开始了全国的为贱民脱籍。

《雍正祭先农坛图》（清·佚名绘）
先农坛在北京南城永定门内，是明、清两朝皇帝祭祀农神、祈求丰收的地方。始建于明嘉靖年间，清朝重修。祭祀神农氏，表示"重农务耕"，农业是一国之本，是促进国家经济发展的基础。清帝亲祀先农，亲耕耤田，皇后亲祀先蚕并躬桑、缫丝，表明了对农事的重视。

世界大事记　法国与英国订立商约，减低关税。

人物：雍正帝
关键词：法制　民本
故事来源：阮葵生《茶余客话》《永宪录》卷二

浙江惰民

浙江惰民，主要是居住在浙东绍兴、宁波等地区的水上船民，相传是元朝占领浙东后对于南宋臣民的惩罚，逼令他们子子孙孙永远不能在陆地生活，也有说是明初朱元璋对张士诚部属的严惩。他们都被列入丐籍。后来虽允许在陆地寄居，但衣着、房屋聚居都有严格规定，只能做小手艺、小买卖，从事服务性手工劳动，不得列于士农工商四民名籍，更不许读书应举，不准与良人通婚。

《陶器生产过程图册·成坯入窑》
《陶器生产过程图册》为清人绘本，描绘了从采取青料、淘练泥土开始的一系列制陶过程。

雍正帝知道后，要礼部提出脱籍方案。礼部官员斟酌后报告说，这些惰民所从事的小职业，如塑造土牛、木偶，捕蛙、龟，卖饼或吹鼓手、演戏、抬轿子，都是贫民糊口职业，而解除贱民籍后，就是不让再从事这些职业了，岂不是使他们无法谋生，不同意削籍。

雍正帝不同意礼部所说。他说，清除贱籍，亦系好事，礼部不要反对了。于是除豁惰民丐籍，他们可以从事与民户同样的职业。

感谢皇恩，痛哭流涕

在此期间，雍正帝还先后解除了皖南富家养的世仆、伴当，广东沿海的疍民和江苏苏州的丐户等贱籍。他的那些除豁贱民措施，大大地抬高了皇帝声誉。据说，当皇帝解除乐户贱籍的诏书公布后，山陕和北京的乐户们无不感谢皇恩浩荡而痛哭流涕。

用牛奶加糖煮开，过滤，加江米酒，文火加热发酵，将余剩的酸液渣调至稀稠，烧开即可。

中国大事记

台湾林爽文起义。

此后，贱民再不是贱籍，他们可以按照普通民众生活的方式参加社会，可以进书塾，一定时期后可以应试出仕，如果与平民发生纠纷，亦可以平民身份打官司，不会像过去那样因是贱民而矮人三分。但这还是部分贱民。清政府对转籍的贱民仍是苛刻。乾隆三十六年（1771）还定制，凡出籍贱民应试，要先作资格审查，要清查四代成分，本家族直系皆清白者方允许报捐应试，如其中一二代以及亲伯叔姑姐仍属从事贱籍职业者，一概不准混进读书人应试行列。

当时，多数贱民为求生存和温饱，仍从事原有职业，并多受歧视和打击，如苏州丐户迎春时就得应承扮演差役，充当吹鼓手，皖南的世仆制度延续到清末民初，浙东惰民仍多以船为家，上岸不得着鞋。雍正王朝只是为贱民脱离贱籍解除了法律禁令，它只是开始，而贱民的真正解放，要到共和国成立。〉盛巽昌

乾隆三十二年京城繁荣景象图

清乾隆三十二年徐扬绘制《御制生春图》，取材于乾隆的二十首《御制生春诗》，把当时京城的繁华景象描绘得淋漓尽致。前门大街与紫禁城的中轴线贯穿整个画面，皇宫与民居刻画得精致准确，是研究清代北京城的珍贵资料。

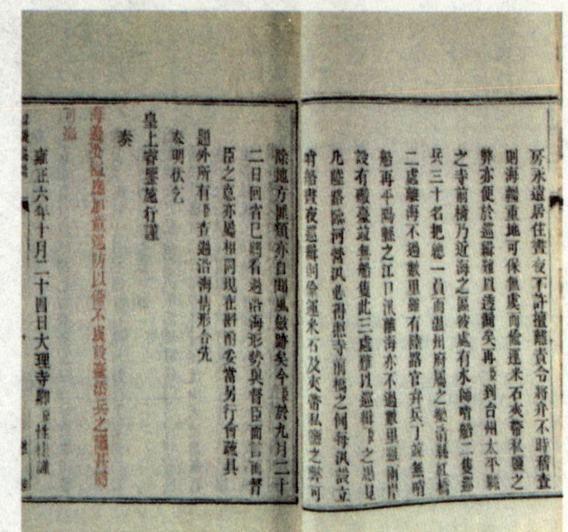

雍正《朱批谕旨》书影

《朱批谕旨》360卷，雍正帝批，允禄、鄂尔泰等编，是雍正皇朝政务活动的重要记录。全书收录奏折7000余件，具折人达223人。其中多者以一人分册，少者以数人合一册。奏折为墨色，批语为朱色，一一收入。此书作为雍正皇帝处理政事的原始档案，涉及当时许多大事，为研究清代政治、经济、民族、文化诸领域之状况提供了宝贵的资料。

〉历史文化百科〈

[清代丐帮]

乞丐组织发展到清代已日臻成熟，各地都有首领，叫丐头，一般由帮会骨干或乞丐中有资望者充任，也有从地段保甲长中举荐。丐头以一尺长红黑杆作权杖，平常用一根又长又粗的旱烟枪代之。京中有以黄杆辖八旗高级乞丐者，蓝杆子则管理普通乞丐。高级乞丐平时不为乞讨，仅大节时去商铺索钱，若不按规定给钱，此店铺日后便无法正常营业。新入丐帮者要把三天的乞讨悉数向丐头"献果"，往后则照定例抽献。逢年过节、红白喜事，本码头丐头必登门"恭喜"，叫"收捐"，店家与事主必多送赏钱以求太平。凡重赂丐头者，可得"一应兄弟不准滋扰"葫芦形纸符粘门，名曰"罩门"。一般乞丐如有生老病死，皆由丐头负责照应。

平定噶尔丹策零

大小两个策零，同名同姓，都是准噶尔的部落首领。

噶尔丹死了，准噶尔蒙古由他的侄子策旺阿拉布坦统治。

策旺阿拉布坦也不是善良之辈。噶尔丹穷途末路时，他向康熙帝表白愿与清兵一起夹击噶尔丹。噶尔丹死后，他吞掉准噶尔又扯起反叛旗帜，攻进西藏，杀了拉藏汗，拘了达赖喇嘛。清军从打箭炉（四川康定）分两路入藏平叛，打得他大败窜回伊犁。

进剿叛逆

到了雍正朝，厄鲁特蒙古的和硕特部出了个罗卜藏丹津，袭了父亲达什巴图尔的和硕亲王封爵，却野心谋叛，纠合小部落的头目，自称达赖浑台吉，与策旺阿拉布坦勾结，掳掠抢劫，袭杀清兵。刚即位的雍正帝便令川陕总督年羹尧和四川提督岳钟琪率部进剿。罗卜藏丹津被岳钟琪直捣老巢，化装成妇人乘黑夜逃往准噶尔部。清廷要策旺阿拉布坦交出罗卜藏丹津，策旺阿拉布坦置之不理。

清军坐失战机

两年后，策旺阿拉布坦死了，儿子噶尔丹策零继位。雍正帝见他叛心不改，蠢蠢欲动，决定出兵镇压。令傅尔丹为靖边大将军，率领八旗兵驻扎阿尔泰山，令岳钟琪为宁远大将军，率绿营兵驻扎巴里坤。他们原打算进军伊犁，后有传闻说罗卜藏丹津想谋害策零，策零准备捉丹津押送朝廷，因而推迟了进军计划。不料，策零突然带领准噶尔部袭击科舍图卡伦，劫走大批骆驼和马匹。次年又派出大策零敦多布和小策零敦多布向北进犯。这大小两个策零敦多布，同名同姓，都是准噶尔的部落首领，为了区别，才在他们的名字前面加上大、小二字，那小策零敦多布更是策旺父子手下一员悍将，在准噶尔贵族中很有名气。

清射术笔筒

这件瓷器为敞口薄瓷笔筒，外表绘一连续的、凝固的图画，描述一群人围观一位正张弓对准一只展翅欲飞的鸟的射手，所有的人都站在宫殿的台阶上注视这一情景。

傅尔丹轻敌全军覆没

大、小策零敦多布率领三万人马，在博克托岭设下埋伏，第二天，派人到清军营中诈降，说叛军人少，只有千余人马。傅尔丹信以为真，点起一万兵马就要去攻打。副都统定寿和大将海兰劝他谨慎从事。他不听，反笑定寿懦弱。主事何溥拉住他的马缰绳要他三思，他竟扬起马鞭抽打何溥的手，也不与岳钟琪通气商量就纵马而去。傅尔丹率部前往，走到一个叫和通泊的地方，突然号角声四起，飞箭如雨，埋伏的叛军骑兵从四面围合拢来。土默特蒙古兵高举白色军旗杀入

《皇清职贡图卷·伊犁等处台吉》

伊犁为厄鲁特准噶尔部居住地。乾隆二十年(1755)，清廷平定准噶尔叛乱后在此加强了管理。

敌阵，打着红色军旗的科尔沁蒙古兵却乱了阵脚，溃退下来。索伦兵高喊："红旗兵败退了！""白旗兵被包围了！"战场上一片混乱，清军开始溃逃，只有满洲兵护住辎重，且战且退。定寿牺牲了，海兰自杀了，十多个将领阵亡。全军一直退到喀尔喀。

大小策零中伏败北

噶尔丹策零获胜，气焰更加嚣张，一路尾追，大策零敦多布进驻苏克阿勒达，小策零敦多布北进到了山音诺颜。

山音诺颜是土谢图汗属下一个叫策凌部长的辖区。这策凌乃是成吉思汗四子的二十一世孙，自幼随母入京，后被康熙帝以宗女招为驸马，清人称为额驸。策凌额驸闻听小策零犯境，令巴海率骑兵六百，乘夜奇袭敌营，然后诱敌深入鄂登楚勒。策凌额驸亲率大队人马埋伏伺候。一仗下来，小策零人马全军覆没，仅他自己丢铠卸甲逃得性命。大策零听说，急匆匆退回喀喇沙尔。

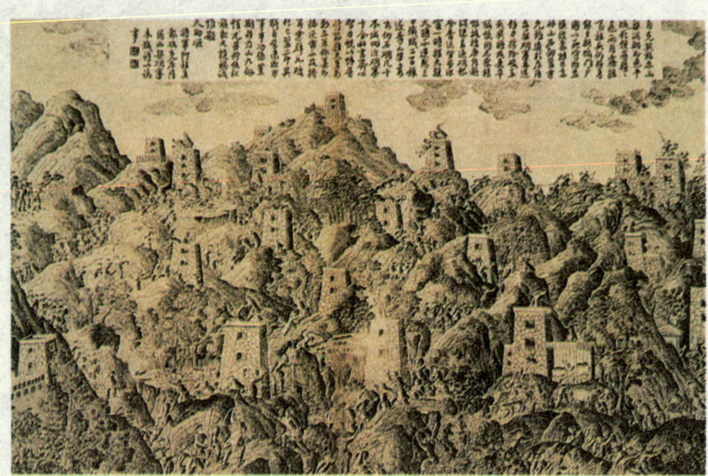

清平定大小金川得胜图

清代著名的平定大小金川战役，是清最大的也是时间最长的一次战役。清廷两次出兵攻打大小金川，战事长达二十四年。十六幅《平定大小金川得胜图》全面反映了乾隆时期平定大小金川的战争场面。画面采用全景式构图，场面宽广辽阔，结构复杂，人物情节繁多，但又能刻画入微，无论是构图方法，人物造型，景色描写以及明暗凹凸，投影透视等技法，都反映出了当时欧洲铜版画制作的最高水平。每次重要战争结束后都要按先例制作战图，基本上形成了惯例。

> **历史文化百科**
>
> **〔军机处〕**
>
> 雍正时期鉴于军政机务无人协理，特命张廷玉、蒋廷锡、马尔赛共议，原军需房改为军机房，"赞襄机务"。结果雍正很是满意，很快提升军机房为军机处，并陆续建立起档案等一套制度。自此，军机处就成了一个机要的、虽非正式但是长期稳定的中枢办事机构。里面的主管官员称军机大臣，不定额，自乾隆后通常为六至八员，另设章京满十六人，汉二十人，每班八人，日值二班。军机处由满汉各一员为首揆，分别率员办公。军机处开设时，有廷寄谕旨，由大臣面承后，撰拟进呈，后亦由章京代拟，发出即密封，用军机处印章，交兵部加封驰递。

这一仗扭转了清军的败局，稳住了阵脚。此后，噶尔丹策零再犯哈密，又被岳钟琪打败。小策零为报一箭之仇，探得策凌额驸外出，绑架了他的两个儿子。策凌岂肯干休？派了一个叫淖克浑的护卫前去打探消息。此人善于疾走犹如"神行太保"。他侦察到小策零军动向后，报告策凌乘夜率军绕到察罕多尔山背，黎明时分，狂呼而下，敌军猝不及防，四散奔逃。策凌纵马穷追，将敌军逼进光显寺。黄昏，再发起猛攻。光显寺左边是湍急的鄂尔昆河，右面是杭爱山脉。河山之间，仅有一径羊肠小道可通。两军对阵勇者胜。小策零此时已是强弩之末，惶惶然无心恋战，死伤大半，丢掉辎重无算。从此，噶尔丹策零的准噶尔部一直没能缓过气来。雍正十二年（1734），西路清军又对他进行了一次狠狠的打击，迫使他重新俯首称臣。

世界大事记 美国始有用蒸汽机为动力的纺织厂。

人物：甘凤池 李卫
关键词：勇敢 骄傲
故事来源：《清史稿·甘凤池传》《十叶野闻》

〇七一

甘凤池

甘凤池武艺盖世，在东南一带很有声誉。他也一度遭到牢狱之灾。晚年做保镖，疏忽大意，竟被害于保镖途中。

超人的智勇

南京人甘凤池，长的只是普通人的身材，但很有拳脚功夫，在江湖上有相当高的知名度。

康熙中期有一年，甘凤池到北京做客。山东济南府有个大力士张大义仰慕他的威名，专程赶来北京，非要和他比试本领。甘凤池再三推辞，但因张大义强求，只得勉强同意了。

张大义体格魁梧，身材有两米长，手非常有力，尤其是为了增强脚力，足趾都用精铁裹住。当下张大义仗着勇力，猛然向甘凤池直扑过来，势不可当。而甘凤池却从容不迫，站在石柱边迎候。当他用脚再次踢过来时，只见甘凤池用手轻轻一推，他突然惨叫了一声，顿见长靴里渗出了血水，脱下来才发觉，套着的铁圈已嵌进肉里去了。

又有一次，甘凤池到扬州某巨商家赴宴，登堂时酒宴已过三巡，虽然误时了，主人仍盛情款待，还请他坐首席；这时在他座下的山东即墨大汉马玉麟很不高兴，提出要和他比武。

他俩连续比了两天武艺，不分上下。

第三天，甘凤池终于掌握了对方的弱点。他故意退却，乘对方全力向前擒捉时，突然一个转身，两指点在他的穴道上。马玉麟措手不及，跌在地上，久久爬不起身。

清嘉奖边防将士的圣旨

图中圣旨两端织成两条提花翻飞的银龙，“奉天诰命”四个篆字端庄古朴，望之令人顿生威严肃穆之感。清代圣旨均用汉文和满文合璧书写，汉文行款从右至左，满文行款从左至右，合于中幅书写日期，并盖“制诰之宝”。内容由翰林院撰拟，经内阁大学士奏定后，再按品级填发。书写由庶吉士来承担。这些圣旨在颇富史料价值的同时，更具有极大的艺术欣赏价值。行文精悍洗练，气度雍容。

养心殿西暖阁中的“勤政亲贤”匾额

西暖阁外安装木板屏，环境较隐蔽，雍正常与军机大臣及亲信商议军机大事。后墙上悬雍正亲书“勤政亲贤”匾额，亦表明其初衷。

话说中国

中国大事记

廓尔喀侵犯西藏。

雍正"兢兢业业"玺文

"兢兢业业"是雍正对自己的要求。

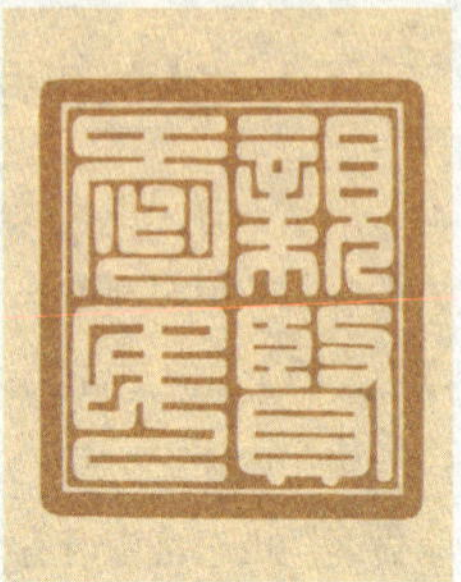

雍正"亲贤爱民"玺文

勤政、亲贤、爱民是雍正帝施展政治抱负的基础。

甘凤池有勇也有智。他常说：我并非力气大；所以能取胜，乃是借用对手的力道，然后顺势打败他的。

受株连坐狱

雍正七年（1729），甘凤池在南京。

浙江总督李卫奉皇帝特诏，前来江南整顿民政，督捕盗案。南京有个叫张云如的大混混，靠卖鬼符，有一套骗人咒术，在社会上网罗了百十个人，因为有两江总督范时绎庇护，其他地方官员都奈何他不得。李卫到南京，经人举报张某有图谋不轨事宜，就调迁差役，逮捕了张云如等人。在逮捕名册里，其中的一个骨干就是甘凤池。

李卫将此事详细禀告了雍正帝，雍正帝立即罢了范时绎的官，将张云如处决，但对已关进狱的甘凤池等人，却出人意料地予以无罪释放。

洞庭湖遇害

乾隆年制黄玉雕佛手形花插

甘凤池年纪大了，仍在南京开镖局。他的镖局打着"南京甘黑虎"的镖旗，行走东西南北中，畅通无阻。他被誉称为天下无敌手。

盛名之下，甘凤池骄傲了。

一天，甘凤池亲自保镖，乘船由

历史文化百科

〔镖局〕

从事商业活动的镖局始创建于明末清初，相传是顾炎武、傅山、戴廷栻等为反清复明，以保护商人运送现银而设置的民间行业。北京第一个镖局是乾隆年间由皇帝批准开设在前门外大街的兴隆镖局。开设镖局者，业主身份也有是武师，由他雇佣武艺高超的技师从事保镖业务。所请保镖者，名为镖师，腰系镖袋，内装飞镖等暗器，手持长柄冷兵器，于镖车或驮轿上插一小旗，旗上写明镖师和镖局名号，与沿途盗匪照会。它重在旗作标记，故又名标局。镖局起运的骡驮子，又称"标驮子"，每一驮可驮银三千两。清朝前期，镖局护送银两相当兴旺。后随票号兴起，逐渐衰落。

世界大事记

法国宣布为共和国。美国惠特尼发明轧棉机。

长江过洞庭湖西上。风平浪静。他闲坐在船头，左手持枪，右手翻书，怡然自得。忽然抬头瞧见远远有三个年轻女子，紧衫短裤，自湖面踏水飞步向坐船奔来。

甘凤池心里感到诧异，也知道她们来意不善，但自恃颇有本领，没有提高警惕，放在心头。不料她们走得迅速，很快就跃上船头，一人夺枪，另两人乘隙左右开攻。甘凤池来不及防卫，就被她们杀死了。〉盛巽昌

《祭兔儿爷》（清代年画）

此图表现的是中秋节祭兔儿爷的风俗，祭兔儿爷有祭月之意。此画正好寓意合家团圆，富贵平安。此年画为木刻水印，线条单纯，色彩鲜明，画面喜庆。

〉：将烟草碾成粉末，配以各种香料调制而成。

中国大事记 乾隆帝作《十全武功记》。

〇七二

李卫在浙江

雍正帝非常讲究地方吏治，他还特地为封疆督抚树立三个模式，其中一个就是李卫。李卫在浙江七年，很有政绩。

盐政起步

李卫年轻时好习武，读书不多，到了成年后，才懂得经世之学是做官的敲门砖，就此努力钻研，靠着捐班，进入宦途。在他三十五岁那年又由京宫外放任云南驿盐道，因为迅速查清了盐政积年弊端，受到雍正帝赏识，超升为省布政使，还给与通常布政使所不能有的独自向皇帝奏事的权力。

雍正帝的破格，使非科举正途出身的李卫受宠若惊，他表示一定要全心全意为皇帝鞠躬尽瘁。

政绩卓著的李卫

李卫（1687—1738），江苏徐州人，家庭富有，他出钱捐了个监生资格。在康熙五十六年（1717），李卫出任了兵部员外郎，两年后又任户部郎中。雍正即位后被任命为云南盐驿道，因为政绩显著，屡次擢升，后任直隶总督，直至辞世。雍正即位后，曾与李卫谈论用人，李卫视清官为“木偶”。雍正大有感想，之后用人“才”重于“守”，也就是不拘成规，不论资格，不重科举出身。李卫非科举正途出身，但能做到封疆大吏，这在清代是不多见的。李卫死后，朝廷赐予的谥号是“敏达”。

浙江重权

李卫脾气粗暴，负气好强，又不能检点自己，和上司、同僚关系始终紧张，按理不是做官的材料，但雍正帝却欣赏他，说他是：操守廉洁、勇敢任事，给以超规格的信任和重任。

雍正三年（1725），李卫在云南任上，突然奉到圣旨，调升为浙江巡抚。浙江是全国财富要地，海防前线，又是南明残余势力非常活跃的地区。李卫自知责任重大，几次上奏恳求在那儿当个提督、总兵，就深感皇恩浩荡了。可是雍正帝不准。

李卫上任了，到浙江后不久，又受命兼管两浙盐政。雍正帝因人设事，打破常规，还专门为李卫设了一个浙江总督，仍兼理巡抚和盐政；又因江南复杂，命他兼管一

乾隆年制掐丝珐琅凫尊

清 一

切刑事案。李卫是江南铜山（徐州）人，雍正帝打破祖宗所定规则，令其不须回避，破例参与江南督抚事务。当时朝野认为，从大清开国以来，像他那样权柄之重的疆臣，还是第一人呢！

开发玉环岛

李卫在浙江主政，大刀阔斧，雷厉风行，取得如摊丁入地、丁归粮办等很大成绩。

他还就浙南玉环岛开发作出成绩。玉环岛曾长时期奉行海禁，弃为荒岛，但民众仍是背着官府，垦殖、打鱼和煎盐，屡禁不止。李卫到任后，派人多次上岛现场勘查，看到了岛上已垦和可垦的田地多达十余万亩，而且岛上地形险峻，足可防御海盗。为此他向雍正帝建议，要解决浙江省人多地少，与其对民众赴岛禁而不止，不如鼓励前往开垦。还说重要的在于制订条例，强化管理。至于新增官吏兵员的财政开支，无需增加政府负担，因为本岛税收足够有余。

乾隆年制卡丝珐琅锦纹扁壶

雍正帝对他这道奏疏读了几遍，大加赞赏，连连说道："好！好！"还在上面加以朱批："此筹是览而不嘉悦者，除非是呆皇帝也。""此时天下督抚，朕与心关切者，鄂尔泰、田文镜、李卫三人耳。"

雍正帝很欣赏李卫治理浙江。雍正七年（1729），还命令李卫和田文镜两人，将各自做官的经验撰写成书，取名《钦颁州县事宜》，用皇帝名义颁发各地方官阅读、看齐。

> **历史文化百科**
>
> **〔密折朱批〕**
>
> 顺治年间已有奏事以密折，康熙帝晚年曾提倡，但不普遍。雍正帝登基以后，极力鼓励大小臣工，无论内外，不管品位高低，都可密折奏言，遂成制度。密折言事内容广泛，或地方上情形，吏治之勤惰，上司之公私，属员之优劣，营伍之整饬，百姓之生计，或邻省远省之情事，或都内之政事，以及隐私，有骇人听闻者，有参考价值者，均得上闻。一折只言一事。对肩负监察之职的科道官员，必须每日具奏，如无事可言则说明无可言之故。皇帝要求必须自作密折，若干密折经检阅后，还作有朱批。密折和密谕都具有严格保密制度，绝不能彼此传看、谈论，互通消息。密折朱批过一段时间就要呈缴。

西湖花神庙

李卫在杭州疏浚西湖，修葺古迹，也很有成绩。

他非常推崇岳飞，为表彰岳飞，迎合民众咒骂秦桧的心理，把各地收缴来的所谓叛逆者用的

乾隆年制碧玉西园雅集笔筒

中国大事记

颁布《钦定西藏章程》，确定驻藏大臣地位和职权及与达赖喇嘛、班禅额尔德尼关系等。

乾隆年制画珐琅开光人物盒

种种兵器，集中起来熔化后，铸成秦桧和王氏、张俊、万俟卨等四个铁像，缚跪在岳飞墓前，后来还在墓门处悬挂一副楹联："青山有幸埋忠骨；白铁无辜铸佞臣。"表现了他的爱憎。

但是李卫缺乏经验，不懂得官场喜乐哀怒等游戏规则，没有做官的基本常识。李卫死后，乾隆帝有次南巡到杭州，参观苏堤附近的西湖花神庙，忽见所塑主神貌如李卫，问及陪同官员，方才知道当年李卫修葺庙宇时，有意把自己模样塑为掌花之神。陪同者还说："李卫自号'湖山神'，左右两阶的十二个月花神，也都是遵照他的指令，以他的大小老婆模样为造型的。"

乾隆在做皇子时对李卫的跋扈，本来没有好印象，眼观是实，他于是说："李卫此人，当年全仗皇考恩宠，但秉性骄横，不检点，真是可恨之至。"他当即下令，把所有神像全部打毁重塑。 〉盛巽昌

〉历史文化百科〈

〔食盐专卖〕

清朝同历代一样，实行食盐国家专卖制度，盐税是国家财政的重要来源之一。清初有巡盐御史、都转盐运使司，以后或由六部司员、或由督抚兼职，直接管理盐务的官员为盐运使(从三品)及盐法道(正四品)。

雍正帝谥册

雍正帝谥号为"敬天昌运建中表正文武英明宽仁信毅睿圣大孝至诚宪皇帝"，庙号世宗。

雍正帝道装像

雍正尊崇道教，一直十分频繁地参与道教活动。在皇宫，除了专门进行道教活动的钦安殿外，雍正还请道士们在太和殿、乾清宫等主要宫殿安放道神符板，在他的寝宫养心殿安设斗坛，以求道神的保护。雍正为做法事，还在苏州定做道士们穿的丝缎法衣，一次就是六十件。他还十分迷信道人炼的丹药，不仅自己服用，还把它赏赐给有功的大臣。

世界大事记：法热月政变，罗伯斯庇尔被处死，大革命失败。

人物：鄂尔泰　张廷玉　弘历

关键词：德政　谋略

故事来源：《张廷玉澄怀园自订年谱》

宝亲王弘历继位

乾隆帝是纯满洲血统的皇子。

雍正十三年（1735）初秋，雍正帝暴死圆明园，身后的不少事情没有来得及安排，但是万幸的是，由谁来继承皇位这件大事，却没有因为他的突然离去而引起大乱。这是因为他在登基伊始就作了巧妙安排。

雍正秘密建储

就在雍正帝登基的那年八月，他当着全体朝臣的面，公开宣布了秘密建储的决定。他说："我已经决定了储位的人选，并将他的名字写好密封，藏在匣内。这宝匣就放在乾清宫正中、世祖皇帝御笔亲书的'正大光明'匾的后面。我现在告诉大家，目的是要让大家都知道有这件事情。"另外，他又将写有同样内容密封的小盒，放在自己身边。这样日后可以互相印证，以防万一。

那是雍正十三年（1735）八月廿二日夜间十时左右，也就是雍正帝去世的前一天夜晚，他已经深度昏迷，处于弥留状态。这时，顾命大臣、大学士张廷玉进宫，见此情形，就问保和殿大学士鄂尔泰，有没有见到皇上随身携带的锦盒？鄂尔泰说，我们正等着你来一起找呢！张

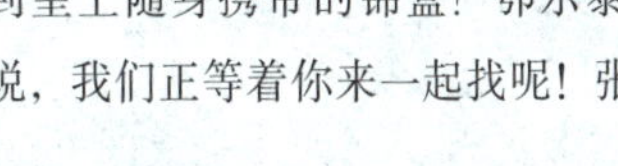

雍正立储密匣

雍正朝时，皇子之间夺取皇位的明争暗斗相当激烈。为了缓和这种矛盾，开始采取秘密建储的办法，即皇帝生前不公开立皇太子，而秘密写出所选皇位继承人的文书，一式二份，一份放在皇帝身边；一份封在"建储匣"内，放到"正大光明"匾的背后。皇帝死后，由顾命大臣共同取下"建储匣"，和皇帝秘藏在身边的一份对照验看，经核实后宣布皇位的继承人。乾隆、嘉庆、道光、咸丰四帝，都是按此制度登上宝座的。到了清代后期，由于咸丰皇帝只有一个儿子，同治和光绪皇帝没有儿子，这种秘密立储的办法才失去意义。

清高宗朝服像（左图）

清高宗即乾隆帝，1735年即位，治国取康、雍二朝之长，用法刚柔相济，在位期间，耕地增多，人口增长，商业和城市日益繁荣，国土幅员辽阔，国势强大。图中乾隆身着冬朝服，颈挂朝珠。

：前朝大臣在新朝任职者。

中国大事记

命搜捕白莲教首刘之协等人。

廷玉便看着庄亲王、果亲王、内大臣海望等诸王大臣说："圣上曾将传位之事亲书密旨，当时给我和鄂大人都看过。这密旨收藏在宫中，国不能一日无君，现在必须马上请出，以正大统。你们以为如何？"众人都说应该如此。

张廷玉扭过头来问总管太监，皇上随身携带的密旨在什么地方？总管太监说："主上没有提起过。我等不知他把密旨放于何处。"张廷玉道："这密旨不会太大。给我看时，只是用黄纸包裹，背面有个'封'字。"不多时，总管太监捧出黄封一函，问："张中堂，

《平安春信图》（清·郎世宁绘）

这是清代宫廷画家、意大利人郎世宁的名作。图中的一老一少分别为雍正皇帝和宝亲王弘历，两人均着汉装，文雅倜傥之极。画上弘历的一段题诗是这样写的："写真世宁擅，缋我少年时，入室皤然者，不知此是谁。"

雍正帝泰陵隆恩殿

泰陵是雍正皇帝的陵寝，是清西陵中建筑最早、布局与形制最符合中国的"风水"观，规模最大、功能最完备的帝陵。隆恩殿又称享殿，是陵寝祭祀时的主要场所。整座建筑在巨大的汉白玉基座上，重檐九脊歇山式顶，黄琉璃瓦覆顶，面阔五间，进深三间。殿内有三间暖阁，中暖阁设神龛，供奉帝、后的牌位；西暖阁内安置宝床，床上设檀香宝座，供奉皇贵妃牌位；东暖阁为佛楼，上下两层供奉金银佛像。殿内四根明柱沥粉贴金，天花板上的彩绘鲜艳夺目，地面以"金砖"铺满，仍保持着原初风貌。

是不是这个？"众人凑上去一看，果真是雍正朱笔亲书的一幅传位密旨。这密旨的内容，正和从"正大光明"匾后面取出的宝匣密封的内容完全一致。

乾清宫"正大光明"匾

乾清宫正殿高悬着由清代顺治皇帝御笔亲书的"正大光明"匾，这个匾的背后藏有决定太子命运的"建储匣"。

世界大事记

爱尔兰爆发起义。法拿破仑任征意大利军司令。

根据雍正帝生前的安排，宝亲王弘历名正言顺地继承了皇帝宝座。他便是家喻户晓的乾隆皇帝。

弘历登基

乾隆帝是雍正帝所生各成年阿哥中唯一母家出身满洲的皇子，也就是纯满洲血统。雍正帝一上台，就挑选朱轼、张廷玉、鄂尔泰等满汉名臣硕儒，对他进

乾隆皇帝的甲胄（下图及右图）

此铠甲是乾隆皇帝阅兵及狩猎时穿用，铠甲用棉料制成，通体钉镀金铜泡，由甲挂、甲裙、左右护肩、甲前胸、护心镜、前后遮缝及左右护肋等十个部件组成。胄为皮胎黑漆，镶镀金镂空云水龙纹及各色宝石饰件，顶端镶乳状大东珠一颗。

中国大事记

颙琰即皇帝位，年号嘉庆，尊弘历为太上皇，训政。白莲教在湖北、河南、四川等地起事。

行儒家学说的系统教育。以后，又给他封王，让他参加对准噶尔、苗疆等作战的军事行动，使他有个建立军功的机会。

宝亲王弘历的嗣皇帝身份一宣布，他当场就任命庄亲王允禄，果亲王允礼，大学士鄂尔泰、张廷玉为辅政大臣。这是老皇帝五年前作好安排的。那是雍正八年（1730）的事。老皇帝特别倚重的怡亲王允祥生了病，军政机密事务一下子无人协理。他便将张廷玉、马尔赛等调到军需房，把军需房改称军机房，后来又把军机房提升为军机处。怡亲王病逝后，雍正帝就一直依靠军机处襄赞一切机务。弘历继承了这一制度，对张廷玉等四人付以重任。不过，一则弘历接位时已不是小孩子，二则四辅政之称不免使人联想到鳌拜等人留下的恶劣印象，所以又将四辅政改称为“总理事务王大臣”。

乾隆年制蓝琉璃刻花蜡台

当夜，弘历与四名辅政大臣及在圆明园的全体宗室、重臣一起，扶着老皇帝灵柩回到北京紫禁城，按例进行治丧活动，向全国发布公告，让天下臣民都知道老皇帝已死，新皇帝将立。

九月初三日，弘历在诸王及众文武簇拥下，登太和殿升御座，颁诏书大赦天下。

第二年，也就是乾隆元年（1736），颁布乾隆时宪新历，开炉铸制钱，称作乾隆通宝。一个由乾隆帝统治的清朝又进入了一个新的时期。

历史文化百科

〔乾隆帝推广种植甘薯、玉米〕

乾隆时期，重视对高产粮食作物的推广，尤其是对晚明自东南亚和南美分别引进的甘薯和玉米。甘薯，即番薯、地瓜，始仅种植于闽粤沿海地区，乾隆年间逐渐推广至山东、河南等省。乾隆四十一年(1776)，山东按察使陆耀总结了甘薯种植经验，编印了《甘薯录》，乾隆帝读了大喜，颁发北方各省督抚，令广为刊印、传抄，加以推广，应用。陆耀也因此有功，升任湖南巡抚。玉米俗称包谷，也是乾隆年间，随流民进入山区，遍及两湖、陕西和四川等省。乾隆三十年(1765)后，在四川尤盛，所谓是“川楚人多，遍山漫谷，皆包谷矣”。

权臣和珅（1750—1799）官职升迁表

时间	职位	备注
乾隆三十四年（1769）	承袭三等轻车都尉	时年十九岁
乾隆三十七年	授三等侍卫，挑补黏杆处	
乾隆四十年闰七月	值乾清门	
乾隆四十年十一月	擢御前侍卫，兼正蓝旗满洲副都统（正二品）	
乾隆四十一年正月	授户部右侍郎	
乾隆四十一年三月	命在军机大臣上行走	
乾隆四十一年四月	授总管内务府大臣	
乾隆四十一年八月	调镶黄旗满洲副都统	
乾隆四十一年十一月	充国史馆副总裁，赏戴一品朝冠	
乾隆四十一年十二月	总管内务府三旗官兵事务	
乾隆四十二年六月	转左侍郎兼署吏部右侍郎	
乾隆四十二年十月	兼步军统领	
乾隆四十三年	降二级留任调任崇文门税务总管行营事务监督	在吏部的参罚事件里，以扶同瞻徇的原因

世界大事记

美国因华盛顿拒绝第三次连任总统（自此引为定例），约翰·亚当斯当选为第二任总统。

续表

乾隆四十四年	命在御前大臣上学习行走	正月受命偕同刑部侍郎到云南查讯总督李侍尧贪营各款，经查审得实，上奏云南吏治废坏，须彻底清理积弊，随被提拔为户部尚书，很快又被命在议政大臣处行走
乾隆四十四年五月	御前大臣，补镶蓝旗满洲副统	谕赐名和珅的儿子丰绅殷德，并被指定为十公主的额驸，待到结婚年龄，即举行指婚礼
乾隆四十四年六月	授正白旗，领侍卫内大臣	
乾隆四十四年十月	充四库馆正总裁，兼办理藩院尚书事	
乾隆四十六年四月	降三级留任	甘肃苏四十三等滋事并逼进兰州，和珅带钦差大臣关防至，督办一切。
乾隆四十六年十一月	兼署兵部尚书	
乾隆四十六年十二月	管理户部三库事务	
乾隆四十七年二月	降三级留任	以军机大臣审办案件，因拟罪轻纵
乾隆四十七年八月	加太子太保	
乾隆四十七年十月	充经筵讲官	
乾隆四十八年六月	赏戴双眼花翎	
乾隆四十八年十月	充国史馆正总裁	
乾隆四十八年十一月	充文渊阁提督阁事	
乾隆四十九年三月	调正白旗满洲都统	
乾隆四十九年四月	充清字经馆总裁	
乾隆四十九年七月	调吏部尚书，协办大学士，管理户部	因甘肃石峰堡逆乱平定，和珅首承谕旨，再予轻车都尉世职，归并前职
乾隆四十九年九月	被封为一等男爵	以平定逆乱功
乾隆五十一年闰七月	授为文华殿大学士，仍兼吏部户部事	
乾隆五十三年	晋封三等忠襄伯	因在平定台湾林爽文中和珅承书谕旨
乾隆五十四年四月	充殿试读卷官	
乾隆五十四年五月	充教习庶吉士	
乾隆五十五年	被加恩赏给黄带、四开衩袍	乾隆帝八旬万寿，命和珅与尚书金简共同管理庆典事宜，命于所加二级外，再加一级
乾隆五十六年十一月	命为刻石经的总裁	
乾隆五十七年九月	加三级	平定廓尔喀事件，议叙军功
乾隆五十七年十月	兼翰林院掌院学士，充日讲起居注官	
乾隆五十八年	充教习庶吉士兼管太医院及御药房事务	
乾隆五十九年	降二级留任	因缮写谕饬瞻颇迁延，未即拟旨而受到乾隆的批评
乾隆六十年九月	降三级留任	因管理理藩院对蒙古台青重狱案未先具奏并有回护
乾隆六十年十月	革职留任	廷试武举发策，命军机大臣恭查实录，实录以往惯例不载武试题，和珅等率以文武试策总载实录对复，皇帝询问，和珅仍照前对复，乾隆以护过饰非，严予饬责
嘉庆元年正月	调正黄旗，领侍卫内大臣	
嘉庆元年六月	调镶黄旗满洲都统	
嘉庆二年	管理刑部，仍兼理户部	
嘉庆三年（1798）	封一等忠襄公（时年四十八岁）	四川白莲教首王三槐被俘。以襄赞机宜，晋公爵

中国大事记：王鸣盛、袁枚、毕沅等病死。

麝香公主

香妃，即伊帕尔汗，她是乾隆帝的维吾尔族妃子。

在新疆南部叶尔羌，即今莎车县，住着一户维吾尔族人家。男主人阿里是伊斯兰教的上层人士，当地人尊称他为阿里和卓。

维吾尔族香姑娘

阿里生了个漂亮的女儿。这小姑娘自幼酷爱沙枣花，常常在沙枣树下玩耍，闺房中也插满沙枣花，日子长了，身上好像也沾染上了沙枣花的清香。村里人很喜欢她，亲昵地给她取了个伊帕尔罕的名字，意思是“麝香公主”。

麝香公主刚步入少女时代，父亲去世了。她便跟着哥哥图尔都一起生活。

图尔都兄妹有个远房伯父，叫墨特和卓，在南疆一带很有势力。墨特和卓生有两个儿子，大的叫大和卓木布拉敦，小的叫小和卓木霍集占。当年准噶尔部勾结沙皇俄国发动叛乱时，兄弟俩与其他部族首领的子女曾经被扣作人质。后来朝廷派兵平叛，才将他们解救回来。

一天，小和卓木霍集占来到伊帕尔罕家，伊帕尔罕的哥哥图尔都、叔叔额色尹和叔伯哥哥玛木特热情地置酒款待，问他在伊犁总管回部事宜，怎么有空回来？霍集占起初含糊其词，酒酣耳热后，他才开口劝他们一同起兵反清。霍集占说：“清军刚同准噶尔打过大仗，大伤元气，一时难以恢复。我与布拉敦准备乘机起兵，自立为王。你们何不助我兄弟一臂之力，将来也好共享富贵荣华。”

他的话音刚落，叔叔马上反对道：“当初准噶尔人将你们拘禁在伊犁，是朝廷派兵解救了你们，让布拉敦回南疆统辖旧部，让你留在伊犁总管回部。你们

《乾隆帝妃像》（清·佚名绘）

泰陵石牌坊

清西陵位于河北易县城西的永宁山下，那里埋葬着雍正、嘉庆、道光、光绪四位皇帝及他们的后妃、王爷、公主、阿哥等76人，共有陵寝14座以及配属建筑行宫、永福寺等众多古建筑。泰陵是清西陵的主陵，规模最为宏大。此石牌坊坐落在大红门前的宽阔的广场上，高12.75米，宽31.85米，五间六柱十一楼造型，用天津蓟县樊山上等青白石，全部采用卯榫对接形式，周身装饰以高浮雕的图案，楼顶雕有楼脊、兽吻、瓦垄、勾滴、斗拱、额枋等。

清孝贤纯皇后像

清高宗孝贤纯皇后，富察氏，镶黄旗人，察哈尔总管李保荣之女，1737年立为皇后。生活节俭，平时不饰珠翠，仅以通草绒花作为饰物，每年效仿从前满族在关外的习俗以鹿羔绒制成荷包进献给皇帝，以示不忘本，高宗（乾隆）对其极其敬重。此绢画写实，具有明显的西洋风格。

不感恩图报，反而不仁不义要与朝廷对抗。依我看，还是断了这个念头吧！”图尔都、玛木特也表示不肯与他们同流合污。

乾隆写经图

乾隆笃信藏传佛教，命人将汉文、蒙古文《大藏经》译成满文，由章嘉呼图克图总其事，“每得一卷，即行进呈，以候裁定”。

这时，伊帕尔罕从外面回来，在旁边听了他们的争论，很不高兴，也斥责霍集占是恩将仇报的小人。霍集占悻悻离去后，叔侄们一商量，决定连夜行动，悄悄避往天山北面的柯尔克孜。

不久，伊帕尔罕的哥哥和叔叔得到平叛的清军被大小和卓木围困的消息，立即设法同定边将军兆惠取得联系，说他们已说服布鲁特人，派骑兵攻打叛军的根据地英吉沙尔营地，到时可以一起夹击。

历史文化百科

〔皇宫太监不够用〕

清（后金）入关前，皇宫内无太监。入关后顺治帝裁汰太监，将明末遗留的几万名太监减至千余人；但后又递增。至乾隆朝已增至1673人，皇宫各处都设有太监执事，如古董房有6个太监、按摩室有5个太监、大小狗房有31个太监、学西洋医有2个太监、抬乘轿的39个太监（含2名轿头），其中最低贱、也是人数最多的是打扫太监，有101人。但仍是不够用，只得由内务府向王公大臣家借调。

中国大事记

弘历死，庙号为高宗。嘉庆帝亲政。发和珅罪案，令其狱中自尽。

军机处值房

军机处位于乾清门的西边，清雍正七年（1729），清军在西北与准噶尔蒙古激战，为及时处理军报，始设军机房，清乾隆即位后，改称总理处，三年（1738）始名军机处。设军机大臣，军机章京，无定额，均为兼职。军机大臣由皇帝亲信的满汉大学士、尚书、侍郎等兼任。军机处职能原为承命拟旨，参与军务，随着时间的推移和条件的改变，军机处已不再是单纯的军事机构，逐渐演变为清代全国政令的策源地和统治中心，其地位远高于国家行政中枢的内阁，是清代最重要的机构。

军机处值房内景

军机处是清代辅佐皇帝的重要政务机构，共存在了一百七十余年。清朝时规定，皇帝与军机大臣议事时无关人员不得在旁。宫内人路过军机处时不得靠近，必须快步通过。值房内“喜报红旌”四字，似乎可以证明它地位重要的根源。

果然，本来十分危殆的形势，靠着回部人民的帮助，清军突然峰回路转，连战连捷，杀死了大小和卓木，很快平息了他们分裂祖国的武装叛乱。

传说中的香妃

乾隆帝得到奏报，十分高兴，除论功行赏清军将士外，特别降旨把回部协助平叛的上层人士请来京城做客，还分别给额色尹、图尔都、玛木特封爵赐邸。他又对图尔都提出，听说他有个妹妹，不仅满体生香，而且深明大义，不知是否愿意嫁给自己？

图尔都回去对妹妹讲了，伊帕尔罕表示愿意侍奉给回部人民带来和平安详的皇帝。于是，图尔都将她送到宫中。乾隆帝封她为和贵人。为了答谢和贵人的哥哥，把自己身边的满族女子苏德香赐给图尔都为妻。

乾隆帝很尊重和贵人的民族习惯和宗教信仰。伊帕尔罕在皇宫里，穿戴的是回族服饰，吃的是回民的饮食。还特地在宫中配备了回回厨师，凡赏赐佳肴，也都是清真食品。她还获得特别恩准，在圆明园居住时，可上方外观做礼拜，为此还在方外观的大理石墙面上刻有《古兰经》。在皇宫西苑，随时都可以上宝月楼眺望。这宝月楼紧挨宫墙，可以远眺到不远处的回民聚居地和高大肃穆的清真寺。

过了两年，乾隆帝因和贵人协调中央和新疆地方的关系有功，晋封为容嫔，后来又根据皇太后的提议，册封为容妃。乾隆帝南巡北狩，经常让她随驾，对她备加钟爱。她就是世人传说中的香妃。

容妃五十五岁时不幸染病逝世，这年是乾隆五十三年（1788）。皇帝对容妃之死，十分痛惜，在她的棺椁上，特地用金漆写上三段回文《古兰经》经文。这就是后来考古工作者于1979年在东陵容妃墓中所见到的。

世界大事记

英法议和。英议会决定棉纺织厂不得雇佣九岁以下童工，不得超过十二小时工作。法国拿破仑宣布为终身执政。

人物 关键词 故事来源

〇七五

七品知县郑板桥

郑板桥曾以做官经验写有一联："民于顺处皆成子，官到闲时更读书。"

郑板桥是扬州兴化人郑燮的字，他是"扬州八怪"之一。所谓"八怪"，都是被世俗社会视为不合群，有离经叛道之嫌的书画家和学者。

康熙秀才，雍正举人，乾隆进士

郑板桥少年好学，多才多艺，身怀三绝：画、书、诗，乃是真才实学之人，所以同时代人称他的文化素质，更是"三绝之中三真，曰真气、真意、真趣"，实是性情中人。

康熙晚年，郑板桥经多次考试中了秀才，但因家境贫困，只有在真州（今仪征）江村开设私塾当教书先生，勉强养家餬口。后来又上扬州，卖书画为生。

雍正十年（1732），四十岁的郑板桥，在南京中举。

乾隆元年（1736），郑板桥进京会试，考中进士。但没有期限的候缺待选，居京不易，就回到扬州，重操旧业。他自称为："康熙秀才，雍正举人，乾隆进士。"

两任父母官

乾隆六年（1741），郑板桥进京，受到皇叔、慎郡王允禧礼遇，大概出自允禧推荐，得以外放山东范县知县。

在范县，开始郑板桥不习惯官场，如知县出行，就前有青旗四面，蓝伞、青扇各一把，铜棍、皮槊各两根，肃静牌一对，还有随从，几十人拥着官轿，吆喝开道。他不欢喜这样的排场，所以经常是便服出巡，访贫问苦，且作有《喝道》诗："喝道排场懒不禁，芒鞋同俗入林深；一杯白水荒涂进，惭愧村愚百姓心。"

郑板桥在范县五年，想念家乡，对那些当年患难与共的亲友念念不忘，他说："可怜我东门人，取鱼捞虾，撑船结网，破屋中吃秕糠，啜麦粥，搴取荇叶蕴头蒋角煮之，旁贴荞麦锅饼，便是美食，幼儿女争吵，每一念及，真含泪欲落也。"由此，他将俸钱托人送去，挨家挨户，逐一散给。

乾隆十一年（1746），郑板桥调任山东潍县知县。他的年俸四十五两银，而养廉银却因与地

"难得糊涂"郑板桥

郑板桥（1693—1765），名燮，字克柔，号板桥，又号板桥道人，江苏兴化人。乾隆元年（1736）进士。五年之后被任命为山东范县县令，为官清正。后因申请救济而触怒了上司，被罢官。回乡以画竹为生。

话说中国

中国大事记

英国船停泊广东零丁洋欲登陆，被勒令阻止。

方税收挂钩，潍县是大县，养廉银多达一千四百两。当时该地荒年，道殣相望人相食，他不俟申报就开仓赈贷，只要写上借条就可以领粮。又以工代赈，修城凿池，招饥民就食赴工，还命大户开厂煮粥；秋天又歉收，就捐出养廉银。郑板桥后来离任，将饥民借条付之一炬。乾隆十八年（1753），郑板桥因常以赈灾得罪大户，辞去官职回乡，离潍之时，百姓痛哭遮留，多家绘像以祀，他以擅长的绘竹相赠，在画上题款有："乌纱掷去不为官，囊橐萧萧两袖寒；写取一枝清瘦竹，秋风江上作渔竿。"

两任知县十一年，令郑板桥感慨系之。乾隆二十七年（1762），在他逝世前三年，曾以做官经验写有一联："民于顺处皆成子；官到闲时更读书。难得糊涂。"

郑板桥做知县时，多次题款"难得糊涂"。

乾隆十七年（1751），他在潍县知县任上就写有此题款，还写有一段跋语："聪明难，糊涂难，由聪明而转入糊涂更难。放一著，退一步，当下心安，非图后来福报也。"

这也是他做官做人的理念。其实此说也蕴含小事

郑板桥《兰竹石图》（左图）

郑板桥一生只画兰、竹、石。他认为兰四时不谢，竹百节长青，石万古不败。这正好与他倔强不驯的性格相投。他的画一般只有几竿竹、一块石、几笔兰，构图很简单，但构思布局却十分巧妙，以墨的浓淡衬出立体感。竹叶兰叶都是一笔勾成，虽只用墨，但能让人感到兰竹的勃勃生机。

历史文化百科

〔养廉银〕

雍正二年（1724）进行赋役制度改革，设"养廉银"。按官职大小分发给各级官员，如督抚通常每年有一二万两，七品知县多则有二三千两，少则也有四五百两，作为额定津贴。这些银两，远远超出其年俸十倍、百倍。

清代绘画理论著作《苦瓜和尚画语录》的作者是谁？

世界大事记

印度爆发第二次马拉塔战争反对英国侵略者。美国向法国购得当时为法所属的西部路易斯安那区。

糊涂，大事不糊涂之意。如钱泳《履园丛话》说：“郑板桥尝书四字于座右，曰‘难得糊涂’，此极聪明人语也。余谓糊涂人难得聪明，聪明人又难得糊涂，须要于聪明中带一点糊涂，方为处世守身之道。若一味聪明，便生荆棘，必招怨尤，反不如糊涂之为妙用也。” 〉盛巽昌

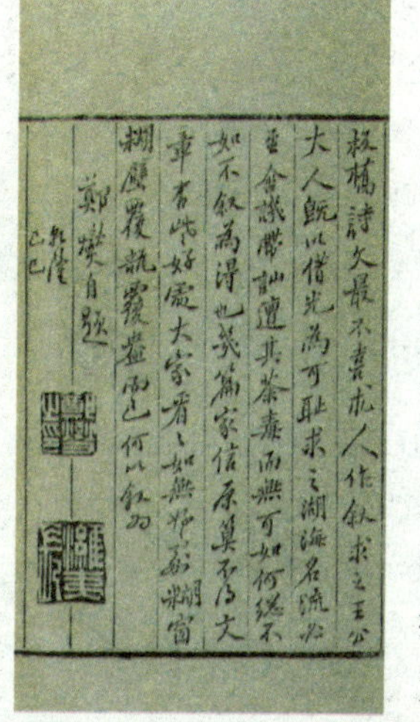
板橋詩文最不喜求人作叙，求之王公大人，既以借光為可恥；求之湖海名流，必至含譏帶訕，遭其荼毒而無可如何，總不如不叙為得也。幾篇家信，原算不得文章，有些好處，大家看看；如無好處，糊窗糊壁，覆瓿覆盎而已，何以叙為！

乾隆己巳

鄭燮自題

乾隆刻本《板桥集》（上图）

《板桥集》七卷，清郑燮撰。此书为郑燮自己编定的诗文集，包括《板桥诗钞》三卷、《板桥词钞》一卷、《板桥小唱》一卷、《板桥题画》一卷、《板桥家书》一卷。全书为作者亲自书写，由门徒司马文膏于乾隆十四年精刻刊印。作者于序中写道：“板桥诗刻止于此矣，死后如有托名翻版，将平日无聊应酬之作改窜阑入，吾必为厉鬼以击其脑。”

郑板桥《行书轴》（左图）

郑板桥的书法以隶书的“汉八分”杂入楷、行、草而独创一格，自称“六分半书”，人称“板桥体”。

〉历史文化百科〈

〔扬州八怪〕

扬州八怪是指乾隆朝扬州画派的汪士慎、黄慎、金农、高翔、李鱓、郑燮、李万膺、罗聘八人，其中多有宦途失意、落拓江湖的文人，如汪士慎擅长梅花，金农博学多才，李万膺的竹、石、菊、梅曲尽其妙，郑燮的诗、书、画堪称三绝，所绘兰、竹、石、荆棘等，淡泊清逸，所题所咏借物寓情，反映出对民众疾苦的关心，对社会不平的嘲讽。也有职业画家如黄慎、罗聘等人师造化、抒个性、用我法、专写意、重神似、端人品、博修养的风格，与当时“正统”风气不同，故被画坛视为“偏师”、“怪物”，遂有“扬州八怪”之称。

中国大事记

清廷布告各省凡民间上控案件，不得发还原审官。

〇七六

《贰臣传》出笼

乾隆帝大树特树前朝的忠臣形象，大毁大骂降臣，尤其是降而复叛的“逆臣”。

乾隆皇帝很会运用儒学之道，他组织编修国史，还搞了一部另册，即编修降臣和降又反复的叛臣传，用负面史传教育臣民。

表彰史可法

清朝定都北京，经过顺治到乾隆前期的百年统治，国家逐渐安定和富强。这时，坐了三十年龙椅的乾隆帝忽然想起，要把儒学全面贯彻，那就需要在朝野强化纲常，重节义，明廉耻。

他首先是大树特树正面的前朝忠臣形象。

乾隆四十年（1775），乾隆帝提出要为史可法正名，表彰史可法的忠节可风、一代完人，予他以“忠正”谥号；两年后，又在扬州梅花岭兴建史忠正公祠，并据臣下所献上的史可法画像及字书一通，写了一首五言近体诗赞扬，命均刻石于祠壁，为世楷模，供人瞻仰。

《乾隆帝观画图》（清·郎世宁绘）

翌年，乾隆命朝野大面积地搜集前朝与清作战被俘被杀死的臣民，经筛选确证，赐其中26人专谥；113人通谥“忠烈”，如张煌言；108人专谥“忠节”，如钱肃乐、沈宸余；576人专谥“烈愍”，如王翊、张名扬；843人专谥“节愍”，如黄斌卿；此外还有495个职官，1728个士民于各地忠义祠立牌位祭祀。

痛诋钱谦益

早在乾隆三十四年（1769），沈德潜来京参加皇太后万寿节，向乾隆帝送上所编《国朝诗别裁集》，请他作序。当他翻到首卷出现有钱谦益诗时，竟对多年尊重的沈德潜大发脾气，当面批评了钱谦益一顿，命令把它抽去。尔后乾隆帝又读了钱所著《初学集》、《有学集》，认定诗文里多有诋毁王朝政治处，于是对钱谦益其人其事，作全面批评，还特地下谕与文武朝臣说：钱谦益乃是一个有才无行之人，在前朝时，身任南京礼部尚书，及本朝定鼎之初，

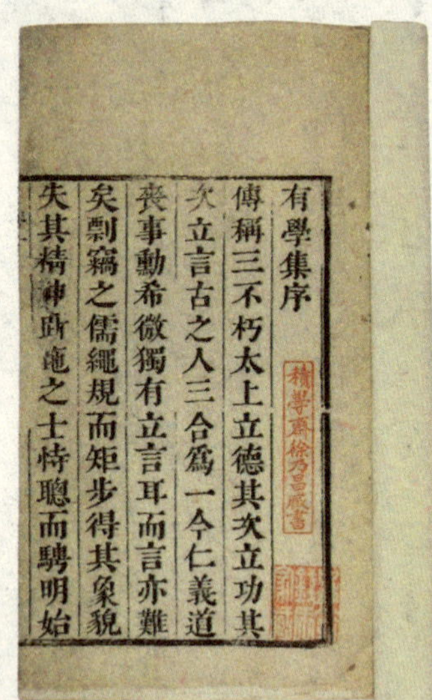

有學集序

傳稱三不朽太上立德其次立功其次立言古之人三合爲一今仁義道喪事勳希微獨有立言耳而言亦難矣剽竊之儒繩規而矩步得其象貌失其精神齷齪之士持聰而騁明始

《牧斋有学集》书影（上图）

《牧斋有学集》五十卷，清钱谦益撰。该书为钱谦益的诗文集之一，其中诗十三卷，文三十七卷，皆为入清以后之作，集中行文仍奉明正朔，无清年号，为钱氏亲手编定。

清 一

京师西山全景图

北京西山是清代的“皇家后花园”，极盛时期，山上有著名的五园（畅春园、圆明园、清漪园、静明园、静宜园）、三山（万寿山、玉泉山、香山）、外三营（火器营、精捷营、健锐营）。图的右下角为著名的圆明园全景。

率先投顺，渐而又混上了高官。但此人大节有亏，实不足齿于人类。因而他的书再也不能传世，必须销毁。

乾隆四十三年（1778），清朝国史馆奉命编修《国史列传》，乾隆帝又特地关照，钱谦益此人，只能列入《贰臣传》乙编，也不得与洪承畴辈列在同卷。

编修《贰臣传》

《贰臣传》的编修是前不见古人的一大文化产品，它是在《国史列传》之外，由国史馆格外编修的。它乃是另册。

最好的砚——端砚

端砚为砚中名品，砚石主要产于广东高要，呈深紫色，质地坚细柔润。此砚面受墨处平而微凹，上部雕山石、松林、圆月、雌雄两只孔雀。质地和工艺俱佳。

《贰臣传》共十二卷，分甲编、乙编，共编集了清初重要降臣，其中文臣66人，武臣54人，共120人。前六卷为降清后为清王朝立有赫赫功劳的文武臣工，首卷所列的是降清后英勇战死的，如刘良臣、孙定辽、孔有德、王鳌永；第二卷是入关前降清，又为统一中国立有功勋的开国功臣，如李永芳、孟乔芳、张存仁；以此类推，即使如洪承畴亦只能列在第三卷。以后等而下之，后面几卷的贰臣是对大清

粉白底双龙戏珠暗花宣纸

宣纸是毛笔用纸中的佳品，因最早产于宣州而得名。宣纸纸质洁白、柔软，不易虫蛀，易于毛笔书写和保存。这种带有暗花的宣纸，是在抄造时运用了特种工艺制成的。

中国大事记

历时八年，遍及川、楚、陕、豫、甘五省的白莲教活动全部溃灭。

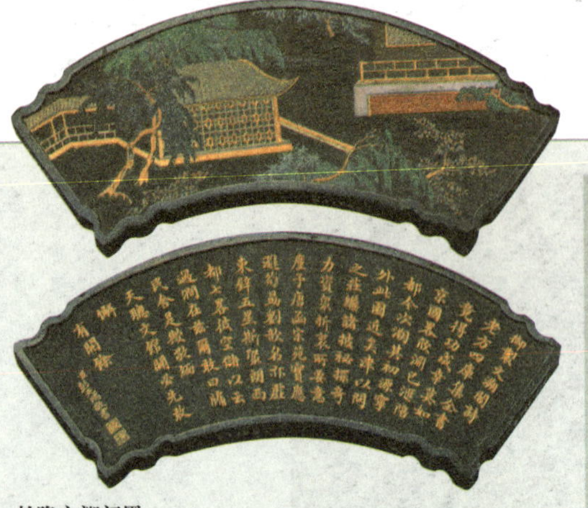

乾隆文溯阁墨

该墨为玉璜状，正面绘文溯阁外景，背面有楷书乾隆御制《文溯阁诗》。文溯阁是《四库全书》的藏书阁之一，位于辽宁省沈阳市故宫之西。

三寿星图刺绣（右图）

三星图为清乾隆年间作品。蓝地绫本，刺绣福禄寿三星。三星面相安详，神态宁静、慈祥，另有二童戏于其间；画面有山峦、祥云、桃树、松树及蝙蝠环绕。整幅刺绣色彩富丽，寓意吉祥。用线虽粗松，但绣工平整，部分人物的眉目是绣后再点染而成，堪称乾隆年间的杰出绣品。

王朝没有贡献，甚至犯有罪行而被革职、流放、送归田园的，如和钱谦益列入同卷的周亮工、唐通、王国宝，第十一卷有孙可望、白文选。按乾隆帝所说，此类之人只是因大势所趋，日暮途穷和投机取巧的无耻小人。

《贰臣传》还附有《逆臣传》四卷35人。前三卷是吴三桂和他的高级文武以及响应“三藩叛乱”者，第四卷乃是降而复叛的重要官员，如姜瓖、李成栋、刘泽清，和他们一起列传的，还有一个是郑芝龙。其实，郑芝龙降后，长期软禁在北京，用作招降郑成功的诱饵；但因儿子始终坚持抗清，了无价值遭诛杀，要说他降而复叛，那怕真个是莫须有了。 〉盛巽昌

历史文化百科

〔谥法〕

古代帝王和官僚死后，按照本朝政治需要，以死者生前的“行事”追加的称号，叫做谥法。帝王的谥法，由礼官上皇帝审定；臣下的谥法，由朝廷赐予。犯有错误者，通常不得有谥。此外某些死者，由亲属、门人加的谥法，称做私谥。

江南老名士沈德潜

乾隆帝提出，须将自己写的十四册诗集校阅后，才准告老还乡。

沈德潜是乾隆帝特别青睐的大诗人，恩宠长达三十年，相传乾隆帝写诗四万七千首，其中不少是他代作和改作的。但他死后的第十年，竟也陷入文字狱陷阱。

皇帝器重老诗人

沈德潜是乾隆朝大诗人，他活了整整九十七岁。

早年沈德潜很爱读书，多次参加应试，可是多次没有中试，就在家乡苏州乡间开办塾学，教授生徒。当时读书人都热衷于做诗，而他更加勤奋，稍有余暇就吟诗不已。他的诗作，宗尚唐人雄浑宏壮的风格，十分注重诗歌的体法声调，在江南地区很有知名度。

江苏布政使鄂尔泰编辑江南文人诗文集《南都黎献集》，选进了他的几首诗。当时尚为皇子的弘历（乾隆帝）从这部刻本里读了之后，相当欢喜。

乾隆皇帝写字像

乾隆皇帝喜欢赋诗，而且每天必作数首。他常把写好的诗传给有一定文学素养的官员们评阅。遇到引用典故之处，他会让官员们做出解释。如果官员们那时解释不出来，可以将诗文带回府邸继续研究。

乾隆元年(1736)，沈德潜来京应试博学鸿词科，仍未录取。直到四年(1739)，才考中进士。这时他已六十七岁，是白发苍苍的老翁了。三年后，沈德潜任庶吉士期满，参加殿试。乾隆帝还记着他，问道："谁是沈德潜。"当引见后，称赞道："江南老名士。"当即授为翰林院编修。乾隆七年(1742)，乾隆帝召见沈德潜，拿出自己写的诗作，要他奉和，他即席和《消夏诗》十咏，又和《落叶》诸诗。他的和诗，很受乾隆帝称道。此后几年里，又连升五级。到乾隆十三年，已是内阁学士了。当年，沈德潜要开缺回乡改葬父母。乾隆帝破格不予开缺，还赐他三代封赐恩典。临行时，并赋诗"我爱德潜德，醇风抱古初"，为他送行。这是清朝皇帝难得有的对汉臣的高规格荣誉。

诗人沈德潜

沈德潜(1673—1769)，字确士，号归愚，江苏长洲(今苏州)人。从二十二岁起参加乡试，总共参加科举考试十七次。乾隆四年(1739)已是六十七岁的他中进士。之后当了十年官，曾任内阁学士兼礼部侍郎。论诗主"格调说"，提倡"温柔敦厚"之"诗教"。其诗多歌功颂德之作，少数篇章对民间疾苦有所反映。

中国大事记　订立稽察西洋书籍章程。纪昀死。

“乾隆宸翰”玺文

“乾隆宸翰”玺，通高15.2厘米，印面8.4厘米见方，阳文篆书，是乾隆帝的一方闲章。“宸翰”，意为皇帝翰墨。该章制作于乾隆二十四年(1759)。乾隆帝将此印章经常钤盖在自己的御笔书画上。

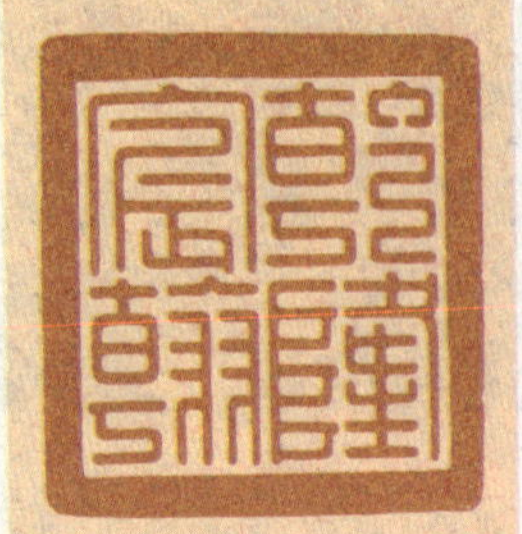

沈德潜回京后，又擢升为礼部侍郎。

朝中很多满汉大臣不服气。乾隆帝开导说：“沈德潜诚实谨厚，又是这么高龄才见到朕。朕所以多次加恩，就是为了激励所有老实而又有才学的读书人啊！并非只是他能写诗而进擢的。”

乾隆十三年，七十六岁的沈德潜请求告老还乡，乾隆帝没有同意。翌年，当他再次请求，乾隆帝才同意了，但提出须将自己写的十四册诗集校阅后，方能回乡。他说：“朕与德潜，以诗始，以诗终。”沈德

御用桦皮弓（及右图）

清代从皇帝到士兵皆习武艺，每年定期进行武练。武生及绿营兵还要进行武试，中举者称武举人、武进士，分别授官。皇帝习武亦常用弓箭、刀枪。这就是乾隆皇帝使用过的弓。

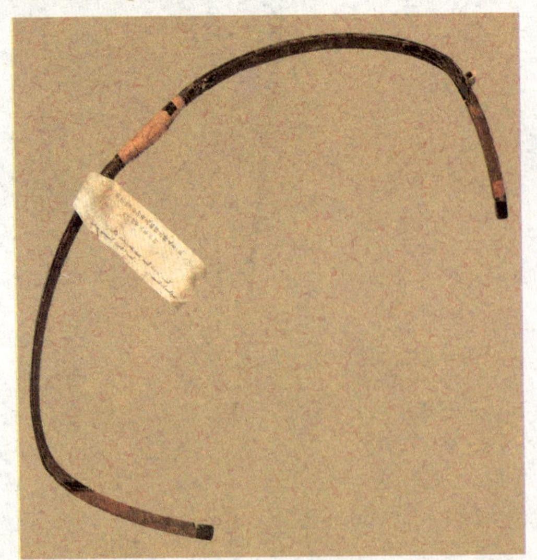

乾隆《御制文初集》

乾隆“每天余时，或作书，或作画，而作诗最为常事，每天必作数首”。仅编成文集的就有《御制文初集》、《御制文二集》、《御制文三集》、《御制文余集》，共1350余篇，还有《清高宗圣训》300卷。乾隆尤喜爱作诗。他的御制诗集，登基前有《乐善堂全集》，禅位后有《御制诗余集》，凡750首。在位期间的《御制诗集》共有5集，434卷，有人统计，其初集4166首，二集8484首，三集11519首，四集9902首，五集7792首，共计41863首。他的诗总计42613首，可谓历代皇帝之最。

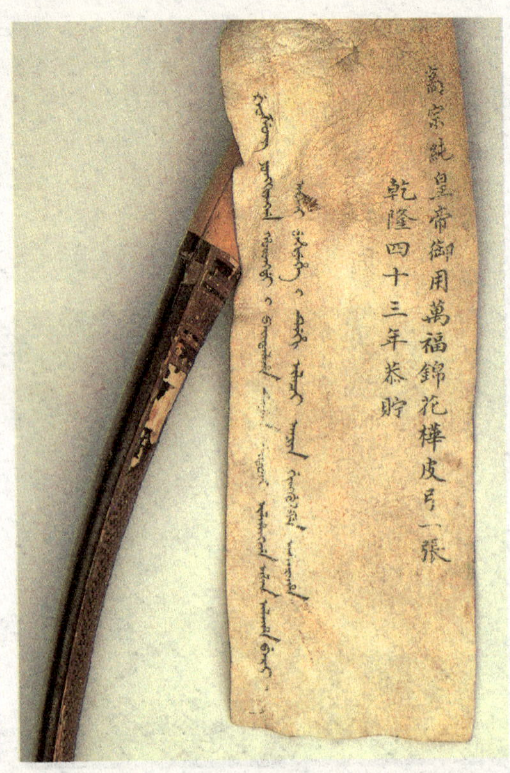

世界大事记

弗兰西斯二世宣布废除神圣罗马帝国，专任奥地利皇帝。拿破仑封锁英国，严禁欧洲大陆与英通商。

潜校阅，时有所更易，乾隆帝也虚怀若谷，听任改动。他辞行时，乾隆帝即兴作诗告别：“清时旧寒士，吴下老诗翁。近稿经商榷，相知见始终。”还要他今后有新著作，可专递送京。

南巡中赐见

沈德潜回乡后，就送呈了《归愚集》抄本。乾隆帝读后备加赞赏，说他的诗“伯仲高王”，“高”是明初大诗人高启，“王”是当代大诗人王士禛，意思是沈诗作可与两人媲美。

乾隆十六年（1751），乾隆帝开始了首次南巡，在南巡中接见了沈德潜。这年冬天，沈德潜到北京参加皇太后六十岁万寿活动，乾隆帝因他时逢八十，还特赐题额“鹤性松身”并藏佛一尊。沈德潜回家后，又送呈近作《西湖志》，乾隆帝读后，题了三首绝句充作序言。乾隆二十二年，乾隆帝再次南巡，对前来叩见的沈德潜加礼部尚书衔，并赐诗：“星垣帝友岂无友，吴下诗人尚有人。”四年后，沈德潜再赴北京祝皇太后七十大寿，送呈历代圣母图册。乾隆帝更加高兴，特地赐以拐杖。当时他命文武官员七十以上者为“九老”，凡三班，其中沈德潜以名齿为退休官员“九老”名列第一，还命画匠作肖像藏于内府。

《乾隆南巡图卷》

此为《乾隆南巡图卷》中表现乾隆驾幸杭州时的众人观戏场景。

乾隆二十七年，沈德潜在乾隆帝第三次南巡时，赴常州参见，博得欢心，赐诗一首，并称他为“江南大老”；乾隆三十年，沈德潜又在第四次南巡时候驾，被加为太子太傅。他真可算是三十年受到帝皇恩遇。

打碎墓碑

乾隆三十四年，沈德潜寿终正寝。

乾隆帝相当痛惜，加赠太子太师，祀贤良祠，赐匾“诗坛老硕”和楹联“玉皇案吏今烟客，天子门生更故人。”

但是乾隆帝对死去的沈德潜不甚放心，竟密令地方官员查找沈家有否收藏钱谦益著作。终于他对沈德潜作了盖棺论定。乾隆四十三年，乾隆帝在处理徐述夔《一柱楼集》狱时，发现沈曾为徐作序，于是下旨追夺他的谥号、官衔，打碎墓碑。 〉盛巽昌

> **历史文化百科**
>
> **〔乾隆朝文字狱〕**
>
> 乾隆期间开四库馆、征求遗书过程中，亦大量销毁所谓违禁图书，在长达十九年禁书时期，共毁书籍3100多种，15.1万多部，几与《四库全书》现收书目相等。使康熙朝以来文字狱不断扩展、深化达到高峰。据今人统计，乾隆朝各类型的文字狱多在110起以上，占清王朝全部文字狱的80%左右；且涵盖面达于京都和关内大多数省，人员涉及朝野、官民，时间长达近半个世纪，即自乾隆十六年（1751）至嘉庆初（乾隆帝称太上皇时期）。

中国大事记　李长庚大破蔡牵于台湾海峡。

〇七八

刘统勋刘墉父子

清白传诸其家：正直，廉明，以至都有"清官"之誉。

乾隆朝多有清官，受皇帝信任并作为表率的就有刘统勋刘墉父子。由于文化传播的威力，原本有历史地位的刘统勋反而不及儿子刘墉于后世有影响。

不愧为真宰相

刘统勋品行端方，敢于说真话，不护短，经常在广庭大堂直言不讳，前清皇帝注重吏治，特别是严束高级官员的奉公守法，皇帝缺不了刘统勋这类角色，因而他能受到有作为的皇帝信任。乾隆帝评他是"神敏刚正，终身不失其正"。刘统勋死后，乾隆帝亲临刘家吊唁，因为门户低矮，乘舆不得不除去舆盖才能通过，进得屋里，陈设又是极为俭朴，没有什么精致、名贵摆设。时值隆冬，冷风自窗户空隙处吹入，寒气咄咄逼人，令他为之心酸，回到乾清宫后，含泪对群臣说："朕失一股肱矣。"又说"像刘统勋那样的人，才不愧为真宰相。"

一代名臣刘墉

刘墉（1719—1804），字崇如，号石庵，山东诸城人，乾隆进士，官至礼部尚书，兼署兵部尚书，并充任《四库全书》副总裁、三通馆总裁及上书房总师傅，并为体仁阁大学士，加太子少保等职。外娴政术，内通掌故，博通经史，长于古文考辨。曾三次兼署国子监，数任乡试、会试正考官。文章书法在清代皆享盛名，刘墉的书法用墨厚重，笔健神藏，别具一格，有"绵里裹针"之妙，为清代四大书法家之首。

刘统勋忠于职守，在任上善于发现弊政和贪官污吏，凡经发现，立即参劾。他在浙江视察海塘时，发现每有新任督抚提镇上任时，多有将他所带来的亲信委以肥缺，因而奏请：除河工、军前效力等职司外，其他官员皆不得将亲信安插。皇帝同意了，这样以亲信补肥缺之风始有所收敛。

乾隆六年（1741），刘统勋在左都御史任上，对元老大学士张廷玉、尚书纳亲两位重臣指摘。他说：我听到舆论，桐城张、姚两家占半部缙绅。张廷玉家族有十九人做官，姚家有十人做官，两家相互举荐，今后必然会使冗员虚衔泛滥；而纳亲盛气凌人，毫无一点谦让之处，这些要请皇上严加训示，督令改过。乾隆帝偏袒大臣，读了奏疏，虽说"我想张廷玉、纳

《刘墉拿李武举》（清末年画）

此幅年画画的是刘墉外出京城微服私访，途中遇到旋风拦轿，抬轿人役只得改道而行。不料旋风三次拦轿，刘墉觉得必有缘由，即随旋风至一新坟，见一女子哭夫。旋风上前揭起女子孝衣，竟露出红色中衣。经查访，女子名叫黄爱玉，与李武举通奸，谋害亲夫。刘墉处死奸夫淫妇，为死者昭雪伸冤。

明清时官吏征收赋税时，皆以弥补损耗为由而额外加征，征银叫火耗，征粮叫什么？

世界大事记

英颁“御前会议令”与拿破仑反封锁。
美国制造第一艘使用蒸汽之轮船。

人物：乾隆帝 刘统勋 刘墉

关键词：廉洁 正直

故事来源：《清史稿·刘统勋传》

亲如真个擅自作威作福，刘统勋哪有胆量上疏。这正说明两臣无此事啊”，但他却把刘统勋奏折当堂与大臣传阅，显然又是提倡、称赞这种刚正不阿的做法。

微服私访，纠察吏治

乾隆帝提升刘统勋为大学士、刑部尚书，命他年年出京巡察各地，纠察吏治。

有一年，刘统勋视察黄河，黄昏时着便服走在杨桥河堤上，偶尔瞧见河堤上停留有五六十辆牛车，车上都满载高粱秆、玉米秆和草料等，而车下、堤边有衣衫褴褛的近百个老少乡民，很多人疲劳不堪，也有人相对而泣。他觉得诧异，就问根因，回答说：“我们都是种田的，奉本县父母官令，前来向河工送草料，谁知收料的那位官员要每车交纳一两八分银，不交就不收料。我们哪里有钱呢。现在已停留了少则三天，多则十天，随身带的口粮也已吃光，想回去可又没法交差，进退两难呵。”

刘统勋听了，半信半疑，故意说：“我亦是送草料的，我因和老爷随从相识，刚才已交纳了。现在就代你们交吧。”说罢，就拉了一辆稻草到交纳处。那委员见他满面红光，绸制长衫，疑是乡间的一个土财主，即向他勒索十五两。刘统勋稍作辩解，此官员大怒，命令随从用鞭子把他赶出去，而且把牛车没收。

刘墉书法《行书送蔡明远叙》

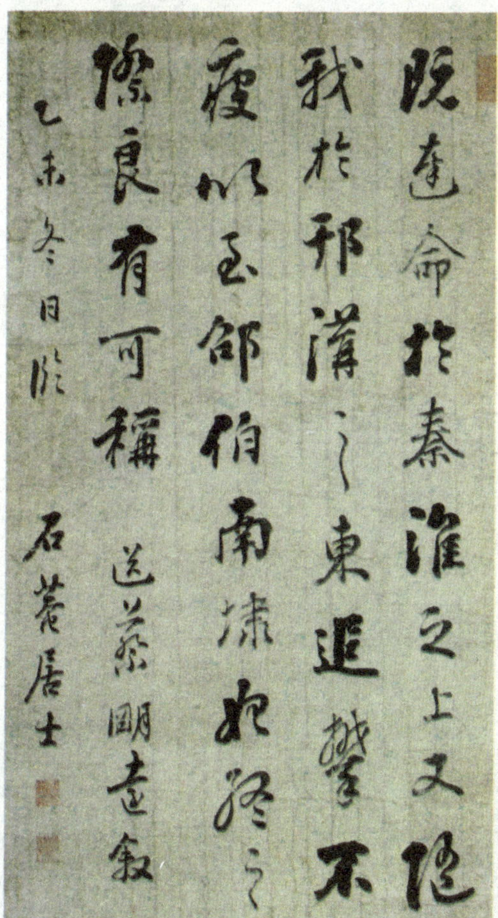

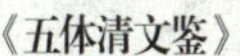

《五体清文鉴》

系满、藏、蒙、维、汉五种文字对照之分类词典。成书于乾隆末年。内容包括社会制度、政治、经济、文化等方面的词语。

> 历史文化百科 <

〔京师官吏坐骡车〕

雍正、乾隆时期，北京官吏所乘的车始为驴车，在衙门当差的官吏多喜乘之，当时只有刘启勋乘有白马车，路人见白马车至，相互诉说：刘中堂来了。乾隆三十年(1765)后，马车开始增多。自从蜀道开运，大批骡子来京，骡车大批增加，逐渐替代驴车，当时称骡车为“川运车”，有“骡车日日穿胡同”诗句。因为官吏爱乘骡车，骡车亦成为行业，为人雇佣的骡车称“买卖车”，车帷亦有绸缎，车窗亦有玻璃。

中国大事记

申禁文武官员与诸王交通。

乾隆《御笔石刻蒋衡书十三经于辟雍序》（织绣）

蒋衡（1672—1743）为清代著名书法家，他历时十年，校正并以楷书写成“十三经”，并进献给乾隆帝。乾隆五十年，乾隆帝命将蒋衡所书“十三经”刊于北京国子监的辟雍中，并为之作序，为我国唯一一部完整的石刻“十三经”。此为乾隆帝序的绣品。

刘统勋急忙回去，发令箭将此人缚来，猛打四十大棍，随即戴以大枷牵至河堤示众，其他委员见了大为震惊。此后送来草料随到随收，再也没有人敢刁难了。

子继父业，捉弄和珅

刘墉是刘统勋的儿子。他继承了父亲正直、清廉的品格，因此也有清官之称。

乾隆中期以后，和珅当权。满朝官员趋之若鹜，即便像纪晓岚、彭元瑞也为他的诗文捉刀，只有刘墉采取不合作的冷淡态度。和珅衣着最尚奢华，刘墉故意穿敝衣旧服和他同列。有年春节风雪交加，刘墉侦知和珅出宫，在他经过时，故意命人持名刺于轿前高呼：“刘中堂亲自过府，贺年未遇，现在路心恭候。”和珅只得下轿，见刘墉已跪地拜年，急忙也跪地答礼，不料所着锦衣绣裤被泥污沾得遍身污脏，当街狼狈不堪。〉盛巽昌

刘墉奏稿

此幅为刘墉给乾隆的奏稿，内容为叩谢乾隆帝的赐诗，并依原韵和诗一首。

伏尔加河归来的土尔扈特人

厄鲁特蒙古一部土尔扈特人不远万里从欧洲重返中华大地，是中国民族史上的一个重大事件。

要回太阳升起的地方

乾隆三十五年(1770)，二十六岁的渥巴锡从土耳其战场一回到当时尚居留在俄国境内的土尔扈特部，立刻召集各支首领秘密会议。这个年轻人是土尔扈特部西迁后的第八代首领，如今他要宣布酝酿已久的决定：“我们马上东迁，返回祖国！”散会之后，各部落首领们回去进行准备，消息一传达到群众，伏尔加草原上顿时一片欢呼。

渥巴锡是个聪明果敢的人，十七岁继位后，心中一直盘算着如何实现前辈回归中华大地的愿望。当沙俄攻打土耳其，强征土尔扈特人当兵时，他亲率部众参战，表面上装做讨好叶卡德琳娜二世政府，暗地里却做着背离沙俄的准备。

土尔扈特人大迁移的准备，在第二年的一月五日前基本完成。这天，辽阔的伏尔加大草原上，成千上万的土尔扈特民众在跃马横刀的骑士们的护卫下，一队一队踏上归国征途。牛车和马车装载着简单的物品和老弱妇孺，人们回头望着燃起熊熊烈火的宫殿和村落，不禁热泪盈眶。他们说：“我们要到太阳升起的地方去了！从今以后，我们的子孙永远不当奴隶了！”

想念故土，万里奔波

土尔扈特部是中国蒙古族的一支，世代游牧于新疆塔城一带草原。明末清初，与准噶尔、和硕特、杜尔伯特一起，合称厄鲁特蒙古四部。一百多年以前，准噶尔部强大起来，想吞并土尔扈特部。同时，沙皇俄国也采取武力和政治威胁，蓄意要土尔扈特部效忠沙皇。当时的首领鄂尔勒克为避免同准噶尔部冲突，同时摆脱沙俄纠缠，便率众西迁，来到水草肥美的伏尔加河下游辽阔的处女地。可是，没想到鄂尔勒克及其子孙们不得不再次同不断侵扰的沙俄进行抗争，保卫自己开辟出来的家园。在反抗沙俄奴役的斗争中，土尔扈特人对祖国的怀念日益强烈。

《皇清职贡图·土尔扈特人》
土尔扈特是我国蒙古族中的一个古老的部落。早在明朝末年(1628)，土尔扈特人为了寻找新的生存环境，部族中的大部分人离开新疆塔尔巴哈台故土，越过哈萨克草原，渡过乌拉尔河，来到了伏尔加河下游的里海之滨。在这片人烟稀少的草原上，开拓家园，建立起游牧民族的土尔扈特汗国。到了18世纪60年代，由于来自沙俄帝国的巨大压力，他们又决心返回故土。《皇清职贡图·土尔扈特人》中就记载了这一段史实。

中国大事记

英国长船在广东香山海面，派兵登陆分据澳门大炮台，严令退出。

《西域图册·土尔扈特风情》

甘肃知县明福曾三次赴西域，为了记录少数民族风情，绘制了图册。

渥巴锡腰刀

清乾隆年间，土尔扈特部在首领渥巴锡的率领下，回到祖国怀抱，这是渥巴锡回归后觐见乾隆时献给乾隆的礼品。刀柄为木质，缠金银色丝，柄末银雕花嵌珊瑚，鋬、珌均为银雕花。鞘亦木质，蒙绿、棕两色革，并间以细银条，缠绕成蛇纹状。腰刀坚挺锋利，工艺精湛。为渥巴锡祖传之物。

渥巴锡率领十七万军民返回本土的消息传到圣彼得堡，沙俄立即派兵追截。东迁的土尔扈特人穿过乌拉尔冰河，进入深雪封冻的哈萨克草原，又遭到哥萨克骑兵的堵截。九千多名勇士用血肉之躯，为整个部族的东进铺了通道。

春天来临，冰雪消融，哈萨克草地泥泞不堪。炎热的夏日，骄阳似火，土气升腾，东进队伍更是十分疲惫。战斗、疾病、疲劳、饥饿，夺走了成千上万的土尔扈特人的生命。有人说，这样走下去，未到祖国，人都快死光了！何去何从呢，部落首领们召开紧急会议。策伯克多尔济慷慨激昂地说：“留在俄国，沙皇军队会在我们周围修筑堡垒，我们就成了集中营的奴隶，有何面目去见满怀回归祖国愿望的父辈？而且，我们现在每走一步回头路，都会见到自己亲人和同伴的尸骨，怎么对得起他们经受的苦难和浴血奋战的决心？”渥巴锡说：“俄国是奴隶的国土，只有中国才

历史文化百科

〔王公贵戚“指婚”联姻〕

清代的王公贵戚通过“指婚”而相互联姻的现象普通存在，目的在于借助联姻之力，使之“亲上加亲”、巩固“门第”之尊、强化其政治实力。《清稗类钞》一书的“婚姻类·指婚”条下即载：“近支王贝勒贝子公及外戚子女既及岁者，开具婚氏年龄进呈”，即由太后指配与满洲、蒙古、汉军之贵族联姻。指定后，明发懿旨，以某女婚某王，或某某，名曰指婚，满语又谓之“拴婚”。

《宝吉骝图》

渥巴锡于乾隆三十五年(1770)十月率部东归，冲破沙皇的围追堵截，死伤十万众，历时八个月，行程万里，终于在乾隆三十六年率余部七万人到达伊犁。乾隆帝十分重视这一情况，调集大批粮食、帐篷、布匹、羊只发给土尔扈特部众。渥巴锡一行到木兰围场觐见弘历并表示归顺。另一首领策伯多尔济把他的金削刀和在土耳其战场获得的色尔克斯马献给乾隆帝。乾隆帝赐名“宝吉骝”。乾隆帝回承德又举行隆重仪式接见渥巴锡一行，封汗、封王，并奖银两。

是希望之邦。因此，我们必须继续冲破艰难险阻，奋勇前进，向东！再向东！”

妥善安置，大加褒奖

土尔扈特部回归的消息传到北京，乾隆帝十分高兴。他立刻派巴图尔济噶尔勒到新疆欢迎，接土尔扈特部的首领们来承德避暑山庄相见。又下旨令陕甘地方政府开拨库银，救济归国的七万余土尔扈特人，并对这些长途跋涉、衣衫褴褛、形容枯瘠的爱国者进行妥善安置。陕、甘、宁、内蒙、新疆地区的各族人民，也把粮食、衣物、牛羊、毡庐等贡献出来，帮助土尔扈特部兄弟渡过难关。

《万法归一图》
万法归一殿是乾隆朝修建，供清帝和各少数民族上层人物顶礼膜拜的地方。该图表现了乾隆和土尔扈特部首领一起进行法事的情况。

《御制土尔扈特全部归顺记》
土尔扈特部历经艰难回归故国，乾隆果断接纳，在当时都是非凡之举。《御制土尔扈特全部归顺记》里详尽地记载了这一段史实。

清朝中央政府对蒙古土尔扈特的爱国行动进行褒奖，封渥巴锡为卓哩克图汗，即英勇之王，封策伯克多济尔为布延图亲王，其他首领也各有封赏。对参加过达瓦齐叛乱、被通缉出逃沙俄的舍楞，因一起回归，情属悔过投诚，所以不究前罪，一并封赏为弼里克图郡王。

土尔扈特人的回归，激动人心，它是我国少数民族反抗沙俄奴役，向往祖国，维护多民族国家统一和民族团结的历史见证。

《钦定西域同文志》
《钦定西域同文志》为清代刊行的多语种对照辞书，该书用满蒙汉藏维吾尔托忒蒙文六体编撰，全书二十四卷，清高宗乾隆二十八年（1763）刻印。

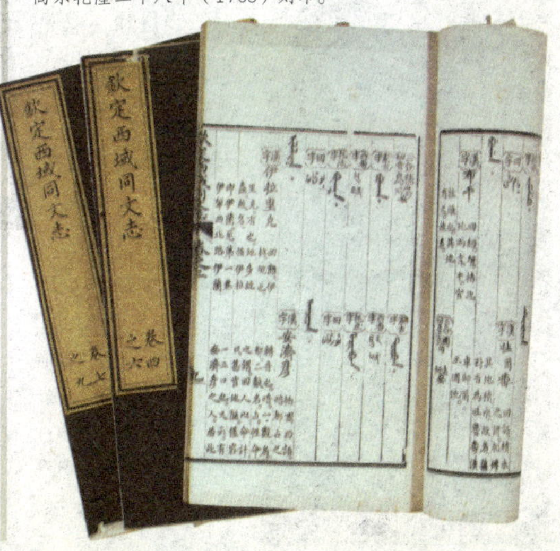

意为“舜水者敝邑之水名也”，以示不忘故国故土之情。

中国大事记

订广东外洋商人贸易章程。

纪晓岚与《四库全书》

相传纪晓岚博学强记，过目不忘，有超人的记忆力。

乾隆帝自诩平生做了两件大事，一件是“十全武功”，一件是《四库全书》。他的所谓“十全武功”，随之岁月飞逝，大多烟消云散，但《四库全书》却留存人间。这部巨著的出现，也仰仗一个人，那就是纪晓岚。

皇帝器重的才子

纪晓岚是乾隆朝的大学者，他是科班出身，是乾隆十九年（1754）进士，一直在翰林院供职。翰林是穷京官，没有养廉银，只拿赤膊工资，但要跳出院子也不容易。但他经过考察口碑极好，被外放出任贵州都匀知府。乾隆帝不肯放，说他学问好，只给他加品级，于是以四品衔留任编修原职，不久，擢升为翰林院侍读学士。

两淮盐运使卢见曾犯有贪污罪，而纪晓岚和卢家是儿女亲家。纪晓岚得知后就派专人送去枣子、食盐，让卢做手脚，但卢仍被抓到证据。事后纪晓岚因通风报信连坐，他虽强辩没有一字交往，但仍因犯律，谪戍乌鲁木齐。

乾隆三十六年（1771），纪晓岚被召回，在密云见到巡幸热河的乾隆帝，恢复了他在翰林院的职务。

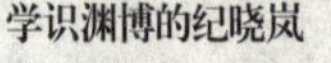

学识渊博的纪晓岚

纪昀（1724—1805），字晓岚，号石云、春帆，河北献县人，乾隆十九年中进士，官至礼部尚书，又授为翰林院庶吉士，编修。因学识渊博为乾隆赏识。乾隆间辑修《四库全书》，任总纂官，死后谥文达。

出任总纂官

乾隆三十八年（1773），乾隆帝开设四库全书馆，提出要搜辑古今群书，包括散落于民间的逸书，其总数还得超过康熙朝所编的《古今图书集成》，并成立了刘统勋、刘纶、于敏中等为正总裁的高层官员组成

《钦定四库全书简明目录》盒

四库全书刚开始编纂不久，考虑到这部书卷帙浩繁，为方便检阅，分四色装帧，经部用绿色，史部用红色，子部用月白色，集部用灰黑色。为方便检索，还特地编了简明目录，并制成手卷，装盒保存。

历史文化百科

〔翰林院〕

清代掌编修国史、记载皇帝起居注、进讲经史以及草拟册文、封诰、祭文等的机构。主持为掌院学士，满汉各一人。所属职官有侍读学士、侍讲学士、侍读、侍讲、修撰、编修、检讨、庶吉士等，不定员。对外均称翰林。又进士及第乃进翰林院。

乾隆四十一年（1776）苏州评弹艺人王周士建立的评弹历史上第一个行会组织叫什么？

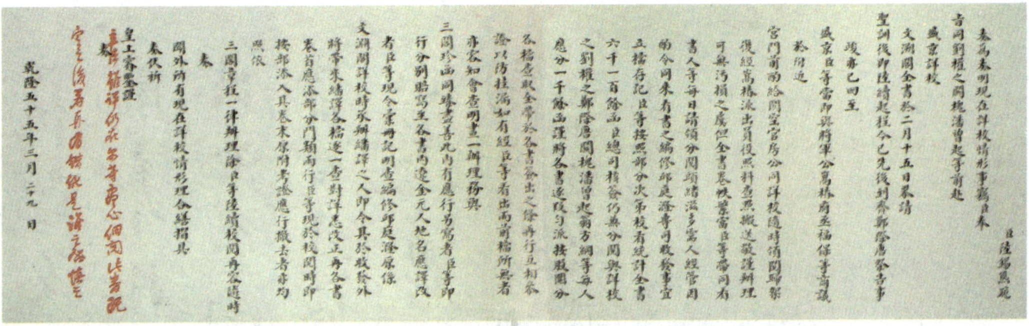

世界大事记

拿破仑与约瑟芬离婚，娶奥地利公主路易丝为后。

人物：纪晓岚　乾隆帝

关键词：博学　识才

故事来源：《清史稿·纪昀传》

的机构，选调京内外有识之士三百余人，参加分纂修、提调、考订、校勘等项工作，参加者多知名学者，如姚鼐、翁方纲、邵晋涵、戴震。但就是缺总纂官，即主持日常工作，又是最后定稿的拍板者。乾隆征求诸人意见，首席正总裁刘统勋即因纂辑四库全书卷帙浩繁，必须斟酌综核，方免挂漏参差为由，推荐纂修纪昀（晓岚）、提调陆锡熊为总纂官。

允禧《山水图》册页

允禧(1711—1758)，康熙第二十一子，字谦斋，号紫琼，别号紫琼岩道人、春浮居士等。封慎郡王，谥靖。康熙五十九年从幸塞外，于政治甚少参与，多与汉满文人诗酒往还。所交有塞尔赫、李锴、郑板桥、沈德潜、王士禛、陈鹏年。博览群书，虚心下士，诗书画兼长。擅长山水、花卉，“笔致超逸，画风清淡，”时人评为“本朝宗藩第一”。

乾隆朱批《陆锡熊奏报详校文溯阁〈四库全书〉情形折》

乾隆三十八年（1773），《四库全书》的编纂工作在乾隆帝亲自主持下广泛展开。这是纂官陆锡熊向乾隆帝奏报详校文溯阁藏《四库全书》的进展情况的折。乾隆朱批要其慎之。

纪晓岚平生好读书，相传他博学强记，过目不忘，有超人的记忆力，他从残存的九千多卷《永乐大典》中搜辑散逸，读尽各省府县所呈进的图书典籍。每当一部书籍辑录、整理、校订、编注结束，有关馆臣即写有提要置于正文前页。纪晓岚读后就综其提要，做整理加工，编成《四库全书总目提要》。乾隆四十八年，当此书编纂完成，还在它前面分列乾隆帝关于编辑《四

处处墨香的皇家藏书楼

文渊阁位于文华殿的北面，乾隆三十九年建成，阁为三层楼房，仿宁波天一阁规制，楼上通为一间，楼下分为六间，取“天一生水，地六承之”，意在防火。紫禁城宫殿中用以贮藏图书的主要地方就是文渊阁，世界上最大的丛书《四库全书》曾经藏在这里，以非常考究的楠木书箱盛装，安置在书架上。故宫文渊阁还存放过康熙时编纂的《古今图书集成》和大量的古代文化典籍，至今仍有重要的使用价值。

中国大事记

招商船试办海运。查禁鸦片。设广东水师提督，订《分船巡缉洋面章程》。

库全书》颁布的“圣谕”和馆臣撰的“表文”，向乾隆帝报告，编纂《四库全书》按经、史、子、集四部共收书3503种，79337卷，36078册。大功告成，乾隆帝读了表文，大为欢喜，说：“这篇表文必定出自纪昀之手。”传令嘉奖，纪昀在《四库全书》馆内坐了十年冷板凳，任职最久，贡献最大，于是擢升为左都御史，再迁礼部尚书。

莫把传说充历史

纪晓岚是一生和书打交道的学者型官员。但在民间却被说成是风流倜傥、插科打诨，有几分传奇，也有几分胡闹。

有一个流传甚广的故事是：乾隆帝故意要捉弄他，命他投水自尽；他跑到御沟，又跑回来说，在水中遇到楚国屈原了。屈原说，我当年投水，因为遇见怀王昏君，你现在遇到的却是有道明君，为什么也要投水呢。说得真像煞有介事，其实毫无根据。 〉盛巽昌

《临古法帖》（清·朱耷书）

朱耷即八大山人，清代著名的画家、书法家。他的书法亦与他的绘画风格相似，极为简练，到晚年喜用秃笔，一改锐利的笔势而变成浑圆朴茂的风格。

清前期书画家

姓名	生卒年	字	号	籍贯	特长	代表作
弘仁	1610—1664	六奇	渐江、渐江学人、无智、梅花古衲	安徽歙县	山水	《清溪雨霁》《秋林图》《古槎短荻图》《西岩松雪图轴》
程邃	1605—1691	穆倩、朽民	垢区、垢道人、江东布衣	安徽歙县	草书、画、篆刻	《群峰图轴》《千岩竞秀图轴》《山水册》
髡残	1612—约1692	石谿、介邱	白秃、残道者	湖广武陵（今湖南常德）	山水	《苍翠凌天》《秋山记事图》《报恩寺图》《烟波泛艇图》《从对双溪图》《溪山闲钓图》《山水册》
朱耷	1626—1705	刃庵	雪个、个山、人屋、道朗、八大山人	南昌	花鸟竹木、篆书	《河上花图卷》《藤月图》《鱼鸟》《松下鸣禽图》《荷花水鸟图》《山水图》《临峋嵝碑石鼓文并释文》

公元1811年

世界大事记

英国各地手工业失业者发生捣毁机器的运动。

续表

吴历	1632—1718	渔山	桃溪居士、墨井道人	江苏常熟	山水	《早雪图》《琵琶行图卷》《湖天春色图》《秋林步月图》《秋寺晚钟图》《山村田舍图》《仿松雪仙居图》
王原祁	1642—1715	茂京	一号石师道人，麓台	江苏太仓	山水	《仿吴镇山水》《仿黄公望山水》
石涛	1642—1707		自称苦瓜和尚	广西全州	山水、人物、花果、兰竹、梅花	《松鹤图》《十六阿罗应真图卷》《疏竹幽兰图》《枯墨赭色山水》《云山图》《兰竹图》《乔松图》《山水册》
高其佩	1660—1734	韦之	且园、南村，别号创匠	辽宁铁岭	指画人物、行书	《饱虎图》《雁行图》《怒容钟馗图》《梧桐喜鹊图》《虬松莫岫图》《行书题画诗屏》
汪士慎	1686—1759	近人	巢林、溪东外史	安徽休宁	梅、兰、竹、八分书	《苍松偃蹇图》《潇湘灵芳图》《绿萼梅开图》《洒香梅影图》《月珮风襟图》《灵根出谷图》《咏牵牛花诗》
李鱓	1686—约1762	宗扬	复堂	江苏兴化	写意花鸟	《四季花卉卷》《天地一沙鸥》《双松》《时新佳品》《五松图》
金农	1687—1764	寿门	冬心	浙江杭州	书法创扁笔书体，兼有楷、隶体势，时称“漆书”。画竹、马、佛像、梅	《东萼吐华图》《空捍如洒图》《腊梅初绽图》《玉蝶清标图》《铁轩疏花图》《菩萨妙相图》《琼姿俟赏图》《童蒙八章》
黄慎	1687—1770	恭懋、恭寿、菊庄	瘿瓢子，又称东海布衣	福建宁化	人物山水、草书	《八仙星聚图》《啮榴戏婴图》《商山四皓图》《关山风雪图》《沧波钓叟图》《东山觞咏图》《天砚图》《山谷听琴图》《草书诗轴》
高翔	1688—1753		西唐、樨堂，一作西堂	江苏扬州	山水花卉、隶书、刻印	《弹指阁图轴》《五言诗》《七言绝句诗》
郎世宁	1688—1766	凤冈		意大利米兰	人物肖像、鸟兽、山水及历史事件	《聚瑞图》《嵩献英芝图》《百骏图》《平安春信图》
郑燮	1693—1765	克柔	板桥	江苏兴化	兰、竹、石、松、菊、六分半书	《兰竹石图轴》《梅竹图轴》《悬崖兰竹图轴》《行书轴》《唐人绝句诗》
李方膺	1679—1755	虬仲	晴江、又号秋池、抑园、白衣山人	江苏通州	山水、人物、梅、兰、竹、菊及松树	《潇湘风竹图》《游鱼图》
刘墉	1719—1804	崇如	石庵、青原	山东诸城	工书	《行草书轴》
罗聘	1733 — 1799	遁夫	两峰、衣云、别号花之寺僧、金牛山人、洲渔父、师莲老人	安徽歙县	人物、肖像、山水、花卉	《梅兰竹石图轴》《丁敬像》《游骑春郊图轴》《冬心先生蕉荫午睡图》《药根和尚像》《苏斋图轴》
翁方纲	1733 — 1818	正三	覃溪、苏斋	直隶大兴	正楷、隶书	《翁方纲书徐天池水墨写生卷歌卷》
奚冈	1746-1803	铁生	萝庵、奚道人、蒙道士、鹤渚生、野蝶子、蒙泉外史，散木居士、萝龛外史、冬花庵主	浙江钱塘	隶书、篆刻、山水、花卉	《岩居秋爽图》《草书檀园论书一则》

话说中国

中国大事记

两江总督靳保等反对办理海运。令各省禁止西洋人潜居内地。并禁民众信仰天主教。

〇八一

天下奇才戴震

乾嘉学派，博大精深，其中戴震是集大成者，有专著四十余种。他十六七岁时，就被称为“研精注疏，实事求是，不主一家”。

好学深思多阙疑

戴震从小就喜欢读书。

当时蒙学主课是“四书五经”，“四书”就是《论语》、《孟子》以及朱熹从《礼记》摘编的《大学》、《中庸》；朱熹且为它们分别作评述和注释，成为儒家最根本，也是注释本的最高权威。

相传戴震十岁时，就对所读的朱熹注《大学章句》提出了不同凡响的质疑。

他问塾师：这如何知道就是孔夫子所说呢，孔夫子学生曾子传达孔夫子的话，又怎么知道它就是曾子的意思？

塾师：这可是朱夫子说的呢！

戴震：朱夫子什么时候人？孔夫子呢？

塾师：朱夫子是南宋时的人，孔夫子是东周时的人。

戴震：东周和南宋间，相隔多少年？

塾师：两千年矣！

乾嘉学派的代表人物戴震

戴震（1724—1777），字东原，安徽休宁隆阜（今屯溪）人，为清代进步思想家、著名学者、“乾嘉学派”的代表人物之一。

戴震：朱夫子怎么能对两千年前所发生的事知道得那么清楚？

塾师无话可答。

少年戴震，就是好学深思质疑。

他很讲究读书打根基，必须识字，要理清每个汉字的含义、音韵，以及来龙去脉；就此对汉学许慎《说文解字》和《十二经注疏》爱不忍释，一字一字地研读，一字一字地熟悉。他说：“经所以载道，所以明道，关键是辞，而所以成辞者学也。学者应当由字通辞，由辞通道。”

闻名于京师

乾隆二十年（1755），三十三岁的戴震因在安徽休宁家乡遭受豪强逼害，避难京师，穷愁潦倒，困居在歙县会馆，一日三餐都难维持，而且还被旁人骂为狂生。无奈之下，他带了自己的著作，前去拜访正当上翰林院庶吉士的二十七岁的钱大昕。两人谈了一整天，非常投合，就此定交。辞别之时，钱大昕送客到大门外，目送戴震离去，感叹道：“此天下奇才也。”

翌日，钱大昕找到刑部尚书秦蕙田。秦蕙田听了觉

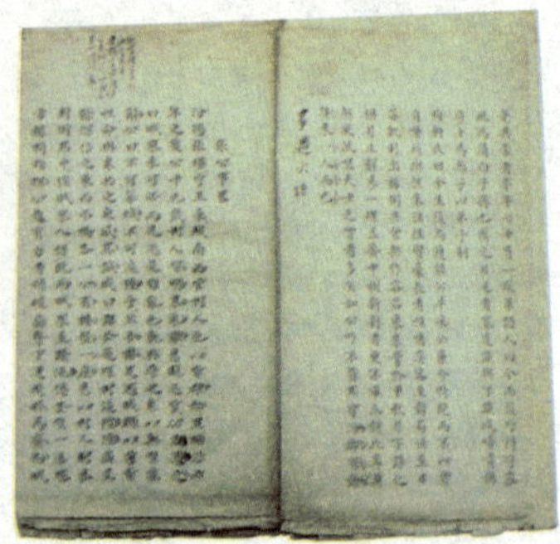

《戴东原先生文集》

戴震，进士，博闻强记，于天文、数学、历史、地理等均有深入研究。曾任纂修、翰林院庶吉士之职。乾隆间修《四库全书》，特召为纂修官，在馆五年，以病卒。段玉裁将其文章整理编成《戴东原先生文集》。

清政府是哪一年禁绝天主教传播的？

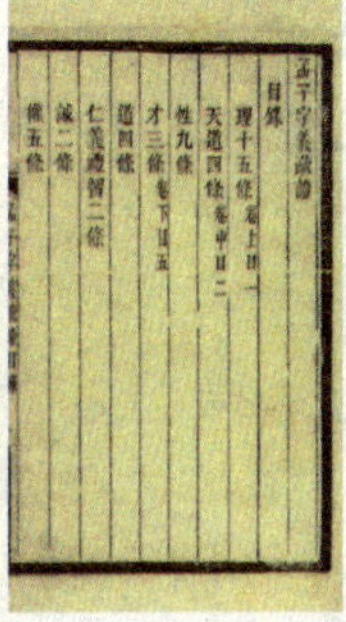

《孟子字义疏证》
戴震的“义理”思想主要体现在他的《原善》、《孟子字义疏证》等著作中。

得戴震确是人才，他也是性情中人，一点也没有架子，立即和钱大昕驾车去探望戴震，还邀请到尚书府小住。由于秦、钱两人赞誉，次年，吏部尚书王安国请他到家塾教书，并命儿子王念孙拜师。后来王念孙和他的儿子王引之都继承了戴震的考据学，使“高邮二王”成为乾嘉学派的延续和后继。

从此，戴震声誉大震，在京的一批很有才学的进士、学者王鸣盛、王昶、纪昀、朱筠等，也都乐于结交，前来拜访，向他请教。

《四库全书》纂修官

乾隆三十八年（1773），乾隆帝决定开四库全书馆，由总纂官推荐，任戴震为纂修官。他是纂修官里功名最低的，还只是一个没有做官资格的举人呢。但是其他进士出身，已是翰林的纂修官，遇到有奇文疑义的，竟都前来咨询求教。可见其学问高深，知之甚多。

戴震在四库全书馆始终保持日日读研态势，每天自清晨到深夜都钻在书海里作查阅、考证，来自各地送呈的图书，都仔细审读，一丝不苟。

> **历史文化百科**
>
> **〔乾嘉学派〕**
>
> 清代学术的显著成就是考据学。即汉学、朴学。它导源于明清之际的顾炎武和黄宗羲。顾炎武主张据经史立论，“明道救世”，经世致用。黄宗羲主张考据、义理、文章三者并重。至乾嘉时代，学者们继承了古文经学训诂和条理发明的方法，进行语言文字研究和古籍整理，先从校订经书开始，继而扩展到史籍、诸子，从解释经义推广到对历史、地理、天文历法、音律、典章制度的考究。发展为目录学、版本学、校勘辑佚之学，这一派的学者就叫做乾嘉学派，因他们采取的是汉儒经注方法，推崇东汉许慎、郑玄质朴学术风气，故又称朴学派或汉学派。它兴旺于乾隆时期，没落于嘉庆末年，为回避文字狱而产生的一种治学，但却是清初批判理学，发展经世致用典学思想的继续。代表人物有戴震、段玉裁、钱大昕、王念孙。

乾隆四十年（1775），戴震会试又未中式，乾隆帝知道后，特破格准许参加殿试，赐同进士出身，授翰林院庶吉士。戴震在音韵、小学、名物、制度和古天算、地理方面都有研究，如整理郦道元《水经注》，把一千多年来混淆在一起的“经”和“注”分开，基本上恢复了原貌。戴震死后十余年，乾隆帝闻知戴震校《水经注》大有成效，还问南书房诸臣：“戴震尚在否？”当得知已不在人世，十分惋惜。　〉盛巽昌

考据名家钱大昕（左图）
钱大昕（1728—1804），清代著名学者，经史百家，天算地舆，无所不通。尤精金石小学，善隶书，著述等身。曾经主讲钟山、娄东、紫阳等书院。不专治一经，而无经不通；不专攻一艺，而无艺不习。于音韵训诂尤多创见，首先注意古声母研究，其说多散见于《潜研堂文集》和《十驾斋养新录》中。又长于史籍的校勘考订，撰有《廿二史考异》。有志重修元史，曾补撰《艺文志》、《氏族表》。金石考证方面著有《潜研堂金石文跋尾》等多种。

中国大事记

嘉庆帝在南苑晾鹰台检阅入旗官兵。统计人口为三亿三千三百七十万人；耕地面积七亿九千一百五十二万亩。时平均每人仅二亩三分地。

乾隆帝下江南

乾隆帝晚年自我检讨：六次南巡，劳民伤财，做无益事害有益。

乾隆帝弘历处处学祖父玄烨，康熙帝曾六次南巡，他也六下江南，但他每次出巡，主要是玩乐，因而要比祖父奢侈，更讲究排场。

南巡讲排场

从乾隆十六年（1751）到四十九年（1784），乾隆帝先后六次下江南。他通常都是先走陆路，后在山东境内走大运河，途经扬州、镇江、江宁（南京）、常州、苏州和嘉兴，到达杭州。行程五千八百余里，所经之处，凡道路须先得泼水清尘，用黄沙铺垫，途中新建行宫三十处，临时停跸处，须准备联绵的黄布城或蒙古包大帐；水路临时停跸处，也要搭黄布水城。

《三希堂法帖》

《三希堂法帖》为乾隆初年由乾隆帝敕令朝臣编刻的一部大型丛帖。乾隆帝喜好书法，遍习诸家，又倾力搜集前贤法书。明亡之后，许多宫室旧藏流于民间。清康熙后，多次下诏搜讨，至乾隆时已收罗诸多历代名家墨宝。其中以王羲之《快雪时晴帖》、王献之《中秋帖》及王珣《伯远帖》最为珍贵。乾隆十二年，大学士梁诗正等奉命编次内府所藏书家墨迹，聚集精工，镌刻成帖，乾隆帝钦命为《三希堂法帖》。共收135位书家的340余件作品，并各家题跋200余条，印章1600余方，刻石500块，分为32册。

乾隆非常喜欢大排场。他每次南巡，要带皇宫人员、王公大臣和侍卫兵丁，多达两千五百余人，行进时，一千多只大小船只首尾相连，长达十余里，其中为皇帝及其家属还特地建造了五艘巨大的龙舟，这些船，用了三千六百个河兵拉纤，这就是所谓“龙须纤”。有时，乾隆帝为了仿效隋炀帝，命地方官员征集两岸妇女拉纤，他坐在船头，饱赏人间美色，欣赏旖旎风光，不亦悦乎。

奢侈有增无减

乾隆南巡，为一人而使江南劳民伤财，兴师动众。

因为在皇宫外玩耍，欲望只是有增无减，而原来皇宫的生活规格也不能降低。他每到一地，地方官员自然要粉饰管辖区富裕，竭尽全力孝敬土特产和人间珍奇；而他又总得给地方官员、绅民和退休老臣赐宴。所以每次出巡前，京都就把此后要用的牛、羊专运到

《南巡盛典》

清朝乾隆皇帝一生中十一次东巡、南巡，为了记叙行程及各地不同风貌，命高晋等编绘《南巡盛典》。《南巡盛典》图文并茂，记录了乾隆从乾隆十六年至三十年间的四次南巡情况。

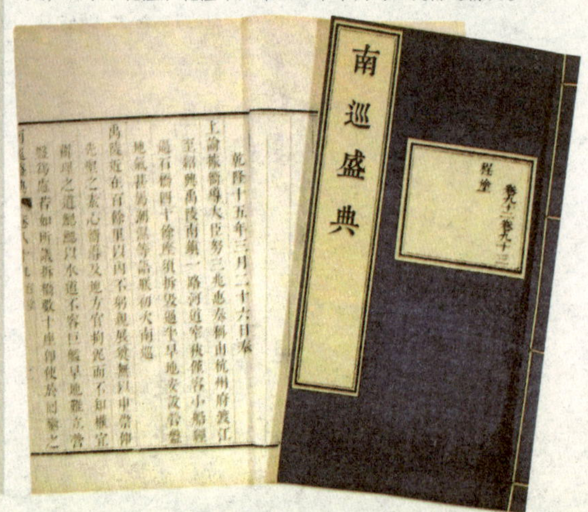

世界大事记

欧洲组成第六次反法同盟。联军大败拿破仑于莱比锡。

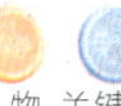

人物：乾隆帝

关键词：浮华　闲适

故事来源：《清史稿·高宗纪》《清高宗实录》《清史稿·吴熊光传》

太上皇之宝

乾隆在做皇帝的晚年，便在皇宫的东北部大兴土木，修建了宁寿全宫，以备做太上皇时居住。他又叫人镌刻了“太上皇之宝”的玉玺。

南方。据说单是乳牛就要七十五头，膳食房的羊就需一千头。

乾隆帝相当注重日常饮用水。他离京前，就得装上几舱的京郊玉泉山的净水，路上也要选择名泉，如济南的珍珠泉，杭州的虎跑泉。

在乾隆巡游处，地方官绅忙个不亦乐乎，因为这也是拍马屁的最佳机遇。所到之处，大街小巷，装饰得千娇百媚，彩棚华灯鳞次栉比，园林、古迹修葺一新，以便皇帝欣赏游乐。乾隆帝首次南巡时，仅刑部员外郎蒋楫在苏州捐办的一条黄沙路，就拿出白银三十万两。

后悔几度下江南

乾隆帝第六次南巡，已是七十五岁了，虽然身体不错，但就此结束了南巡。

之前很有些官员不赞同南巡，但乾隆帝根本听不进去。工部侍郎尹会一在视学江苏回来，对他报告：两次南巡，民间疾苦，怨声载道。乾隆帝听后恼羞成怒，指责尹会一：“你说民间疾苦，试指出是谁人；你说怨声载道，试指出是谁人呢？”尹会一口说难辩，只得服罪充军。

乾隆年制粉彩镂空云龙纹转心冠架

乾隆帝晚年，清朝由顶峰开始走向衰退，他也有所感触。在当上太上皇后，有一天和直隶总督吴熊光谈话，说自己在位六十年，并无失德处；只有六次南巡，劳民伤财，做无益事害有益。还说，假如将来今皇帝（嘉庆帝）也要南巡，你不劝阻，就没有面孔见我了。后来吴熊光真的向嘉庆帝作了转述。 〉盛巽昌

《乾隆帝南巡图卷·拜谒大禹陵》

〉历史文化百科〈

〔四大徽班进京〕

徽班起自明代，以长江流域盛行的昆山腔、海盐腔、余姚腔和弋阳腔四腔交流融合而成，且以徽州人为主体所组成的戏班，它们自东进扬州后，因唱腔优美，做工恰如其分，常为当地盐商雇用、蓄养于家，并提供豪华的行头、道具，致使名气大扬于长江南北。乾隆帝南巡，几次在扬州观看过徽班表演，称赞备至。乾隆五十五年(1790)，乾隆帝八十大寿，浙江盐务大臣选派徽班“三庆班”进京祝寿；它在宫内外演出，受到欢迎，因此四喜、和春、春台和其他多家徽班也陆续来京献艺。它们在北京生根、开花，就成为北京地方剧种了。当时最有名的四个徽班是：三庆班的轴子（擅演整部大戏）部；四喜班的曲子（擅演昆曲剧目）；和春班的把子（专擅长武打戏）；春台班的孩子（演员多是儿童）。

〉：打千，即左膝前屈，右腿后弯，上体稍向前俯，右手下垂，介乎作揖、下跪之间。

中国大事记

严禁侍卫、内廷太监、军民人等贩食鸦片。天理教林清、李文成起事。

○八三

小画家奚冈

差役对奚冈说："我看你这个童生，应该叫'铁生'才是。"

乾隆帝下江南，劳民伤财，不得人心，小画家奚冈曾拒绝为西湖行宫作画。

行宫粉墙

乾隆帝几次下江南，最终目的地就是杭州。

在杭州西湖的孤山，为他建造了富丽堂皇的行宫。每逢皇帝驾临前夕，行宫就要修葺一新。

这次又要来了，杭州城大小官员都当作头等大事，其中最为忙乱的就是杭州知府。

杭州知府几次视察了装修好的行宫，觉得可以过得去。但当他来到宫前那又高又长的粉墙前，心里总有些不踏实，它似乎比一般官绅大宅的照墙都差。于是他召集师爷、吏员，商议请画师作画的事。因为宫墙不同寻常，必须请有大手笔的画师。他们建议用奚冈。

这时奚冈还未成年，但绘画名气却已冠盖全城。

杭州知府终于拍板，用奚冈作画。他知道奚冈人小有气魄，能在几丈长的白绢上绘出气势磅礴的画；另外，也认定日后皇帝观赏后有问话，也可因小孩子有大才能，地灵人杰来作答，必定会受到格外嘉许的。

奚冈像（右图）

奚冈（1746—1803），字铁生，号萝庵、奚道人、蒙道士、鹤渚生、野蝶子、蒙泉外史、散木居士、萝龛外史、冬花庵主。安徽歙县人，后移居浙江钱塘。性僻介，不应科举试，终生不仕。工绘画，尤以山水画潇洒自得，与黄易、吴履并称"浙西三妙"。擅篆刻，崇丁敬，为西泠八家之一。

拒绝作画

奚冈是一个未着青衫的童生，这天正在自己画室"冬花庵"读书，正忙着参加下月的府学考试，所以没有作画。差役们进门就命他到行宫作画，奚冈不答应，他们就用绳子套在他的脖子上，强拉到孤山行宫里；然后抛下彩笔、色盘和颜料，要他立即作画，不可违抗。

可是奚冈不理睬。第一天过去了，他没有作画。第二天，他索性在孤山上，登高览望大好湖山。第三天，差役见粉墙仍是白白的，没有办法，只得去报告知府。知府也着急了，乘上四人官轿，来到行宫。知府指责奚冈拖延不画。奚冈听了反嘲说："请人作画，难道是用绳子牵来的嘛？"知府自知理亏，但仍用不作画就是抗旨大罪的大帽子压人。奚冈毫不畏惧地说："大老爷，粉墙没人作画，皇帝会说你渎职，只怕你得先进监狱。至于我嘛，随便你怎么处治，反正我总不会作画的。"

"铁生"由来

杭州知府自知理亏，面对小小奚冈的倔强所造成的僵局，觉得长此以往倘把事情闹大，传出去有误

历史文化百科

〔清代男子外服：长袍短衫〕

有清一代民间男子外服按职业、身份有长袍和短衫。所着长袍，多系左右两侧开襟、圆领、大襟，箭袖长至膝。还通行一种俗称"一裹圆"不开襟的长袍，为城镇男子外服。无官职的男子只准着灰、蓝、白色，通常礼服就是长袍外再加一件马褂。短衫作为外套，通常为城乡体力劳动者常服，对襟，束腰带，也有在裤子外束围裙。

清 一

耶稣会士意大利人郎世宁传世的画作都是画在什么材料上的？

世界大事记

拿破仑退位，流放厄尔巴岛。路易十八复辟。

人物：奚冈

关键词：正直 勇敢

故事来源：《清史稿·奚冈传》《冬花庵烬余稿》奚冈

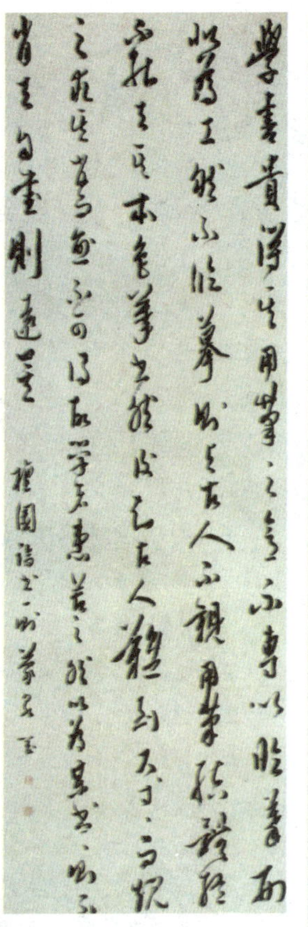

奚冈《草书檀园论书一则》
奚冈工诗书，精篆刻，善画山水、花卉。

自己前程。权衡利弊，他只好让原来拉奚冈来的那个差役再送奚冈回去。

那差役本也凶狠无礼，见知府老爷也奈何奚冈不得，也就软了下来，乖乖地送奚冈回程。走在路上他打诨地说："小兄弟，你在大老爷面前竟也那么犟头犟脑，真不简单呀！我看你这个童生，应该叫'铁生'才是。"奚冈听了，会心地说："铁生，好名字。"

此后，奚冈就取字铁生，在所擅长的山水和竹石花木画上就署名"奚铁生"。他也再没有参加科举，仍以布衣作画，但名气越来越响亮。四十岁后，还赴日本游历，海外各国都以高价购买他的画作。〉盛巽昌

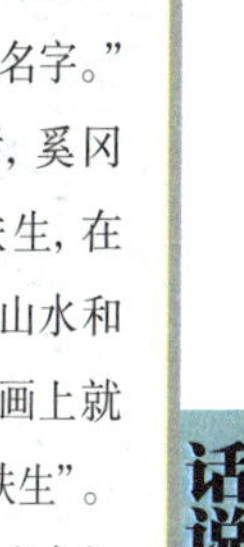

《岩居秋爽图》（清·奚冈绘）
奚冈山水画取法董其昌、李流芳，构图疏密有致，意境闲适。

《八子观灯图轴》（清·闵贞绘）（下图）
闵贞，清代人物画家，兼工花鸟。此图以没骨写真，描绘出八子围观灯、兴致盎然的情景，人物神形俱佳，线条气势连贯，气氛活泼。

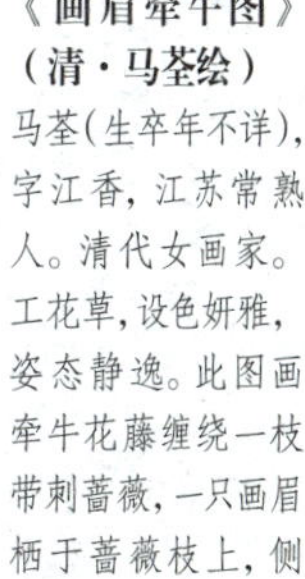

《画眉牵牛图》（清·马荃绘）
马荃（生卒年不详），字江香，江苏常熟人。清代女画家。工花草，设色妍雅，姿态静逸。此图画牵牛花藤缠绕一枝带刺蔷薇，一只画眉栖于蔷薇枝上，侧颈上望，神态生动。

中国大事记

复开捐官之例。裁兵以节饷银。禁止私运银两出洋。准许粤商采矿设厂。

状元毕沅

毕沅才学俱优，只是颇有书生气，虽历任封疆大吏数十年，终因非官场里手，得罪受谴。

巧中状元

乾隆二十五年（1760），礼部举办会试。

军机处有三个行走小官员也参加了，那就是诸重光、童凤三和毕沅，当时他们在文坛都有点小名气。诸、童两人学问好，书法一流，毕沅学问不错，就是书法差些，不成体，会试还可，而要殿试，书法是相当关键的。

会试张榜揭晓前夕，军机处西苑照例轮到诸重光值夜班，诸却对毕说："今天夜班由你代值！"他还和童凤三傲慢地说："明天出榜，如能中式，我们要参加殿试，而你即使榜上有名，难道还能再得一甲前三名吗？"说完，两人就走了。

毕沅只得留下值班。闲着无事，忽然见到卷宗里有份陕西总督黄廷桂就新疆屯田的奏折，他便饶有兴趣地读了起来，越读越有兴趣，竟前后读了多遍。

翌日，会试发榜，毕沅等三人都中了贡士，毕沅名列第二。几日后，他们又都参加了殿试。这次殿试对策的试题是乾隆帝亲自出的，它打破过去泛论经史，而是与新疆屯田有关的命题。当时因为新疆刚平叛结束，清廷打算在那里屯田垦边，于此也想聆听学子的见解和选拔人才。

毕沅因为读过黄廷桂屯田奏折，情况熟悉，再加上自己见解，答题颇得手应心。但他文章好，字却写得一般，主考官便将他列入第四名，由皇帝最后拍板。乾隆帝钦点状元，对诸重光等前三名不甚满意，但对毕沅试卷对策贴切，非常中意，于是将他改为一甲一名（即状元）。

才学俱优的毕沅

毕沅（1730—1797），字秋帆，江苏镇洋（今江苏太仓）人。乾隆进士。历官陕西、河南、山东巡抚，卒于湖广总督任。赠太子太保。嘉庆四年（1799），因追论镇压白莲教起义不力及滥用军需，被削夺世职，抄没家产。毕沅好学爱士，宦迹所至，广聘学者，校释古籍，搜求金石碑版，其时著名学者如邵晋涵、洪亮吉、孙星衍、章学诚等，皆先后致其门下。由其署名的《续资治通鉴》二百二十卷，虽出幕宾之手，但体例谨严有法，叙事详而不芜，颇具学术价值。毕沅尤长考据，于金石、地理、文字、音韵、训诂多所涉及，著有《经典文字辨正书》、《传经表》、《音同义异辨》、《山海经校本》等。

皇榜——读书人的辉煌

清代用于公布殿试结果而张贴在皇宫门外的皇榜称为大金榜。封建时代用科举制度选拔人才，殿试则是科举中最高级别的考试。"金榜题名时"是学子最激动人心的时刻，为了科场夺魁，多少文人学士皓首穷经，但荣登大金榜的毕竟是少数得志的人。

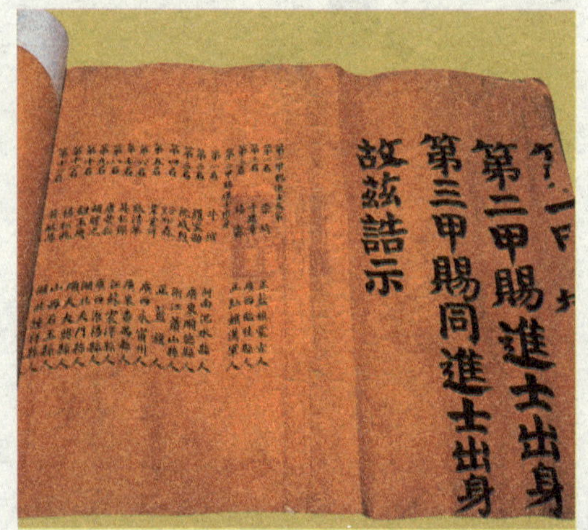

清

明代把西部蒙古各部总称为"瓦剌"，清代称为什么？

世界大事记　拿破仑大败于滑铁卢。欧洲神圣同盟成立。

人物：毕沅

关键词：博学　廉洁

故事来源：梁章钜《枢垣纪略》《清史稿·毕沅传》

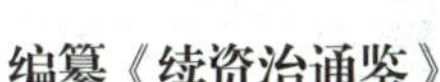

编纂《续资治通鉴》

毕沅学识渊博，著作等身，虽为封疆大吏几十年，仍努力读书写书。他的代表作是《续资治通鉴》。此书记事上承司马光《资治通鉴》，记述了宋、金、辽、西夏和元的各朝历史。毕沅自定体例，通纂全书，经史学家邵晋涵、钱大昕、章学诚等协助，历时二十年，完成了这部有二百三十万字的巨作。

毕沅善于交接朋友，选拔人才，奖掖后进。章学诚、邵晋涵、洪亮吉、孙星衍都曾做过他的门客。孙星衍极傲慢，同僚要求赶跑他，毕沅知道后说“你们即使不愿和他同室，那也要有容他之处。”于是特设专室，为孙一人居住。诗人黄景仁生活贫寒。一天，毕沅读了黄诗：“一家俱在西风里，九月寒衣未剪裁”的诗句，立即送去五十两银子救急。相传毕沅为陕西巡抚时，某日路过一寺院，在问及老方丈读经多少后，问：“一部《法华经》，有多少个阿弥陀佛？”老方丈回答：“荒庵老衲，深愧钝根，大人是天上文曲星，自然聪明绝伦。不知一部‘四书’得有多少‘子曰’？”毕沅听了，不以为他有所顶撞，反赏识老方丈才思敏捷，于是拿出自己薪银，置田为香火资，并修葺寺院。

乾隆年制褐釉描金蟠桃灵芝纹瓶

古砖受骗

毕沅自榜为官须清廉爱民，但他酷爱金石文物。在他做陕西巡抚时，曾严禁送礼行贿。但某县令知他好古嗜癖，趁他六十岁生日，差家人送上二十块古砖。毕沅大喜，亲自接待那携古砖来的家丁，大加感谢。他说：“我早有通告，寿礼一概不收。现今你主人能留意古物，足见非风尘俗吏，与寻常礼品不同，所以暂留在此。你可回去，待我隔日再致函谢忱。”

哪知家人喜极忘形，随口就将主人为了投巡抚所好，如何唤集工匠仿制，又是如何亲自监造，挑取最好的假古砖送呈前来，一一说得明明白白。毕沅听罢，十分尴尬，只得一笑了之。

但毕沅对保存古物也确有贡献。现今西安碑林，最初就是他广泛征集流散于关中的碑碣所打下的基础。〉盛巽昌

〉历史文化百科〈

〔天下状元何处多〕

清代状元籍贯，自顺治三年丙戌科至光绪三十年甲辰科的共114科（正科87，恩科25和顺治年间的两次满、蒙专榜）。其中状元114人的分布为：江苏49人，浙江20人，安徽9人，山东6人，广西4人，广东、直隶（河北）、福建、江西、湖北、满洲（东三省）各3人，贵州、湖南各2人，四川、河南、陕西和北京各1人，云南、甘肃和新疆等地均无。江浙两省状元最多，且集中在少数城市，最多是苏州府有24人（含常熟4人、昆山2人），浙江则集中在杭州、湖州和绍兴，共有12人。有趣的是广西4个状元，都是桂北小县临桂人。有些还是祖孙父子兄弟叔侄累世科第不绝的，如苏州缪、吴、潘三姓，常熟翁、蒋两姓，浙江海宁的陈、查两姓。

江浙两省不仅状元多，而且榜眼（第二名）、探花（第三名）也名列诸地前茅。

袁枚谈龙卷风

大学者袁枚离开翰林院后，做过几任知县，他在知县任上时，也办了不少案子，为世称颂，为民称道。

龙卷风起

乾隆十年（1745）五月的一天，南京周边刮起了一场龙卷风，漫天沙土，明亮的白天忽而一片灰暗，巨风把城里的一位韩姓姑娘卷到了离城九十里的铜井村。

当地村民发现了她，在她恢复了健康后，就送她回家。家人见她平安归来，很是惊喜，邻居亲目所睹，当然更说不上什么。可是韩姑娘的未婚夫李秀才知道后，怀疑哪有这么大的风卷人到九十里路外的。即所谓说巨风卷人是遁词、欺人之谈，它是犯奸逃婚的借口，于是向地方衙门起诉，要求解除婚约。

你读过郝经《陵川集》吗？

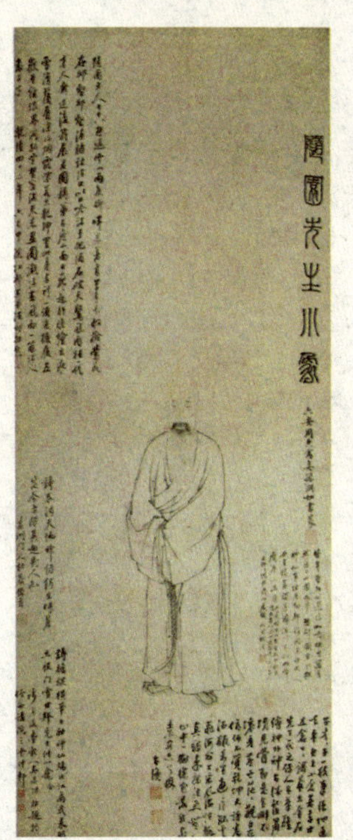

袁枚这时正在做江宁上元知县。他在仔细询问这件事的来龙去脉后，就问原告李秀才：“这可是有相近的故事呢，你读过吗？”

李秀才摇头。

“随园老人”袁枚

袁枚（1716—1798）字子才，号简斋，浙江钱塘人。乾隆四年（1739）进士，选庶吉士，曾任溧水、江浦、江宁等地知县。辞官后定居江宁，在小仓山下购筑“随园”，自号随园老人，优游其间近五十年。因才华出众，诗文冠江南。他与纪晓岚有“南袁北纪”之称。

袁枚取出元初大学者郝经《陵川集》，翻给他看《天赐夫人词》，内称：“黑风当筵灭红烛，一朵仙桃落天外。梁家有子是新郎，芈氏负从钟建背。”又称，“自说吴门六千里，仿佛不知来此地，甘心肯作梁家妇，诏起高门捞天赐。几年夫婿作相公，满眼儿孙尽朝贵。”

意思是说，当时有苏州姑娘被龙卷风刮到六千里外的成都，被梁家娶为媳妇呢。芈化，春秋楚昭王妹，随兄逃难时行走困难，赖有小臣钟建背负得解困，后昭王为其择偶，同意他的请求，即招钟建为夫，以此表示真诚，自无嫌疑也。

袁枚当即说：“有书本为证。这可是古已有之的自然现象呢！”又说：“郝经先生是元初名臣、一代大儒，学识渊博，事出有据，哪里会打诳语，胡说八道。”

《袁太史文集》

袁枚强调作诗要有真性情，要有个性，这对当时的拟古和形式主义的风气，有极大的冲击力。他的诗作多写性灵，抒发闲情逸致，倡导“性灵说”。著有《小仓山房诗文集》，诗评《随园诗话》，笔记体志怪小说专集《子不语》。辑录文章汇编成《袁太史文集》。

世界大事记

英格拉斯哥制成第一艘铁壳船。卡尔·马克思诞生于普鲁士特利尔城。

人物：袁枚 关键词：尊贤 善思 故事来源：《随园诗话》

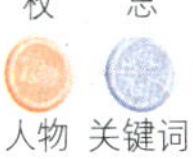
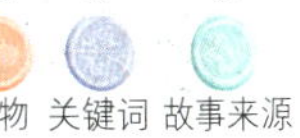

《佩文韵府》
是清朝早期官修的辞藻类书，收单字一万九千多个，典故大约有五十多万条。

李秀才还半信半疑。

袁枚接着说：“当时这位苏州姑娘真是天外姻缘，天作好合，后来夫婿当了宰相，儿孙尽成为当朝贵人；而那位韩姑娘恐怕就没有这个福气了吧！”

《万树园赐宴图》（清·郎世宁等绘）
《万树园赐宴图》由郎世宁、王致诚、艾启蒙奉敕绘制，表现乾隆十九年五月，乾隆皇帝在承德避暑山庄接见归顺的杜尔伯特部首领，在万树园举行盛大宴会的情景。画面既再现了赐宴的盛况，也精细刻画了乾隆皇帝、文武大臣、蒙古族首领等四十余人的容貌，尤其蒙古族首领的肖像，是在绘制素材性的油画头像基础上完成的，故极为写实，留下了弥足珍贵的人物图像资料。

李秀才听了大为欢喜，谢了袁枚指教，立即取消了退婚诉状。不久两人结为夫妇。

父母官必须用读书人

两江总督尹继善知道后，很有感慨地说：“父母官必须用读书人。”

当这场龙卷风突发黑云压城时，还有民众在谣传是妖精作怪，经过袁枚这样坐堂和李秀才对话，谣言也不攻自破了。

读书，可以断是非，破除迷信。 〉盛巽昌

乾隆年制画珐琅山水花鸟西洋式提梁壶

〉历史文化百科〈

〔知县〕

清继明制，县是地方基层的行政机构，长官称知县。明末清初有1138个县（不包括散州）。清代，台湾收复，改土归流以及增设省道等因，至清末有1358个县。

清制知县为正七品。只有四个县例外，那就是大兴（北京）、宛平（北京）、承德（沈阳）和曲阜，知县是正六品。

知县，虽是七品官，可是在他管辖的方圆百里之地，是品级最高的官。在他以下的官还有县丞一人正八品；主簿无定员，有则为正九品；典史一人，不入品级；教谕正八品。

明清时期的知县，正宗的须是进士，至少也得是同进士（相当于进士）资格。

中国大事记　禁止州县官交结豪富，书役把持词讼，骚扰闾阎。规定部院行查案件不得逾限。翁方纲、孙星衍死。

〇八六

白衣诗人黄景仁

黄景仁呕心沥血，竟写了二千余首诗词。他有思想，有抱负，诗词多抒发穷愁不遇、寂寞凄怆、愤世嫉俗，但也有描绘大自然壮丽之作。

朱筠幕中做书记

乾隆三十六年（1771），二十三岁的黄景仁，离开家乡常州，开始了安徽之行。

这年冬天，他应安徽学政朱筠（笥河）邀请，在他幕中做书记。朱筠也是当时名士，平生提倡风雅、奖掖后进，在他幕中名士才子可谓云集，皆一时之秀，其中有张凤翔、王念孙、邵晋涵、章学诚、洪亮吉等人，戴震、汪中（容甫）也时常来客串，他们时相过从，樽酒论文。朱筠最欣赏的是洪亮吉和黄景仁，曾与朋友在信里说：我在安徽，得到洪亮吉、黄景仁两个青年人，其文才有如龙泉、太阿，皆万人敌。又特别提到黄景仁更是潇洒自若，有如闲云野鹤。

黄景仁在朱筠幕中写诗多首，与他常有诗相和，交谊很深的有汪中。汪中是哲学家、史学家，他对墨子推崇备至，否定宋儒“道统”说，被当局目为异端，视为名教罪人，但他对黄景仁很器重，且有诗相赠：“落拓吾何慚，余生见英物”，“各怀心万里，高视重云上”。黄景仁也有诗与汪中多首，其中如《春暮呈容甫》：“先生吟太苦，终日闭荆关。我亦诗穷者，邀君数往还。对床听夜雨，分枕梦青山。一任春江上，流红万点殷。”

诗人黄景仁像

黄景仁（1749—1783），字仲则，又字汉镛，自号鹿菲子。武进（今江苏常州）人。清代诗人。少有才气，然家贫。乾隆四十一年（1776），陕西巡抚毕沅奇其才，助其纳赀为县丞。补官有日，而为家债所迫，抱病逾太行，卒于途中。其诗学李白、韩愈、李商隐，多抒写穷愁不遇、寂寞凄怆之情怀，时有反映现实、愤世嫉俗之作。著有诗文集《两当轩集》。

太白楼纸贵

翌年三月，采石矶景色灿烂。朱筠在采石太白楼大会文人，赏景赋诗，与会名士几十人，其中年纪最小的就数黄景仁。黄景仁身着白袷春衫，徘徊在三台阁前日影中，援笔构思，倚马即成几百言，这就是《笥河先生偕宴太白楼醉中作歌》。

当时安徽八府的读书人，正在当涂应试，听说朱学使在此雅会，赶来聚集楼下，争抄这首佳作，顿时纸张价格上涨。这首诗很快就传遍长江两岸八府，一时传为文坛佳话。人们比之与唐王勃《滕王阁序》

文字学家王念孙像

王念孙（1744—1832），字怀祖，扬州高邮人，乾隆四十年进士，累官至永定河道。在文字、音韵、训诂方面贡献杰出。其中最著名的著作为《广雅疏证》。

清代民间二月初一制作太阳糕祭祀太阳，太阳糕是什么样子的？

乾隆帝戎装像

清皇家崇尚骑射武功，在其开国创业时期，八旗宗室子弟，大多自幼习骑射，青少年时披甲上阵，跃马横刀，转战四方。入主中原后，满族贵族久享高官厚禄，不耐劳瘁。为了保持满族的骑射传统，历代帝王注重行围习武。清代郎士宁所绘的《乾隆戎装图》为我们展示了英姿勃勃的马上帝王形象。

通宵作诗

黄景仁作诗相当勤奋。在朱筠幕中时，白天要帮助学使审读考生试卷，就利用晚间自我创作，有时文思涌起，长达通宵，至悬壶漏尽方才歇息。每得一篇佳作，即使是深夜，得意之后，也会摇醒已熟睡的洪亮吉，分享他的喜悦。有段日子，灵感迸发，一夜竟吟出几篇佳作，这样洪亮吉起身后又睡，睡床后又被唤起。他的《七夕怀容甫游采石》、《太白楼和稚存》、《上朱笥河先生》等篇都是这个时候写的。其中最有名的《杂感》：“仙佛茫茫两未成，只知独夜不平鸣。风蓬飘尽悲歌气，泥絮沾来薄倖名。十有九人堪白眼，百无一用是书生。莫因诗卷愁成谶，春鸟秋虫自作声。” 〉盛巽昌

嘉庆年制粉彩鹭莲瓶

齐美的佳作。年长黄仲则三十三岁的大学者袁枚读了，盛称它风采过人，不同凡响。

黄景仁这首诗富有辩证哲理味，情语、景语和理语浑为一体，他清楚人生是短暂的，但自己诗歌将会永存。

〉历史文化百科〈

〔试帖诗〕

清代科举考试须用的诗体名。通常采用五言六韵或八韵的排律，以古人诗句或成语为题，并限韵律，冠以“赋得”二字，故称“赋得体”。末尾必须歌颂当朝皇帝，又称为“颂圣”。

〉历史文化百科〈

〔我国古代戏曲表演艺术的最后一座高峰——京剧的诞生〕

乾、嘉之际，湖北流行的二黄与汉调、秦腔（西皮）等调式相互借鉴，形成了一种声腔新调，即皮黄腔，后传之安徽，又与徽调多有融合。乾隆五十五年(1790)，时值乾隆帝八十寿诞，四大徽班入京祝寿。徽班艺人通过吸收昆腔、高腔、梆子等诸腔特长，将其剧目适当移植，适应了社会不同阶层的欣赏口味。最终融铸成传统戏曲的精粹代表——以皮黄腔为主的京剧戏种。

中国大事记

嘉庆帝病死，庙号为仁宗。旻宁即帝位。严饬禁止河务积弊。

〇八七

曹雪芹和《红楼梦》

曹雪芹是18世纪的文学巨人，是一位站在时代潮流前沿的思想家，他的《红楼梦》所蕴含的文化和艺术是无穷尽的。

包衣成分的江宁织造

康熙末年，曹雪芹出生于一个江宁织造世家。

江南织造虽是三品官，但所安排的都必须是皇帝亲信。曹雪芹的老祖宗曹世选一家，原是辽阳汉人，大概在后金天命六年（1621）前后，被后金俘获沦为包衣；曹世选之子、即曹雪芹高祖曹振彦在后金官学担任教官（教习），后拨在多尔衮麾下任旗鼓牛录章京，随军入关，其子曹玺任多尔衮侍卫，随同出征大同。康熙二年（1663），曹玺出任江宁织造。织造负责皇家衣物供应，在江宁、苏州和杭州各设一人。曹玺之子曹寅即曹雪芹祖父，成年后，就在北京銮仪卫供职，曹玺死后任内务府慎刑司郎中。康熙二十九年（1690）任苏州织造，两年后改任江宁织造，受到康熙帝宠信。康熙帝每次南巡到南京，就以江宁织造府为行宫，还常向他透露自己的设想和措施，要他经常以密折直通，说："倘有疑难之事，可以密折请旨，凡奏折不可令人写，但有风声，关系匪浅。小心、小心、小心、小心。"每次密折送来，也每次送回本人。

一曲红楼恸百代的文学巨匠曹雪芹

曹雪芹是清代文学巨匠，花费了十年心血创作了巨著《石头记》，即后来著名的古典小说《红楼梦》。《红楼梦》集永恒的艺术魅力与丰富深邃的思想于一身，"字字看来皆是血，十年辛苦不寻常"。这部巨著耗尽了他毕生的心血，但全书尚未完稿，他就因爱子夭折悲伤过度而一病不起，"泪尽而逝"。《石头记》后四十回据传为高鹗所续。

康熙五十一年（1712），曹寅死，在他手里虽监刻了《全唐诗》、《佩文韵府》等巨大出版工程，但在任上库币亏空甚大，在他临死时，竟高达三十二万余两。雍正帝即位，就对他的继任者曹頫开刀，要他偿还库欠。雍正六年（1728），查抄曹頫家产。曹頫被革职，囚禁，家属赶回北京。

写作《红楼梦》

当时曹雪芹约十二三岁，始住崇文门外蒜市口。从此家庭穷困潦倒。乾隆十年（1745），开始写作《红楼梦》，在此之前，他先写了小说《风月宝鉴》，此书后融入于《红楼梦》（《脂砚斋甲戌抄阅再评本》）中。

紅樓夢第一回

甄士隱夢幻識通靈　賈雨村風塵懷閨秀

此開卷第一回也作者自云曾歷過一番夢幻之後故將眞事隱去而借通靈說此石頭記一書也故曰甄士隱云云但書中所記何事何人自已又云今風塵碌碌一事無成忽念及當日所有之女子一一細考較去覺其行止見識皆出我之上我堂堂鬚眉誠不若彼裙釵我實愧則有餘悔又無益大無可如何之日也當此日欲將已往所賴天恩祖德錦衣紈袴之時飫甘饜肥之日背父兄教育之恩負師友規訓之德以致今日一技無成半生潦倒之罪編述一集以告天下知我之負罪固多然

程甲本《红楼梦》书影

乾隆十七年（1752），曹雪芹完成了《红楼梦》初稿，前部八十回人物和情节大致定型。此后几年多有修改。在此之前后，他又移居西山附近，生活更为艰苦，所居为茅椽蓬门，

《红楼梦十二钗册·史湘云》（清·费丹旭绘）

金陵十二钗正册为林黛玉、薛宝钗、贾元春、贾探春、史湘云、妙玉、贾迎春等十二位女性。这是道光间著名仕女图画家费丹旭根据《红楼梦》原著创作的十二钗图册，人物形象生动，性格特征明显。

瓦灶绳床，但仍放达傲世。他和宗学生敦敏、敦诚兄弟结为挚友，两人赞扬他的写作文才和风采。他们经常在一起聚会，咏诗、饮酒。

乾隆二十七年除夕（1763年2月12日），曹雪芹未满五十岁，就在穷困中病死。他身无长物，破屋里只有几束文稿和画卷。朋友张宜泉身临其境，在所写的《伤芹溪居士》诗中有“北风图冷魂难返，白雪歌残梦正长”等句。

历史文化百科

〔包衣（即家奴）〕

包衣为满语，全称为“包衣阿哈”意即“家奴”，直接领导包衣的头目，称“包衣大”（包衣达），意即“管理员”。包衣都隶属于八旗，其籍皆称为某旗某家之包衣。所以八旗大小成员都含有不同数量的包衣，他们多是从战争中掠夺所分配的俘虏和平民。皇帝和王公贵族的包衣，在得宠后，也有被派出去做官的，如曹雪芹先祖。但即使本人荣耀，地位更改，本人和子孙的阶级成分不能改变，仍是包衣，在他的主子处仍得自称“奴才”。

曹雪芹的《红楼梦》八十回，生前就被传抄，在他死后流传更广。好事者每传抄一部，到庙会出售，可换几十两银子。乾隆五十六年（1791），程伟元将搜得佚名所续的后四十回，与传抄的前八十回合璧，请高鹗整理、修饰，用木活字排印（程甲本），翌年，他们又对排印本加评校阅、改订出版（程乙本）。一百二十回本大体形成了完整的悲剧情节和全书建构。

密折用匣（上图）

《红楼图咏》（清·改琦绘）

话说中国

中国大事记

整饬漕政，厘定两浙盐务章程。

《红楼梦》在清朝

《红楼梦》问世后，就成为读书人永远的热点，它很快就传遍中华大地。早在嘉庆四年（1799），就有人说，由湖北到江西，再由江西到浙江，现在又来到福建，每到一处，都在哄传《红楼梦》。它更大的影响当然还是北京，学者郝懿行说："余以乾隆、嘉庆间入都，见人家案头必有一本《红楼梦》。"当时北京竹枝词就流传有："闲谈不说《红楼梦》，读尽诗书也枉然。"有识见的读书人，对《红楼梦》都是极喜爱的，并予以非常恰当的评价，黄遵宪说："《红楼梦》乃开天辟地、从古到今第一部好小说，当与日月同光，万古不磨者。"此说不虚，以至在清末，已出现把《红楼梦》研读、评说，称为"红学"的了。　〉盛巽昌

江宁织造府花园原址

江宁织造府建于清初顺治二年（1645），当年江宁织造府规模宏大，除门庭、客厅、茶厅外，还有众眷属住房、前后花园等。

嘉庆年制粉彩折腰碗

〉历史文化百科〈

〔清代的织造衙门〕

清承明制，在江宁（南京）、杭州、苏州分设织造处，以主办宫廷及官用的各种绸缎、布匹。它是内务府派出的一个采办机构。

织造处设织造一名，明时系提督织造太监，清康熙初由顺治初工部管理划归内务府，由内务府派出郎中、员外郎一级官员，官称织造部堂。他们作为钦差，都是皇帝近臣。特别是在康熙年间，三处织造就是皇帝安插在江南的大耳目，他们可以直接向皇帝密报民情和官场活动。虽是正三品，其权势远在江宁将军、两江总督等一、二品之上。康熙帝六次南巡经过江宁时，就有五次以江宁织造署为行宫。

《红楼梦》中的大观园图（及右页图）

本图取材于小说《红楼梦》，大观园是书中主要人物贾宝玉、林黛玉等人活动的重要场所。全图展现了蘅芜院、凹晶馆、蓼风轩、牡丹亭及凸碧山庄五处不同的建筑及以此为背景的不同人物场景，共绘一百七十三人。此图出自清代民间画工之手，近于版画风格，也是研究《红楼梦》的珍贵资料。

《红楼梦》中的大观园图

中国大事记

禁止银两出洋，交易一律以货易货。并申洋人应遵守中国法律。刑部订立《惩办械斗章程》。

反击廓尔喀入侵

乾隆帝为捍卫西藏安全，维护国家主权和领土完整，反击廓尔喀国的入侵；又在胜利后，通过谈判建立了友好、正常的睦邻关系。

班禅六世到北京

班禅六世非常忠于中央政府。乾隆四十五年（1780），他为祝贺皇帝七十岁万寿节，迢迢万里，前来祝寿。乾隆帝极为欢欣，特派皇六子永瑢等于千里外迎接，陪送到热河，还在热河赶建须弥福寿之庙供班禅居住。班禅到了避暑山庄，乾隆帝又盛宴款待。

七天后，班禅进京，不幸因患天花圆寂。乾隆帝非常伤心，派专使护送灵柩回扎什伦布（日喀则），并带去乾隆帝和大臣们赐送班禅的珍宝财物。

廓尔喀首次入侵

与西藏接界且日益强大的廓尔喀国，觊觎这些珍宝，就借贸易不平事入侵。当时廓尔喀国力图对外扩展，所改铸新银币成色较纯，他们来藏贸易，要求以一个新银币为两个旧银币价值，藏人不答应。于是就借口入侵，占领边界聂拉木、济陇和宗喀等要地。

《乾隆帝扎什伦佛装像》（左图）

乾隆笃信佛教，还让画师将自己扮成文殊菩萨绘在唐卡中。

《平定廓尔喀战图册·攻克协布噜》

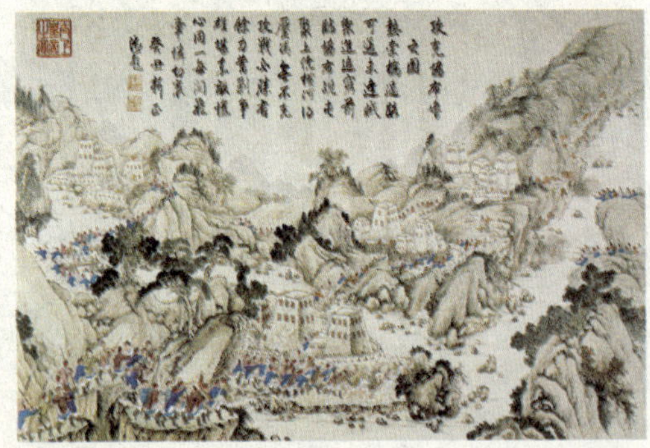

《平定廓尔喀战图册·廓尔喀陪臣至京》

被誉为“乾隆六十年，论诗者推为第一”的是谁？

清 一

世界大事记

俄、奥、普、法等国举行会议决定派兵干涉西班牙革命。美国总统发表“门罗宣言”。

人物：班禅六世　乾隆帝　福康安　巴忠

关键词：尊严　爱国

故事来源：《清史稿·廓尔喀传》《啸亭杂录》《圣武记》

《班禅六世僧装像》唐卡

乾隆四十四年（1779）六月，班禅六世从西藏日喀则出发，万里跋涉历时一年到达热河，参加乾隆皇帝七旬万寿庆典，为皇帝祈福祝寿，表达了西藏民众对朝廷的敬仰拥戴。乾隆为了表达谢意，命宫廷画师按唐卡形式绘制班禅六世僧装和俗装画像。

乾隆帝接到边报，三天连下五道谕旨，调兵遣将，还与达赖、班禅打招呼，要他们将仓库存粮拨充军用，先行估价，日后用银两买补。他说，大军进入西藏，无非是保卫西藏，保护你们。为此，乾隆帝还下诏给驻藏大臣们，倘若廓尔喀得逞，向前藏侵犯，必须将两位大喇嘛移至青海泰宁居住，免遭惊扰。

敕封班禅额尔德尼之宝玺

“班禅额尔德尼”这个封号是梵语、藏语、满语的混合。“班”是梵语，“禅”是藏语，合起来是“大师”的意思，“额尔德尼”是满语，意思是“珍宝”。所以，世人一般称为班禅大师。自班禅五世被康熙皇帝敕封后，班禅世系开始领以日喀则为中心的后藏地方政教权力，俨然与达赖喇嘛的前教势力分庭抗礼。这是乾隆帝颁给班禅六世的宝玺。

班禅六世奏书

班禅六世奏书以佛教语言表达了西藏各界对乾隆皇帝的美好赞颂与祝愿。奏书用金、墨书写在颜色稍黄的藏纸上，藏文草书体，凡涉及皇帝处用金字，奏书末尾盖朱红大印“敕封班禅额尔德尼之宝”。汉文满文译本，是黄绫面奏折，黄纸墨书。汉文译本，开头是五言诗：“无量功德佛，身居十二宫，现八十种相，种种皆圆满。”接着赞颂乾隆皇帝是文殊菩萨化身“曼殊师利佛，现化圣帝身，抚育四大部洲，一切众生安稳快乐……鸿布宗喀巴法乘，一切诸魔罗具以大威力降伏，为世界中稀有功德……”奏书结尾以进贡礼品单结束。奏书被乾隆帝精心保藏在雨花阁佛堂内。

乾隆帝还派理藩院侍郎巴忠入藏，主持军事。巴忠熟悉藏情，又会说藏语。

巴忠说谎误事

乾隆帝运筹千里之外，考虑得相当周到，可是就没有想到西藏噶伦已议定向廓尔喀纳银赎地求和，即每年

历史文化百科

〔抽签确定黄教领袖继承人的“金奔巴掣签”制度〕

“金奔巴”是藏语“瓶”的音译。金奔巴掣签制度是清廷确定的西藏黄教领袖继承人抽签法。黄教教规僧人严禁娶妻，故用投胎转世办法解决继承问题。其宗教领袖是达赖和班禅，在政教合一的藏区有最高权威。因此，争夺他们继承权的斗争一向十分激烈。乾隆五十七年（1792），乾隆帝特颁金瓶两只，规定今后凡在理藩院注册的蒙藏大活佛圆寂之日出生的婴儿均为灵童。如有多个灵童，则先由高僧和朝廷派员逐个面试，再由他在很多器物中辨认已故活佛生前的遗物再将名字写在签上，置入金瓶抽签决定。蒙古各部由北京雍和宫金瓶抽签，西藏由拉萨大昭寺金瓶抽签。金奔巴掣签制度实施后，达赖和班禅多出自平常百姓人家，蒙藏局势受到控制。

中国大事记 江苏按察使林则徐综办江、浙水利。

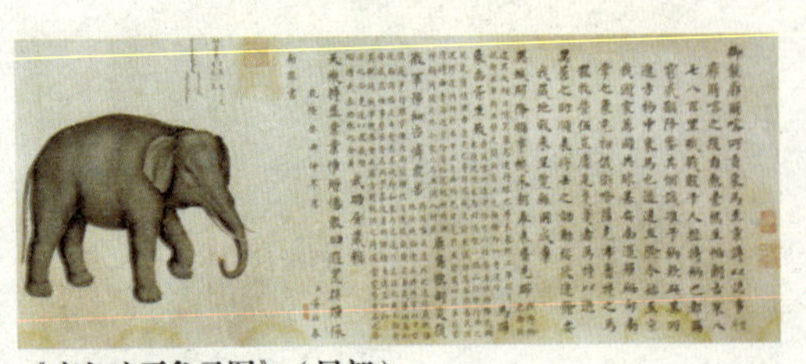
《廓尔喀贡象马图》（局部）

交纳三百锭，每锭为三十二两的大元宝，以赎回被占的三地。巴忠到了那里，也认同了。但他回北京却向皇帝报喜说，廓尔喀人经他说服教育后，已乖乖地撤出西藏了。又说廓尔喀国王要来朝贡、听封呢。乾隆帝听了很是高兴。

乾隆五十六年（1791），蒙在鼓里的乾隆帝，突然接到驻藏大臣八百里红旗加急奏报，说是廓尔喀人因为西藏拒绝交纳元宝，又重占了聂格尔、济陇等地，而且还抢掠了扎什伦布，把寺庙里的金银佛像，以至金塔顶上镶嵌的绿松石、珊瑚全都摘去。奏报还说：廓尔喀人扬言，将分军三路直入前藏呢。

避暑山庄的须弥福寿之庙
须弥福寿之庙为乾隆四十五年（1780）仿西藏日喀则扎什伦布寺修建，供班禅六世居住、讲经用。其前部为汉族形制，后部的大红台沿袭藏式风格，是全寺的主体建筑。大红台中心建有三层大殿——妙高庄严殿。

乾隆帝听了勃然大怒。巴忠请求赴藏办理事务，他没有同意。当晚，巴忠突然跳河自杀；巴忠自杀，引起乾隆帝注意，他终于弄清了巴忠欺主的真相。

自卫反击迫使廓尔喀求和

乾隆帝再次调兵遣将，命福康安为大将军，率军一万四千出征。还为他制定了这次出征的战略不是要兼并廓尔喀，只是为制止廓尔喀入侵，保持藏地安全，维护中央对西藏的管辖。他考虑得很周到，兵马未动，粮草先行，还命四川总督孙士毅负责粮台。藏族民众积极支援自己军队进藏，踊跃出售余粮，孙士毅又每石加价一倍，亦才三两，较之内地输运一石需银三十余两，省费十倍。达赖、班禅和各寺庙也全力相助，送出马牛、火药；达赖还派专使至青海等地购买马匹，以供军用。

翌年夏，福康安出师后一月，就尽复失地，廓尔喀兵屡败，大军进入敌境七百里，又在敌都城阳布（加德满都）附近几十里，再次痛击敌军主力。也有说此次战斗，清军孤军深入，损失不小，尤其是最后一战，福康安骄傲了，自以为用兵如神，他学《三国演义》诸葛亮姿态，手持鹅毛扇，坐在四人抬的轿子上，从容自若地行进，廓尔喀趁他疏于戒备，发动袭击，将士遭到一些伤亡。但不管怎么说，廓尔喀国是主动前来求和了。〉盛巽昌

班禅六世进献的释迦牟尼像
此为明代制的红铜镀金释迦牟尼像，高26.7厘米。班禅六世在避暑山庄须弥福寿庙进献给乾隆的贺礼。

世界大事记

英取消羊毛出口禁令。准许工人自由迁徙。空想社会主义者欧文在美印第安那州实验共产主义新村。

故事来源　《英使谒见乾隆纪实》

关键词　骄傲　爱国

人物　马戛尔尼　乾隆帝

〇八九

乾隆帝接见马戛尔尼特使

这是中国历史转轨、进入世界的一次机遇。它固然抵制了英国的殖民意图，但同时也拒绝了西方先进的科技文明，延误了中国历史的进程。

在英国人心目中，东方具有神秘的魅力，而中国就是第一个神奇国家。产业革命发展了经济实力的英国，在全球各地开拓产品销售市场，自然也把目光瞄准了中国。

马戛尔尼勋爵在印度搞过外交，英国政府便让他作为特使，借祝贺乾隆八十寿辰为名，率领外交使团对中国作第一次正式访问。

英国使团远航中国

乾隆五十七年（1792），马戛尔尼使团带着英王乔治三世的国书和礼物，从朴次茅斯港起锚，开始了他的东方之行。使团成员都是经过精心挑选的。副使斯当东是马戛尔尼的好友，也有过在印度办外交的丰富经验。配备的秘书、译员、医生都具有相当的经历，还有化学、天文、力学、航海等各门学科的专家学者，以及东印度公司的职员。随行的军官也是军事、情报方面的专家。

这是一个庞大的使团，正式成员和士兵水手多达七百余人，分乘五艘海船，经过十个月的航行，第二年七月廿五日，马戛尔尼一行抵达天津。

《万国来朝图》（局部）（清·姚文翰等绘）

乾隆十六年（1751）九月，姚文翰、程梁进等到大内斋宫作画；乾隆二十六年（1761）七月，姚文翰和张廷彦奉命用长322厘米、宽210厘米的白绢绘《万国来朝图》草稿一幅，表现了乾隆朝“万国来朝、百蛮朝贡”的景象。

《皇清职贡图·英吉利国人》

在《皇清职贡图》中记录的英国是一个富庶的荷兰属国。

话说中国

中国大事记

命江浙再筹海运。

清帝接受英王国书

乾隆帝决定在热河行宫的万树园接见英使。这里傍山临水，林木丰茂，与烟雨楼隔湖相望，是乾隆帝经常接见少数民族上层人物和外国使者的地方。九月十四日黎明，盛装的英国特使在满蒙王公大臣陪同下，在万树园等待召见。太阳升起，乾隆帝在丝竹吹打的庄严音乐声和内侍喝道声中，来到万树园大幄升座，众王公大臣就位，礼部尚书引领英国使节至御座左首。马戛尔尼向乾隆帝行单膝下跪礼，呈上一个镶嵌珠宝的金盒子，里面装着英王给乾隆帝的国书。待参加接见的众王公大臣礼毕，英使觐见的仪式也结束了。乾隆帝嘉勉几句后便设宴招待，同时送了一些礼物给英王和马戛尔尼。

单跪和双跪：中西文化冲突

乾隆帝接见马戛尔尼时，虽然表面上端庄和悦，内心却很不舒服。乾隆帝早就要接待官员去劝说英使遵守天朝法度，觐见皇帝行跪拜之礼。几番磋商，才商量出一个折中办法，那就是马戛尔尼以见英王之礼觐见乾隆，单腿跪地，免去吻手。乾隆帝对此十分不悦，本想规格高一点，招待得好一点，赏赐优厚一点，如今一切都减免了。他还告诫臣下，对这种化外之人不能太客气，他们无福承受天朝上国的恩典。

《乾隆帝接见英国使臣的上谕》

乾隆帝在乾隆五十八年（1793）接见英国使臣马戛尔尼时发布了这道上谕。

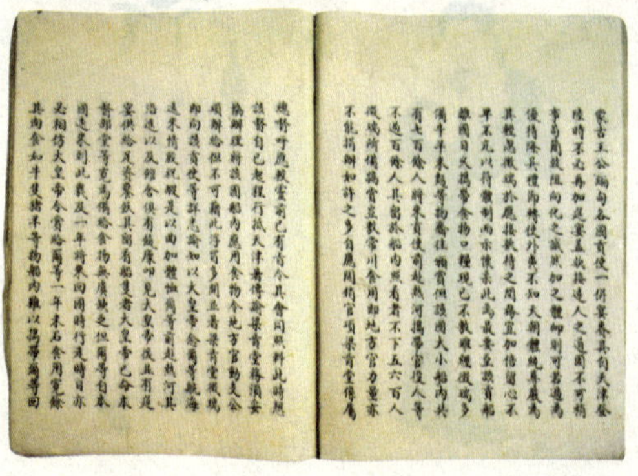

贡赐贸易两相径庭

九月十七日是乾隆帝的八十三岁生日，马戛尔尼与王公大臣们一起，前往澹泊敬诚殿祝寿。生日庆典是十分隆重，还举行盛大的阅兵式，自然也少不了演戏、耍杂技、表演民族歌舞、燃放焰火之类的节目，热闹结束，乾隆帝以为英使的任务已经完成，该回去了。不料，马戛尔尼返北京后提出了有关贸易、租界、税率优惠等六项要求，还说他要作为英国大使常驻北

乾隆御制《马戛尔尼等奉表至诗以志事》（上图）

为记录英国使臣马戛尔尼来朝祝寿一事，乾隆用诗文的形式创作此书。

历史文化百科

〔避暑山庄〕

位于河北承德北部四周峰峦起伏的山谷平地上，康熙四十二年（1703）兴建，乾隆五十五年（1790）全部工程完竣，占地564万平方米，有宫殿楼台、庭园阁榭、寺院庙宇等120多处，原称热河行宫，因午门有康熙帝所题“避暑山庄”，故又得其名。山庄大部分建筑不施彩绘，不用琉璃瓦，显得古朴淡雅，堆筑吸收江南塞北奇异景致，颇具自然山水本色。全园有宫殿、景苑两个部分，景苑分湖区、平原区、山区，宫殿有正宫、松鹤斋、万壑松风、东宫四组建筑群。正宫内的澹泊敬诚殿为清帝接见少数民族王公和外国来使的场所。当年康熙帝、乾隆帝夏秋两季常居于此，处理朝政，时间往往长达五六个月。

世界大事记

英国铺成第一条铁路。英、法爆发经济危机。

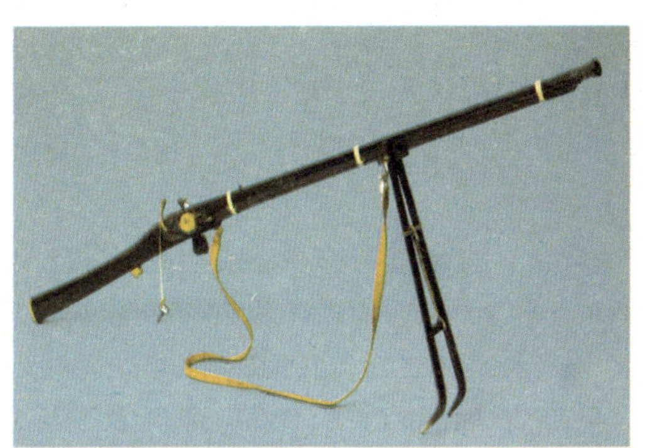

马戛尔尼进献的自来火枪

火枪是当时英国的最新科技发明，马戛尔尼进献的590件礼品中就包括了这把自来火枪。

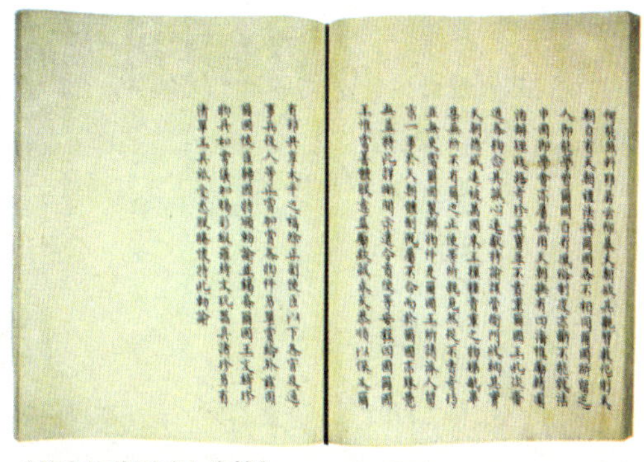

《乾隆给英国王上谕档》

马戛尔尼此次访华，提出允许英人在中国国内部分地区经商和在珠山或广州附近划割一个小岛供英国商人居住等请求。乾隆帝一口回绝并发给英王这篇长文。

京，也欢迎大清国能派使者去英国。

英国政府为了打动乾隆帝和大臣们，不惜以重金采置了当时代表英国，也就是世界科技水平和工业水平的很多罕见、珍奇礼品，如天体运行仪、地球仪、天文望远镜、榴弹炮、毛瑟枪、连珠枪、反映欧洲历史文化及风俗的绘画，尤为显眼的是一艘当时英国最先进、装备有一百十门重炮的军舰模型。总共分装了六百箱。

马戛尔尼谢恩书（上图）

为了表示对清廷礼遇的感谢，马戛尔尼命略通中文的副使亲笔写下一封感谢信。

乾隆帝的脑子一下子转不过弯来，听了下面的报告，说了声："成何体统！"接着明确表示："我天朝物产丰盈，什么都不缺，本来就不希罕外国的货物，搞什么贸易！"他的意思很清楚：蛮夷之邦来天朝朝贡，表示欢迎，自会加恩体恤，至于非分要求，一切免谈。

马戛尔尼率领庞大使团访华，在乾隆帝跟前碰了一鼻子灰，打开中国门户、开辟中国市场的最终目的没有达到。然而，当他们的军舰驰离中国时，已经得到了一个很大的收获：中国的篱笆已经是很旧很破了。

清前期诸帝健康档案

年号	姓名	年龄	任期	死亡原因	备考
天命	努尔哈赤（太祖）	六十八	十一	背疽	因宁远失败忧愤过甚
天聪　崇德	皇太极（太宗）	五十二	十七	高血压引起中风	静坐时突然死亡
顺治	福临（世祖）	二十四	十八	天花	
康熙	玄烨（圣祖）	六十九	六十一	老年心脏、血液循环不畅	五十岁后已患此病
雍正	胤禛（世宗）	五十八	十三	丹药中毒	亦有作中风、感冒
乾隆	弘历（高宗）	八十九	六十		退位后为太上皇三年
嘉庆	颙琰（仁宗）	六十一	二十五		突然患病

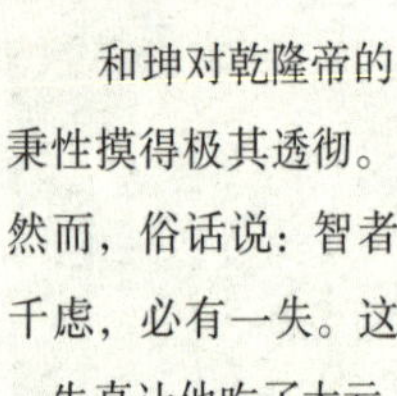

中国大事记　清军平定张格尔之役。

〇九〇

和珅跌倒，嘉庆吃饱

太上皇死后第六天，嘉庆帝当朝宣布了和珅二十条罪状。

和珅对乾隆帝的秉性摸得极其透彻。然而，俗话说：智者千虑，必有一失。这一失真让他吃了大亏。

只做六十年皇帝

乾隆六十年（1795），岁逢乙卯，在一次御前会议上，八十五岁高龄的乾隆帝出人意料地突然提出了退位之事。和珅不由大吃一惊，这事怎么一点风声都没有听到呀！他连忙出班启奏道："圣上龙体康泰，满面红光，精力充沛，何必急于讨论此事？"他内心的着急溢于言表。他究竟急什么呢？说穿了就是一点：他和珅不能没有乾隆这座靠山！

然而，这次乾隆帝没有听他的，微微摆了摆手，让他退下，当众宣布说："朕已决定明年退位，决不超越康熙皇祖父在位之期。"接下来，他把当初登基对天立誓的情况对群臣讲了一遍，说明丙辰年，也就是明年，他位满甲子，必须实现誓言的承诺。说罢，他命人取来一个贴着御封的锦匣，当众启封开锁。从里面拿出一幅黄色绢条，上面御笔亲书"传位十五皇子颙琰"八个字。

乾隆帝晚年朝服像

乾隆朝后期，社会的各种固有矛盾激化，大清王朝开始由盛而衰。

裕陵全景

裕陵是清入关后第四帝清高宗爱新觉罗弘历即乾隆皇帝的陵寝，位于孝陵以西的胜水峪，始建于乾隆八年（1743），乾隆十七年告竣，耗银二百多万两。

历史文化百科

〔兑换兴盛的钱庄〕

钱庄，又称银号、钱铺。清中期钱庄业大为发达。北京自康熙到道光十年（1830），已有钱铺389家，上海自乾隆五十一年（1786）到嘉庆二年（1797）有钱庄124家。此时的钱庄已出现经营兑换银钱，并由银钱兑换向信贷转化；同时由钱庄签发的钱票，已在若干地区使用和流通。如西北地区交通不便，不易携带过重的银两，所谓是票到钱付，与现钱无异。

旧时官署中幕友尊称为什么？

嘉庆帝朝服像

嘉庆帝（1760—1820），名颙琰，乾隆帝第十五子，乾隆六十年(1795)册立为皇太子。次年接位。嘉庆四年太上皇死，始亲政。

当即草诏将颙琰立为太子，定于明年在太和殿举行内禅典礼，连新皇年号“嘉庆”也拟定好了。

抢先祝贺颙琰

和珅身在殿上，心乱如麻。真是聪明反被聪明误，平时天天围着皇上转，怎么就一丁点儿也没看出他要立颙琰的心思呢？再说，以往和谁有过节不好，怎么偏偏要与颙琰有过节呢？这不是自己和自己过不去吗？他预感到自己的气数将尽，今后没有了乾隆，他怎么办？想起这些，他不由悲从中来，自己的地位再高，充其量也不过是爱新觉罗氏家中的一个奴才罢了！

下朝回家，和珅头痛如焚，然而脑筋却在急速转动。今天的重大决定，不是要到九月初二才正式宣布吗？还来得及！虽是强弩之末，但决不能轻易放弃。于是，马上把家里那柄价值连城的镶金嵌玉如意给颙琰送去，抢先祝贺他当上太子，以表明对他的拥戴。

和珅的这种伎俩，颙琰见得多了。你送你的玉如意，我有我的韬晦计。丙辰元旦，颙琰接位，上面有个掌权的太上皇，他对和珅尊敬如常，凡有要向太上皇汇报的事，一概请他代劳。

官运亨通的和珅

和珅（1750—1799），原名善保，字致斋，钮祜禄氏，满洲正红旗，曾一度被抬入正黄旗，获罪后其家属又被归为正红旗。由于受乾隆帝赏识，在官场平步青云，后因骄纵专权，贪赃枉法，在嘉庆时被抄家，自缢。

中国大事记

严禁江苏、安徽、湖广私贩淮盐。

和珅府花园湖心亭旧址

和珅宅由府邸和花园两部分组成，占地面积十分庞大，约六万平方米。整个宅院建筑气势雄大、工艺精良。从此处旧址亦可想象当年的奢华之状。

还是逃不了报复

三年过去，太上皇殡天了。嘉庆整治和珅的机会也来了。在他当那不起眼的皇子的时候，对和珅专权不法的所作所为就早有所闻。给他印象最深的是和珅打击他最敬重的老师朱珪一事。这个家伙竟然将他过去写的一首贺诗翻出来作为证据，在皇父跟前诬告朱老师包藏祸心，皇父不察，硬是砍掉了恩师大学士的职位，还差点下了冤狱。如此奸佞，岂能让他继续飞黄腾达？嘉庆帝要跟和珅算总账是早就计划好了的。不过他不愿干唐代宗李豫对付李辅国的那种蠢事，他说："我要堂堂正正地将他绳之以法。"

和珅引见折

此件奏折为和珅于乾隆四十九年（1784）引领推荐官员十五名觐见乾隆帝。奏折上每人名字的旁边都有乾隆的朱批"当可"、"亦可"、"中平"。

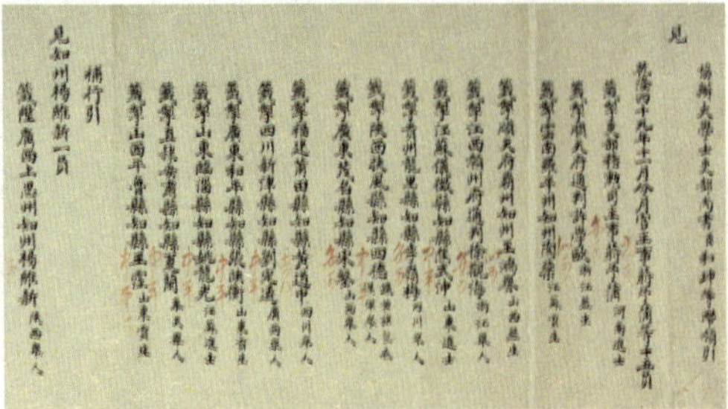

外国人记录下的清朝进贡图

日本人间宫林藏1808年7月奉命二下桦太，在东海岸寻找俄罗斯和清朝中国的边界，久寻不得，最后询问当地土著居民，才得以知道"桦太地方本来就是一个独立的岛屿，没有和大陆连接"。遂于1809年7月搭乘土著人的船只，渡过海峡到了"东鞑"。此处是黑龙江下游一个名叫"德楞"、驻有清朝中国政府派出机构的地方。间宫在此亲眼目睹了当地土著民贡献土特产的别致仪式，和贸易的热闹场面，并受到主持其事的清朝官吏的礼遇。1809年9月勘查归来，间宫林藏向江户幕府提交报告书——《东鞑纪行》。

太上皇死后的第三天，给事中广兴、御史王念孙等官员就开始检举和珅种种违法乱纪之事。三天过后，嘉庆帝以迅雷不及掩耳之势当朝宣布了和珅的二十条大罪，立即下令逮捕法办。大臣们见皇上如此，纷纷出来痛打落水狗，说斩首的有，说千刀万剐的也有。十天后，嘉庆帝念和珅当过首辅，予以宽大处理，说："朕不忍心看他在街头大庭广众之下现世，还是赐他自尽罢。"

和珅死了，家产也抄了。大家一看查抄清单，不禁惊得目瞪口呆。别的不说，单珠宝库、绸缎库、人参库，无不是堆得满满的。于是，民间就悄悄流传起这样一句话来："和珅跌倒，嘉庆吃饱。"

历史文化百科

〔发达的典当业〕

典当业即当铺、质库。中国很早就有典当业。清自乾隆中期后，部分商业资本转化为高利贷资本，由是典当业也兴旺发达。康熙三年（1664），全国有当铺二万余家。其中长江以南多为徽州人开办，长江以北多为山西人开办。

台湾林爽文起义

乾隆帝自诩有“十全武功”，它也包括对台湾天地会的镇压。

台湾天地会

天地会是明末清初在南中国的民间秘密组织，他们高举“反清复明”旗帜，号召和组织民众。台湾有天地会起自乾隆四十八年（1783），是从福建平和传过来的。翌年，在台湾彰化（台中）落籍的平和人林爽文，就是第一批台湾天地会成员。

林爽文很讲义气，有胆识，在他组织下，台湾也有了天地会。他们摆设香案，跪拜天地，歃血饮酒，焚表盟誓，结为异姓兄弟。

早在乾隆二十三年（1758），清政府放宽了赴台禁令，此后闽粤沿海民众多赴台谋生，异乡之人最渴望同乡兄弟相帮，因而当林爽文打起天地会招牌，就有多人参加。

乾隆五十一年（1786），林爽文趁漳化知县派兵来乡搜捕天地会时，就乘机起义，还趁县城守卫只有八十名清军时，攻占了彰化，接着又攻占了诸罗县（嘉义）。林爽文建号“顺天”，自称“盟主大元帅”。他的朋友、同乡、另支天地会领袖庄大田，也配合攻占了凤山县（高雄）。

《皇清职贡图·高山族诸罗县人》

《皇清职贡图》为清代记述海外诸国及国内各民族的史籍。乾隆时大学士傅恒主持编纂，合卷首共九卷。按照各国、各民族地域区别及地位之高低进行编排，描绘各国、各民族之男女状貌、服饰及生活习俗，并有文字题记，简要说明其分布地区、历史、社会生产以及向清朝贡赋的情况。

林爽文起义军军令

林爽文（1756—1788），福建省漳州府平和人，农民出身。乾隆四十九年加入天地会，为彰化地区天地会重要首领之一。乾隆五十一年十一月（1787年1月），林爽文率领千余人，在距彰化县二十余里之大里杙揭竿起义，队伍迅速发展到三千人。攻破彰化县城，建立军、政、会合一的政权组织，林爽文为大盟主。定年号为“天运”，第二年改为“顺天”。

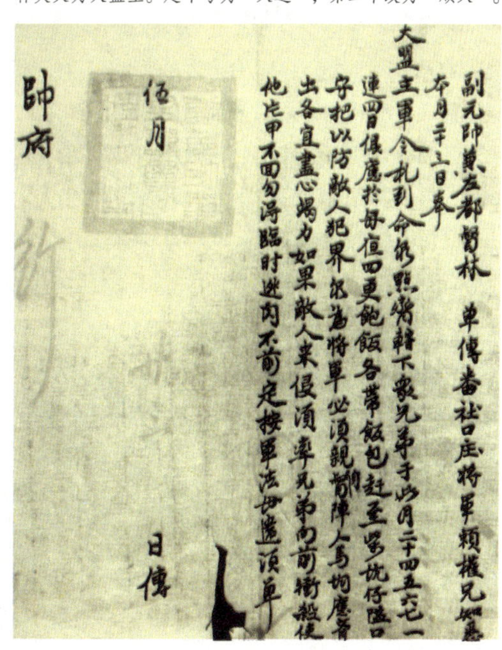

副元帅兼左都督林　单传番社口庄将军赖权兄知悉

本月十三日奉

大盟主军令札到命仰照将辖下众兄弟于此月二十四五六七一

连四日俱[illegible]於母[illegible]四更饱饭各带饭包赶至[illegible]坑仔隘口

守把以防敌人犯界尔为将军必须亲督阵人马协应[illegible]

出各宜尽心竭力如果敌人来侵须率兄弟向前冲杀使

他片甲不回勿得临时逃闪不前定按军法勿违须单

帅府　伍月　日传

金丝糕，主要用面，掺入糖稀、芝麻、青红丝、瓜子仁等佐料油炸而成。

中国大事记 令广东查禁西洋商人私运鸦片。

福康安像

福康安(1754—1796)，字瑶林，富察氏，满洲镶黄旗长。名将傅恒之子，高宗孝贤皇后侄。清代非宗室而封王者，唯福康安一人。

围攻诸罗

自从康熙帝收复台湾，台湾为福建省一个府，设台湾府（台南），下设台湾（台南）、诸罗（嘉义）、凤山（高雄）和彰化等四县。这时台湾府除了府城，其余三县都失陷了。林爽文、庄大田联手声势浩大，一度还围困台湾府城。

嘉义之战

“顺天大盟主印”印文

“顺天大盟主”，林爽文为天地会起义军首领，这是其自称盟主大元帅执政的印章。

这时，台湾总兵柴大纪率军乘隙攻陷了诸罗城。诸罗城据南北之中，为台湾府屏障。林爽文只得领会众十万回攻，希望一举夺回。

诸罗城被围困了八个月。

常青怯战

当时清军在台湾有将士一万二千人，澎湖有将士二千人，但实际在营不过几千人，原因是统兵官经常私遣将士返回内地做生意，收取贿银，留在军营的，只要每月交一笔银子，也可以成天成夜在营外住宿。这是一支缺乏战斗力的军队，所以柴大纪率领出征的，只有四千人马。

闽浙总督常青几次派兵援台，他自己也从厦门浮海来台湾，以台湾府城为司令部督战。柴大纪几次派

历史文化百科

〔台湾的文庙武庙〕

文庙（孔庙）和武庙（关庙）是中国颇有特色的庙宇。

台湾最早的文庙，史载是南明永历二十年（1666），为郑成功子郑经所设的台南孔庙，亦即当时最高学府；台湾收复后，即为台南府学。它的建构等同大陆各地，有大成殿、崇圣祠、明伦堂和满汉官员下马碑。台南孔庙被誉为“台湾第一史迹”。

台湾的武庙是郑成功到台湾前就有了。它是福建东山武圣殿分灵而建的。后来郑经又在台南建庙。清朝把台湾纳入版图后，大建武庙。现今全岛有武庙约二百座。

世界大事记

美国劳工党在纽约成立。英称整个澳洲是英帝国土地。

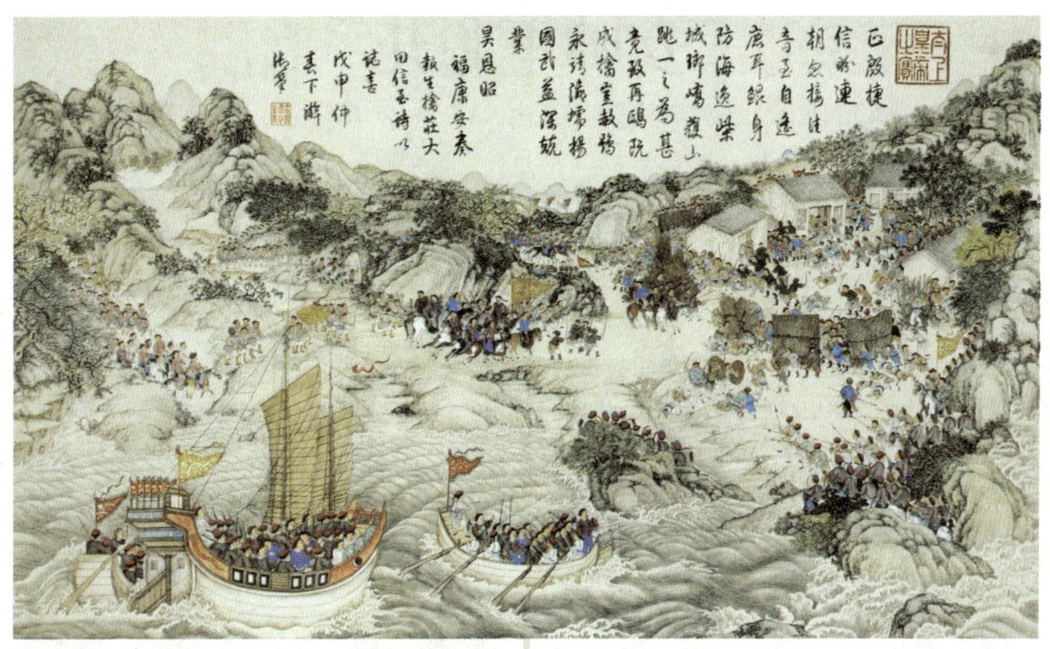

庄大田被捕

林爽文在彰化建元“顺天”后。凤山天地会首领庄大田起义响应，自称“南路辅田大元帅”，于12月13日攻下凤山，19日与林合兵围攻台湾府城，声势大振。1788年（乾隆五十三年）2月10日，林爽文被捕。庄大田率众退至郎峤拼死抵抗，在伤亡2000余人后被擒，后被押送北京处死。

人突围请援。常青怯战，不敢迎敌。一次，庄大田、林爽文联军万人合攻府城，常青有军三万，双方稍有接触时，常青就浑身发抖，手不能举起马鞭子，于军中大声呼叫：“好险，好险啊！贼要砍老子头了！”立即转过马头逃跑了，将士只得一起退走，闭城不出。

败于福康安

乾隆帝选择陕甘总督福康安挂帅，出征林爽文。

福康安是乾隆帝最信得过的权贵，他有丰富的军事经验，抵台后，便集中绝对优势兵力向诸罗进军，对林爽文围军作反围攻。林爽文久久围攻诸罗，师老城下，已犯兵家之忌，这时面临锐气正盛的福康安军，却又与他短刀相接，由是连遭败绩，最后只得撤围，转战至斗六门、大里杙等原根据地，继续战斗，屡战屡败，屡败屡战。乾隆五十三年（1788），战败被俘。几天后，庄大田部也遭歼灭，庄大田被俘。林爽文旋即槛解北京，两个月后在菜市口被杀。

乾隆帝杀柴大纪

柴大纪孤军守诸罗，粮食早缺，花生、地瓜也都吃尽，但仍坚守。乾隆帝对他非常欣赏，为此擢升为福建陆路提督，参赞台湾军务，封一等伯。

但柴大纪骄傲了，自以为功劳大，当福康安进入诸罗城时，忘却了自己的身份，没有按礼节跪迎，只是行宾主之礼。这使得这位本来就瞧不起汉人的大帅很不高兴。经过福康安几次和其他几位参赞大臣上奏，揭发林爽文事件根由，乃是柴大纪居官贪黜，激发民变。三人成市虎，使皇帝不得不信，下诏立即予以处决。

〉盛巽昌

中国大事记

禁止洋人私运枪炮至广州。厘定《两淮盐务章程》。捕获两淮私盐巨贩黄玉林。

〇九二

女帅王聪儿

她带领的襄阳义军，人数多，在教中辈分也高，所以被推为总教师。

嘉庆初期的川、楚、陕白莲教武装斗争，历时九年，涉及五省，清廷调集全国兵马，共涉及十六个省，仅耗费国库银就达二亿两。白莲教起义是清朝由盛转衰的一大转折。

参加白莲教起义

清朝中期，全国爆发了一起白莲教组织的大规模农民起义。其中一支势力比较强大的起义军，是王聪儿领导的襄阳义军。

王聪儿是湖北襄阳人，自幼丧父，母亲养不活她，将她送进一家马戏班子。从此，她闯荡江湖，成了一名能干的杂技女演员。走南闯北，骑马射箭，滚打爬摸，也练就了她一副钢筋铁骨。长期生活在社会底层对民众的苦难深有体会，因此她加入了秘密反清的白莲教，十六岁时同荆襄一带的大师父齐林结婚，成了很有威信的二师父。

齐林原打算乾隆五十九年（1794）元宵节起义，不幸被叛徒告密，他和百余名骨干惨遭杀害。幸免于难的王聪儿削发为尼，隐藏在城郊青莲庵。

嘉庆元年（1796），各地白莲教纷纷起义。王聪儿得知消息，马上与姚之富、齐国谟等头领商量，在襄阳北郊黄龙垱誓师起义。

陕西巡抚秦承恩关于拿获白莲教教首奏折

这是嘉庆元年（1796）四月十四日陕西巡抚关于围剿白莲教有关情况的奏折。

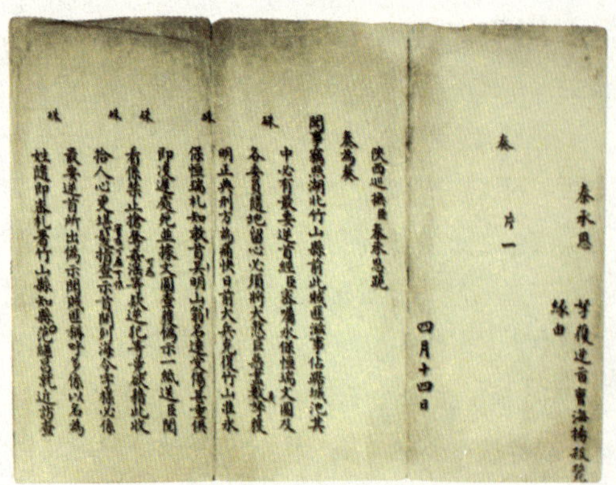

号称八路统帅

二十岁的王聪儿很有领导才能，大家推她为总教师。她率领的襄阳义军，人数众多，战斗力强，在教

镇压白莲教起义的布防图

乾隆后期，白莲教在楚、川、陕三省迅速发展，规模日见壮大。大清王朝意识到这一巨大威胁的存在，于嘉庆元年（1796）派重兵围追堵截，这张布防图就可反映出当时计划的严密周详。

世界大事记

英全国劳工保护联合会成立。利物浦至曼彻斯特铁路通车。

王聪儿　勇敢　魏源《圣武记》卷九《啸亭杂录》

人物　关键词　故事来源

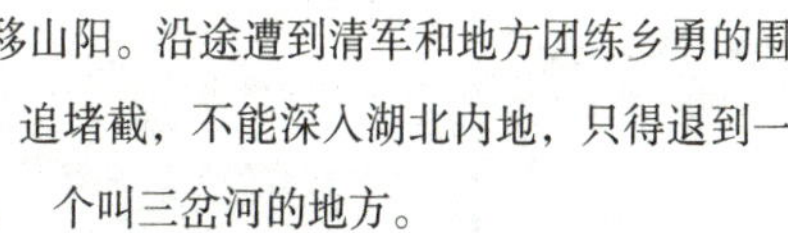

中辈分也高，所以成了各路义军主力。攻城略地，穿州过县，打得清军人仰马翻，闻风丧胆。清政府十分恐慌，调集了大批军队结集襄阳附近，企图一举把襄阳义军消灭掉。

王聪儿把十四五万大军，分为襄阳黄号、白号、蓝号，达州青号，东乡白号，大平黄号，巴州白号，通江蓝号八路，采取游击战术同敌人周旋。他们一忽儿向南，一忽儿向北，明明在迂回作战，一下子又穿插到敌军中间来了。一会儿兵分几路，突然又合兵一处，集中优势兵力打了漂亮的歼灭战。起义军越战越强。嘉庆帝先以都统永保总统军务，因围堵失败，另任湖北巡抚惠龄总统军务；又因王聪儿入川，由是第二次更换统帅，由陕甘总督宜绵取代惠龄总统军务，而当王聪儿军出川由湖北至陕西时，嘉庆帝第三次易帅，命新任湖广总督勒保替代了宜绵。

嘉庆年制粉彩帽筒

嘉庆三年（1789）二月，王聪儿以高均德部吸引住明亮、德楞泰所率清军主力，襄阳义军则暗度陈仓，发动了著名的汉中战役，大败王文雄、崔雯统领的清军，然后直插西安。由于先头部队在西安城郊受挫，王聪儿转移山阳。沿途遭到清军和地方团练乡勇的围追堵截，不能深入湖北内地，只得退到一个叫三岔河的地方。

湖北郧西三岔河槐树沟，重峦叠嶂，山高谷深，林海峭壁，险峻异常。沿山巅唯一通道登茅山阎王扁，是通湖北、四川、陕西的捷径，向西经崎岖的二十四拐即可达陕西境界。王聪儿原打算摆脱清军，由此转陕入川，不料清军与当地乡勇勾结，把起义军重重包围，又在各隘口布置了重兵。王聪儿意识到义军已身处绝境。她召集将领们说：“最后决战在此一举，大家须做好最坏的打算，不能生，毋宁死！”接着，她跃马挥戈，沉着指挥突围。激烈的战斗，双方伤亡都很惨重，

嘉庆年制绿地白花三孔葫芦瓶

历史文化百科

〔清代帮会〕

帮会是封建社会濒临解体历史条件下产生的游民结社。清自乾隆始人口激增，土地兼并加剧，社会政治的腐败，战争和社会经济改组所带来的人民破产和失业，是帮会兴盛不衰的社会根源。数量多，人员众，蔓延广，名目繁复是清代帮会的特点。从清初到乾隆中叶是帮会产生期，大量出现以“反清复明”为宗旨的会党组织，其中北方最大的是白莲教，南方是天地会。嘉道间丐帮贼帮势力大盛，哥老会也以四川啯噜为胚胎，在融合了含天地会成分的青莲教基础上形成。而在雍正初组织南北运河船民承办朝廷漕运，规定帮规仪式，按辈分收徒，成为行会与帮会合二而一的组织，后又发展至海运行业长江中下游船业的青帮，是全国最有势力，最有影响的帮会组织。

中国大事记 令广东查禁鸦片走私。

火药碾子

随着火器（火炮、火箭、枪）的大量使用，火药的加工变得十分重要，这是清代加工火药的碾子。

尸体满山填谷，污血把涧水染成了赭色。可是，清兵还在铺天盖地涌来，炮火、檑石、滚木、箭矢横飞，包围圈越缩越小。

跳下悬崖

夜深沉，雨蒙蒙，王聪儿白色的战袍已变成紫红色。肉搏战还在进行，可血路一直没能杀开。明亮、德楞泰见起义军抵抗得如此顽强，指挥兵勇大喊：“你们没有别的出路了！只有投降，可保性命！”王聪儿说：“兄弟们，别听他们那一套！”过后，她又高呼：“兄弟们！现今大劫在遇，也是光明将临，须是众生尽努力，方可回真空家乡！”众教徒在总教师的激励下，向满山遍野如蜂似蚁的清兵乡勇冲杀过去。

王聪儿带着将士又浴血奋战了六个多小时，身边仅剩几个遍体鳞伤的男女亲兵了。她抬起头来，望了师兄姚之富一眼，便道：“你们说该怎么办？”大家齐声说：“宁死不当俘虏！”她说：“那好！正合我意。”于是，王聪儿将战旗挥舞几下，指向阎王扁峭壁下，领着众人跳下悬崖。

《炼丹图》（清·黄慎绘）

黄慎在中年前后画风有所改变，由工细转向写意，此图即可体现他的这种转变，图中勾线、双钩、没骨、罩染并用，清新而丰富。

德楞泰像

德楞泰（1749—1809），字淳堂，正黄旗蒙古人。伍弥特氏。乾隆中，以前锋从征金川、石峰堡、台湾，升参领，赐号“继勇巴图鲁”。嘉庆年间的三省教案，仁宗在宫中求卦，占得“三人同心，乃奏肤功”，其后果然。所谓“三人”，是额勒登保、德楞泰、勒保。

清代王清任提出“脑主思维”认识的著作是什么？

人物：李文成　林清　李四嫂

关键词：勇敢　盟誓

故事来源：《那文颜公奏议》《靖逆记》卷五

〇九三

天理教进攻皇宫

他们由宫里低级太监接应，分头由紫禁城东华门、西华门进入。

天理教是白莲教的支派，又称八卦教下震卦教支派。在豫、冀、晋、鲁一带，有很大的势力。

滑县起义

李文成、林清、牛亮臣、冯克善等天理教首领几次在滑县共议反清起事，决定由李文成在滑县起事，然后北上，与在北京的林清联手，进攻皇宫。他们经过长期组织准备，决定于嘉庆十八年（1813）九月十五日在河南、河北、山东同时举白旗起义，规定一律用白布裹头系腰。由于动用几百个铁匠，在大伾山下大张旗鼓地开炉打造兵器，被官府侦知，滑县知县强克捷带着衙役下乡，深夜包围谢家庄，一下捕了李文成等十几个天理教首领。

李文成的老婆姓张，大家都惯叫李文成四哥，所以也称她李四嫂。李四嫂见情况紧急，挺身而出，召集没被捉去的黄兴宰、黄兴相兄弟和宋元成等几人商量办法。黄家兄弟说，听说那个狗官要把李文成他们解往省城，我们应该先发制人，打下县城，杀死强克捷，抢救李文成。李四嫂听后，认为只有如此。于是决定提前起义，时间定在九月七日清晨，目标是县城，目的是救出被抓走的教友。

嘉庆御笔《再游云居寺瞻礼诗碑》

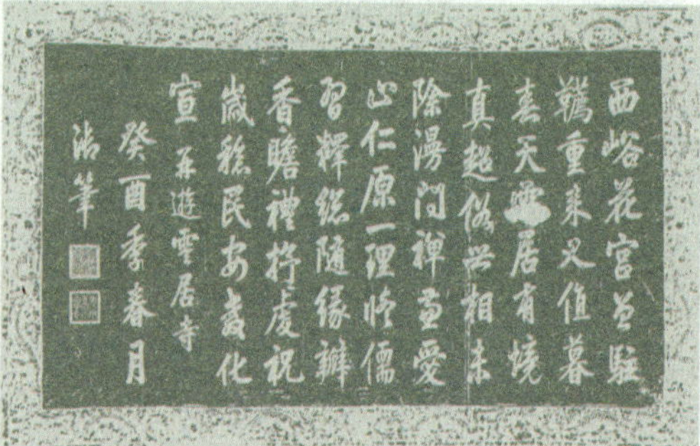

这天，李四嫂头裹红巾，手执双刀，天色未明就将三千多天理教战士埋伏在县城的道路两边。县城里，她已派了不少乔装弟兄，预先潜伏，准备接应。不多时，城中突然火起，喊声震天。只见城门洞开，城楼上升起一面红旗。李四嫂一声令下。起义军一跃而起，涌入县城，杀了强克捷，砸了监狱，救出了李文成他们。

分两路进入皇宫

林清在北京仍在按既定计划办事。

他对滑县李文成被迫提前起事并不清楚。九月十五日，他组织二百名教徒，分成两支队伍，由宫里参加天理会的低级太监接应，乔装打扮，分头由紫禁

林清像

林清（1770—1813），天理教一支震卦教主，起义失败后被捕遇害。

话说中国

中国大事记

定凡白阳、白莲、八卦、红阳等教首和成员遇赦不赦例。英国商船至福建、江苏、浙江、山东被逐。

隆宗门

隆宗门虽然门禁森严，但在清朝嘉庆十八年，还是被天理教攻入紫禁城。隆宗门西侧的门额上和东侧椽上的箭头就是当时激战的明证。

城东华门、西华门进入。进入东华门的人员，因与卖煤者争道吵闹，不慎脱衣露刀，被守卫发觉急忙关闭宫门；会众因人数少、路途不熟，寡不敌众，很快就被杀戮净尽。进入西华门的一百余会众，也在隆宗门外被挡。此时皇次子绵宁（后为道光帝）得悉，即与贝勒绵志等带领侍卫，手持鸟枪登宫

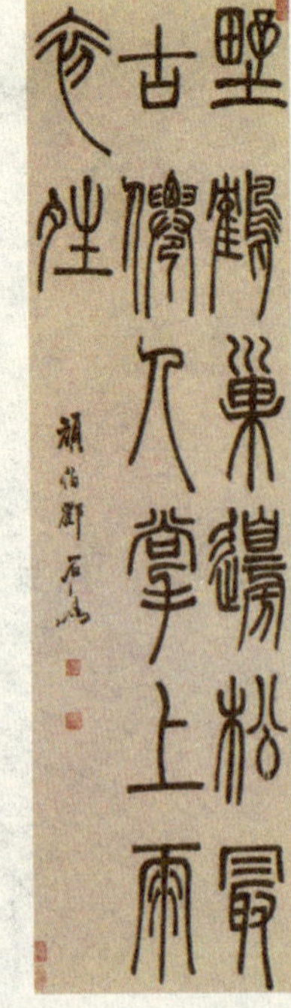

唐诗集句（清·邓石如书）

邓石如（1743—1805），原名琰，字石如，号顽伯，完白山人，因避清仁宗名讳，故以字行，安徽怀宁人。清代著名书法家、篆刻家，被时人誉称为“四体皆精，国朝第一”，然以篆隶最为出类拔萃。

东华门

今日安宁的东华门，让人很难想象到当日林清率领的起义军曾一度攻入此处，刀兵相见。但最终起义军因人少势孤，被清军杀戮。

墙守卫，他用鸟枪发弹，连杀将攀墙的两名会众，迫使他人后退。时近中午，教徒纵火欲烧隆宗门，正在此时，留守京师诸王闻警率禁军由神武门而入，终于在武英殿御河擒杀所余会众成员。两天后，林清在京郊大兴县黄村被捕。六天后，他和所有被俘者被杀害。

李文成在滑县升帐称王，打出大明天顺李真主旗号，封文官武将。河北、山东十几个州县闻讯，纷纷起来响应。义军队伍不断扩大，攻占定陶、曹县等地。此事很快震动了朝廷。嘉庆帝临朝问计，决定任命陕

历史文化百科

〔清宫门卫制度〕

宫禁严密，出入自然有严格的门卫制度。王公大臣上朝，在下马碑必须下马下轿，贝子以上或赏紫禁城骑马的官员，入东华门的至箭亭，入西华门的至内务府必须下马。各衙门官员各由其门出入，先造名册送验，获准后才能进去，随从人数也按品级限制。官役官物要由内务府发放的火烙腰牌验明放行，物品须有清单。禁廷各门白天开启，晚上关闭，钥匙由司钥章京巡查收管。如果有特殊情况需出入禁门，必须持有镀金合符。合符一镌阴文“圣旨”，由值班护军统领、参领保管；一镌阳文“圣旨”，加锁藏于大内，阴阳合符，方准开门进出。

世界大事记 英上院颁布"1832年改革法案"。美杰克逊发表"反无效宣言"驳斥"州权"原则。

甘总督那彦成为钦差大臣，调集清军前往镇压。

清军势众，陆续攻陷曹县、定陶等县，进逼义军根据地滑县。危急之下，李文成因监狱里腿受重刑，率领四千人马突围到辉县司寨时，遭到围困，奋勇血战后自焚殉志。

滑县保卫战

李文成牺牲的消息传到滑县，战士们为大首领的死放声大哭。李四嫂强忍悲愤，勉励大家奋勇杀敌，坚决保卫自己的根据地。

保卫县城的战斗打得十分激烈，清军的进攻被多次击退。那彦成见强攻不成，便施诡计，命军士挖地道，放火药，再用炮轰，炸开城墙。李四嫂在城楼瞭望，识破清军阴谋，命义军战士向城外抛掷巨石，把敌兵挖的地道打塌，又不断夜袭清营，迎风放火，来回砍杀，闹得清军不得安宁。

至十二月十日，坚守滑县已有四十多天。这天黎明，那彦成整顿队伍卷土重来，同时向五个城门猛攻，战斗之烈可想而知。在起义军忙于应战之际，那彦成引爆了暗道炸药，西北角一大段城墙顿时被炸毁。李四嫂一面指挥御敌，一面组织用木板和砂袋堵住被炸墙洞。突然，"轰隆"一声，西南角的城墙又坍塌了一大段，接着，南门的城墙也被炸开了。

"城亡与亡"

清兵蜂拥而至。李四嫂举刀高呼："城亡与亡，不死者非英雄！"沉着指挥义军展开巷战。不一会，巷子里尸骸枕藉，盈街满屋。一个手执板斧的战士，同十几个清兵拼搏，敌人倒下一大片，他自己的头颅也没有了，却还紧握战斧立在那里，吓得清兵竟不敢上前。

整整一天下来，李四嫂等水米未进，人马劳乏。夜深了，牛亮臣将军劝李四嫂化装混出城去。李四嫂不同意，说这样对不起死难弟兄。又说她决心要从四哥于地下。言罢，李四嫂又猛然扑向清兵，身被数伤，退入一间小屋，自缢身亡。

嘉庆年制画珐琅执壶（上图）

《疏泉洗研图》（清·弘仁绘）

弘仁（1610—1664），俗姓江，名韬，字六奇，一作名舫，字鸥盟，歙县（今属安徽）人。清顺治四年（1647）从古航法师为僧，居建阳报亲庵，法名弘仁，号渐江学人、渐江僧，又号无智，死后人称梅花古衲。明末清初画家。工画山水，兼工画梅，曾学画于萧云从，受倪瓒影响最深，与汪之瑞、孙逸、查士标为新安派四大家（即海阳四家）。

中国大事记

订立《禁纹银出洋条例》。

张格尔之乱

早年道光帝并非平庸，他全力收复南疆，克绍箕裘。

张格尔勾结境外势力，在新疆重新挑起战争，自建政权割据，完全是分裂和叛国行为，因此铲除张格尔叛乱集团，是为维护中国领土主权和统一的重大行动。

喀什噶尔失陷

张格尔是大和卓博罗尼的孙子，是大和卓叛国被诛、他的儿子逃到浩罕国所生。浩罕国和英国殖民势力是他的后台。

道光帝刚登基时，张格尔就率党羽不断骚扰边境，制造事端，借清朝官吏在南疆治民苛刻，抓住时机，扩张实力。

道光六年（1826），张格尔与浩罕首领阿里汗约定，如助攻南疆喀什噶尔、英吉沙尔、叶尔羌、和田四城，城中女子玉帛对分，并割让喀什噶尔，阿里汗利欲熏心，即亲率万人入侵，助攻喀什噶尔；清驻南疆参赞大臣庆祥孤军死守，屡摧围军，浩罕军因损失惨重而撤走，张格尔继续围攻。两个月后，喀什噶尔终因弹尽粮绝被攻陷，庆祥自杀。随后，其余三城也遭陷落。

张格尔攻陷四城后，自称为“赛义德·张格尔苏丹”，设官建制。他随后又派军队东进，企图占领乌什、库车和阿克苏等地。

阿克苏保卫战

道光帝相当重视张格尔叛乱。擒贼先擒王，他鼓励前方将士擒杀张格尔，指示大军多多张贴布告，许诺凡能擒获张格尔者，可破格封王，赏银十万两。并派大学士长龄为扬威将军，主持前方军事，自己做后勤，安排前线军需，尤其是粮食和军服。

道光皇帝朝服像

清入关后的第六个皇帝，道光皇帝（1782—1850），名爱新觉罗旻宁。

> 历史文化百科

〔紫禁城〕

皇帝自称天子。相传天帝居紫微星垣，众星环绕，所以天子居处便称作“紫微禁地”，皇宫则叫做“紫禁城”。禁地由城墙环绕，高7.9米，顶面宽6.66米，顶外侧筑堞，城垣四隅各立角楼。四门建于坚厚的墩台中，上有城门楼。城东、西、北外侧有守卫房732间，设朱车栅栏28处，卫房外有护城河，宽52米，深6米。紫禁城外围以18里有奇的皇城，皇城之外又有40里内周的内城，再外面又有外城拱卫。各城层层叠套，濠河环绕，箭楼炮台林立，并有御林军驻守，构成严密的防卫体系。

历史大考场 > 清代婚俗中娶亲、送亲都要“全福太太”，何谓“全福太太”？

世界大事记

英议会通过“工厂法案”。法授予教会办理初级教育主权。

人物：张格尔 长龄 杨遇春
关键词：平叛 爱国
故事来源：《清史稿·长龄传》《圣武记》《清史稿·杨遇春传》

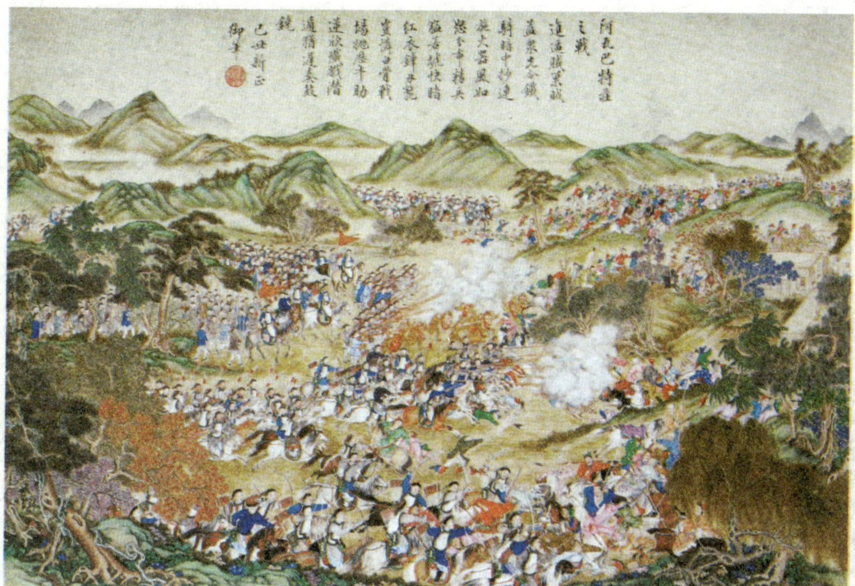

阿瓦巴特庄之战
阿瓦巴特庄之战是清军平定回疆的第五次胜利。

双方在阿克苏激战，开展了频繁的攻守战。

清军对拥有绝对优势的张格尔叛军进行顽强反抗，有时还虚虚实实，当叛军逼进城垣时，他们还以仅有几百骑马队往来奔跑，以迷惑对方视线。几天后，清军三万援军分别赶到，赶走了叛军；几个月后又在攻取阿克苏西南柯尔坪战斗中，歼敌三千人。

阿克瓦巴特大决战

道光七年（1827）春，长龄率领大军西进。大军行进半月，粮食紧缺，只得宰杀疲驼羸马为食。终于在阿尔巴特与二万叛军相遇，在清军三路猛攻下，杀死叛军一万，俘虏三千，且获得大量粮草牲畜；两日后，清军又在沙布都尔儿战获胜，叛军被歼多达四五万众。

清军乘胜追击，后三日进至喀什噶尔门户阿克瓦巴特。张格尔也清楚此战将决定存亡，他投入所有兵力十万余人。清军主动进攻，在枪炮掩护下，精锐的藤牌兵着有斑纹的

忠谋武略杨遇春（右图）
杨遇春（1760—1837），字时斋，四川崇庆州人，乾隆四十四年（1779）中武举，次年拣选入伍。后随福康安镇压甘肃田五起义、台湾林爽文起义、白莲教起义等，朝廷紫光阁功臣像评其“忠谋武略”。

话说中国

中国大事记

英船终年在零丁洋等处走私。重申禁止贩运鸦片。

收复喀什噶尔之战

收复喀什噶尔之战是清军取得的又一重大胜利，收回了被叛军占领长达半年之久的重镇——喀什噶尔，维护了主权。

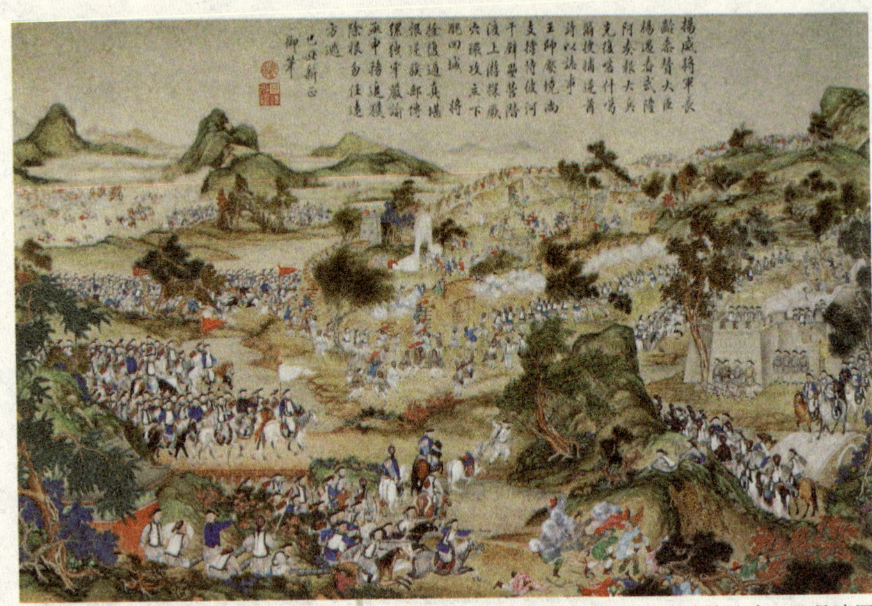

虎帽、虎衣杀进敌阵，叛军骑兵大受震惊，反而冲乱了自己队伍。清军两翼骑兵自后袭至，直抵洋达玛河，歼灭叛军二万，俘虏二千。次日，清军进至浑河北岸，与南岸叛军对峙。叛军列阵二十里，挖长壕三道，沿道又筑土冈一道，戒备森严。当夜，风沙大起，长龄因叛军占据地利，而兵力又占绝对优势，如乘风沙前来偷袭，难以防备，拟后撤十里。他的副手、陕甘总督杨遇春以为时不可失，况且深入敌地，必须速战速决。于是清军骑兵绕自下游渡河，长龄、杨遇春等主力转向上游，于上风处渡河。天明，清军全部渡河，猛击叛军，叛军全线崩溃，张格尔落荒而走。这次战役歼敌六万，俘虏四千。

喀什噶尔和英吉沙尔、叶尔羌、和田等城也收复了。

八个月后，张格尔被俘，押解北京，道光帝在午门举行受俘仪式，并在廷讯后处以极刑。

新疆又重新恢复了安定。〉盛巽昌

生擒张格尔

张格尔为大和卓之孙。大和卓被诛后，他即逃亡浩罕避乱。清军经过不断努力，终于将其生擒，剪除后顾之忧。

世界大事记　法国里昂纺织工人第二次起义。

人物：蔡牵　朱濆　李长庚

关键词：勇敢

故事来源：《清史稿·李长庚传》《圣武记》《清史稿·王得禄传》

〇九五

东南海患

嘉庆年间，东南海面上有一支反清的民众武装船队，它的首领是蔡牵和朱濆。

横行海上的走私商队

蔡牵是乾隆五十九年（1794）开始下海的，初起时只有几十人，但他生活简朴，且足智多谋，队伍很快发展到几百人。他们在福建海面活动，驾驶着那种能避免触礁的尖底鸟船，袭击清军巡船，拦劫商船，甚至还对出海商船征税番洋四百圆，回程加倍。蔡牵还钻了清王朝奉行锁国的空隙，组织走私商队，与日本、荷兰等国商人做海上贸易。

嘉庆七年（1802）夏，蔡牵船队拉开了与清军作战的帷幕。这天，他率领五百人，分乘三十余艘鸟船，夜袭厦门、金门间的大担岛和小担岛，抢走汛炮，并全歼守军。消息传到北京，满朝震惊，就此不再把他视为普通海盗，而认定是一支反清武装，命浙江水师提督李长庚出兵对付。

翌年元旦，蔡牵带领船队，按照惯例上普陀山进香，下山登船时遭到埋伏的李长庚水师的袭击。开始，他还以为敌方仍是原来的旧装备，哪知清军已赶造了每艘配备有十余尊大炮的“霆船”。蔡牵不敌，且战且退，走到福建三沙洋面，突然北风骤起，清军乘风追击，蔡牵船只大多被击沉，最后只剩下缺艄破篷的二十六条船。蔡牵很有心计，了解闽浙总督玉德妒忌李长庚建功，就张挂白旗向他投降。玉德同意了，不准李长庚尾追。不料蔡牵当玉德供应的粮食、弹药全部到位后，就扬帆走了。玉德只落得两手空空。

这次战役，促使蔡牵认识到要横行海上，必须要打造比霆船更大、装备更好的海船，于是用重金在福建秘密建造。船造好了，造船商又满载粮食、军械驶至外洋交割。这样蔡牵拥有了一支强大的船队。

嘉庆九年（1804），蔡牵和在广东北上的朱濆走私船队会合，在浙江浮鹰洋面与温州镇总兵胡振声部的二十四艘船相遇，他们以近百艘海船全歼清军。清廷大震。

蔡牵海上起义警示碑

嘉庆年间，蔡牵、朱濆两人被清廷称之为“悍头目”，称其“兼并群盗，号令一方”，是被打击的目标。

李长庚挂帅

清江苏巡抚张师诚像

嘉庆帝自此极为注视蔡牵的活动，凡是军机处和闽浙大吏所呈有关蔡牵奏折，多加以朱批，并启用李长庚总领浙闽水师，对付蔡牵。

这年秋天，蔡牵、朱濆联合船队一百十艘北上途中，被李长庚水师打得大败。冬天，朱濆再败于甲子洋。次年夏，蔡牵又溃败于青龙港。

蔡牵屡败，北上浙江的海路被截断，此后主要是利用台

中国大事记

山西曹顺以传教起事，旋败。

湾海峡在闽浙海面活动。他曾五次来到台湾，四次进入鹿耳门，并且在台湾本省盘踞和作战。

李长庚与蔡牵船队作战，败少胜多，但每次都让蔡牵顺利地逃脱。这是因为清军装备不如蔡牵，就船的高度，李长庚的主力船队也还比对方低五六尺。此后清廷同意李长庚要求，建造大同安梭船六十艘，并将屡次贻误军机的玉德逮问，痛斥排挤李长庚的新任闽浙总督阿林保。致使李长庚水师更有战斗力。

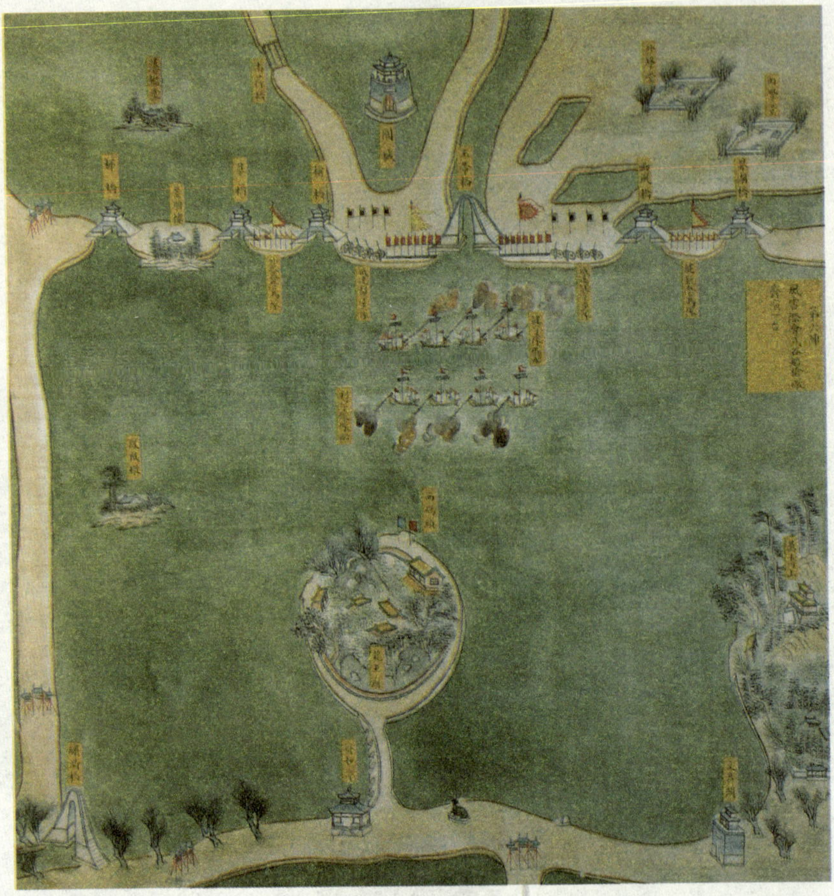

昆明湖水军炮船合操图

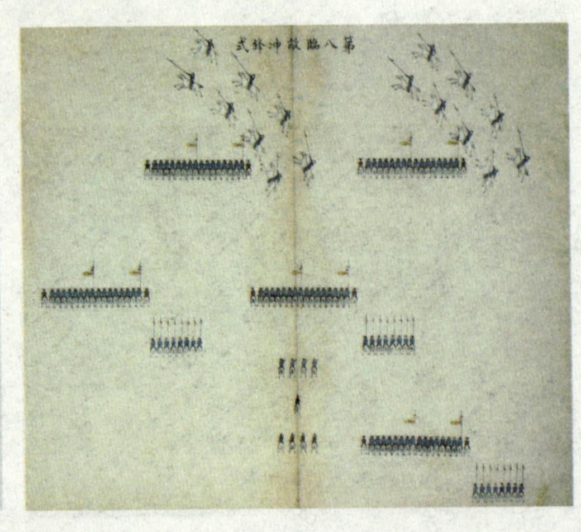

《步骑兵演练阵图》（右下图）

历史文化百科

〔绿营〕

清初定鼎北京后，为补八旗兵力不足，仿明制将归降的部分明官军、农民军和新募汉军改编成各省地方军，由督抚具造兵册上报兵部，一为兵籍，终身不变。他们因以绿旗为标志，以营为基本单位，通称绿营。因为清朝重满轻汉、重文轻武，所以绿营兵丁比同级旗营兵丁各项待遇要低，如旗丁每人每月饷三两；绿营兵丁仅一两五，绿营兵将见同品级文官须跪安、站立，不得坐；见低二三品文官，请安后，也只能侧坐，表示尊敬。

清代小吃“红煎饼”是什么粮食制作的？

世界大事记

英掀起改革选举法群众运动。德第一条铁路筑成。法颁布“九月法令”。

嘉庆十二年（1807），李长庚水师三次打败蔡牵，但在南澳黑水洋，李长庚被敌船尾炮击中，伤重而死。嘉庆十四年，蔡牵在浙江定海渔山被闽浙水师打败，逃至黑水洋，仍遭围攻，经两天一夜激战，他们的铅丸都打光了，只好用番银塞进大炮腔替代，但仍无法逃脱，便自燃余炮，沉船自杀。 〉盛巽昌

清前期（1644—1840）文学家表

姓名	生卒年	字	号	籍贯	著作	文学理论观点
黄宗羲	1610—1695	太冲	南雷、梨洲	浙江余姚	《宋元学案》《明儒学案》《明夷待访录》《黄梨洲文集》	强调真性情
李渔	1611—1680		笠翁	浙江兰溪	《一家言》《笠翁十种曲》《闲情偶寄》《十二楼》	创造有机的完整的艺术结构整体
顾炎武	1613—1682	宁人	亭林	江苏昆山	《天下郡国利病书》《音学五书》《诗本论》《日知录》	提倡经世致用的实际学问
王夫之	1619—1692	而农	姜斋	湖南衡阳	《诗绎》《南窗漫记》《船山遗书》《姜斋诗话》	主张创作必须“身历目见”
蒲松龄	1640—1715	留仙、剑臣	柳泉居士	山东淄川	《聊斋志异》《蒲松龄集》	小说创作必须有进步的思想内容
孔尚任	1648—1718	聘之、季重	东塘、岸堂、云亭山人	山东曲阜	《桃花扇》	戏曲要能“警世易俗”
方苞	1668—1749	灵皋	望溪	安徽桐城	《望溪集》《古文约选》	“自然而发其精光”才是好文章
郑燮	1693—1765	克柔	板桥	江苏兴化	《郑板桥全集》	“文章以沉着痛快为最”
刘大櫆	1698—1779	才甫、耕南	海峰	安徽桐城	《海峰先生文集》《海峰先生诗集》	讲求神、气、音节
吴敬梓	1701—1754	敏轩、文木		安徽全椒	《儒林外史》《文木山房集》	根据切身体验，从多方面反映士大夫的生活面貌
曹雪芹	1715—1763	梦阮	雪芹、芹圃、芹溪	辽阳	《红楼梦》	
袁枚	1716—1797	子才	简斋	浙江钱塘	《随园诗话》《小仓山房诗文集》	主张性灵说，提倡写个人的性情遭遇，写个人的灵感
纪昀	1724—1805	晓岚、春帆	石云	直隶献县	《纪文达公遗集》《阅微草堂笔记》	
姚鼐	1731—1815	姬传	惜抱	安徽桐城	《惜抱轩文集》《惜抱轩诗集》	刚柔虽有偏废，但必须相辅相成，否则不会有真正的艺术
翁方纲	1733—1818	正三	覃溪	顺天大兴	《复初斋诗集》《文集》《石洲诗话》《小石帆亭著录》《苏诗补注》	好诗必须以“肌理”为准
章学诚	1738—1801	实斋	少岩	浙江会稽	《文史通义》《章氏遗书》	“六经皆史”
阮元	1764—1849	伯元	芸台	江苏仪征	《畴人传》《积古斋钟鼎彝器款识》《揅经室集》	提倡“文笔论”，抑散扬骈
包世臣	1775—1855	慎伯	倦翁	安徽泾县	《艺舟双楫》《中衢一勺》《管情三义》	留心经世之学，注重社会实际问题的研究

话说中国

中国大事记

命各省查禁会党。

〇九六

道光帝节俭

道光帝旻宁是平稳登上皇位的，即位后，以“至敬、存诚、勤学、改过”的座右铭作为指导行动的指南。

进关后的第六个皇帝

嘉庆帝去承德避暑山庄进行传统的秋狝大典，一到那里便生起病来。次日，他坚持着去城隍庙、永佑寺行香，晚上病情突然转重，第二天就咽气了。

事情发生得非常突然，把随驾大臣弄得手足无措。他们心急慌忙地命太监把所有箱笼抖开来细细翻检，想看看有没有遗嘱，可是什么也没有发现。

大学士戴均元和托津商量后，下令搜查随行太监，总算在一个不声不响的小太监身上，搜到一只小盒子，用小金锁锁着，托津一把将锁拧断，盒内是一幅黄绢，说声：“是了！”立即当众取出开读：立皇次子绵宁为皇太子。

嘉庆帝的皇长子两岁时夭折，所以绵宁实际上处于嫡长子的地位，连皇祖父乾隆帝也对他另眼看待。现在，绵宁按御名回避惯例改作旻宁，继位做了清朝进关以后的第六个皇帝——道光皇帝。

道光帝一上台就有一种危机感。他看到皇祖父乾隆帝重奢华好排场，他感觉到父亲嘉庆帝在位时财力的拮据和社会的动乱。所以，刚当皇帝两个月，他就发出上谕，号召崇俭去奢，不得习尚浮华。还颁发《御制声色货利谕》，表达自己的节俭观。强调力崇节俭，返本还淳，否则，为君者，便是甘为祖宗之罪人，为臣者，便是万世不忠之罪臣。

道光御用“恭简惟德”玺及玺文

道光继位，朝纲独断，事必躬亲，以俭德著称。“恭简惟德”则是他对自己的要求。

衣食住行处处节省

热河避暑，木兰秋狝已成为清代皇帝的传统节目。道光帝说：“这要花费许多财力，外藩各部落又要奔走朝觐，劳民伤财，算了吧。”后来，他又下令停建楼堂馆所，删削园苑陈设，减免各地的土特产进贡，连福建的荔枝、扬州的玉器也都罢免了。

御膳房人员减少，喜欢吃的东西，一听说很贵，就不肯再要，说是靡费。一天，道光帝忽然心血来潮，想尝尝儿时吃过的片儿汤，传旨让御膳房去做。第二天早上，内务府便打了一份报告上来，要求添置御膳房一所，设专官管理，还列出开办费以及每年拨款预算。道光帝看过报告后说：“什么大不了的事，要兴师动众的。前门外不是有个饭馆做得很好，买一碗只花四十文钱。”随命太监去买几碗来吃。太监去了半天，回来说那饭馆关门好几年了。道光帝没有办法，只好不吃了，说：“我不能为了满足口腹之娱去妄费一文钱。”

他的衣服，至少要洗过三次之后才肯更换新的。他有一件黑狐皮马褂，着在身上有点宽大，要太监拿出去请人在四周围添一圈毛皮。太监回来报告说，内务府讲需费一千两银子。道光帝认为太贵，对太监说：“不必添皮了，你去把它拿回来吧！”第二天，他还给几个军机大臣谈起这事。自此，京城内王公显贵们穿裘衣，都不露毛皮在外。

他也厌恶政治礼仪上的繁文缛节，认为那是虚张声势，下令革去圆明园进城设仪仗作乐接驾的旧规，又把御用多余的砚台分赐臣子，说是闲着可惜，所用御笔也改成纯羊毫的。

“我劝天公重抖擞，不拘一格降人才”是谁的诗句?

世界大事记

全欧经济危机爆发。英宪章运动开始。

人物：道光帝

关键词：平庸　虚伪

故事来源：《清朝野史大观·清宫遗闻》　马相伯《一日一谈》

恪也若救饑拯溺去暴安良國用之常經民生之休戚正措施之不遑又何可稍存吝惜於其間也是以脩身務存儉約之心以期永久圖治之道可不加慎而切記之乎

重脩圓明園三殿記

予自踐阼以來於今十有七年兢兢業

道光御制《重修圆明园三殿记》

道光十六年（1836）八月二十六日，开工重修因火灾被焚的九洲清晏之圆明园三殿。次年重修工竣，道光为此特作《重修圆明园三殿记》。

御筆　恭儉惟德　道光辛巳

“恭简惟德”帖落

虽“恭简惟德”，勤政图治，但似乎鲜有作为。也许我们永远也不会明白道光写下这些字时是何感想。

安贫乐道的另一面

道光帝想以自己为表率，带动朝野节俭成风，但他却常为臣下所欺。相传他着的套裤膝盖处穿破，命有司打掌，于是大臣们看齐，纷纷在套裤膝盖处打掌。某日，道光帝接见军机大臣时，见曹振镛套裤亦打掌，就问需银多少。曹想了好久，考虑周到后才说：“需银三钱。”道光帝惊愕地说：“汝外间补作真太便宜，吾内务府却要五两银子报销哩。”

又说，道光帝有条裤子，被织补了两块淡黄色圆块儿，是织绣上去的，内府报销库银五十两，但他因生长深宫，不识这民间只要十几文制钱就足够了，还连说便宜。有天他发现军机大臣潘世恩也打补了和他同样的掌子，问要多少银子。潘也考虑很久，说是用了二十两。道光帝听了大喊吃亏。〉盛巽昌

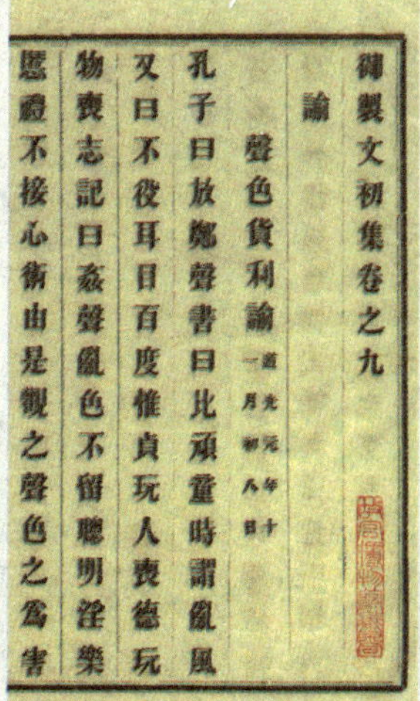

御製文初集卷之九

論

聲色貨利論 道光元年八月十日

孔子曰放鄭聲書曰比頑童時謂亂風又曰不役耳目百度惟貞玩人喪德玩物喪志記曰姦聲亂色不留聰明淫樂慝禮不接心術由是觀之聲色之爲害

道光御制《声色货利论》

道光即位之初，中国正面临最重的内外危机。在内，清王朝经“康乾盛世”后已“嘉道中衰”，其突出表现在吏治腐败，国库空虚，民众反清斗争频繁；在外，西方列强势力东侵，鸦片茶毒国民。道光颇想有一番作为，也采取了一系列措施，企图中兴。生活方面则力崇节俭，反对浪费。

〉历史文化百科〈

〔旗袍〕

清代城市妇女时尚穿旗袍。旗袍本是满族女子的服饰，直统式，腰部宽松，袖口较大，下摆亦大但不开叉，衣袖长为8寸至1尺。旗袍作为贵族礼服，长及脚面，盖住高底鞋。一般穿着，则长不没脚。进入中原后，渐成长马甲式旗袍。以后时有革新，直领，右开大襟，紧腰身，两侧开叉，并越开越高，甚者可至臀下。开襟之处有镶嵌滚边工艺装饰，袖有长中短之分，还有无袖的，质料也有单夹皮之别。

中国大事记

下诏严禁各省白银出口。

“阿美士德号”间谍船

专门负责测量中国海湾和河道，将测得的数据绘制为航海图。

东来的“商船”

道光十二年（1832），有一艘名叫“阿美士德”的英国船，游弋在中国沿海和港口。那时，清朝政府实行闭关政策，是不允许任何外国人进入广州以外任何港口的。

阿美士德号船上装了一些毛呢、羽纱、洋布、棉花、钟表、望远镜之类的东西，从澳门启程。可是，它对外张扬却说是从印度孟加拉港开出，要到日本去做生意。然而，半年多来却一直在中国沿海各大港口出现，它究竟想干什么呢？

《吴熊光关于暂停英国贸易奏折》

18世纪末开始，东印度公司发现进行鸦片贸易可以牟取暴利，便强迫孟加拉农民种植鸦片，并垄断鸦片贸易，用走私的方法，将鸦片大量运送到中国，从中攫取巨额利润。这是两广总督吴熊光在发现英国商人的不良目的后上奏清廷暂停英国贸易折。

原来，这艘阿美士德号是东印度公司派来的。东印度公司是英国侵略东方的大本营，也是侵略中国的急先锋。它在派遣阿美士德号的时候，曾对船长礼士说：“阁下的使命，是确定中华帝国地方口岸怎样才能逐步向英国商业开放，哪一个口岸最为适宜，以及怎样同中国人和当地政府打交道最为有利。”伦敦董事会代表指出：“这是一次试探性的航行，带些货物只是掩人耳目，不在于牟利。所以，请阁下千万注意，不要带鸦片，也不要夹带其他违禁物品，免得引起不必要的麻烦。”

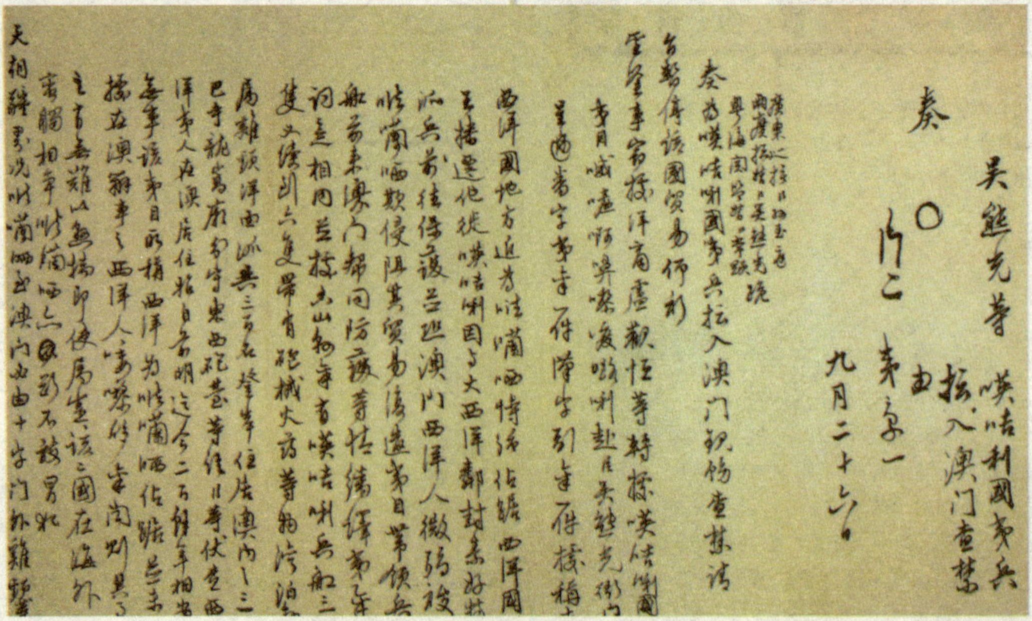

礼士本人专门负责对中国海湾和河道进行测量，将测得的数据绘制成航海图。船上有个叫林德赛的人，是东印度公司广东商馆的职员。这次他冒充船主，化名胡夏米。他的任务是主持这次航行过程中的侦察调

世界大事记

马德士王太后率民反抗英人。

人物：林德赛
关键词：谎骗 尊严
故事来源：《清宣宗实录》

清代广东战船模型

查活动。为了掩盖真实身份，他弄了一些《英吉利人品国事略说》、《戒赌博》、《戒谎言》之类的小册子，沿途分发，麻痹中国地方官和同他们接触的中国人。还有一个德籍传教士郭士立，化名甲利充当翻译和医生，泊港上岸，给老百姓看看毛病，宣传上帝爱众生，拯救苦难什么的，很有欺骗性。

从事间谍活动

阿美士德号中途遇到风暴，驶到了广东近福建边境的南澳岛。他们擅自登陆，在岛上作详细侦察。

历史文化百科

〔最早的《圣经》中译本〕

嘉庆十二年（1807），英国人马礼逊由伦敦到广州，他是第一个到中国来的基督教新传教士，这次是奉伦敦教会指令，要在中国获得传教的立足处。他的主要任务之一就是要将《圣经》译为汉文；经过长时期努力，终于译出了《圣经·新约》，并雇工刻版，在广州印刷了两千部；以后，马礼逊与英国传教士米怜合作，又译了《旧约》嘉庆二十四年（1819），此译本加上原译《新约》在马六甲出版。道光四年（1824），马礼逊回国，把《圣经》中译本呈献与国王乔治第四，受到嘉奖。

胡夏米在给东印度公司的情报中说，这是广东第二个海军基地，位置一半在广东，一半在福建。军队的编制是总兵官或提督，共辖五千二百三十七人，其中四千零七十八名属广东，一千一百五十九名属福建。据调查，它的防御能力只有七八只战船，外形像福建的小型商船，装备比广州的要差得多。在海湾的

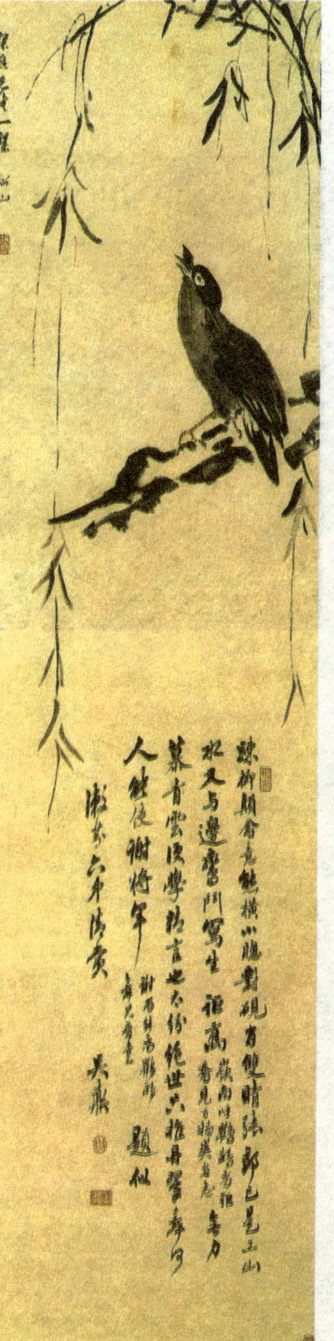

《疏柳颠禽图》（清·张问陶绘）

张问陶（1764—1814），字仲冶，又字乐祖，号船山，四川遂宁人，后寓居吴门（今江苏苏州）。清代诗人、书画家。此画写一鸦鸟立于柳树的枯枝之上，正向天啼叫。画面极其简洁而意韵悠长。

中国大事记

命林则徐为钦差大臣赴广东查办鸦片。

十三行油画

乾隆二十二年（1757）下令广州一口通商。广州有粤海关，又有久营对外贸易的商人，外商与中国人直接贸易，必须经过清政府特许的对外贸易商进行贸易。这些贸易商习称为十三行（并不是十三家，有时可达四五十家）。它们除了负责贸易，也有责任管理约束外商。图中所绘为位于广州的十三行办公房。

入口处，有两座炮台，较高的一座有八门炮，较低的一座有六门炮。海湾里边另有小炮台一座，上面没有架炮。

阿美士德船上的人原来是在干这种勾当。他们仗着船坚炮利，肆无忌惮。在厦门，这些洋人对官府的禁令不屑一顾，到处乱窜。厦门地方官于是派兵分成几个小队跟踪着他们。

当阿美士德号离开厦门时，一份厦门港能直接起卸商船货物，能停泊军舰的情报，已经起草完毕。离开福州之前，他们又把闽江的水文、废弛的防务、福州港的特点以及茶叶产销量等资料整理成情报。胡夏米甚至向东印度公司建议："只要派遣一艘战舰带着四五只商船，就可以在闽江之中畅行无阻。"后来，阿美士德号无视清朝兵船阻拦，大模大样开进甬江，证实了胡夏米对清朝军事实力的判断。那个甲利，对此觉得非常惊奇，他说："宁波地方的全部海军船只，竟然无法阻止一只外国商船的进入，真是无法想象。"

1832年6月20日，阿美士德号驶到上海海域。他们先泊在崇明，仔细探测了长江和黄浦江口的水道。然后，沿黄浦江逐渐向内航行。胡夏米发现，尽管吴淞口炮台很大，但问题不少。比如，炮的利用不充分，炮的口径与炮弹不相符合，炮弹的质量极差。他得出的结论是，发炮时，炮手本身的危险性要比射击的目标还要大。

这天，不知怎么搞的，胡夏米竟然获得了闯进兵营参观的机会。这也许是妄自尊大的官吏们想在外夷面前显示一下大清帝国的文治武功吧。可是，胡夏米眼睛里看到的，却是清朝军队的腐败与不堪一击。给

世界大事记　英国宪章派举行代表会议。

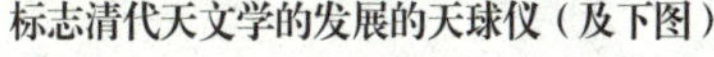

标志清代天文学的发展的天球仪（及下图）

齐彦槐，江西婺源人，清代中叶的科学家，对天文学和农田水利的研究均有卓越成就。这座齐彦槐制作的天球仪，是根据天象计时的仪器，内部仿钟表的办法，用发条作动力，自动运转报时，制成于道光十年。

他印象最深的是，这支军队有的用火枪，有的用刀，有的用矛。墙上虽挂着箭，但没有弓，说是放在河对岸的另一个地方去了。他联想到那日参观吴淞驻军阅兵的景象，又记起军官们很客气地请他们去看武器装备。哈！那称得上是武器？都是些藤牌和大刀。这种刀实际上只是一些生了锈的铁片。再说大炮，不过是一些铁砣罢了，上面几乎全是锈斑。

摸底牌武力破藩篱

阿美士德号在中国从事了半年多的间谍活动，使英国人的脑子里形成一种观念，那就是只要英国政府坚持同中国贸易的要求，是完全可以办到的。然而，采取协商的办法不会得到任何结果，只有采用武力恐吓。不必担心那大小不同的一千艘船只组成的整个中国舰队，它抵御不了英国的一艘战舰。

阿美士德号间谍船在中国的横行直闯，使英国最后定下了对华的炮舰政策，鸦片战争的爆发只是时间问题了。

《双钩竹石图》（清·赵之琛绘）

赵之琛（1781—1852），字次闲，号献父，钱塘（今杭州）人。清代书画家，工书，擅画山水、花卉，喜写佛像。此图画土坡上的三竿修篁，皆以双钩绘出，竹叶淡染汁绿。乃作者晚年的用心之作。

中国大事记 林则徐在广州销毁所缴鸦片。

〇九八

但开风气龚自珍

龚自珍以今文经学微言大义，揭示腐败政治、黑暗社会，呼吁社会改革吏法。

在书本外思考

龚自珍出身于一个诗礼传家的杭州大族。他的一生和通常读书人那样，也是走过了寒窗读书、科举奋斗和入仕的三部曲。他的一生途径，两点一线，即从杭州到北京，又从北京回到杭州。但却留下了许多宝贵的哲学思想和不朽的诗文著作。

童年龚自珍好玩又好学，是个外向型孩子。他对于各门知识都感兴趣，特别是音乐。这个梳着双丫髻、穿淡黄色衣衫的孩子，经常在春天夜晚，倚靠着栏杆，吹奏长笛，尤其是那首苏东坡的《洞仙歌》，反复演奏，相当入耳，引得旁听者都很羡慕他的才气。

龚自珍的启蒙老师是宋璠。宋璠教学相当别致，他引导龚自珍读书需要思索，要从书外多做宏观思索；学问在书外，以此推动学生的能动思维。他的治学方法影响了龚自珍的一生。

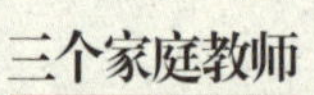

三个家庭教师

龚自珍有三个家庭教师：母亲段驯，父亲龚丽正和外祖父段玉裁。

龚自珍六岁时，母亲教他读吴伟业（梅村）诗，往往在夜晚挑灯时，她在帐外吟诵，讲解诗句意思。吴伟业以长篇叙事诗为佳，被称为“一代诗史”，短诗声情并烈，语言畅达，诗人常以自己经历写晚明沦亡惨痛，为龚自珍日后解剖清王朝将崩溃说，提供了形象传承的参照系。

龚自珍八岁时，父亲就手抄《昭明文选》教授，还带他游北京太学，鼓励考察石鼓文，探究金石学，打下从小重资料、重实证的根基。

对龚自珍影响最大的是段玉裁。段玉裁是朴学大师，对许慎《说文解字》作出史无前例的贡献。嘉庆八年（1803），在龚自珍十二岁那年，他给外孙送了一部启蒙读物《许氏说文部目》，要他“以经说字，以字说经”，由龚丽正讲解。

当龚自珍二十岁生日要到来的时候，还没有正式名字。龚丽正从北京给在苏州的段玉裁去信，请求给儿子取名。他写了很长一封信回复，说：“名曰自珍，则字曰爱吾宜矣。”勉励外孙“爱亲、爱君、爱民、爱物，皆吾事也。”两年后，又与龚自珍信，要他“努力为名儒，为名臣，勿愿为名士”。用自己的知识能力，做一番大事。幼年龚自珍确实是有

龚自珍《定庵全集》

龚自珍(1792—1841)原名巩祚，字璱人、尔玉，更名易简，字伯定，号定庵，浙江仁和(今杭州)人。在《定庵全集》里反映了他力图通过社会变革，挽救危机的理想。

龚自珍雕像

1839年6月林则徐作为钦差大臣在广东虎门海滩销毁了查禁的鸦片，史称什么？

宏愿的，他以王安石为榜样，仅《上仁宗皇帝书》就手抄了九遍呢。

天帝赐酒

在北京时，龚自珍只是一个中层官员，但已洞察了清王朝国家机器的老化，臃肿不堪。他曾以自己惯用的黑色幽默编写了一个故事：天帝做寿，诸神前来礼贺。天帝设宴招待，要秘书长按出席者统计人数，安排席位。秘书长拿着簿册登记，三千年还未写完。天帝问为什么，答诸神都带有轿夫，轿夫要安排席位呢。天帝说，好，那也就都登记吧。可是七千年还未登记完，天帝又问，秘书长说：轿夫还有抬他的轿夫呢。天帝听了，沉默多时说：算了吧。

道光十九年（1839），龚自珍因圆滑世故的叔父龚守正升迁礼部尚书，只得按引避例，辞去礼部主事回乡。四月的一个傍晚，他只雇佣两辆马车，一车自乘，一车载文集百部，告别了北京。沿途大有所触，写了三百一十五首绝句，合成组诗，它就是著名的《己亥杂诗》。

《己亥杂诗》写出了他辞官南下时高吟肺腑、忧国忧民的情结。

几十天后，他路过镇江，见那儿民众为久旱求雨举行迎神会，触景生情，又写了一首诗，借题呼唤社会变革的风雷，渴望人才辈出的时代，打破死气沉沉的现实社会："九州生气恃风雷，万马齐喑究可哀。我劝天公重抖擞，不拘一格降人才。" 〉盛巽昌

朴学大师段玉裁

段玉裁（1735—1815），字若膺，号茂堂。江苏金坛人。清文字训诂学家、经学家。乾隆举人，官四川巫山县知县。师事戴震。所著《说文解字注》，为研究文字训诂学的重要参考书。另著有《古文尚书撰异》、《诗经小学》、《仪礼汉读考》、《毛诗故训传定本》、《经韵楼集》等。

龚自珍纪念馆

龚自珍纪念馆位于浙江杭州城东马坡巷6号小采园内，占地六百多平方米。纪念馆主体为清代风格的两层楼房，上下五开间，兼有耳房，雕梁画栋，古朴典雅。馆内正厅安放龚自珍半身古铜色塑像，四周悬挂沙孟海、赵朴初等名家题写的匾额、楹联。四个展室内陈列有龚自珍生平图文简介、大事年表、年谱、诗选和后人研究文集等。

〉历史文化百科〈

〔商业兴旺的佛山镇和汉口镇〕

佛山镇和汉口镇在清代工商业十分繁荣。佛山最知名的是铁器业，它尤以铁锅生产驰名中外，国内贩运于南方各省；国外船运更是大量，一般有时贩运多达总计为一万、二万斤的铁锅，以至官方禁运；铁线和铁钉业工人多至千余和几千。致使乾隆时店铺作坊如林，大街小巷共有六百二十一条。汉口镇是盐和米粮集散地。乾隆初年，就有户口二十余万，南北东西各省商人都设有会馆，其行业以盐、当、米、木、花布、药材为最。如典当就有七十几家，牙行不下几百家。嘉庆十五年（1810）火灾，烧了三天三夜，烧毁商民店户八万余家，可见当时商业之盛。

聚焦：1644年至1840年的中国

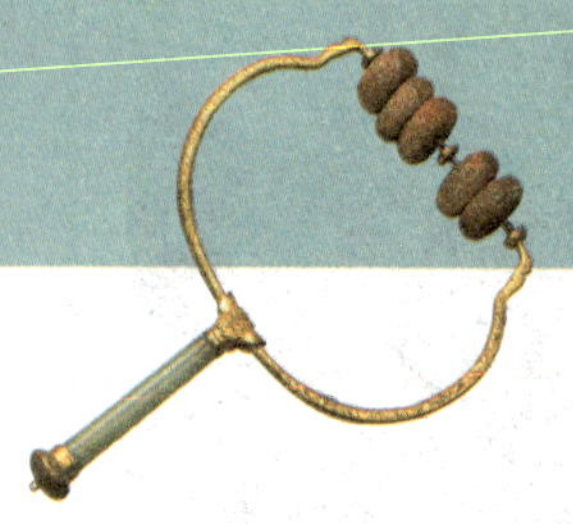

满族崛起的最为重要的因素在于精神力量。一支充满朝气，奋发向上的满族，托起了民族的脊梁，艰苦拼搏，百折不挠，以少胜多，以弱胜强，直至创建全国政权，精神力量是不可或缺的根本因素。

戴逸

清代中央集权之所以强化，一个原因是经过训练的皇帝具有丰富的统治经验。明代洪熙之后的皇帝，几乎是白痴，不谙政事，不理朝政，或者刚愎自用，以至亡国；清朝不然，多数皇帝都是经过特种训练的，而且有一套培养办法。

郑天挺

第三个黄金时代的最伟大的成就，在于满洲人的清政府为中国开辟了广袤的疆土。东西汉两个王朝和唐王朝都曾为中国增加了一百七十万平方公里的面积，但不久就失去。而清政府为中国增加的领土，超过从明王朝承袭下来的中国领土的四倍。

柏杨

清朝对祖国统一事业的贡献，不是脱离明朝的基础，而是在明朝的基础上进一步实现的，它使祖国的版图进一步确定和巩固起来。中国的版图，基本上就是那个时期的版图。清朝对这方面作出主要贡献的是康熙皇帝和乾隆皇帝。

吕振羽

鸦片战争以前清朝的政治，大体就是满族对汉族的斗争，清朝统治阶级对汉族人民的斗争，

文苑泰斗，学术名家，聚焦于1644年至1840年的中国。他们以宏观或者微观的独到眼光，对清前期的政治经济和社会文化的各个层面作了深入浅出、鞭辟入里的解析。这些凝聚了高度智慧的学术精华，历经岁月洗礼，常读常新，是我们走进中国历史文化殿堂的引路人。

满洲统治阶级对汉族统治阶级的斗争，满洲统治阶级内部的斗争，这样复杂的斗争，表现在历朝皇帝的政治策略上。因为皇帝是统治阶级唯一的首领，他们都很有才干，确能把握斗争而且从斗争中取得胜利。

范文澜

清之盛，唯康熙、雍正、乾隆三朝；嘉、道而下，国祚衰矣。满人既主中夏，为帝王者，自必习中国之文学。康熙诸帝，尤精力过人而事博涉。

柳诒徵

康熙皇帝，在清代诸帝之中，是一个最喜欢研究学问的人。凡儒家经典，程、朱著作，乃至历代史书，无不研习。尝召博学通儒到宫廷里，互相讲究。这在《东华录》里有很多的记载。

周谷城

清朝时候，皇帝信奉宋、明的程、朱理学，主张定名分。在雍正皇帝的嘴头上，就常常念着“不合天理”。所以雍正常杀人，非常严酷。

顾颉刚

历史上长期沉沦的两汉经学，在清代乾嘉年间勃然兴起，造就出一群学术界明星。它是一种特定的社会政治环境的产物，同时也反映了艺术思想变化自身的某种规律。

刘大年

1644年—1840年的社会生活、历史文化百科
（各条目按页码检索）

这是中国最后一个王朝的前半部史记，是一个很有文化价值的时代，它使国家奠定大一统、民族打下了大团结的基础。抚今思昔，真是几分赞叹，几分感慨，几分惋惜和遗憾。

一、帝王与皇家生活：

二、军事和战争：

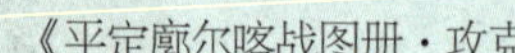

三、经济和贸易：

七、清前期的名人：

十、巧夺天工的工艺品：

十一、农业生产：

十二、清前期的服饰和纺织品：

十三、卿相和重臣：

十四、清前期的建筑：

十五、政令法规：

十六、其他：

索

人物

清代出现过帝王、皇后、嫔妃、公主、文臣、武将、宰相、文化名人等。五花八门的人物，构成色彩斑斓的社会生活画卷。这个索引，为我们熟悉这些人物提供方便。

各条目按笔画排列，按故事编号检索

引

关键词

许多同类主题的故事集合在一起，更能启发我们的思维，得到深刻的教益，也便于检索和查阅。

各条目按笔画排列，按故事编号检索

图书在版编目（CIP）数据

落日余晖：1644年至1840年的中国故事：全2册/孟彭兴著.—上海：上海文化出版社，2016.5

ISBN 978-7-5535-0505-3

Ⅰ.①落… Ⅱ.①孟… Ⅲ.①中国历史—清前期—青少年读物 Ⅳ.①K249.09

中国版本图书馆CIP数据核字（2016）第039403号

责任编辑　秦　静　李　欣　顾承甫
监　　制　蔡明菲　潘　良
特邀编辑　李彩萍　李乐娟
特邀审订　盛巽昌
特邀审读　王瑞祥
营销编辑　李　群
整体设计　袁银昌　李　静
封面设计　张丽娜
摄　　影　徐乐民
图片整理　居致琪
督　　印　张　凯

落日余晖

著　　者　孟彭兴
出　　版　世纪出版集团　上海文化出版社
出　　品　上海故事会文化传媒有限公司
　　　　　（200020 上海市绍兴路74号 www.storychina.cn）
发　　行　新华书店
印　　刷　三河市嵩川印刷有限公司
版　　次　2016年5月第1版
印　　次　2024年1月第3次印刷
开　　本　787×1092 1/16
印　　张　21.75
书　　号　ISBN 978-7-5535-0505-3/K·076
定　　价　78.00元（全2册）

上海故事会文化传媒有限公司出品　www.storychina.cn

上海故事会文化传媒有限公司所有图书可办理邮购，免收邮费（挂号除外）
汇款地址　上海市绍兴路74号（200020）
收 款 人　上海故事会文化传媒有限公司
联系电话　021-64338113

如发现本书有质量问题，请与印刷厂质量科联系，电话：010-59096394